JULES CÉSAR

ROGER CARATINI

JULES CÉSAR

- 1 -
Rome, ville à vendre !

ROMAN

Michel LAFON

103, boulevard Murat 75016 Paris

DU MÊME AUTEUR

Aux éditions Seghers-Robert Laffont :
HISTOIRE CRITIQUE DE LA PENSÉE SOCIALE
1. De la cité antique à l'État-nation
L'ANNÉE DE LA SCIENCE (1987-1990)

Aux éditions Bordas :
BORDAS ENCYCLOPÉDIE, en 23 volumes
Philosophie, Religions / Sciences sociales (2 vol.) / Mathématiques / Astrono-
mie / Physique, chimie : les lois de la nature / Matière inerte, matière vivante /
Botanique : la vie des plantes / Zoologie : la vie animale / Médecine / L'Art
de l'ingénieur / La Locomotion : du chemin de fer... à la fusée / Agriculture,
techniques, métiers / Beaux-Arts (2 vol.) / Jeux, divertissements, sports /
L'Aventure littéraire de l'humanité (2 vol.) / Visages de la Terre / Histoire
universelle (3 vol.).

Collection « Voir l'Histoire » :
HISTOIRE DE LA CORSE

Aux éditions Fernand Nathan :
HISTOIRE DU MONDE : L'époque contemporaine
CORSE

Aux éditions Larousse :
LA FORCE DES FAIBLES
Encyclopédie mondiale des minorités
DICTIONNAIRE DES NATIONALITÉS ET DES MINORITÉS EN URSS

Aux Éditions n° 1 :
TOUT EN UN
DICTIONNAIRE DES DÉCOUVERTES

Aux éditions du Pré-aux-Clercs :
DICTIONNAIRE DES PERSONNAGES DE LA RÉVOLUTION

Aux éditions Michel Lafon :
LE GÉNIE DE L'ISLAMISME
VENT DE PHILO

Aux éditions Critérion :
MAHOMET
HISTOIRE DU PEUPLE CORSE

Aux éditions Belin :
PANORAMA ENCYCLOPÉDIQUE DES SCIENCES

À la mémoire de mon grand-père, Numa-Pompilius Anziani, qui m'a récité mes premiers vers latins lorsque j'avais cinq ans ;

À tous mes professeurs de latin des lycées Montaigne et Louis-Le-Grand, qui m'ont donné le goût de la civilisation latine ;

À ma femme Françoise, qui m'a soutenu tout au long de l'écriture de ce roman ;

À tous mes enfants.

DISTRIBUTION

(par ordre d'apparition dans le roman ; les dates sont toutes avant J.-C.)

JULES CÉSAR dit CÉSAR (Caïus III Julius Caesar) : Né le 13 juillet 101.

CAÏUS I JULIUS CAESAR (né vers 140) : Grand-père de César.

MARCIA : Grand-mère de César.

CAÏUS JULIUS CAESAR (Caïus II) : Père de César.

AURÉLIE (Aurelia) : Mère de César. Sœur des consuls Aurélius, Caïus, Marcius et Lucius Cotta.

JULIE (Julia I) : Sœur du père de César, morte en 68 ; épouse de Marius.

JULIE II et JULIE III : Sœurs aînées de César.

MARIUS (Caïus Marius) : Un des plus grands généraux romains (157-86), chef du parti populaire (sept fois consul).

POMPÉIANUS : Jeune homme originaire d'Asculum. Il visite Rome pour la première fois en l'an 101.

CORIOLAN : Guide de Pompéianus lors de sa première venue à Rome.

GNIPHON (Marcus Antonius Gnipho) : Précepteur du jeune César.

SYLLA (Lucius Cornelius Sulla) : Chef du parti aristocratique (137-78), consul en 88, dictateur à vie en 82.

MITHRIDATE (Mithridate VI Eupator) : Roi du Pont (royaume en bordure de la mer Noire), né en 132, mort en 63.

CINNA (Lucius Cornelius Cinna) : Général romain, mort en

9

82 ; ami de Marius et l'un des chefs du parti populaire ; beau-père de César.

MARIUS LE JEUNE : Fils du grand Marius et de Julie.

COSSUTIA : Jeune romaine, première fiancée présumée de César.

CORNÉLIE (Cornelia) : Fille de Cinna, première femme de César.

JULIE (Julia IV) : Fille de César et de Cornélie (83-54) ; elle épousa Pompée en 59.

POMPÉE (Cneius Pompeius Magnus) : Général et homme politique romain, né en 106, mort en 48. Consul en 70. Il forme, avec César et Crassus, le premier triumvirat.

MINUCIUS THERMUS : Général romain, dont nous faisons le confident de César.

NICOMÈDE IV : Roi de Bithynie, allié de Rome et ennemi de Mithridate.

EUDOXE : Navigateur grec.

POMPÉIA : Deuxième femme de César.

CICÉRON (Marcus Tullius Cicero) : Le plus célèbre des orateurs romains (106-43). Préteur en 66, consul en 63.

CRASSUS (Marcus Licinius Crassus Dives) : Financier et homme politique romain (115-53). Préteur en 72, consul en 70, il participe, en 60, au premier triumvirat, avec César et Pompée.

CATILINA (Lucius Sergius Catilina) : Homme politique romain (v. 108-62) qui complota contre la République (les Catilinaires).

CATON (Marcus Porcius Cato) : Surnommé aussi Caton d'Utique (95-46). Arrière-petit-fils de Caton l'Ancien, adversaire politique de César.

LES FAMILIERS DE CÉSAR
(par ordre alphabétique)

BABASUS : Le jardinier chauve de la famille Julius (non historique).

CANULÉIUS : Ami du père de César (non historique).

DÉCURTIUS : Médecin particulier de César (non historique).

FLAMINIUS : Légiste, ami du père de César (non historique).

GABINIUS (Aulus Gabinius) : Tribun de la plèbe en 67, ami de César ; consul en 58.

MARYSA : Devineresse carthaginoise qui officiait à Gadès (Cadix). Non historique.

PETRUS VASCONICUS FUMIGATOR : Contrebandier basque (non historique).

QUELQUES MAÎTRESSES CONNUES DE CÉSAR...
(par ordre alphabétique)

CÉCILIA : Jeune fille que César, proscrit par Sylla, rencontre dans les montagnes de l'Apennin (non historique).

EUNOÉ : Femme de Bogud, roi de Maurétanie.

LOLLIA : Femme du tribun de la plèbe Gabinius.

MUCIA : Première femme de Pompée.

SERVILIA : Sœur de Caton d'Utique, femme du consul Décimus Junius Silanus, mère de Brutus.

TERTULLA : Veuve du frère aîné de Crassus et femme de celui-ci.

ITALIE ANCIENNE

HELVÈTES

NORIQUE

RHÉTIE

Rhône

GAULE
TRANSPADANE

Adige

VÉNÉTIE

Aquiléia

Côme
• Milan

Vérone
•

Save

Crémone

Padoue
•

Mantoue
•

IAPUDIE

Pô

Turin
•

Plaisance

Parme
•

LIBURNIE

LIGURE

Gênes
•

GAULE CISPADANE

Modène
•

Bologne
•

Rimini
•

Ancône
•

Nar

Luna
•

Florence
•

OMBRIE

Pise
•

Arno

Arezzo
•

Volterra
•

L. de Trasimène

ÉTRURIE

Pérouse
•

Asculum
•

CORSE

• Pianosa

C. Telamon

Tibre

Aleria
•

Tarquinies
•

Caera (Cevetri)

Albe
•

Corfinium
•

ROME
•

SAMNIUM

Ostie
•

Frégelles
•

Antium
•

Capoue
•

Asculum
•

Cannes
•

APULIE

Pouzzoles
•

Bénévent
•

Salerne
•

Venouse
•

CALABRE

Brindes
•

Paestum
•

LUCANIE

Tarente
•

SARDAIGNE

MER
TYRRHÉNIENNE

Héraclée
•

BRUTTIUM

Crotone
•

Mylée
•

Locres
•

Messine

Îles
Égéates

Ségeste
•

SICILE

MER
IONIENNE

Agrigente
•

Syracuse
•

N
O   E
S

PLAN DE ROME

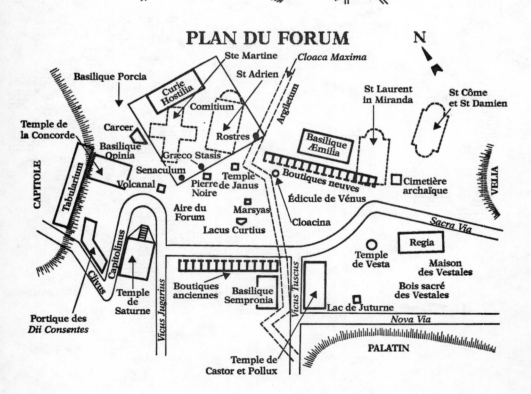

CHAMP DE MARS

Via Flaminia

MONT JANICULE

Théâtre de Pompée

Cirque Flaminius

COLLINE DU QUIRINAL

COLLINE DU VIMINAL

Porte Colline

COLLINE DE L'ESQUILIN

Mur de Servius Tullius

Aqueduc de Marcia

Subura

Route de Préneste

COLLINE DU CAPITOLE

Porte Esquiline

Forum

Colisée

MONT PALATIN

Pont Sublicius

Forum aux bœufs

Grand Cirque

COLLINE DU CÆLIUS

Aqueduc

Jardins de César

MONT AVENTIN

Porte Capène

Aqueduc

Route d'Ostie

Via Appia

Via Latina

0   500 m

PLAN DU FORUM

N

Basilique Porcia

Ste Martine

Cloaca Maxima

St Adrien

St Laurent in Miranda

St Côme et St Damien

Curie Hostilia

Comitium

Argiletum

Temple de la Concorde

Carcer

Rostres

Basilique Æmilia

VELIA

CAPITOLE

Basilique Opinia

Graeco Stasis

Boutiques neuves

Cimetière archaïque

Tabularium

Senaculum

Pierre Noire

Temple de Janus

Édicule de Vénus

Volcanal

Aire du Forum

Marsyas

Cloacina

Sacra Via

Capitolinus

Lacus Curtius

Vicus Tuscus

Temple de Vesta

Regia

Maison des Vestales

Clivus

Boutiques anciennes

Basilique Sempronia

Bois sacré des Vestales

Temple de Saturne

Vicus Jugarius

Lac de Juturne

Nova Via

Portique des Dii Consentes

PALATIN

Temple de Castor et Pollux

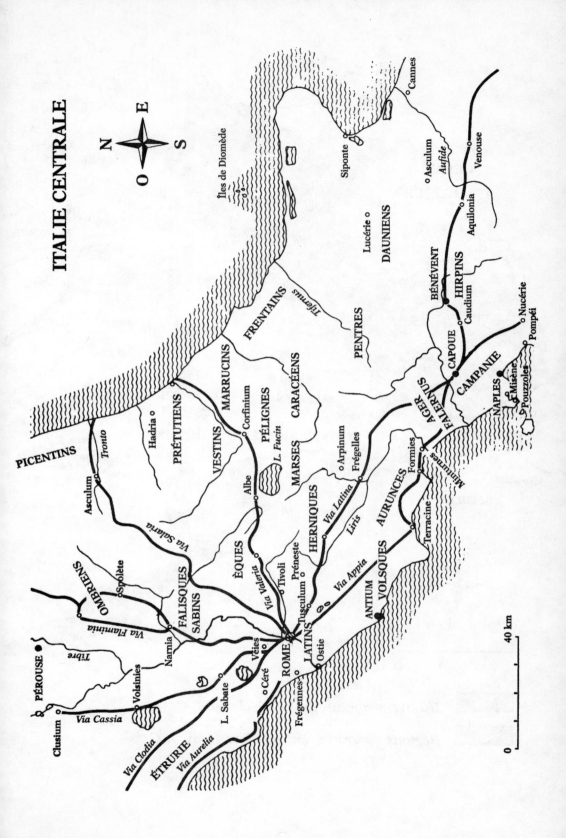

GOTHS

VANDALES

OCÉAN
ATLANTIQUE

GERMANIE

BELGIQUE

RHÉTIE

NORIQUE

PANNONIE

GAULE
CELTIQUE

CHAMPS
DÉCUMATES

ILLYRIE

CANTABRES

Aquilée

Milan

NARBONNAISE

Rhône

LIGURES

Gênes

GAULE

ESPAGNE ULTÉRIEURE

Tage

ESPAGNE
Numance

CELTIBÈRES

Marseille

Nice

CISALPINE

Pise

Ravenne

LUSITANIE

Ancône

BÉTIQUE

ESPAGNE CITÉRIEURE

Valence

CORSE

Aléria

ROME

Cadix

Tanger

Malaga

Carthagène

BALÉARES

SARDAIGNE

Pouzzoles

MER TYRRHÉNIENNE

Crotone

Messine

SICILE

Rhegium

Volubilis

MAURÉTANIE

Cirta

Utique

CARTHAGE

Agrigente

Catane
Syracuse

GÉTULES

Zama

MER

NUMIDIE

0   500 Km

L'univers romain au Iᵉʳ siècle av. J.-C.

Régions conquises entre 100 et 44 av. J.-C.

L'UNIVERS ROMAIN

LE DOMAINE DE MITHRIDATE
ET L'ORIENT ROMAIN

Chapitre Premier

Le descendant des princes légendaires
(13 JUILLET 101)

Rome s'éveillait. On pouvait entendre, à travers la Ville aux sept collines, les premiers cocoricos des basses-cours, les premiers grincements des chariots dans les rues étroites de Subure, les premiers cris des portefaix. Déjà quelque plaideur en mal de procès se dirigeait, d'un pas sonore et pressé, vers la demeure d'un de ces jurisconsultes qui avaient coutume de se lever avant l'aube pour jeter un dernier regard dans leurs dossiers. Le soleil n'avait pas encore fait son apparition. Les astrologues le guettaient, au-dessus de la colline de l'Esquilin, le quartier chic de la Ville, aux flancs couverts de jardins et de vergers, parsemés des taches blanches des belles demeures patriciennes.

Au pied de l'Esquilin, coincé entre cette colline et celle du Viminal, s'étend le quartier populeux et surpeuplé de Subure, aux rues tortueuses et entrelacées. Avec ses petits commerçants miséreux, ses cordonniers, ses forgerons, ses tisseurs et ses mille artisans, ses diseurs de bonne aventure, ses malfaiteurs en tout genre et ses innombrables prostituées, au travail dès avant le lever du soleil, enduites d'huile de jonc, enfarinées et malodorantes, avec ses tavernes qui servent, à bas prix, des morceaux de viandes avariées, bouillis et fétides, avec ses ivrognes qui cuvent le mauvais vin qu'ils ont bu dans la nuit, Subure n'est vraiment pas un quartier fréquentable.

Au reste, les maisons particulières y sont rares. Le petit peuple des pauvres s'entasse comme il le peut dans des immeubles de plusieurs étages, édifiés à peu de prix par des propriétaires fortunés, et dont les murs sont si minces qu'ils s'effondrent à la moindre tempête. Parfois, entre deux ou trois immeubles, au milieu d'un jardin, on entrevoit une belle demeure aux murs blancs ou badigeonnés de couleurs, dont on se demande à qui elle peut bien appartenir : à un artisan enrichi ? à un artiste amateur de pittoresque ? à un trafiquant ? ou bien à une famille patricienne, installée en ces lieux depuis des lustres et qui n'a pas les moyens de se faire bâtir une villa sur l'Esquilin ou sur les autres collines verdoyantes de Rome ?

C'était le cas de la famille Julius, dont le chef se prénommait alors Caïus. Cette nuit-là, il ne s'était pas couché et sa maison était restée éclairée toute la nuit. Dans l'atrium, la vaste salle où se réunissait d'ordinaire la famille et qui servait aussi de salle de réception, Caïus Julius s'agitait, inquiet et fébrile : son épouse, Aurélie, était sur le point d'accoucher, et les sages-femmes allaient et venaient dans la villa, modeste mais bien entretenue, qui résonnait des cris poussés par la future mère.

— Pourquoi t'inquiéter, Caïus ? lui disait son jardinier, Babasus, un grand bonhomme au crâne chauve et brillant. Ce n'est pas la première fois qu'Aurélie met un enfant au monde.

— Ce n'est pas l'enfantement qui m'inquiète, Babasus, Aurélie est vaillante ; mais elle a déjà accouché deux fois et, à chaque fois, je me suis trouvé avec une fille sur les bras.

— Je le sais bien... les deux petites Julie sont de véritables pestes.

— Et si j'avais une troisième fille ? C'est cela que je crains. Je suis le dernier descendant de la branche aînée des Julius : il me faut un garçon.

— Est-ce que tu as consulté les augures ?

— Oh ! les augures ! Ce sont des charlatans. Tu sais ce qu'on dit d'eux dans Rome ? Qu'ils ne peuvent pas se croiser sur le Forum sans rire... Et de quoi rient-ils, Babasus ? Tu n'en as pas une idée ?

— Non.

— De la bêtise des Romains qui croient en leurs oracles et en leurs présages.

Pendant ce temps, dans la chambre d'Aurélie, les sages-femmes s'affairaient tout en bavardant entre elles.

— Voilà bien quatre heures qu'elle a eu ses premières douleurs, et on ne voit rien venir.

— Pourtant, il y a trois ans, pour la petite Julie, elle est sortie en moins de temps qu'il n'en faut pour le dire.

— Oui, mais pour l'autre Julie, l'aînée, je me souviens avoir passé toute la nuit à lui dire de pousser.

— À mon avis, ce sera un garçon, dit une vieille

accoucheuse. Hier matin, j'ai vu un pigeon blanc se poser trois fois de suite sur le toit du temple de Junon Lucina... La déesse ne se trompe jamais.

Le soleil venait de poindre au-dessus de l'Esquilin lorsque le fils, tant attendu, de Caïus Julius et d'Aurélie poussa ses premiers vagissements. On était le premier jour des ides du mois de Quirinalis, en l'an 652 de Rome, c'est-à-dire le 13 juillet de l'année 101 avant l'ère chrétienne.

Au milieu de l'atrium, droit comme un I, Caïus attendait qu'on lui présentât son fils. La sage-femme en chef, après avoir coupé le cordon ombilical du nouveau-né et lui avoir donné son premier bain, vint le poser sur le sol, aux pieds de son père. Ainsi que le prescrivaient les rites ancestraux, Caïus se baissa, prit l'enfant dans ses bras, se redressa et le souleva à bout de bras : ce geste sacré du *pater familias* romain signifiait qu'il reconnaissait l'enfant digne d'entrer dans la famille, dans la *gens*, comme on disait en latin, dont il était le chef.

Puis, hiératique, le père se dirigea vers le centre de l'atrium, où se trouvait l'*impluvium*, un bassin rectangulaire destiné à recevoir la pluie qui tombait du toit, par une ouverture pratiquée à cet effet, les jours d'orage. Auprès de l'*impluvium* était dressé un autel de marbre sur lequel était posé un petit creuset d'argile séché, suspendu au-dessus de deux chenets supportant des bûches d'olivier, qui flambaient doucement. Caïus déposa dans le creuset quelques fragments d'encens et, aussitôt, une fumée à l'odeur entêtante s'en dégagea. Alors, d'un geste auguste et solennel, le *pater familias* plaça dans le foyer rouge et flamboyant le cœur et le foie d'un jeune poulet, en guise d'offrandes aux dieux Lares, les génies protecteurs de la maison et de la famille. Dorénavant, le nouveau-né était, lui aussi, sous leur protection.

On donna au petit Julius qui venait de naître le même prénom que celui de son père et de son grand-père : Caïus, troisième du nom, venait de faire son entrée sacrée dans sa famille. Il fut décidé qu'il porte-rait le même surnom que tous les aînés mâles de celle-ci : Caesar (César). Ce surnom remontait à la nuit des temps. On disait, dans Subure, qu'il avait été attribué pour la première fois à un petit Julius qu'on avait retiré par incision (*caesus* en latin) du ventre de sa mère qui venait de mourir au moment d'accoucher. Mais on disait tant de choses ! Chez les Julius, on en tenait pour une autre théorie : un loin-tain ancêtre, prétendait-on, avait tué un éléphant carthaginois, lors des guerres contre Hannibal, un siècle et demi auparavant, ce qui lui avait valu le surnom de « Julius l'éléphant » : or « *caesar* » était le mot carthaginois pour « éléphant » !

La nouvelle de la naissance d'un héritier mâle chez les Julius fit rapidement le tour de la Ville, et le jour même, au pied de l'Esquilin, les langues des matro-nes allaient bon train.

— Cette Aurélie, disait l'une d'elles, je pensais qu'elle ne pouvait plus avoir d'enfants... Quand elle se relèvera, nous allons en entendre, des histoires !

Arbre généalogique de la famille Julius

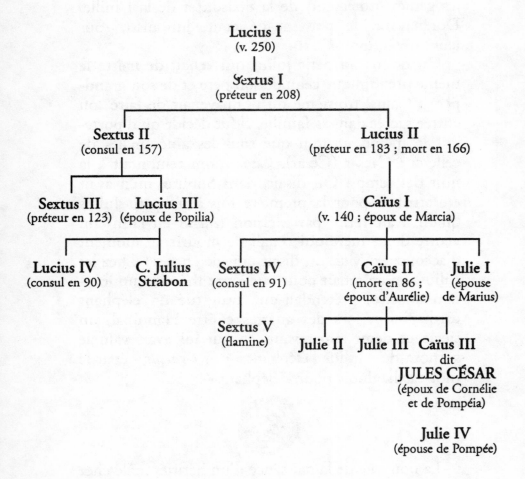

Arbre généalogique réduit de la famille Julius (la *gens Julia* en latin). On n'a indiqué que les prénoms (Lucius, Sextus, Caïus, Julie), qu'on a numérotés I, II, III... pour éviter toute confusion ; le nom de famille est le même pour tous (Julius). Le surnom de Caesar est attesté à partir de Sextus I, mais il a dû apparaître antérieurement. Toutes les dates sont avant J.-C.

— C'est une pimbêche, intervint une jolie plébéienne qui ne pouvait supporter les grands airs
d'Aurélie. Elle va encore nous raconter que son nour-
risson est de source royale et qu'il descend, comme
elle, du roi Ancus Martius du temps jadis.

— Encore une de ses inventions, renchérit une
autre. On ne sait même pas si ce roi a existé !

— Pourtant, à Rome, tout le monde le dit,
avança une grosse ménagère tout en se battant avec
l'oie qu'elle venait d'acheter vivante chez le meilleur
éleveur de volailles du marché.

— Ce n'est pas parce que tout le monde le dit
que c'est vrai, énonça sentencieusement une autre
matrone. La vérité, c'est que le vieux Caïus Julius, le
grand-père de celui qui vient de naître, avait épousé,
il y a une cinquantaine d'années, une certaine Marcia : je m'en souviens, j'avais alors dix ou douze ans.
Il était tout fier de sa femme et contait à qui voulait
l'entendre qu'elle était de sang royal et qu'elle s'appelait Marcia, comme toutes les femmes de sa famille,
parce qu'elle descendait d'Ancus Martius, quatrième
roi de Rome.

— Les Julius ont toujours eu la folie des gran-
deurs, reprit la jolie plébéienne. Ils prétendent même
que leur nom de « Julius » leur vient d'Iule, le fils
d'Énée, ce prince troyen qui vint se réfugier dans le
Latium, avec son père Anchise sur ses épaules, après
la prise de Troie par les Grecs ! Et comme, selon les
vieilles légendes, Énée aurait été le fils d'Anchise et
de la déesse Vénus, les Julius en concluent qu'ils sont
les descendants de Vénus ! Allez donc le prouver ! La
guerre de Troie a eu lieu il y a mille ans... si elle a

27

eu lieu ; c'est peut-être une légende, et rien ne nous assure qu'Anchise et Énée ont existé. Il ne faut pas confondre les racontars des poètes avec l'état civil. Ce n'est pas parce qu'ils s'appellent « Julius » ou « Iulius », comme on prononce leur nom, qu'ils descendent d'Iule. Il y a plus d'un âne qui s'appelle Martin, et plus d'un Iule qui s'appelle Iule.

— Les enfants du vieux Caïus, premier du nom, ont quand même bien réussi, répliqua la matrone. Caïus II, le père de celui qui vient de naître, a été préteur et Julie, sa tante, la sœur aînée de son père, a épousé le grand Marius, l'homme qui a vaincu Jugurtha et qui a sauvé Rome des Teutons, l'année dernière.

La jolie plébéienne fit la moue :

— La tante Julie a surtout épousé un plébéien enrichi, qui sent l'ail et qui se lave quand il en a le temps.

— Peut-être. Mais, sans lui et sans tous ses soldats, ma belle, tu aurais été violée cent fois par ces barbares, et peut-être coupée en morceaux.

— Ça n'aurait pas risqué de t'arriver à toi...

— Quoi donc, d'être coupée en morceaux ?

— Non. D'être violée... même par des Teutons ! Regarde-toi donc dans une glace.

La grosse ménagère était parvenue à loger son oie dans un panier d'osier. Elle intervint dans la dispute et coupa court à la polémique :

— Peu importent les origines de Marius. Ce qui compte, ce sont ses exploits. Et il faut espérer qu'ils vont continuer. Tu connais la nouvelle ?

— Quelle nouvelle ?

— Le fils de ma voisine est centurion dans l'armée de Marius, et il arrive du Nord. Il paraît qu'une troupe de vingt mille barbares, des Cimbres, qui viennent d'Helvétie, ne sont qu'à trois semaines de marche de Rome et que Marius les attend de pied ferme, dans le Nord. Je suis certaine qu'il les taillera en pièces et qu'il méritera bien d'être élu consul une cinquième fois.

La jolie plébéienne qui n'aimait pas Marius se rebiffa :

— Pouah ! J'ai beau être une fille du peuple, je n'aime pas le peuple. Si j'étais un homme, je ne voterais certainement pas pour Marius, ni pour aucun autre candidat du parti populaire.

— Et pour qui voterais-tu donc ?

— Pour le candidat du parti sénatorial, pour Métellus, par exemple.

— Le parti sénatorial, dit la grosse ménagère, est un parti de voleurs. Les sénateurs se moquent bien du sort de Rome, c'est le fric et la spéculation qui les intéressent. Lorsque l'un d'entre eux brigue la préture ou le consulat, c'est dans le but d'obtenir, après un an de magistrature, le gouvernement d'une province lointaine, qu'il pillera à sa guise. L'empire de Rome est devenu trop étendu de nos jours, il va de l'Afrique au Danube et à l'Asie. Il contient trop de peuples divers pour être gouverné par quelques sénateurs véreux, soucieux uniquement de leur fortune et de leurs privilèges.

Et, emportée par sa passion, elle se mit à chanter :

Ah ! Tralala ! Tralala ! Tralala !
Tous les sénateurs à la lanterne !
Ah ! Tralala ! Tralala ! Tralala !
Tous les sénateurs on les pendra !

— Et tu crois que le peuple fera mieux ?

La grosse ménagère n'en démordait pas :

— Peut-être. Il renversera la puissance du Sénat.

— Et qu'en résultera-t-il ? Je te le dis, moi : la fin de Rome.

— Non. Une nouvelle naissance. Rome deviendra un grand État, dont tous les citoyens, riches ou pauvres, Romains, Italiens, Hispaniques ou Africains, seront égaux devant une seule loi.

— Tu rêves, dit la jolie plébéienne.

— Tous les rêves finissent par devenir réalité, répliqua la matrone qui avait connu le vieux Caïus lorsqu'elle était petite. Une autre Rome naîtra, qui fera régner sur le monde une paix éternelle et juste. Mais cela ne se fera pas aussi facilement qu'un accouchement. Il en faudra, du sang, des cris et des larmes !

Elle ne croyait pas si bien dire.

Chapitre II

Une promenade dans Rome
(7-13 JUILLET 101)

Pompéianus avait quitté son village natal d'Asculum le 7 juillet au matin, à dos de mulet. C'était un robuste jeune homme d'une vingtaine d'années, aux cheveux bruns, aux yeux bleus et à l'allure décidée. Ses parents possédaient quelques hectares de terre où ils faisaient pousser de l'orge et du blé, et ils menaient paître leurs troupeaux de chèvres et de moutons sur les pentes de l'Apennin, face à la mer Adriatique.

Comme la plupart des Asculanes, Pompéianus appartenait au peuple des Picentins, un de ces peuples italiques que Rome avait soumis vers 300 avant notre ère. Il entendait souvent les colons romains installés dans son pays — le Picénum — lui vanter les agréments de la vie à Rome :

— Tu es vaillant, habile, honnête, lui avait dit un colon, tu sais travailler la glaise aussi bien que la laine de tes moutons ; pour quelques milliers de sesterces, tu pourras acheter une boutique sur le Forum et ce ne seront pas les clients qui te manqueront... Et puis, avait-il ajouté en souriant, les Romaines adorent les beaux garçons aux yeux bleus.

— Je croyais qu'il fallait être citoyen romain, pour vivre à Rome.

— En principe, oui ; mais il est facile d'obtenir des dérogations lorsqu'on est artisan ou commerçant.

Pompéianus n'avait pas hésité longtemps. Il avait choisi le mulet le plus vigoureux de la ferme paternelle, l'avait chargé de pain et de saucisses, d'un beau jambon, d'une petite *cupa* (barrique) de vin, de quelques gourdes pleines d'eau, et fouette cocher ! à l'assaut de l'Apennin.

Le chemin qui menait d'Asculum à Rome n'avait rien de difficile. Le jeune homme remonta d'abord le cours du Truentus (le Tronto moderne), la rivière qui, partie des hauts sommets de l'Apennin, arrosait Asculum. Sa vallée était étroite et sinueuse, mais bien ombragée. À dos de son vaillant mulet, il escalada les pentes escarpées du mont Vittore et finit par rejoindre la via Salaria, la route que les Romains avaient construite, à travers les montagnes de l'Italie centrale, pour expédier leurs légions, leurs fonctionnaires et leurs percepteurs chez les Picentins et leurs proches voisins, les Sabins et les Samnites, mais aussi vers le port d'Ancône, d'où leurs galères appareillaient vers la Macédoine, la Grèce et même l'Asie.

Le trajet ne fut point pénible, mais il fut long. Pompéianus dut passer six nuits à la belle étoile et la septième, celle du 13 au 14 juillet, dans un *deverso-*

rium, une sorte de petit refuge où il put boire un bol de bouillon chaud et dormir sur une méchante paillasse. Aux premières lueurs de l'aube, les ébrouements de son mulet le sortirent de son sommeil et le jeune homme reprit gaillardement sa route.

Au fur et à mesure qu'il se rapprochait de Rome, la campagne autour de lui s'animait. Une multitude de petits champs de blé, de petites oliveraies, de vignobles formaient comme un damier multicolore à droite et à gauche de la via Salaria, que bordaient des buissons d'églantines au corsage soyeux et rougissant par-dessus lesquelles on pouvait apercevoir les silhouettes des esclaves penchés sur la terre qu'ils cultivaient ou sur les vignes qu'ils taillaient. Cette année-là, la moisson avait été précoce et déjà les paysans battaient le grain, en se servant d'une sorte de traîneau tiré par deux bœufs et muni de lourds rouleaux de pierre qui, en tournant, faisaient sortir le blé de l'épi, tout en pressant la paille.

La route aussi prenait vie. Piétons, cavaliers, chariots et voitures avaient envahi la via Salaria, sous les yeux ébahis de Pompéianus, qui, en matière de véhicules, ne connaissait que le *sarracum*, une charrette grossière, à deux roues pleines, que son père employait pour transporter ses denrées au marché, et le *plaustrum*, un char à bœufs servant aux travaux des champs. C'est ainsi qu'il découvrit l'élégant char romain à deux roues (le *currus*), garni de plaques de bronze brillant au soleil, dans lequel on se tenait debout et qui était tiré par des chevaux, et la luxueuse *lectica*, la litière des riches et jolies patriciennes, portée par quatre esclaves, deux devant et deux derrière.

On approchait de midi. Pompéianus vit bientôt se dresser, à quelques centaines de mètres devant lui, les impressionnantes murailles de l'Urbs, de la « Ville », comme l'appelaient orgueilleusement les Romains, ces murailles qu'aucun ennemi, pas même le terrible Hannibal, n'avait pu violer. Le jeune homme descendit de son mulet et se dirigea vers un bosquet voisin : avant de franchir l'enceinte de la Ville, il désirait donner à boire à sa monture, faire un brin de toilette, manger quelques figues avec son pain sec, se désaltérer lui-même et goûter au plaisir de la sieste à l'ombre des oliviers, afin d'entrer dans Rome le visage frais, le ventre plein et le corps reposé.

Il dormait profondément, avec délice, lorsqu'une voix grave et rocailleuse le tira de son sommeil :

— Oh ! Qui je vois là ? Mais c'est le petit Pompéianus d'Asculum ! Ô Pompéianus, tu dors ?

La voix, reconnaissable entre mille, était celle de Coriolan, l'intendant d'un riche colon romain ami de son père, que ses parents avaient ainsi nommé en souvenir d'un héros romain légendaire qui avait jadis pris le parti des Volsques, un peuple voisin des Picentins, contre sa propre patrie. Pompéianus ouvrit péniblement les yeux, les frotta et se redressa :

— Salut, Coriolan. Qu'est-ce que tu fais ici ?

— J'ai accompagné mon maître à Rome pour l'aider à transporter quelques encombrants volumes dans sa maison d'Asculum, où il doit passer l'été. Et toi, Pompéianus, quel bon vent t'amène ?

— Je viens m'installer à Rome comme marchand.

— Bravo. Mais... marchand de quoi ?

— De poteries, de tissus de laine, de charcuterie : mon père a beaucoup de cochons, à Asculum.

— C'est une bonne idée. Tu ne peux pas imaginer l'argent que dépensent les riches Romains pour décorer leurs maisons ou pour manger. Il leur faut des tentures, des statues, des tableaux, des bijoux, des miroirs, des candélabres et, pour leurs tables, les mets les plus fins : ils font venir des huîtres de l'île de Corse, ils raffolent des hachis, des boudins, des saucisses, des cochons de lait, des pâtés.

— Ils sont si riches que ça, les Romains ?

— Ça dépend desquels.

— Ce sont les patriciens, les plus riches ?

— Pas nécessairement. Les patriciens, ce sont les descendants des très vieilles familles romaines, qui jadis possédaient tout, les terres et les troupeaux. Chaque famille s'appelait une *gens* et elle avait pour chef le fils aîné de la branche aînée, le *pater familias* — le père — qui avait droit de vie ou de mort sur tous les membres de la famille. Autrefois, il n'y avait qu'eux qui étaient riches et nobles, et le Sénat était l'assemblée des Pères, des *patres* comme on dit en latin. Les autres constituaient la plèbe et ils n'avaient ni richesses, ni droits, sauf celui d'être des hommes libres.

— Et maintenant ?

— Il y a longtemps que tout a changé. Les rois ont été chassés par les patriciens, qui se sont partagé les pouvoirs et les magistratures. Mais, peu à peu, les plébéiens sont devenus beaucoup plus nombreux que les patriciens : il y a trois cents ans, par exemple, il y en avait cent fois plus, et certains d'entre eux étaient devenus très riches. Les patriciens ont dû faire des concessions.

— Lesquelles ?

— À cette époque, seuls les patriciens pouvaient être élus consuls, c'est-à-dire chefs du gouvernement ; ils ont été obligés de créer des magistrats spéciaux, les tribuns de la plèbe, qui défendaient les droits des plébéiens et pouvaient s'opposer aux lois qu'ils trouvaient injustes, et ainsi de suite.

— Ils étaient puissants, ces tribuns ?

— Je te crois ! La plèbe leur doit tout. Ils lui ont fait accorder le droit de vote, le droit d'accéder aux honneurs du consulat ou de la préture, comme les patriciens, le droit d'épouser des patriciennes, de devenir pontifes et, chose importante, de partager les terres conquises sur les ennemis avec les patriciens.

— Alors maintenant, il n'y a plus de différences entre un plébéien et un patricien ?

— En principe, non. C'est l'égalité parfaite, tous les citoyens romains sont égaux en droits ; mais ils sont inégaux par la fortune : il y a des riches et des pauvres, comme avant, mais les riches, ce ne sont pas uniquement des patriciens ; il y a des plébéiens riches et des patriciens pauvres, et inversement. Ce qui compte, à Rome, c'est la classe à laquelle on appartient, qui dépend de la fortune que l'on possède. C'est parmi les plus riches que le censeur choisit les sénateurs.

— Il y en a beaucoup, des sénateurs ?

— Il y en a trois cents. Ils peuvent être patriciens ou plébéiens. Ce sont des magistrats spécialisés qui les nomment, tous les cinq ans.

— Et ceux qui sont riches et qui ne sont pas sénateurs, qu'est-ce qu'ils sont ?

— Les uns sont des militaires qui peuvent servir dans la cavalerie ; on les appelle les chevaliers et ils ont le droit de porter un anneau qui les distingue des autres Romains : ils forment l'ordre des chevaliers, ou ordre équestre. Les autres peuvent devenir un jour sénateur, ils forment l'ordre sénatorial.

— Alors moi, Pompéianus, qui ne possède qu'un millier de sesterces et un mulet, je ne pourrai jamais appartenir à l'ordre sénatorial et je ne serai jamais nommé sénateur ?

— Jamais. D'ailleurs, même si tu devenais richissime, tu ne pourrais pas le devenir car tu ne rempliras jamais les trois conditions qu'il faut pour être sur la liste des candidats sénateurs.

— Que sont-elles, ces conditions ?

— Premièrement, il faut être citoyen romain ; deuxièmement il faut avoir déjà été élu une fois consul, préteur ou questeur ; troisièmement, il faut avoir une fortune d'au moins 400 000 sesterces.

— C'est compliqué, en effet. Je ne suis même pas citoyen romain et pourtant je parle latin, je vénère les mêmes dieux que les Romains, je paye mes impôts comme eux et je fais mon service militaire en cas de guerre comme eux.

— Je suis d'accord avec toi, c'est scandaleux : toi et moi, nous avons les mêmes devoirs qu'un citoyen romain, mais nous n'en avons pas les droits, ni le droit de vote, ni le droit de posséder une maison dans la Ville, ni tous les autres. Nous ne sommes pas des citoyens romains, nous ne sommes que des *socii*, comme ils disent, des « alliés » de Rome.

— Dis-moi encore, Coriolan, ce fameux Marius, dont on parle tant, c'est un patricien ou un plébéien ?

— C'était encore moins qu'un plébéien.

— Comment cela ?

— Ses parents étaient des paysans sans terres, qui travaillaient les terres des autres ; ils étaient, comme on dit à Rome, les « clients », les protégés d'un plébéien qui s'appelait Herennius. Comme il n'avait ni biens, ni éducation, Marius s'est engagé dans l'armée au moment de la guerre d'Espagne, il y a environ trente-cinq ans, et il s'est fait lui-même. Aujourd'hui, il a cinquante-six ans, il est consul pour la quatrième fois, il a épousé une patricienne peu fortunée mais dont la famille — celle des Julius — est une des plus anciennes de Rome, il est immensément riche et tout le monde le respecte... ou le craint. En politique, il défend les intérêts du peuple, dont il est sorti et qu'il n'a pas renié malgré sa gloire et sa fortune ; il est la bête noire du parti sénatorial traditionnel, qui est bien obligé de le supporter.

Cette conversation instructive avait lieu en ce matin de juillet, le jour même où la famille Julius fêtait la naissance du petit garçon qui devait changer la face du monde et qui se trouvait être le neveu de ce Marius, l'idole du peuple des obscurs, des malheureux et des sans-grade. Tribun de la plèbe en 113, victorieux du Numide Jugurtha en 106, il avait écrasé les Teutons à Aix, en 102, et les Cimbres à Verceil, près du lac de Côme, au début de l'année

101 ; il était devenu le leader incontesté du parti populaire — le parti des *populares* — et, même dans son bourg d'Asculum, Pompéianus en avait entendu parler. Mais il lui tardait d'entrer dans Rome, et il le dit à Coriolan.

— C'est le moment idéal, lui répondit celui-ci. À cette heure-ci, les Romains font la sieste, et nous pourrons circuler sans encombre.

Et les voici partis tous les trois, Pompéianus, Coriolan et le mulet, vers la muraille altière et massive qui entourait la Ville. Une légende prétendait qu'elle avait été élevée par le sixième et avant-dernier roi de Rome, Servius Tullius, vers 550 av. J.-C., deux siècles environ après la fondation de la Ville par le légendaire Romulus, dont les Romains avaient fait un dieu. En fait, l'enceinte royale n'avait pas résisté aux assauts des Gaulois, en 390 av. J.-C., et la République avait bâti, sur ses ruines, les remparts imposants que contemplait Pompéianus, mais on l'appelait toujours l'« enceinte de Servius Tullius ».

— Elle est longue, cette muraille ? demanda Pompéianus.

— Elle mesure 40 000 pieds de tour (11,5 kilomètres). Nous allons monter sur le chemin de ronde, et tu découvriras toute la ville. Tu verras, la vue y est superbe.

Ils franchirent l'épaisse muraille par la porte Capena, d'où partait un escalier de pierre conduisant au chemin de ronde, et Pompéianus, plus ému qu'il n'en avait l'air, contempla la ville légendaire.

— Le fleuve qui coule de l'autre côté des murs, c'est le Tibre, expliqua Coriolan. De là où nous sommes, on voit bien les sept collines, les sept monts de Rome : l'Aventin, le Palatin, le Capitole, le Quirinal, le Viminal, l'Esquilin et le Caelius. Les villas que tu aperçois sur les collines appartiennent à des patriciens, ou à des plébéiens enrichis.

— Et les pauvres, où habitent-ils ?

— Au pied des collines, ou dans les vallées qui les séparent et qui sont autant de quartiers populaires : la vallée Murcia, entre l'Aventin et le Palatin, Subure, entre le Viminal et l'Esquilin, le Vélabre, entre le Capitole et le Palatin.

— Et au milieu de tout ça... cette grande place, avec tous ces bâtiments ?

— Au milieu, c'est le Forum, le cœur de Rome.

— C'est la place du marché ?

— Oui, aux premières heures de la matinée, une fois par semaine, c'est un marché bruyant, avec des éventaires de fortune, tenus par des paysans et des paysannes qui hurlent à qui mieux mieux pour attirer les clients. Les acheteurs les plus avisés fréquentent plutôt les boutiques, qui sont fermées à l'heure qu'il est.

— Ah ! je les vois. Elles sont alignées devant la grande bâtisse, là-bas à droite... et il y en a d'autres à gauche.

— La grande bâtisse, comme tu dis, c'est une basilique.

— Une basilique ?

40

— D'après mon maître, qui est un fin lettré, c'est un mot grec qui veut dire « royal ». On l'emploie pour désigner tous les grands édifices publics rectangulaires. Parce que le Forum, ce n'est pas seulement la place du marché, comme à Asculum ; c'est aussi et surtout le centre de la vie publique et religieuse de Rome. Regarde tous les temples : celui de Vesta, celui de Saturne, celui de Castor et Pollux, celui de Janus, le dieu aux deux visages : il n'est ouvert qu'en temps de paix, mais, comme Rome n'a pas cessé de faire la guerre depuis des siècles, il a presque toujours été fermé...

— Et tout au fond, la grande terrasse avec une balustrade ?

— C'est l'endroit où se réunissaient autrefois les patriciens et où l'on juge aujourd'hui les procès ; on l'appelle le *comitium*.

— Et la tribune, derrière la balustrade ?

— C'est la tribune des harangues, où montent les orateurs et les magistrats pour parler au peuple ; les piliers qui la supportent sont ornés des éperons de navires ennemis jadis vaincus par Rome : c'est pourquoi on la nomme aussi la « tribune des Rostres », ou les « Rostres », tout simplement.

— Dis-moi où est le Sénat.

— C'est le grand bâtiment, au fond du *comitium*. On l'appelle la « Curie » ; seuls les sénateurs ont le droit d'y pénétrer, mais les portes doivent toujours rester ouvertes.

— Et il y a beaucoup de monde sur le Forum, en temps normal ?

— Je te crois ! Maintenant, il fait chaud, les

Romains digèrent ou font la sieste et le Forum est vide. Mais tu verras, dans une ou deux heures. On ne peut pas faire un pas sans se cogner contre un avocat pressé, un sénateur arrogant, ou, tout simplement, contre un ivrogne. Le Forum ? C'est l'endroit de la terre où l'on rencontre tous les types d'hommes, les plus honnêtes comme les plus vicieux, les fripons et les braves gens, les personnes les plus généreuses de Rome et les pique-assiettes les plus éhontés, les timides et les hâbleurs. Chaque coin du Forum a sa spécialité.

— Comment cela ?

— Qui se ressemble s'assemble. Tu vois ce grand canal qui traverse le Forum dans toute sa largeur...

— Oui, il pue !

— C'est le grand égout de Rome, la Cloaca maxima. Tout à l'heure, le long de ce canal nauséabond, on verra parader les bluffeurs, ceux qui se mouchent plus haut que leur nez, les faiseurs d'embarras. À gauche, près des vieilles boutiques, ce sera le rendez-vous des fauchés, des endettés et des usuriers qui les exploitent, en véritables charognards qu'ils sont. Là-bas, près de la basilique Æmilia, les hommes riches et cossus, amateurs de fêtes et de plaisirs, ont l'habitude de se retrouver, en fin d'après-midi, pour préparer leurs parties fines. Ils racolent des jolies femmes désœuvrées ou des jeunes hommes débraillés et parfumés qui font commerce de leur corps et qui se promènent, aguicheurs et fardés, autour de la basilique en se déhanchant et en jouant de la prunelle. Mon maître m'a lu un jour une page d'un auteur ancien qui racontait tout cela, d'une manière très amusante.

— Comment s'appelait cet auteur ?

— Je ne m'en souviens plus très bien, Accius ou Attius Plautus, je crois.

— Ils en ont, de drôles de mœurs, les Romains. On ne voit pas ça dans notre bon village d'Asculum.

Petit à petit, groupe par groupe, les Romains faisaient leur apparition sur le Forum qui, en moins d'une heure, fut envahi par une foule grouillante de politiciens, d'hommes d'affaires, d'oisifs, de quémandeurs, de boutiquiers, de coupeurs de bourses, d'acrobates, de proxénètes, de richards mollement étendus sur un matelas de plumes, avec un traversin pour leur soutenir le dos, transportés par quatre robustes esclaves dans une luxueuse litière, de militaires en goguette, de courtisanes au regard indifférent et de bavards impénitents qui parlaient dans le vide.

— Filons, dit Coriolan. Je vais te montrer Subure.

— Qu'est-ce que c'est ?

— Je te l'ai déjà dit, c'est le nom d'un quartier entre le Viminal et l'Esquilin : l'endroit le plus pittoresque de Rome. Les malfaiteurs en tout genre, les esclaves en fuite, les prisonniers en rupture de ban, les clochards vivent en bonne entente avec des petits commerçants, des artisans, des perruquiers, des brocanteurs qui vendent à vil prix les objets qui ont été volés hier à Rome. Tu y rencontreras les prostituées les plus misérables et les moins chères de Rome. Si tu veux boire un mauvais vin, perdre tes sesterces en jouant aux dés avec un tricheur professionnel, recevoir un mauvais coup dans une bagarre, tu n'as qu'à entrer dans une des cent tavernes de Subure, et tu seras servi.

À peine eut-il fait quelques pas, dans ce quartier fétide et enfumé, que Pompéianus, l'homme des champs et des montagnes, se demanda s'il ne rêvait pas : il n'y avait pas d'arbres, pas de terre, pas de fontaines, pas même de maisons.

— Où donc vivent-ils, les gens de Subure ? demanda-t-il à Coriolan.

— Lève la tête. Tu vois ces grands murs, avec de petites fenêtres, qui bordent les rues ?

— Oui.

— Ce sont les murs des maisons de Subure. Elles sont construites les unes au-dessus des autres, on les nomme des appartements. Il y en a un, ou deux ou davantage par étage et l'ensemble s'appelle un immeuble. Plusieurs immeubles côte à côte, comme collés, forment une *insula* (un « bloc »), une sorte d'île de briques et de pierres qui semble surgir du sol.

— Comment y entre-t-on ?

— À l'aide d'échelles. On passe d'étage en étage.

— Mais ces maisons, elles ne tombent pas ?

— Tout dépend de la manière dont elles sont construites. Regarde celle-ci. Le soubassement est fait de grosses pierres, qui soutiennent toute la construction. Les murs sont en briques ou en moellons et ils n'ont pas plus d'un ou deux pieds d'épaisseur ; chaque étage repose sur des poutres en bois, bien plus lourdes que les murs, et c'est pourquoi ces édifices s'écroulent souvent... ou bien ils prennent feu, car les poutres sont en bois très sec.

— Et les gens qui y habitent ?

— Ils sont blessés, ou brûlés ; certains en meurent.

— Mais c'est horrible !

— On n'y peut rien. Les propriétaires font ce qu'ils veulent, après tout. Il y en a même qui s'enrichissent avec ces effondrements et ces incendies.

— Comment cela ?

— Imagine que cet immeuble de cinq étages, avec une taverne et un barbier au rez-de-chaussée, s'écroule, avec toute l'*insula* qui l'entoure. On prévient le propriétaire, il accourt... et il n'a plus que ses yeux pour pleurer.

— Mais comment va-t-il s'enrichir ?

— Ce n'est pas lui qui va profiter du désastre, mais un spéculateur, qui va se précipiter, lui aussi, sur les lieux du sinistre. Il va s'apitoyer hypocritement sur le malheur qui vient de frapper le propriétaire, lui prodiguer sa sympathie et lui proposer de lui acheter ses ruines encore branlantes au comptant, immédiatement...

— ... et, bien entendu, à très bas prix.

— Tu as compris. Puis il fait venir sur le chantier ses équipes de maçons, il le fait déblayer et entreprend la construction d'une *insula* neuve, dont il va louer les appartements un bon prix. Il a fait une bonne affaire, car le terrain constructible est rare, à Rome, qui fut bâtie jadis sur un grand marécage, et il l'a obtenu pour une poignée de figues.

— Ces Romains ne me plaisent pas du tout. Et que fait-on des habitants de l'immeuble ?

— On leur loue les nouveaux appartements plus cher que les anciens, puisqu'ils sont neufs. Les affaires sont tellement bonnes qu'on se demande si ce ne sont pas les spéculateurs eux-mêmes qui provoquent les effondrements ou qui allument les incendies.

— Que fait la police ?

— La police n'y peut rien, ou ne veut rien faire, d'autant que certains spéculateurs achètent les édiles et autres magistrats municipaux, quand ils ne sont pas édiles eux-mêmes. Tu sais, Pompéianus, il y a bien des choses horribles de ce genre qui se passent à Rome tous les jours. La vieille morale romaine, celle des paysans d'antan qui avaient les mêmes mœurs que nous, a été oubliée. À part quelques hommes purs et intègres, que l'on compte sur les doigts d'une main, et quelques philosophes, les Romains de Rome sont pourris. Ils ont perdu tout sentiment de dignité et ne pensent qu'à s'enrichir, quels qu'en soient les moyens. Tu sais ce qu'a dit le Numide Jugurtha quand il a quitté Rome, où il était venu se faire juger ?

— Non.

— « Ville à vendre », voilà comment ce barbare méprisant d'Afrique du Nord a jugé Rome après avoir acheté les généraux qui devaient le combattre et les juges qui devaient le juger. Et il avait raison.

Tout en parlant, les deux jeunes gens étaient arrivés au pied de l'Esquilin. Dans cette partie de Subure, il y avait moins de tavernes, moins de monde, et les immeubles insalubres et dangereux

46

avaient disparu, pour laisser la place à des maisons privées, modestes, certes, mais avec des jardins bien entretenus, une cour intérieure, des fontaines et suffisamment d'esclaves pour accomplir les besognes de tous les jours. Coriolan attira l'attention de son compagnon sur l'une d'entre elles.

— Tiens, tu vois cette villa : elle appartient à une vieille famille patricienne, la famille des Julius.

— C'est curieux, remarqua Pompéianus, des patriciens qui vivent presque au cœur d'un quartier plébéien.

— Ils ne sont pas les seuls. Beaucoup de familles aristocratiques ont été ruinées ; alors elles ont conservé leurs esclaves, et les enfants de leurs esclaves, mais elles n'ont pas eu les moyens de s'acheter un terrain sur les flancs de l'Esquilin ou de l'Aventin.

— Qui sont-ils, ces Julius ?

— Mon maître les connaît bien. Ils descendent d'un certain Lucius Julius, qui est mort il y a plus de cent cinquante ans, à l'époque de la première guerre contre les Carthaginois. On rapporte qu'il aurait vaincu, tout seul, un éléphant de l'armée punique. Le propriétaire de cette villa est son arrière-arrière-petit-fils, Caïus Julius. J'ai entendu dire qu'il venait d'avoir un fils, qui est né ce matin.

— Comment l'a-t-il appelé ?

— Comme lui-même : Caïus Julius.

— Alors longue vie à ce petit Caïus Julius !

— Longue vie ! Mais tous les Julius ont porté le surnom du vieil ancêtre tueur d'éléphant. Le bébé qui vient de naître s'appellera sûrement Caïus Julius l'Éléphant.

Chapitre III

Le bon élève
(101-91)

Caïus Julius César vécut son enfance entouré de femmes qui l'admiraient comme la huitième merveille du monde et le cajolaient comme un enfant divin. Aurélie ne laissait à personne le soin de le langer ; elle enveloppait méticuleusement le corps du nouveau-né dans une longue et étroite bande d'étoffe — la *fascia* — repliée autour de la tête qui le faisait ressembler à une momie dont on n'aurait vu que le visage.

Pendant un mois, il dormit dans un grand panier d'osier, peu profond, d'où Aurélie ne le sortait que pour l'allaiter à son sein, toutes les fois qu'il se réveillait ou qu'il piaillait. La *cunaria* (la nourrice) chargée de le bercer pour qu'il s'assoupisse, **une** fois repu, s'en était étonnée :

— Pourquoi ne pas le mettre dans un vrai berceau de bois, une *cunabula*, avec une bonne paillasse ? avait-elle demandé à sa maîtresse.

48

— C'est dans un panier d'osier que Jupiter, Mercure et Bacchus furent déposés, à leur naissance, c'est dans un *vannus* que sera déposé mon petit Caïus, répondit Aurélie avec orgueil. Dans un mois, nous l'installerons dans une *cunabula*.

— Maman, intervinrent les deux sœurs du nouveau-né, est-ce que nous pourrons le bercer en lui chantant des chansons ?

— Plus tard, dans quelques semaines.

Les semaines passèrent très vite. Puis les mois. Puis les saisons. L'enfant était comblé de cadeaux par ses sœurs, par sa tante Julie, la sœur de son père, et, bien entendu, par sa mère, qui lui avait mis autour du cou une petite chaîne d'or à laquelle étaient suspendues quelques breloques, supposées être des porte-bonheur : une lunule, une hache à deux tranchants en miniature, une petite main bien ouverte, un dauphin. Jamais il ne s'endormait qu'il n'eût d'abord été bercé, et il fermait les yeux en tenant serrée contre sa poitrine une petite poupée de cire.

Aurélie lui enseigna, patiemment, à parler, à marcher, puis, quand il eut atteint l'âge de cinq ans, elle lui inculqua la crainte des dieux, la modestie et le respect des traditions. Elle entreprit aussi de lui conter la guerre de Troie et les origines légendaires de sa famille.

— Il était une fois, il y a bien longtemps, dans le lointain pays de Troade, en Orient, une belle et puissante ville, que l'on nommait Troie et sur laquelle régnait le vieux roi Priam. L'un des fils de ce roi, qui était très beau, Pâris, tomba amoureux de la plus belle femme du monde, qui se nommait

Hélène. Celle-ci était la femme du roi grec Ménélas, frère du roi des rois de tous les Grecs, Agamemnon.

César répétait, attentif : Pâris, Hélène ; mais il bredouillait quand il s'agissait de prononcer le nom du roi des rois :

— A-MA-GE-MON.

— Non, disait sa mère ; répète après moi : A-GA-MEM-NON.

— A-GA-MEM-MMMON...

— Recommence.

— A-GA-MEM... (puis, prenant son élan :) ... NON. Qu'est-ce qu'il a fait, Pâris ?

— Il est allé à Sparte, où Hélène habitait, pendant que son mari était en voyage...

— Comme papa, interrompit l'enfant, il voyage beaucoup, papa.

— Oui, un peu comme papa. Il est donc allé voir Hélène, l'a enlevée sur un beau cheval blanc et il l'a emmenée à Troie, dans la ville de son père.

— Quand il est revenu, il a été en colère, Ménélas ?

— Il est devenu tout rouge et il est allé voir son frère Agamemnon dans son palais de Mycènes.

— Et alors ?

— Agamemnon a demandé à tous les rois de la Grèce de l'accompagner à Troie, pour reprendre Hélène, et tous les Grecs ont pris des bateaux et ils ont fait le siège de Troie. Mais la ville avait de bonnes murailles, aussi solides que celles qui entourent Rome, et elle résista pendant dix ans. Ce fut une guerre terrible, à laquelle participèrent les dieux de l'Olympe.

— Qui est-ce qui a gagné ? Les Grecs ou les Troyens ?

— Les Grecs. Ils sont entrés dans la ville par la ruse et ils ont massacré tous ses habitants.

— Même Priam ?

— Priam était très vieux et il s'était caché dans son palais. Mais un jeune guerrier grec le dénicha, le saisit par les cheveux et l'égorgea sans pitié.

— Oh ! Ce n'est pas bien. Quand je serai grand, je ferai la guerre, mais, si je fais prisonnier un ennemi, je ne le tuerai pas.

— Que les dieux t'entendent, mon fils.

— Et les autres chefs troyens ? Ils ont tous été tués ?

— Oui. Tous, sauf un, le vieil Anchise, qui était vieux et boiteux. Lorsqu'il était jeune et qu'il gardait ses moutons, la divine Aphrodite tomba amoureuse de lui.

— Qui est-ce, Aphrodite ?

— La déesse de l'amour et de la beauté chez les Grecs ; à Rome, nous l'appelons Vénus. De ses amours avec cette déesse, Anchise eut un fils, qu'il appela Énée. Lorsque la guerre de Troie fut terminée, Énée, qui avait pu s'échapper, quitta sa ville avec son fils Ascagne et en portant son père sur ses épaules.

— Il était grand, Ascagne ?

— Il avait à peu près ton âge.

— Et il a marché longtemps, Énée ?

— Des mois et des mois.

— Et où sont-ils allés, tous les trois ?

— D'abord dans les montagnes, pour se cacher. Puis ils sont partis dans la direction du soleil couchant, et ils sont arrivés sur les bords de la rivière qui coule de l'autre côté des murailles de Rome, là où je t'emmène promener de temps en temps. Tu te rappelles le nom de la rivière ?

— Le TI... le TITI... le TIPI... Je ne sais plus.

— Le Tibre. À cette époque, Rome n'existait pas, mais il y avait dans la région une puissante ville qui s'appelait Albe, et ses habitants les Albains. Plus tard Ascagne est devenu roi d'Albe et il a changé de nom : il s'est appelé Julius, mais on prononçait Iulius.

— Comme papa et comme moi ?

— Oui, mon amour, comme papa et comme toi. Tu t'appelles Julius, parce que c'est le nom de ton père, ton père s'appelle Julius comme son père à lui, qui était ton grand-père, et ainsi de suite, de père en père jusqu'à Ascagne-Iulius, qui est ton premier ancêtre.

— Dis, maman, le papa d'Ascagne, Énée, c'était le fils de Vénus ?

— Oui, je te l'ai déjà dit.

— Donc Vénus est un peu ma grand-mère ?

— Mais oui.

— Alors, si je suis le descendant de Vénus, je deviendrai roi des Romains quand je serai plus grand... Maman, je peux aller jouer dans la rue avec mes petits camarades ?

— Non. Je t'ai déjà dit que les rues de Subure sont dangereuses. Va plutôt sur le Forum avec eux, je vais vous accompagner.

Ainsi se déroulaient les jours. Le petit César aimait à jouer à la balle, aux billes, au cerceau : le jardinier Babasus lui avait fabriqué un cercle de fer qu'il faisait rouler à l'aide d'un bâton recourbé et sa mère avait attaché au cerceau des grelots qui tintinnabulaient gaiement en se heurtant les uns contre les autres. Quand il en avait assez de courir, César jouait à la *tabula* avec les petits garçons de son âge. La *tabula* était une planchette de bois sur laquelle on faisait rouler des noix en l'inclinant : celui qui avait envoyé sa noix le plus loin avait gagné. Il adorait aussi grimper sur l'*oscillatio*, le petit fauteuil de bois suspendu par quatre cordes à la solide branche d'un olivier, dans le jardin familial, et s'y balancer, poussé prudemment par sa mère, ou bien jouer à la guerre avec une bande de petits galopins, bruyants et échevelés, ou encore à colin-maillard avec ses sœurs et leurs amies.

Le jour de ses six ans, Aurélie lui mit pour la première fois entre les mains une mince tablette recouverte de cire, avec des bords en bois, qu'on appelait une *cera*, et un petit stylet de fer, pointu à l'un de ses bouts et muni à l'autre d'une large lame plate. Elle apprit à son fils à le tenir bien serré dans sa menotte, à tracer des petits traits sur la cire avec la pointe du stylet et à les effacer avec la lame plate, en lissant à nouveau la cire qu'il avait rayée. Dès lors, à plat ventre sur les dalles de pierre qui entouraient la villa familiale, César passait des heures entières à aligner maladroitement des bâtons sur sa tablette ; il les traçait de haut en bas, en tirant la langue. Puis il allait montrer son chef-d'œuvre à sa mère :

— Maman, regarde les beaux bâtons que j'ai dessinés.

— Ils sont beaux, répondait Aurélie, mais ils ne sont pas droits. Et puis, regarde : ils n'ont pas tous la même hauteur, recommence. Strabon, dit-elle au jeune esclave qui ne quittait pas l'enfant d'une semelle, montre-lui comment on fait, tiens-lui la main. Et toi, César, arrange un peu ta tunique, tu as perdu ta broche et elle a glissé de ton épaule. Tiens-toi bien, tu es un Julius, et non pas un petit voyou de Subure.

Après avoir couvert de bâtons sa tablette pendant des semaines et des semaines, César apprit à tracer des lettres, à les nommer, puis à lire des syllabes simples. Un beau matin, il se précipita, triomphant, vers sa mère, en lui tendant sa tablette :

— Regarde, j'ai écrit MAMA : c'est toi.

Aurélie en avait les larmes aux yeux, mais elle ne se départit point de son rôle d'éducatrice :

— C'est bien, mais il manque une lettre. Il faut écrire MAMMA, avec deux « M ».

Petit à petit, César faisait des progrès. Dès l'âge de sept ans, grâce à la patience de sa mère, il savait lire et écrire et même compter avec un boulier.

À l'aube de sa neuvième année, il se tint chez les Julius une sorte de conseil de famille auquel participèrent son père, Caïus, sa mère, sa tante Julie et l'époux de celle-ci, le général Marius, qui avait pris une retraite bien méritée dans sa luxueuse propriété de Misène, sur la baie de Naples.

— Cet enfant sait lire, écrire et compter, commença Aurélie, il faut maintenant parfaire son instruction.

— Mettons-le dans un *ludus litterarius* (école pri-

54

maire publique), suggéra Marius. Il y en a deux qui sont excellentes dans Subure.

— Tu n'y penses pas, Marius, protesta Aurélie. Je les connais, ces écoles où les garçons sont mélangés avec les filles, où les instituteurs sont d'une sévérité et même d'une brutalité inouïes. Je ne veux pas que mon fils soit traité ainsi. C'est un fils de patricien.

Marius, en bon homme du peuple qu'il avait été, se heurtait souvent à sa belle-sœur, dont il raillait les partis pris et les idées de grandeur. Il convint cependant que César n'avait plus rien à apprendre à l'école publique :

— Il est vrai que mon neveu est en avance pour son âge ; ce n'est pas un instituteur qu'il lui faut, mais un professeur de lettres, un *grammaticus*, qui lui enseignera la grammaire et l'art de bien écrire, tant en latin qu'en grec... quoique je me méfie de ces Romains prétentieux qui ne jurent que par le grec.

Caïus, qui n'avait encore rien dit, sortit de son silence :

— On m'a parlé d'un Gaulois qui a fait ses études à Alexandrie, auprès des plus fameux rhéteurs grecs ; il a, dit-on, l'esprit vaste, une mémoire étonnante et une connaissance parfaite des auteurs anciens : il est capable de réciter, pendant des heures, des passages entiers de l'*Iliade* ou de l'*Odyssée*. En outre, ajouta-t-il, il est d'un tempérament facile et doux, et il méprise les salaires : c'est un modèle de désintéressement.

— Comment s'appelle-t-il ? demanda Aurélie.

— Marcus Antonius, mais on l'a surnommé Gniphon.

— Qu'est-ce que ça veut dire, ce surnom ? demanda la tante Julie.

— Le « ténébreux », expliqua Caïus ; c'est un homme réservé, qui ne sourit jamais.

— Va pour Gniphon, dit Aurélie : où enseigne-t-il ?

— Il n'a pas d'école à lui pour l'instant.

— Nous l'installerons chez nous ; il y a un petit pavillon au fond du jardin, qui ne sert à rien ; il y sera très bien et il pourra même y recevoir des élèves.

— La grammaire et la rhétorique, c'est bien, dit Marius en bougonnant, mais je ne veux pas que mon neveu devienne une poule mouillée. Regardez-le : il n'est pas très grand pour son âge, il est frêle, et je le vois mal sur un champ de bataille. Il faut lui faire donner des leçons de gymnastique, lui enseigner à manier les armes, à combattre, à monter à cheval, à nager. Aurélie, tu devrais l'envoyer faire l'exercice, une fois par semaine, sur le Champ de Mars.

— Marius a raison, dit Caïus. Nous l'enverrons au Champ de Mars dans un ou deux ans, pour apprendre le métier des armes ; en attendant il pratiquera la gymnastique et l'athlétisme avec un de nos esclaves qui lui apprendra à courir, à lancer le javelot et le disque.

Ce qui fut dit fut fait. On fit venir Gniphon, qui vécut comme un coq en pâte chez les Julius, et le jeune César apprit par cœur les déclinaisons et les conjugaisons latines et grecques, les règles de grammaire des deux langues, les tournures et l'art de bien

56

parler et de bien écrire. Puis son maître lui fit lire et expliquer l'*Odyssée*, dans la traduction latine qu'en avait faite, cent trente ans plus tôt, un esclave grec de Tarente, et le fils d'Aurélie récitait en latin les vers fameux du grand Homère :

C'est l'homme aux mille ruses, Muse, qu'il me faut conter,
Celui qui tant erra quand, de Troade, il eut pillé la ville sainte,
Celui qui visita les cités de tant d'hommes.

— Qui est-ce, l'« homme aux mille ruses », César ?

— C'est un bonhomme qui joue des tours à tout le monde.

— Tu t'exprimes très mal. On ne dit pas un « bonhomme », ce n'est pas noble ; on dit tout simplement un « homme » ou un « personnage » ; quant aux « mille ruses », ce ne sont pas des farces que l'on fait pour rire, ce sont des moyens subtils qu'on emploie pour se tirer d'un mauvais pas. Et qui est-ce, cet homme subtil ?

— Je ne sais pas. Ah ! oui : c'est Ulysse.

— Et pourquoi a-t-il beaucoup voyagé ?

— Euh !... Parce qu'il est retourné chez lui après la guerre de Troie, et que c'était loin.

— En effet, c'était loin, mais, de plus, Ulysse avait l'esprit audacieux et curieux, il a voulu visiter un grand nombre de contrées, d'îles, de cités, et il lui est arrivé bien des aventures, il a rencontré bien des gens : de jolies jeunes filles qui étaient amoureuses de lui, comme la nymphe Calypso, la princesse Nausicaa ou la magicienne Circé, des monstres, comme le cyclope Polyphème, des démons marins à demi femmes, à demi oiseaux, comme les Sirènes.

L'élève César était doué. Dès qu'il eut atteint l'âge de dix ans, il sut réciter des passages entiers de l'*Odyssée* en grec, et non plus en latin. Gniphon l'écoutait, les yeux fermés. Il corrigeait sa prononciation, ses intonations, il lui posait des questions sur le sens d'un mot, sur une construction grammaticale, sur le style du prince des poètes. Puis César étudia d'autres auteurs grecs. Son maître lui faisait réciter des morceaux d'éloquence, choisis parmi les œuvres des orateurs d'autrefois. Enfin il lui enseigna à composer des vers, des petits discours, et il le félicitait de son application.

Les progrès de son fils ravissaient Aurélie, qui avait pour les lettres un penchant tout féminin, mais attristait Caïus qui aurait préféré, sans doute, voir César réussir dans les affaires plutôt que dans la poésie ou dans la carrière des honneurs que lui-même avait abandonnée après avoir été préteur.

Quant à l'oncle Marius, qui se vantait d'avoir été sept fois consul sans connaître un mot de grec, il goûtait plus l'éclat des armes et la gloire des victoires que les charmes des Muses helléniques, et, le soir, il prenait son neveu sur ses genoux, lui expliquait l'art d'assiéger une place, de livrer une bataille en pleine campagne et il lui enseignait l'amour du peuple.

César, le bon élève au visage pâle et aux grands yeux noirs, grandissait ainsi, entre sa mère, ses deux sœurs et son professeur. Jamais on ne le voyait courir à travers le Forum, pourtant si proche, ni flâner avec les garçons de son âge dans les rues de Subure. Lorsqu'il ne travaillait pas avec Gniphon, il lisait, attentif, quelques pages de Démosthène, ou bien se faisait raconter par sa mère comment Alexandre le Grand avait conquis l'empire des Perses. Ce qui le réjouissait le plus, c'étaient les visites de sa tante Julie, l'épouse de Marius. Elle n'en finissait pas de parler politique avec véhémence ; sa formule préférée était « ces bandits qui nous gouvernent » et César se demandait, perplexe, comment on pouvait être à la fois un bandit et un consul. La bête noire de la tante Julie était le consul Licinius Crassus :

— Il a beau parler grec et faire de grandes phrases, c'est un sauvage, disait-elle régulièrement à sa belle-sœur. Tu sais ce qu'il nous prépare ?

— Non, mais tu vas me le dire, répondait doucement Aurélie.

— Une loi inhumaine : il voudrait expulser de Rome tous ceux qui ne sont pas romains, les Picentins, les Sabins, les Campaniens et tous les autres. « Rome aux Romains », plaide-t-il en se dandinant, avec ses grosses fesses, « Rome aux Romains » : mais qu'est-ce qu'elle ferait, Rome, sans tous ces alliés italiques qui y vivent ? La vérité, je vais te la dire : il veut les expulser, mais garder leurs maisons et leurs biens. S'en mettre plein les poches, voilà le programme de ces bandits qui nous gouvernent. Ah ! ils étaient moins fiers quand les Teutons et les Cimbres menaçaient Rome. Mais je vous le demande, qu'est-ce que nous ferions, nous autres Romains, sans les peuples d'Italie qui sont nos alliés ? Sans les richesses de leur terre, sans leurs troupeaux ? Et jadis, quand Hannibal est venu nous envahir, qui nous a aidés à le combattre ? Crois-moi, Aurélie, ces beaux messieurs du parti sénatorial sont des gredins prétentieux. Il y a de quoi rougir de honte, que de côtoyer ces nobles sans noblesse.

Les jugements d'Aurélie étaient plus modérés :

— Il est vrai que certains sénateurs manquent totalement d'humanité et que leur avidité orgueilleuse est insupportable ; mais ils ne sont pas tous ainsi. Il y en a qui font preuve des vieilles vertus romaines.

— Oh ! ils ne sont pas nombreux. Ils se croient presque tous sortis de la cuisse de Jupiter.

Cette expression, fréquente dans la bouche de la tante Julie, faisait toujours rire aux éclats le petit César : il imaginait le sévère Licinius Crassus sortant, tout petit et tout nu, de la grosse cuisse du roi des dieux.

— Les choses ont changé, disait Aurélie. Le temps où tous les sénateurs étaient des patriciens n'est plus. Regarde ta propre famille, Julie : c'est une des plus anciennes familles patriciennes de Rome, et elle n'a plus de représentants au Sénat depuis bien des années, à part une ou deux exceptions, comme mon mari. Sur les listes de sénateurs que dressent les censeurs, il y a de plus en plus de chevaliers, de plébéiens qui ont fait fortune, et de moins en moins de patriciens, dont les familles s'éteignent. C'est l'argent qui compte, maintenant.

— Moi, je pense que tout finira mal. L'argent

pourrit tout. Marius rêve d'un État où tous les hommes, quelle que soit leur origine, romaine ou non romaine, auront les mêmes droits et pourront dire fièrement : *Civis romanus sum* (« Je suis citoyen romain »), qu'ils soient samnites, picentins ou grecs. Mais, avec la loi de Licinius et de son collègue Mucius, ce n'est pas pour demain. Tu verras, le sang coulera. Et pourtant le sang, ajouta-t-elle, c'est un liquide rouge qui est le même chez tous les hommes.

Ces paroles trottaient dans la tête du jeune César, et il aurait bien aimé comprendre de quoi il s'agissait. Gniphon lui parlait souvent d'Athènes, de Solon, de Périclès, de la démocratie, il savait vaguement que Rome était gouvernée par des consuls, des préteurs, des censeurs et par d'autres magistrats, mais il ignorait tout des rouages de la vie politique. Ce fut son père qui les lui expliqua, dans le courant de l'automne 91, quatre ans après la visite tumultueuse de la tante Julie et sa sortie contre la loi de Licinius Crassus.

— Papa, avait-il demandé un jour à son père, qu'est-ce que ça veut dire, « voter » ?

— Cela signifie « exprimer son opinion » sur quelque chose ou sur quelqu'un lorsqu'il y a un choix à faire.

— Quel genre de choix ?

— Par exemple, lorsque tu joues à la guerre avec tes petits camarades, vous faites deux camps...

— Oui, l'interrompit César, on joue aux Romains et aux barbares.

— Bien. Dans chaque camp, il faut choisir un chef.

— Avec mes copains, on ne choisit pas le chef, on le tire à la courte paille.

— C'est une méthode comme une autre pour désigner un chef, mais le sort peut tomber sur un mauvais chef.

— C'est embêtant. Mais comment faire ?

— Vous pouvez aussi donner chacun votre avis. Par exemple, en écrivant sur une tablette le nom du camarade que vous aimeriez avoir comme chef. C'est cela qu'on appelle « voter ».

— Et ensuite ?

— Ensuite, c'est très simple : le camarade dont le nom a été le plus souvent écrit est nommé chef.

— Et si c'est un mauvais chef ? S'il nous fait perdre ?

— Eh bien ! vous ne voterez plus pour lui la prochaine fois.

— Les grandes personnes votent, elles aussi ?

— Oui. Lorsqu'il faut désigner les chefs de Rome : les consuls, par exemple. Ou bien lorsqu'il faut faire une loi.

— Tous les Romains votent ? Même maman ?

— Non. Il n'y a que les hommes qui votent. On les réunit tous sur le Champ de Mars et ils votent. Quand il s'agit de choisir des consuls, ou d'autres magistrats, ce sont les centuries qui votent...

— Les centuries ?

— Oui, des groupes de citoyens classés selon leur fortune. Il y en a 193 à Rome. Mais, quand il s'agit d'adopter une loi, les Romains votent par circonscription, selon le quartier ou le bourg où ils habitent : il y en a 35, on les appelle des « tribus ». L'assemblée des tribus est appelée comices tributes.

— Alors la loi de Licinius Crassus que n'aime pas la tante Julie, elle a été votée par les comices tributes ?

— Évidemment.

Depuis cette fameuse loi, on ne parlait plus, à Rome, que de ces peuples italiens, que les Romains avaient dominés deux ou trois siècles auparavant et avec lesquels ils vivaient maintenant en bonne intelligence, les *socii* (les « alliés »). Il y avait parmi eux de grands propriétaires fonciers, qui contribuaient largement au ravitaillement de Rome et de ses légions, et, dans les villes dites « libres » des provinces italiennes, des banquiers et de gros négociants en rapport avec l'Orient. Ces « alliés » s'agitaient et ils étaient devenus une source de conflits politiques sans fin. Pour les sénateurs, il n'était absolument pas question de leur accorder l'égalité de droits avec les citoyens romains : ils étaient contre l'entrée en masse des « étrangers » dans la vie politique romaine. Le parti populaire, dont le chef était alors Marius, soutenait la thèse généreuse de l'égalité des droits pour tous. La tante Julie résumait la situation à sa façon :

— Le slogan du parti sénatorial, c'est « par ici la bonne soupe », et leur soupe, ces messieurs ne veulent la partager avec personne, ni avec la plèbe romaine, ni avec les « alliés » italiques ; mais, à la longue, ce sera la révolution, croyez-moi. Et, pour ces messieurs, ce sera la soupe à la grimace. Vous verrez, les élections approchent.

On était en effet à quelques semaines de l'élection

annuelle des consuls par les comices centuriates, qui avait lieu, traditionnellement, dans le dernier trimestre de l'année. Le temps était donc venu de convoquer les citoyens romains au Champ de Mars.

Après avoir consulté les présages, Marcius Philippus, le consul sortant, fit hisser un drapeau rouge au faîte du temple du Capitole et sonner du clairon dans les rues et sur les collines de Rome, ainsi que dans les bourgs environnants, pour annoncer que les comices centuriates auraient lieu le 10 novembre suivant, sous sa présidence.

César lisait l'*Odyssée* dans le jardin de ses parents lorsqu'il entendit le son du clairon.

— Papa, papa, courut-il dire à son père, on joue du clairon dans la rue.

— C'est le clairon de la République. Dans trois semaines, les citoyens choisiront deux nouveaux consuls : je t'emmènerai au Champ de Mars.

— De l'autre côté de la muraille, sur les bords du Tibre ? Oh ! chic, alors !

César dansait de joie sur place : à dix ans et demi, il s'apprêtait à recevoir le baptême du feu de la politique.

Chapitre IV

Une élection à Rome
(10 NOVEMBRE 91)

Ce 10 novembre de l'année 662 de Rome (91 av. J.-C.), il faisait bien froid lorsque le petit César s'éveilla. Déjà, les serviteurs de la maison, les yeux bouffis de sommeil, s'activaient dans l'atrium et dans les couloirs, armés de torchons, de plumeaux, de balais. Ils nettoyaient, époussetaient, lavaient les sols avec ardeur : Aurélie exigeait que la villa des Julius fût propre comme un sesterce neuf dès avant l'aube.

L'enfant s'étira, bâilla, se frotta énergiquement les yeux et descendit de son lit, haut sur pieds, en se servant d'un *scamnum* (tabouret), pour se précipiter vers le *lasanum* (vase de nuit), bien rangé sous le sommier du lit. Il versa ensuite un peu d'eau dans la *malluvia* (cuvette) qui reposait sur une console, dans un coin de sa chambre, fit une toilette hâtive et appela sa mère afin qu'elle l'aidât à s'habiller.

Il enfila d'abord un *licium*, une sorte de pagne,

qu'Aurélia lui attacha autour de la taille, sur lequel il passa une tunique de lin, faite de deux pans cousus ensemble, serrée autour du corps par une ceinture. Aurélie s'assura que sa *bulla* d'or, signe de son appartenance à la noblesse, était bien attachée à la chaîne qu'il portait autour du cou et elle noua avec soin les lacets de ses *crepidae* (espadrilles) de cuir. César ne tenait plus en place ; il trouvait que cette séance d'habillage n'en finissait pas, et il avait hâte de courir vers son père, qui l'attendait sur le perron, dans l'obscurité matinale de novembre, et de partir vers le Champ de Mars.

— Tiens-toi tranquille, Caïus, je vais te mettre ta prétexte, lui dit Aurélie.

La prétexte était un grand morceau de tissu en laine blanche, bordé d'une large bande de pourpre, qui servait de cape aux enfants — garçons ou filles — jusqu'à ce qu'ils atteignent l'âge de seize ans. Elle ressemblait à la toge des magistrats, et il fallait une grande habileté non seulement pour s'en draper, mais aussi pour la maintenir en place. Caïus n'aimait pas la prétexte :

— Non, maman. Pas la prétexte. Je veux y aller en tunique.

— Tu feras ce que je te dis. D'abord, il fait très froid, ensuite que penserait-on d'un petit Julius qui ne porterait pas la prétexte ?

Aurélie en tenait pour les traditions, et il n'était pas question de discuter ses décisions. Elle donna à son fils un gâteau moelleux, fait de lait, de farine et de miel, qu'elle avait acheté, la veille, chez un *lactua-*

rius (pâtissier) de Subure, et lui tendit un *potorium* (gobelet) d'argent plein d'eau.

— Bois, Caïus, et dépêche-toi : ton père t'attend.

Le père Caïus se débattait avec sa toge, qu'un esclave achevait de lui draper autour du corps, ce qui n'était pas une mince affaire. Il tenait à ce que les plis fussent bien parallèles, qu'elle tombât par-devant jusqu'aux pieds, et il voulait avoir le bras droit dégagé, ne serait-ce que pour tenir son fils par la main ; aussi son esclave l'avait-il remontée en écharpe sur l'épaule gauche.

— Dépêchons-nous, dit-il lorsqu'il vit apparaître son fils, je dois passer chez le *tonsor* (barbier).

En dépit de l'heure matinale, la *tonstrina* — l'échoppe du barbier — que fréquentait habituellement le père de César était déjà en pleine activité. Les clients se levaient, s'asseyaient, s'interpellaient, les *circitores* (garçons coiffeurs, assistants du barbier) circulaient entre eux avec une incroyable rapidité, tendant une serviette à l'un, un flacon de parfum ou une pommade à l'autre. Caïus prend place sur un *scabellum* (tabouret), au milieu de la boutique où officie le *tonsor*, qui l'aide à enfiler un *involucre* (peignoir) de fine batiste, afin de protéger sa toge.

Le barbier donne à son client le choix entre la *novacula* (le rasoir), que l'on passe à sec sur la peau après l'avoir affilée sur une pierre à aiguiser, et l'épilation de la barbe poil après poil à l'aide d'une *volsella* (pince à épiler) ou d'une pâte épilatoire faite de résine et de poix. Caïus opte pour le rasoir, mais le barbier opère avec une incroyable lenteur :

— Dépêche-toi, lui dit Caïus, impatient, tu vas

si lentement que ma barbe a le temps de repousser entre deux coups de rasoir.

Un *circitor* lui présente un bassin plein d'eau. Il y trempe la main droite et se la passe sur la joue pour attendrir sa barbe, à la demande du barbier, qui râpe la peau de son client plus qu'il ne la rase. Finalement, Caïus s'en tire avec quelques balafres sur les pommettes, mais il est rasé. Il fait signe au figaro de lui couper quelques mèches de cheveux. Le barbier taille et retaille, en jonglant avec son *forfex* (ciseaux), tandis que son client suit les différentes opérations dans un petit miroir qu'il tient lui-même dans la main droite. Après la coupe, le barbier devient coiffeur. Il peigne les mèches folles, les sourcils et, à l'aide d'une tige de fer creuse comme un roseau, chauffée sous une cendre brûlante, il frise les mèches d'une main experte.

Le *tonsor* savait que le père de César était coquet, et qu'il cherchait à dissimuler sa calvitie naissante par de tels artifices. Moi, se disait le petit César, quand je serai grand, si je deviens chauve, je me ferai arracher tous les cheveux et raser le crâne, comme Babasus, notre jardinier.

La séance se termine. Il ne reste plus qu'à couper les ongles du patient, à le parfumer, à le débarrasser de son peignoir, à rajuster sa toge. Caïus était prêt : rasé, coiffé, frisé, il allait pouvoir voter.

Une tribune avait été dressée sur la vaste esplanade du Champ de Mars, qui était noire de monde.

— C'est pour quoi faire, ce truc ? demanda César à son père, en montrant la plate-forme de planches qui avait été bâtie à la hâte pour la circonstance.

— Le consul va faire un discours. Quand il sera là-haut, tout le monde pourra le voir. Même toi.

— Même moi ?... Papa, regarde : il arrive.

Marcius Philippus, revêtu d'une ample toge blanche ornée de la bande de pourpre que seuls les sénateurs avaient le droit de porter, s'avançait gravement vers la tribune, précédé de douze licteurs, portant sur l'épaule droite un faisceau de baguettes de bouleau liées ensemble, et, à la main droite, une baguette avec laquelle ils écartaient la foule.

Il gravit lentement les six marches de bois qui mènent à la tribune. Le silence se fait sur le Champ de Mars : on n'entend plus que le bruissement feutré des pigeons dans les arbres. Le consul s'adresse aux citoyens romains rassemblés :

— En ce cinquième jour après les nones de novembre, je déclare ouverts les comices centuriates pour l'élection des consuls de la prochaine année.

— Qu'est-ce que ça veut dire, les comices centuriates, papa ? demanda le petit Caïus Julius César, impressionné par la solennité du moment.

— Les comices, c'est l'assemblée du peuple romain.

— Pourquoi les appelle-t-on « centuriates » ?

— Parce que, depuis des siècles et des siècles, tous les citoyens romains, ceux qui vivent à la ville et ceux qui résident à la campagne, ont été regroupés en 193 centuries. Les comices sont appelés centuriates, parce que toutes les centuries sont convoquées pour voter.

— Qu'est-ce que c'est, une centurie ?

— Autrefois, c'était un groupe de cent soldats, commandés par un centurion. Maintenant c'est beaucoup plus compliqué.

— Explique-moi.

— Tous les cinq ans, des magistrats qu'on appelle des censeurs comptent combien il y a de Romains de plus de seize ans. Ils en font la liste, avec leurs noms, leurs prénoms. Ce sont eux les citoyens romains, ils ont le droit de voter, ils doivent faire leur service militaire et payer leurs impôts.

— Alors, moi, je ne suis pas citoyen romain, puisque je n'ai pas encore seize ans...

— Non. Pour l'instant, tu es un Romain, un point c'est tout. C'est pourquoi tu portes une toge avec une bande pourpre, une prétexte.

— Elle ressemble à celle du consul...

— Oui. Tu deviendras un citoyen romain le jour de tes seize ans. Ce jour-là, j'irai te faire inscrire sur le livre des censeurs.

— Et Babasus, le jardinier, c'est un citoyen romain ?

— Non, c'est un esclave ; il n'a aucun droit.

— Et si tu disais qu'il n'est plus esclave ?

— Alors il deviendrait ce qu'on appelle un affranchi. Mais il ne serait toujours pas citoyen romain. Il n'aurait pas le droit de voter, par exemple.

— Et Pompéianus, le marchand de cruches, c'est un citoyen romain ?

— Non plus. Il a plus de seize ans, il n'est ni esclave, ni affranchi, mais il n'est pas romain : il est picentin. C'est un *socius*, un allié. Bon. Revenons aux citoyens romains. Depuis le temps des rois, c'est-à-dire depuis des siècles et des siècles, les censeurs les rangent en sept classes, d'après leur fortune. Les citoyens les plus riches qui font la guerre à cheval forment la classe des chevaliers, ceux qui sont riches mais qui font la guerre à pied forment la première classe. Ceux qui sont un peu moins riches forment la deuxième classe, et ainsi de suite jusqu'à la septième classe, qui est celle des citoyens romains qui n'ont aucune fortune et qu'on appelle les *proletarii*, les prolétaires.

— Les chevaliers, ils ont un cheval ?

— Non, pas obligatoirement. Autrefois, pour avoir un cheval, il fallait être très riche, alors on appelait chevaliers ceux qui possédaient un cheval. Maintenant c'est différent, on ne compte plus que leur fortune.

— Moi, ma fortune c'est une pièce en argent d'un sesterce que maman m'a donnée pour acheter une belle poupée de cire. Combien il faut de sesterces, pour être chevalier ?

— Au moins 400 000 ; mais ne m'interromps pas tout le temps. Dans chaque classe, les citoyens romains sont répartis en centuries par les censeurs.

— Il y a beaucoup de gens, dans une centurie ?

— Ça dépend. Par exemple dans la première classe, il y a 98 centuries ; mais, comme il y a peu de gens très riches, tu imagines bien que chaque centurie ne contient pas beaucoup de citoyens. En revanche, dans la cinquième classe, il n'y a qu'une centurie, qui regroupe des milliers et des milliers de prolétaires. Je vais te faire un petit tableau pour que tu t'y retrouves.

Caïus sortit des plis de sa toge une tablette de cire et un stylet, et il construisit le tableau suivant :

ordre des chevaliers	18 centuries
1re classe (fantassins riches ; grands propriétaires terriens) :	80 centuries
2e classe :	20 centuries
3e classe :	20 centuries
4e classe :	20 centuries
5e classe :	30 centuries
artisans :	2 centuries
artistes :	2 centuries
prolétaires et métiers infamants : ...	1 centurie
Total	193 centuries

Pendant que son père se livrait à cet exercice d'écriture et de comptabilité, César observait le consul, en haut de sa tribune. Un personnage nouveau était apparu à son côté. Comme le consul, il portait une toge ornée de pourpre, mais il tenait un bâton terminé par une crosse à la main droite. C'était un augure, un prêtre dont la spécialité était d'observer trois genres de signes, considérés comme des présages, qu'on appelait des auspices : le vol et le chant des oiseaux, les éclairs dans le ciel et l'appétit des poulets sacrés. L'augure se recueillit pendant dix bonnes minutes, leva la tête vers les cieux pour adresser une prière aux dieux, et pointa lentement son regard vers la gauche, direction considérée comme néfaste par les Romains. Il scruta attentivement le ciel et déclara, d'une voix forte et assurée :

— Je ne vois aucun auspice défavorable.

Puis il se tourna vers la droite. Il aperçut deux corneilles qui s'envolaient de concert tandis qu'un bref éclair rayait le ciel noir de novembre ; c'étaient là de bons auspices, et il déclara :

— Les auspices sont fastes, le vote des comices centuriates sera béni par les dieux.

Marcius Philippus reprit la direction de la procédure en s'adressant à la foule :

— Citoyens romains, vous allez vous regrouper par tribus et prendre place dans l'*ovile* (l'enclos) entouré de palissades, là-bas, au bord du Tibre.

Il y eut comme une grande vague humaine qui déferla sur le Champ de Mars. Tous les Romains assemblés, jeunes ou vieux, se dirigeaient vers cet enclos qu'ils connaissaient bien, car on votait souvent à Rome. Caïus était sur le point de suivre le mouvement, lorsque son fils le rattrapa par le bas de sa toge :

— Papa, qu'est-ce que c'est que toutes ces barrières, dans l'*ovile*, avec une porte à chaque bout ? Je les ai comptées, il y en a trente-quatre.

— Ces barrières délimitent trente-cinq couloirs dans lesquels nous autres, les électeurs, nous allons nous ranger pour aller voter. Il y a un couloir par tribu.

— Qu'est-ce que c'est, une tribu ?

— C'est un endroit bien précis, comme un quartier de Rome, ou un village de la banlieue, et tous les citoyens romains qui y habitent. Par exemple

73

nous, les Julius, nous habitons le quartier de Subure : notre tribu est appelée « tribu de Subure ».

— Alors le pâtissier qui a fait le gâteau au miel que maman m'a donné ce matin est de la même tribu que nous.

— Oui, évidemment ; et aussi le barbier qui m'a rasé : il est citoyen romain et il habite Subure, donc il fait partie de la tribu de Subure.

— Mais tu es plus riche qu'eux.

— C'est pourquoi les censeurs m'ont inscrit dans une centurie de la première classe. Le barbier et le pâtissier sont des artisans, ils sont de la même tribu que moi, mais ils appartiennent à une centurie de la sixième classe. Il y a en tout trente-cinq tribus ; on peut aussi les appeler circonscriptions électorales : elles sont recensées tous les cinq ans par les censeurs.

— À Rome, à l'intérieur de la grande muraille, il y a combien de circonscriptions ?

— Il y en a quatre, on les appelle les « tribus urbaines ».

— Et en dehors, dans les campagnes ?

— Tu n'as qu'à faire la soustraction. Il y en a trente et une, on les appelle les « tribus rustiques ».

Le spectacle des toges blanches qui virevoltaient dans le Champ de Mars était grandiose. César écarquillait ses yeux du mieux qu'il pouvait. Il avait perdu de vue son père, mais il était comme fasciné par cette foule romaine silencieuse et disciplinée qui, en quelques instants, s'était parquée en trente-cinq longues files, blanches et immobiles, dans les trente-cinq longues travées de bois aménagées dans l'*ovile*.

Selon une tradition qui remontait aux origines de la

République, on commença par tirer au sort la centurie prérogative, c'est-à-dire celle qui devait voter la première. Depuis la guerre contre les Carthaginois, c'était toujours une centurie de première classe appartenant à l'une des trente et une tribus rustiques. Le sort tomba sur la centurie n° 30 de la tribu Æmilia, une circonscription de la proche banlieue de Rome. Ses représentants se frayèrent un chemin, dans la travée de cette tribu, et la barrière qui la clôturait fut levée. Les électeurs prérogatifs s'engagèrent sur une petite passerelle en planches, le « pont des suffrages », sur laquelle il n'y avait place que pour une seule personne à la fois, comme dans nos modernes isoloirs. Dès qu'il arrivait sur la passerelle, le votant recevait un bulletin de vote *(libellus)* sur lequel il inscrivait les noms des deux consuls qu'il avait choisis parmi les quatre candidats en présence. Puis il le déposait dans une urne au col étroit, placée à l'extrémité de la passerelle.

Lorsque toute la centurie eut fini de voter, ce qui fut assez rapide, car il n'y avait que quarante-huit votants, tous les autres électeurs de cette centurie étant absents, on procéda immédiatement au dépouillement du scrutin. Les scrutateurs firent porter le résultat de ce premier vote au consul, qui l'annonça sur-le-champ du haut de sa tribune :

— La centurie n° 30 de la tribu Æmilia a élu comme consuls pour l'année 663 de Rome le général Lucius Julius César et l'honorable Rutilius Lupus.

Ce résultat partiel n'avait rien d'étonnant : ces deux candidats avaient l'appui du parti sénatorial conservateur, et la centurie n° 30 était composée de riches propriétaires fonciers, qui leur avaient tout naturellement accordé leurs voix.

Les autres centuries votèrent selon la même procédure. Le choix d'une centurie comptait pour une voix et le candidat qui obtenait au moins la moitié des voix plus une, c'est-à-dire la majorité absolue, était élu. Comme il y avait 193 centuries, il fallait 97 voix pour être élu. Cette année-là les deux candidats conservateurs furent choisis par les 18 centuries de chevaliers et par 79 autres centuries de la première classe ; ils avaient donc obtenu la majorité absolue des voix (79 + 18 = 97), et, la suite du scrutin ne pouvant en rien modifier ce résultat, les opérations électorales furent arrêtées : la 80ᵉ centurie de première classe et toutes les autres centuries n'eurent pas l'occasion de voter.

Le consul Philippus put donc annoncer, lorsque la nuit tombait, à la lueur des torches et des lampes à huile :

— Lucius Julius César et Rutilius Lupus ont obtenu la majorité des voix des comices. Le scrutin est donc clos. Saluons nos deux nouveaux consuls et souhaitons que, sous leur consulat, la grandeur de Rome soit plus éclatante que jamais.

Caïus, qui avait voté avec les centuries de la circonscription de Subure, avait pris son fils par la main et, suivant le mouvement de la foule qui s'écoulait lentement, il s'apprêtait à regagner Rome ; il murmura à voix basse :

— Plaise au ciel que cette victoire ne se termine pas dans le sang des Romains.

Chapitre V

Rome, ville à prendre
(91-88)

Le petit César n'était pas peu fier. Le général qui venait d'être élu consul était un cousin de son père, donc un petit peu le sien. Certes, il s'agissait d'un cousin éloigné (les deux hommes avaient le même arrière-grand-père), mais il n'en était pas moins de la famille Julius. L'enfant sautillait d'un pied sur l'autre en chantonnant :

— Je suis le cousin du consu... ul, je suis le cousin du consu... ul ! Papa, à quoi tu penses ?

— À mes affaires ; je dois partir pour Pise la semaine prochaine, et cela m'ennuie de vous laisser seuls, toi, ta mère et tes sœurs.

— Qu'est-ce que tu veux qu'il nous arrive ? Ce n'est pas la première fois que tu pars.

— Certes non, mais, cette fois-ci, ce n'est pas la même chose.

— Pourquoi ?

— Tu es trop petit pour comprendre.

— Mon prof de grammaire dit que je suis très intelligent.

— On ne dit pas mon « prof », on dit mon « professeur ».

— Mon professeur de grammaire dit que je suis très intelligent et que je comprends très bien Homère.

— Eh bien ! si tu comprends Homère, je peux essayer de t'expliquer. Qu'est-ce qui s'est passé, à Troie ?

— Il y a eu une guerre très longue... Tout le monde est mort.

— Pas tout le monde, mais beaucoup de monde. C'est hélas toujours comme ça dans toutes les guerres. Ton oncle Marius ne t'a jamais raconté les invasions des barbares ?

— Si. Il m'a dit que, lorsque je suis né, il y avait plein de méchants barbares, avec des grandes barbes et des haches, qui voulaient tuer tous les Romains et prendre toutes leurs maisons, alors il leur a fait la guerre et c'est lui qui les a tous tués avec ses soldats. Il est fort, l'oncle Marius.

— Tu te souviens du nom de ces barbares ?

César l'avait oublié.

— C'étaient les Cimbres, lui dit son père. Sans Marius et ses soldats, ils seraient arrivés jusqu'à Rome. Et ils étaient nombreux, tu sais, ces barbares du Nord...

— Combien il y en avait, des Cimbres ?

— Des milliers et des milliers.

— Autant que les hirondelles, quand elles s'envolent à la fin de l'été ?

— Beaucoup plus.

— Autant que les étoiles dans le ciel ?

— Beaucoup plus encore... ils étaient deux cent mille.

— S'ils étaient tous venus à Rome, ils auraient tout cassé. Heureusement qu'il n'y a plus de Cimbres.

Caïus tenta d'expliquer à son fils que, ce qu'il craignait, c'était un soulèvement général des peuples de l'Italie.

— Partout autour de Rome, et même très loin de Rome, il y a des peuples qui ne nous aiment pas.

— Pourquoi ?

— Parce que, jadis, nous avons pris leurs terres, leurs troupeaux, leur argent...

— Et on ne leur a pas rendu tout ce qu'on leur a pris ?

— Non, mais ils sont devenus des amis, des « Alliés », et maintenant ils sont libres, ils cultivent leurs terres, ils sont devenus riches et, bien souvent, ils font la guerre avec nous et pour nous. Seulement, nous les traitons mal. Beaucoup de Romains, qui ont des propriétés dans leurs pays, se moquent d'eux, leur empruntent de l'argent et ne les remboursent pas... Tiens, pas plus tard que l'été dernier, j'étais à Asculum...

— Asculum ? La ville qui est presque au bord de la mer et d'où vient Pompéianus, le marchand de cruches en terre ?

— Oui. Il faisait très chaud, ce jour-là, et la

femme d'un consul qui passait ses vacances là-bas voulut se rendre aux thermes, pour s'y baigner. Elle demanda au maire d'Asculum de faire sortir tous les gens qui s'y trouvaient, afin d'aller se baigner toute seule.

— Elle en faisait, des chichis, cette femme de consul. Et alors ?

— Le maire lui a obéi, et il a fait évacuer l'établissement de bains, mais la femme trouva qu'elle avait trop attendu, et elle s'en plaignit à son mari. Sais-tu alors ce que le mari a fait ? Il a envoyé deux gardes chercher le maire d'Asculum, qui fut condamné à recevoir cent coups de verges sur le derrière devant tous les habitants de la ville.

— Il n'était pas gentil, ce mari.

— Il était même idiot. Lorsqu'on lui demanda, le lendemain, pourquoi il avait fait subir un tel affront au maire de nos Alliés, il répondit bêtement : « Nous autres, Romains, nous sommes d'une race supérieure à ces Picentins. »

— Qui c'est, les Picentins ?

— Ce sont les habitants du Picénum, le pays où se trouve Asculum. Beaucoup de Romains se comportent comme ce consul avec nos Alliés, à Asculum et ailleurs ; pourtant, si l'armée romaine est grande et forte, c'est grâce à eux : ils ont combattu les Cimbres avec nous, il y a dix ans, et ils se battent vaillamment partout où Rome est menacée. Ils méritent cent fois plus d'être citoyens romains que les bandits qui nous gouvernent, comme dirait ta tante Julie.

— J'ai compris, s'écria César. Tu as peur que nos Alliés fassent la révolution, et viennent tout casser à

Rome pendant que tu seras en voyage. Mais, papa, je suis là, moi, et je défendrai maman et mes sœurs. Je n'ai peur de rien.

Avec la sagacité de ces hommes qui, ne participant pas aux luttes politiques, savent en juger sans passion les conséquences, Caïus ne doutait pas que Rome ne triomphât des Italiens en armes, mais il redoutait le prix qu'il faudrait payer cette victoire : ce serait la fin de la République et la montée, tôt ou tard, de la tyrannie. Mais cela, il ne savait pas comment le faire comprendre au gamin qui marchait à son côté, avec sa petite toge prétexte mal serrée qui volait au vent :

— Caïus, attache mieux ta toge, et cesse de te dandiner en marchant, tu as l'air d'un petit voyou, lui dit-il, en guise de conclusion.

Quelques jours plus tard, la nouvelle parvenait à Rome que le magistrat romain des affaires judiciaires à Asculum — le propréteur — venait d'être assassiné et, avec lui, tous les Romains de la ville.

L'assassin était ce même Pompéianus, dont nous avons déjà décrit l'arrivée à Rome dix ans plus tôt. Il avait été l'un des premiers à être la victime de la loi Licinius qui irritait tellement la tante Julie. Son commerce de poterie commençait à prospérer, il avait terminé de payer les usuriers qui lui avaient avancé l'argent nécessaire pour acheter une boutique sur le Forum, et il était fiancé à une jeune Romaine, une plébéienne typique, sans famille, sans biens, sans instruction, mais dont les yeux noirs et les seins roses valaient tous les bijoux et toutes les rhétoriques du monde. Un beau matin, quatre vigiles se présentèrent à son domicile, un petit appartement de deux pièces au quatrième étage d'un immeuble branlant de Subure, s'emparèrent de lui et le conduisirent sans ménagement sur le Champ de Mars, de l'autre côté des murailles de Rome :

— Fiche le camp de la Ville, sale métèque, pourriture.

— Mais qu'est-ce que j'ai fait de mal ? demanda-t-il à ces représentants de la force publique. J'ai payé mon loyer, j'ai remboursé mes emprunts et je vais bientôt me marier.

— Fiche le camp. La loi est la même pour tous.

— Quelle loi ?

— La loi qui interdit aux alliés d'être domiciliés à Rome. Allez, fiche le camp.

— Quoi ? Maintenant ? Sans prendre mes outils, mon mulet, mes poteries ? Sans emmener ma fiancée ?

— Le mulet, nous l'avons confisqué, tes poteries, elles sont en miettes, et ta fiancée c'est une Romaine : elle n'a rien à faire avec des *merdacei Picentes* (des « Picentins merdeux ») comme toi.

Pompéianus ne pouvait plus se contenir. Il se rua sur les vigiles, mais que pouvait-il faire contre quatre hommes armés ? Il fut roué de coups, assommé, à moitié étranglé et laissé pour mort sur les rives du Tibre. Des marchands qui passaient par là se chargèrent de le ramener dans son pays, après qu'ils eurent appris qu'il était d'Asculum. Là, il n'eut de cesse qu'on ne lui rende justice. Tous les matins, il se rendait chez le propréteur Servilius :

— Accorde-moi un simple laissez-passer, que je puisse avertir ma fiancée, à Rome.

La réponse était toujours la même :

— Je n'ai rien à accorder à un pouilleux de Picentin.

Et il en fut ainsi jusqu'au jour où, à bout de patience, Pompéianus tordit le cou au propréteur romain. Il traîna son cadavre sur le petit forum d'Asculum, et, à la manière des orateurs qu'il avait souvent entendus à Rome, perchés sur la plate-forme des Rostres, la tribune aux harangues, il interpella avec fougue les Asculanes qui affluaient de toute part en silence, muets à la fois de colère et d'horreur :

— Jusques à quand, Picentins, supporterons-nous l'injustice et l'arrogance de ces Romains qui nous appellent leurs amis, mais qui nous traitent comme de vils esclaves et ne nous accordent aucun droit ? Jadis, ils nous avaient promis à tous, aussi bien aux Latins du Latium, qu'ils considéraient comme leurs frères, qu'aux autres peuples de l'Italie qu'ils appellent leurs « Alliés », la paix, la prospérité, et les mêmes droits que les leurs. Mais ils n'ont jamais tenu leurs promesses. Chaque année, les plus riches de nos terres sont confisquées au profit de leur République et de leurs opulents sénateurs ; chaque année, nous alimentons le Trésor public des Romains de nos impôts, chaque année, à la demande de leurs consuls, le Latium, l'Étrurie, l'Ombrie, notre cher Picénum, le Samnium, le pays des Marses, la Campanie, la Lucanie, l'Apulie, le Bruttium (la Calabre) et même

83

la Sicile envoient des milliers de leurs enfants combattre et mourir pour Rome en Espagne, en Afrique, en Orient, en Gaule Narbonnaise. Et nous autres, aussi bien les Latins que les Alliés, nous n'avons qu'un seul droit, celui de nous taire. Nous avons aidé les Romains à faire la puissance et la richesse de Rome, mais nous n'avons ni le droit de voter, ni celui de vivre à Rome, ni celui d'épouser des Romaines, et, si quelque généreux Romain nous couche sur son testament, ses legs sont confisqués par la République. Un seul magistrat romain a pris notre défense à Rome, le tribun Livius Drusus. Il y a quelques semaines, il a proposé au Sénat d'accorder aux Latins et à tous les Alliés le droit de cité, mais les sénateurs ne l'ont pas écouté. Eh bien ! ce droit qu'on nous refuse, nous le prendrons par la force. Aux armes, citoyens picentins ! Marchons ! Marchons ! Et que le sang impur des Romains abreuve nos sillons !

La foule des Picentins qui se pressait autour de Pompéianus grossissait de minute en minute. Chacune de ses invectives était ponctuée par des clameurs enthousiastes appelant à l'insurrection. Le jeune orateur entraîna les Asculanes vers le quartier où vivaient les colons romains, qui furent tous étranglés, hommes, femmes et enfants, et leurs cadavres furent jetés dans le Tronto. Dans la ville d'Asculum, l'année 662 de Rome se terminait par un bain de sang.

En quelques jours, le bruit de l'insurrection picentine se répandit à travers toute l'Italie, aussi bien à Rome que dans le Piémont, à Naples et en Sicile. Partout, Italiques et Alliés se préparèrent à la lutte armée, tandis qu'à Rome le tribun Varus faisait voter une loi de terreur, punissant de mort toute personne suspecte de connivence avec les insurgés : la guerre d'indépendance des *socii* — la « guerre sociale », comme la nommèrent les Romains — commençait.

Les insurgés italiques se divisèrent en deux groupes, celui du Nord, autour d'Asculum, et celui du Sud, autour de Pompéi et de Nola, en Campanie, et ils se dotèrent d'un Sénat de cinq cents membres, copié sur celui de Rome, destiné à servir d'organe de gouvernement et de commandement militaire. Les armées des rebelles, tous anciens soldats ou anciens officiers des légions romaines, comptaient, au total, environ cent mille hommes. Dans le camp romain, les deux consuls à l'élection desquels le petit César avait assisté prirent la direction des opérations : Rutilius Lupus se chargea de l'armée du Nord, avec cinq légats pour le seconder, dont le glorieux Marius et le vieux tribun Pompée Strabon ; Lucius Julius César assuma le commandement de l'armée du Sud, en Campanie.

Les opérations de l'année 90 tournèrent à l'avantage des insurgés. Rutilius et Marius furent vaincus dans le Nord (le 11 juin ; Rutilius fut tué), et Lucius Julius César perdit le contrôle de la Campanie. À la fin de l'année, Pompée Strabon reprit l'offensive et mit le siège devant Asculum ; en décembre, il fut élu consul pour 89, avec Porcius Caton.

L'année 89 fut celle du redressement romain. Sur le front du Nord, Pompée Strabon livra une bataille gigantesque aux alliés (soixante-quinze mille Romains contre soixante mille Italiques) et reprit Asculum, dans laquelle il entra en vainqueur le

25 décembre 89 : Pompée Strabon fit égorger tous les habitants d'Asculum et livra la ville aux flammes. Quelques mois plus tard, toute l'Italie du Nord était pacifiée... par la manière forte.

Quant au Sud, Pompée Strabon, encore lui, s'en chargea, énergiquement secondé par un patricien de la famille Cornélius, aux ambitions sans bornes, qui avait fait carrière en Numidie (sous les ordres de Marius) et en Orient, Lucius Cornélius Sylla. Le consul Porcius Caton fut tué, et le commandement passa entre les mains de Sylla, qui reprit l'avantage sur les rebelles et les bloqua dans Pompéi et dans Nola. À la fin de l'année 89, Sylla fut élu consul pour l'année 88, avec un certain Pompéius Rufus.

Cependant tout n'était pas terminé. Il subsista même quelques foyers de résistance isolés (soutenus depuis la mer Noire par un terrible ennemi de Rome, Mithridate) et le dernier bastion italique, Nola, ne tombera qu'en 80. La guerre sociale avait coûté à l'Italie trois cent mille morts, tous combattants confondus, Romains et Alliés, et elle prépara la déchéance de la République.

Le conflit italique transforma la vie de la famille Julius. Caïus dut interrompre ses voyages d'affaires vers Pise et vers Naples, et il pouvait s'occuper davantage de l'éducation civique de son fils, comme il convenait à tout *pater familias* de bonne souche. De plus, comme Marius avait repris du service (à regret, car il était favorable à l'élargissement du droit de cité à tous les Italiques, mais la patrie était en danger et le vieux lion ne badinait pas avec le patriotisme), la tante Julie avait abandonné sa luxueuse résidence sur la baie de Naples, qui n'était pas très éloignée des champs de bataille du Sud, pour venir se réfugier dans la villa des Julius ; de sorte que toute la famille était tenue au courant des opérations militaires par les émissaires que Marius envoyait régulièrement à Rome.

Cette guerre, la première qu'il avait l'occasion de vivre, passionnait le jeune César. Il en tenait soigneusement la chronique sur un rouleau de parchemin (un *volumen*) que lui avait offert sa mère, en même temps qu'un *atramentarium* (encrier) dans lequel il trempait une petite tige de roseau bien aiguisée.

C'est ainsi qu'il nota avec rage les premières défaites romaines, en 91-90, et qu'il enregistra avec orgueil la victoire de Pompée Strabon devant Asculum. Le 13 juillet 88, jour de son treizième anniversaire, César montra fièrement à son père la dernière ligne qu'il avait inscrite sur son *volumen* : « *Rome a vaincu, vive Rome et le peuple romain !* »

— C'est bien, lui dit Caïus. Mais comme je voudrais aussi que tu puisses écrire : « Vive la République ! »... Qui sait combien de temps encore elle vivra ?

— Elle ne risque rien, la République, papa : il n'y a plus de rois depuis quatre cents ans.

— Il n'y a pas que les rois qui peuvent menacer la République et les libertés, mon fils, il y a aussi les dictateurs. Tu es encore trop jeune pour comprendre.

De fait, César comprit tout, ou presque tout, quelques jours plus tard, lorsqu'il assista, en témoin muet et attentif, à une conversation animée entre son père et quelques amis, dans l'atrium de la villa familiale. Il y avait là Flaminius, un légiste réputé qui aimait à parler politique, deux centurions qui avaient servi dans l'armée de Marius, et Canuléius, un chevalier d'origine plébéienne qui s'était enrichi dans le commerce des grains.

— Il était temps que les combats se terminent ; quelle joie que de vivre en paix ! dit Flaminius en se tournant vers Canuléius. La guerre est une bien triste chose.

— Surtout une guerre comme celle-là, dit le plus âgé des deux officiers. Elle n'a servi à rien.

— Comment, à rien ?

— Nous avons gagné la guerre, nous avons écrasé la rébellion... et maintenant nous donnons aux rebelles, morceau par morceau, ce qu'ils nous réclamaient, à savoir le droit de cité. On aurait pu faire l'économie de trois cent mille morts !

— Es-tu certain que c'est le droit de cité que réclamaient les Alliés ? dit Canuléius. Je me suis laissé dire qu'ils voulaient autre chose.

— Quoi donc ? dit le centurion, interloqué.

— L'indépendance. Ils ne voulaient pas être citoyens romains, ils voulaient s'unir pour créer un État qu'ils auraient appelé « Italie », avec une capitale, un Sénat, des magistrats, tout comme à Rome. D'ailleurs, ils ont tenté de le faire dès le début de la guerre : ils ont choisi la cité de Corfinium, qu'ils ont débaptisée et appelée Italia, comme capitale, dans les montagnes et à égale distance, à peu près, de l'Ombrie, du Picénum, du pays des Marses, de la Campanie ; ils ont installé un Sénat à eux, avec des sénateurs représentant les différents peuples, et qui devait légiférer et élire des magistrats, ils ont battu monnaie. Et, dans dix ou vingt ans, les Alliés auraient asservi Rome.

— Donc, d'après toi, dit le père de César, nous avons bien fait de leur faire la guerre, pour leur montrer notre force, puis de les reconnaître comme citoyens romains, pour tuer dans l'œuf les velléités d'indépendance.

— C'est évident, reprit Canuléius. Tu es dans les affaires, comme moi, et tu sais bien qu'il faut savoir lâcher du lest pour durer.

Flaminius écoutait, pensif. Canuléius avait raison, bien entendu, mais avait-il songé aux conséquences des lois qui accordaient progressivement, après trois années de guerre, le droit de cité aux Latins et aux Alliés ? Il posa la question à la petite assemblée en des termes plus théoriques :

— Puisque les Italiques vont avoir le droit de cité, ils vont pouvoir voter. J'ai consulté les livres des censeurs : il y a environ quatre cent mille citoyens romains, ce qui fait quatre cent mille électeurs. Dorénavant, il y aura six ou sept cent mille électeurs de plus ; comment va-t-on les classer ? Faut-il les ranger dans les trente-cinq tribus actuelles, ou créer des circonscriptions nouvelles ?

— Sans compter, dit Caïus, que, puisqu'ils seront

plus nombreux que nous autres, les citoyens romains, ils voteront pour eux-mêmes et non pas pour nous...

— À condition qu'ils s'entendent, fit remarquer Canuléius.

Flaminius reprit sa démonstration :

— Actuellement, les comices ont lieu au Champ de Mars, mais où devrons-nous aller voter quand il faudra convoquer des électeurs dont certains vivent à des centaines de lieues de Rome ? Quand, dans un procès, un Romain et un Asculane seront opposés, où plaidera-t-on ? À Rome ou à Asculum ?

Les deux centurions se grattaient la tête. Rien n'est simple, se disaient-ils. Les Italiques voulaient le droit de cité, nous leur avons fait la guerre pour ne pas le leur donner, nous gagnons la guerre, nous le leur donnons, et tout se complique. Caïus, de son côté, restait pensif. Ce n'était pas aux futurs électeurs italiques qu'il pensait, mais à la République. Il prit la parole avec gravité :

— Jusqu'à présent, tant que nous étions entre Romains, il y avait des riches et des pauvres, et nous étions gouvernés par les consuls et par le Sénat. Les trois cents sénateurs sont choisis parmi les citoyens riches, ceux dont le patrimoine est supérieur à 400 000 sesterces, et il y a parmi eux des plébéiens enrichis, des chevaliers et des nobles qui sont parvenus à sauvegarder leur fortune. Les hauts magistrats sont élus par l'assemblée des centuries, les autres (questeurs, édiles, tribuns) par l'assemblée des tribus. Conclusion : pour être et rester sénateurs, les riches cherchent à être de plus en plus riches, et ce ne sont pas les plus honnêtes qui gagnent. D'autre part, il est plus facile de s'enrichir quand on est magistrat que si l'on est simplement cultivateur ou commerçant. Deuxième conclusion : les sénateurs cherchent à devenir, ne serait-ce que pour un an, des magistrats. Finalement, ce sont les électeurs qui font la fortune des uns et des autres. Troisième conclusion : il y a en fait deux partis à Rome, celui des sénateurs, riches et conservateurs, et le parti populaire, celui des pauvres ou des moins pauvres que les hommes politiques cherchent à séduire pour être élus par eux, quitte à ne jamais tenir leurs promesses électorales. De temps en temps, un homme pur et intègre apparaît, il parvient à se faire élire, mais, dès qu'il touche aux privilèges, sa carrière se termine. Bref, dans cette République romaine, il n'y a plus de vertu. La brigue, les manœuvres électorales, l'assassinat politique, l'intimidation sont monnaie courante. Mais nous nous en sortons quand même. Quand vont arriver ces centaines de milliers d'électeurs nouveaux, étrangers à nos mœurs, à nos combines et à nos traditions électorales, le désordre sera encore plus grand. Ce sera la guerre civile permanente, bien plus désastreuse que la guerre sociale que nous venons de connaître.

— Voilà un beau discours, Caïus, approuva le chevalier Canuléius. Mais où va-t-on ?

— Vers un État non plus romain, mais italique, qui regroupera des citoyens d'origines, de mœurs, de langues diverses, destinés à vivre ensemble pour le meilleur et pour le pire.

Flaminius intervint à son tour :

— En changeant chaque année de gouvernement, comme nous le faisons depuis quatre cents ans, il ne durera pas longtemps, cet État. Il lui faudra un vrai chef, qui reste suffisamment de temps au pouvoir et qui se fasse respecter par tous... mais, alors, adieu notre belle République.

Le petit César, qui avait écouté poliment les discours des adultes, demanda à son père la permission de parler :

— Écoutons la voix de l'innocence, dit celui-ci. Parle, mon petit.

— Pourquoi ne pas choisir mon oncle Marius comme chef unique ? Il est très riche, alors il ne cherchera pas à s'enrichir davantage ; il est brave, c'est le meilleur général romain et tout le monde l'aime dans le peuple.

Les deux centurions renchérirent. Marius était le chef bien-aimé de toute l'armée romaine. Mais Canuléius avait une autre idée en tête :

— Marius vieillit : il a près de soixante-dix ans, il ne tiendra pas le coup longtemps. Je verrais plutôt un homme comme Sylla. Il vient d'avoir cinquante ans, c'est un Romain traditionnel, un patricien de la famille Cornélius ; il a appris le métier des armes en Afrique du Nord, avec Marius quand il avait trente ans, c'est grâce à lui que Marius a battu les Cimbres dans le Piémont, et il a très bien réussi en Orient, il y a quatre ans. Lorsqu'il est revenu de ces pays lointains, la guerre sociale débutait.

— Je sais ce qu'il a fait pendant la guerre sociale, dit César, je l'ai écrit dans mon *volumen*. Il était le légat du consul Porcius Caton, qui commandait l'armée du Sud et qui est mort sur le champ de bataille ; alors, il l'a remplacé et il a bloqué les Alliés dans

Pompéi et dans Nola, puis il a fait la guerre aux Samnites.

— Tu en sais, des choses, dit Canuléius.

— Ça m'intéresse, la guerre, dit l'enfant. Je la ferai, quand je serai plus grand.

— Ne dis pas de bêtises, dit Caïus à son fils.

— Et maintenant, Sylla est consul, avec Pompée Strabon, relança Canuléius. Nous allons bien voir ce qui va se passer. Je parie sur Sylla.

Ce qui allait se passer, ce devait être une atroce guerre civile qui devait durer cinq ans et dans laquelle César faillit périr.

La société romaine avait été profondément bouleversée par la guerre sociale. Les profiteurs de guerre de toute sorte — trafiquants, usuriers, entrepreneurs véreux — tenaient le haut du pavé à Rome. De plus, les colonies romaines d'Orient, aux alentours de la mer Noire, étaient menacées par les ambitions d'un souverain local, Mithridate, roi du puissant royaume du Pont (*Pontus* en latin, mot qui signifie « haute mer », par lequel les Romains désignaient la mer Noire), contre lequel Rome avait entrepris une expédition difficile en 89, alors que la guerre sociale n'était pas encore terminée ; une expédition mal commencée, d'ailleurs, car Mithridate avait détruit la flotte romaine dans la mer Noire, au large de la Crimée, et soutenait de loin, par des subsides divers, les Italiques révoltés.

Il résulta de tout cela une crise économique et politique d'envergure qui occupa toute l'année 88. Tout le monde s'insurgea contre le pouvoir sénatorial : la classe populaire, les chevaliers (qui constituèrent une sorte de contre-Sénat de six cents membres), les Italiques devenus citoyens, les affranchis jaloux des citoyens à part entière. À la tête de cette révolte, il y avait le tribun de la plèbe Sulpicius Drusus, et les chefs populaires traditionnels, dont Marius, qui s'opposaient aux consuls soutenus par le Sénat, à savoir Sylla et Pompéius Rufus.

Marius s'était retiré de la guerre sociale, qu'il n'approuvait pas, en prétextant son état de santé. Il réclamait pour lui le commandement de l'armée d'Orient : peut-être voulait-il redorer son blason, ou bien considérait-il que ce serait là sa dernière grande campagne et le couronnement de sa carrière militaire. Mais le Sénat l'avait confié à Sylla, pour deux raisons évidentes : d'une part, il était, avec Pompée Strabon, l'homme qui avait mis fin à la guerre sociale, et, d'autre part, c'était un patricien conservateur, comme la plupart des sénateurs, adversaire des désordres populaires.

Un conflit éclata donc entre Marius, le vieux lion, et Sylla, l'homme fort. Marius s'allia aux tribuns de la plèbe et aux tribuns militaires : à la suite d'une émeute plus ou moins provoquée, les comices tributes (l'assemblée du peuple dont une des fonctions était de voter les lois) furent convoqués et le décret du Sénat nommant Sylla commandant de l'armée d'Orient fut cassé. Aussitôt, Marius envoya deux tribuns militaires (il y en avait vingt à Rome) remplacer Sylla à la tête de l'armée de Campanie.

Sylla, qui assiégeait Nola (la dernière place tenue par les Alliés), ne pouvait admettre cet affront, et il donna l'ordre à ses légions de marcher sur Rome. C'était un véritable coup de force militaire, car l'entrée dans Rome était interdite aux troupes en armes, et jamais, dans l'histoire, aucun général romain n'avait osé une pareille tentative. Les officiers refusèrent de suivre leur chef, mais les soldats, attirés par l'espoir du pillage, attaquèrent les troupes de Marius, les mirent en déroute, et Sylla entra à leur tête dans Rome. Dès lors, les jeux étaient faits. Sylla convoqua le Sénat, comme il en avait le droit en tant que consul, et fit déclarer « ennemis de l'État » les chefs populaires. Le tribun Sulpicius fut arrêté et exécuté, mais Marius, dont la tête avait été mise à prix, parvint à s'échapper : il s'enfuit à Ischia, et, de là, partit pour l'Afrique du Nord, le théâtre de ses premiers succès, et il se retira dans l'île de Djerba, auprès des vétérans de son ancienne armée.

Sylla, vainqueur, fit voter des lois constitutionnelles ôtant le pouvoir législatif à l'assemblée du peuple (aux comices tributes) et le restituant au Sénat, qui retrouvait ainsi sa puissance ancienne ; puis il convoqua les comices centuriates, en novembre, afin de procéder à l'élection des deux consuls pour l'année 87. Le résultat de ce vote fut mitigé. Des deux magistrats qui furent élus, l'un, Octave, appartenait à une famille d'origine plébéienne mais très riche, la famille Octavius (il était fils et petit-fils de consul, et son arrière-grand-père avait été préteur), qui soutenait traditionnellement l'aristocratie sénatoriale, mais l'autre, Lucius Cornélius Cinna, malgré ses origines patriciennes (il était de la même famille que Sylla), avait opté avec générosité pour le parti populaire.

Cependant, Sylla n'avait plus le temps d'agir : il se devait de partir de toute urgence vers l'Orient, pour combattre Mithridate et récupérer les provinces perdues par la République en Grèce et en Asie. En son absence, il savait pouvoir compter sur Octave, mais il se méfiait de Cinna. Il lui fit donc jurer solennellement de ne rien changer aux lois qu'il venait de faire voter. Comme il avait le sens de la mise en scène, il convoqua le ban et l'arrière-ban des sénateurs, des anciens magistrats, des tribuns de la plèbe et de tous les personnages influents à Rome à la prestation de serment, qui eut lieu sur le mont Capitole, devant le temple dédié aux trois divinités protectrices de Rome, Jupiter, Junon et Minerve. Le père de César y fut convié, en tant qu'ancien préteur et sénateur, et il s'y rendit avec son fils, qu'il initiait progressivement à la vie publique :

— Un serment prononcé devant les dieux est un acte grave, lui avait-il expliqué, et celui qui se parjure mérite d'être dépouillé de tous ses droits et d'errer dans les Enfers pour toute l'éternité.

César n'était plus le petit garçon curieux qui, trois ans plus tôt, avait assisté à une élection consulaire comme on va dans une fête ; il avait conscience d'être le témoin d'un événement d'une exceptionnelle solennité et, pour une fois, il serra la ceinture de sa toge prétexte, afin de ne point paraître dans une mise débraillée devant les dieux tutélaires de l'Urbs.

Il vit arriver Cinna, accompagné de Sylla, précédés des licteurs consulaires, devant le temple. Le nouveau consul se baissa, prit une pierre dans sa main et se redressa pour prononcer son serment :

— Moi, Lucius Cornélius Cinna, consul de Rome, je promets et jure par serment devant Jupiter de garder loyalement foi et amitié à mon cousin Sylla, ancien consul de Rome, et de maintenir intactes les lois qu'il a données à la République. Si je manque à ce serment, plaise aux dieux que je sois chassé hors de Rome, ni plus ni moins que je jette cette pierre que je tiens dans ma main.

Et, joignant le geste à la parole, Cinna jeta au loin la pierre qu'il avait ramassée. La cérémonie de prestation de serment était terminée, et Sylla, sans mot dire, quitta rapidement ces lieux sacrés. Quelques jours plus tard, il s'embarquait pour la mer Noire, à la tête de ses légionnaires.

Ainsi s'acheva, de manière contradictoire, l'année 88. Elle avait vu le triomphe du parti sénatorial, dont l'homme fort, Sylla, venait de partir sur le front de l'Est, mais le pouvoir passait entre les mains de ses adversaires politiques. Il ne fallait pas être grand clerc pour prédire qu'à la guerre sociale allait faire suite une guerre civile sans pitié.

Décidément, le père de César avait raison, une fois de plus : elle était bien mal en point, la République.

Chapitre VI

L'année terrible

(87)

César allait sur ses quatorze ans. C'était un adolescent de petite taille, frêle et gracieux. Son visage, pâle et légèrement allongé, avait la finesse d'un visage de jeune fille, si ce n'étaient ses lèvres, qui trahissaient une sensualité précoce. Mais ce que l'on remarquait d'abord, quand on le regardait, c'étaient ses yeux noirs, illuminés par instants de lueurs fugitives qui leur donnaient un éclat attirant et inquiétant à la fois. Il était toujours vêtu d'une tunique blanche, à manches courtes, qui s'arrêtait au-dessus des genoux, et ne quittait jamais la chaînette d'or à laquelle était suspendue la *bulla,* la bulle témoignant de son appartenance à une famille noble. Sa démarche était molle plus que souple, presque lascive, et lorsqu'il portait la toge prétexte des adolescents, bordée de pourpre, il la laissait largement ouverte, flottant au vent, car il avait l'habitude de ne jamais serrer sa ceinture, imitant ainsi, sans le savoir, les jeunes gens efféminés qui cherchaient fortune sur le Forum.

Les troubles qui agitèrent la Ville en ces années 88 et 87 le firent vibrer. Sa jeune intelligence politique avait été formée par l'enseignement de Gniphon, qui lui avait chanté les vertus de la démocratie, et par les leçons de morale de son oncle Marius qui lui avait souvent fait comprendre que, dans un État digne de ce nom, il était inadmissible qu'une poignée d'individus (il faisait allusion à la clique sénatoriale) opprime tout un peuple en bafouant ses droits et en méprisant les magistrats qui en étaient issus. Marius allait même plus loin ; il avait toujours pensé que tous les hommes qui vivent sur un même sol doivent avoir les mêmes droits, et il était de ceux qui réclamaient le droit de cité pour tous les Italiques : si Rome le leur avait accordé plus tôt, disait-il, jamais ils ne se seraient soulevés et jamais les stupides massacres de la guerre sociale n'auraient eu lieu.

Au début de janvier 87, César avait demandé à son père la permission d'aller sur le Forum, pour assister à la cérémonie d'entrée en fonction des nouveaux consuls, Octave et Cinna ; Caïus était sur le point de la lui accorder, lorsque Aurélie intervint :

— Je ne crois pas que ce soit très prudent ; depuis le départ de Sylla pour l'Orient, le désordre est partout. Pour un oui ou pour un non, les gens se battent dans la rue, et il y a des morts tous les jours.

— Les Romains ne vont tout de même pas se battre devant les nouveaux consuls et tous les sénateurs, dit Caïus ; et puis je serai là : je suis sénateur, après tout.

— Si tous les sénateurs étaient comme toi, Caïus, Rome serait toujours en paix. Mais tu sais bien que la majeure partie d'entre eux ne supportent pas que le peuple ait élu Cinna consul, Cinna l'homme du parti populaire, l'ami de Marius et de tous ceux que Sylla a bannis ou dont il a mis la tête à prix. Je suis certaine que, si Octave, qui est une pâte molle aux ordres de Sylla, sera accueilli par des applaudissements, Cinna sera hué par les hommes de main du parti sénatorial... Ne dit-on pas qu'il a l'intention de faire abroger les lois que Sylla a fait voter ?

— Mais Cinna a fait le serment de ne pas y toucher, répliqua le père de César.

— Ce que tu peux être naïf, mon pauvre Caïus ! Tu connais Cinna : entre les serments qu'il a faits aux populaires qui l'ont élu et celui que Sylla a exigé de lui, il n'hésitera pas longtemps.

César, malgré tout le respect qu'il avait pour ses parents, ne put s'empêcher de donner son avis :

— Un serment injuste n'est pas un serment.

Il avait parlé d'un ton calme et décidé qui impressionna ses parents. César continua :

— Cinna ne trahira pas Sylla pour le plaisir de trahir ou dans son intérêt personnel, il se parjurera pour ne pas trahir les magistrats élus par la plèbe et chassés de Rome par ce même Sylla, et pour rendre la liberté au peuple romain qu'opprime une poignée d'individus.

— Notre fils a le corps d'un enfant, dit Caïus à son épouse, tandis que César partait pour le Forum, mais il a déjà l'intelligence et la clairvoyance d'un homme mûr. Laissons-le aller au Forum.

100

César était déjà parti en courant. Il arriva sur le Forum au moment même où le cortège d'intronisation des deux consuls s'engageait sur le chemin de la Curie, le palais des sénateurs. Les deux nouveaux consuls, précédés de douze licteurs, avançaient d'un pas lent, au milieu d'une foule indécise, dont les ovations, les insultes et les menaces fusaient : « Cinna, parjure !... Vive Sylla ! vive Octave !... Vive le peuple, Vive les tribuns de la plèbe » ; on entendit même quelques « Vive Marius ! », puis ce fut une mêlée confuse entre les partisans des uns et des autres, qui ne s'apaisa qu'une fois les deux consuls installés dans la Curie.

Ce qui se passa au Sénat, ce jour-là, nul ne le sut vraiment. Les deux tiers des trois cents sénateurs qui siégeaient habituellement n'étaient pas venus. Les uns, parce qu'ils ne voulaient pas rendre hommage à Cinna, qu'ils jugeaient traître à sa classe et à Sylla, les autres, tel le père de César, qui craignaient un coup de force, voire un massacre. Les jours qui suivirent, la vie à Rome devint impossible et César, tout curieux qu'il fût de la tournure qu'allaient prendre les événements, ne s'aventura plus en ville, où les affrontements entre bandes rivales étaient quotidiens. Cinna appelait à lui le petit peuple de Subure, les Italiques dont il avait toujours défendu les droits, même au plus fort de la guerre sociale, les vieux partisans de Marius. Le second consul, Octave, dut prendre officiellement position ; Cinna fut déchu de sa magistrature, et le parti sénatorial nomma un consul « subrogé » pour le remplacer : un personnage falot qui lui était tout dévoué, Lucius Cornélius

Mérula, flamine (prêtre sacrificateur) de Jupiter, un autre parent de Sylla.

Cinna dut s'enfuir. Il quitta Rome avec ses partisans, tandis que les tueurs du parti sénatorial faisaient régner la terreur sur la ville et pourchassaient tous les citoyens suspects de sympathie pour le parti populaire. Chez les Julius, on décida de se barricader. Certes, Caïus était un sénateur modéré, mais il était le beau-frère de Marius, le plus dangereux adversaire de Sylla, l'ami de Cinna, l'homme que les partisans considéraient comme un parjure à abattre, et il valait mieux prendre quelques précautions ; Aurélie, bien entendu, interdit formellement à César de quitter la villa.

— Ah ! si j'avais quelques années de plus, avait-il dit à sa mère, j'irais rejoindre Cinna hors des murs de Rome, et je l'aiderais à rétablir l'ordre républicain.

— Devant Sylla, il n'a aucune chance, dit sa mère : il n'a pas d'armée.

— Une armée, ce n'est pas un problème, lui répondit César. Depuis toujours, Cinna réclame le droit de cité pour les Italiques, il n'aura pas de mal à les mobiliser pour marcher sur Rome comme Sylla l'a fait l'année dernière... et puis, ajouta-t-il après un instant d'hésitation, l'oncle Marius viendra peut-être lui porter secours : Djerba, c'est moins loin que la mer Noire, et il pourra être à Rome avant Sylla.

— Mais il n'a pas d'armée et ses anciens soldats, chez lesquels il s'est réfugié, sont bien trop vieux pour combattre, fit remarquer Caïus, qui venait d'arriver du Sénat. Toutefois, il y a des bruits qui courent : des émissaires de Marius auraient été déposés par des pirates sur les côtes de l'Étrurie.

— Pour quoi faire ? demanda César.

— Ils parcourent le pays et font sonner de la trompe dans tous les villages où ils passent pour réunir les gens ; ils font savoir que Marius donnera la liberté à tous les esclaves qui viendraient se joindre à lui.

— L'oncle Marius est intelligent. Sylla a acheté ses partisans avec de l'or, ce n'est pas adroit ; les guerriers qu'on achète vous trahissent toujours, ils se vendent au plus offrant, tandis que ceux auxquels on a donné la liberté vous restent fidèles, à la vie et à la mort.

— Où as-tu appris cela, César ?

— Dans les livres que m'a fait lire Gniphon.

La venue d'émissaires marianistes n'était pas une fausse nouvelle. Marius était en route pour l'Italie. Il avait quitté Djerba et parcouru le territoire africain, qu'il connaissait bien, où il avait rassemblé un millier de cavaliers numides et quelques Italiques, qui, au moment de la guerre sociale, avaient fui les persécutions romaines. Puis il avait affrété deux grands navires de pirates à vingt-deux rameurs, munis d'une grande voile, et, à l'heure qu'il était, il voguait vers les côtes italiennes ; ses émissaires l'attendaient en Étrurie, où il devait aborder d'un jour à l'autre. Il jeta l'ancre au cap Télamon, où affluaient non seulement les esclaves auxquels on avait promis la liberté, mais une nuée de laboureurs, de bergers, de bouviers et d'autres paysans, attirés par la réputation du nom de Marius. Celui-ci choisissait les plus vigoureux, les plus ardents et, en peu de jours, il avait réuni une troupe de dix mille hommes. Il en chargea quarante navires et se rendit jusqu'au camp de Cinna.

Le consul déchu n'était pas aussi seul qu'on le croyait à Rome. L'armée qui assiégeait Nola, en Campanie, l'avait rejoint, et il entreprenait de mettre le siège devant Rome. Lorsque Marius parut devant lui, Cinna resta stupéfait quelques instants : il attendait un robuste baroudeur, et il avait en face de lui un vieillard de soixante-dix ans, aux cheveux longs et pendants, vêtu d'une robe de deuil noire, à la démarche lente et pesante, tel un mendiant misérable qui cherche à faire pitié. Mais il comprit bien vite que cette apparence pitoyable n'était qu'une apparence quand il croisa son regard : il y lut une résolution, une flamme vengeresse qui lui fit d'autant plus peur que Marius était plus silencieux. L'humiliation du bannissement avait transformé ce grand homme courageux en une bête féroce et impitoyable.

— Sois le bienvenu, Marius. À nous deux, nous allons sauver la République.

— Je te salue, Cinna, consul de Rome, et je me mets à tes ordres. Commande, et j'obéirai.

Cinna fut intimidé. Il était encore dans la force de l'âge, et ce prestigieux vieillard qui se mettait à ses ordres l'impressionnait.

— Je te nomme vice-consul, Marius, et tu auras douze licteurs pour te précéder, comme moi.

— Au diable tes licteurs et leurs vains ornements, ils ne conviennent pas à la misère de ma fortune ! Ordonne simplement à tous tes hommes de m'obéir sans broncher.

Il se mit à l'œuvre, en grand stratège qu'il avait été.

— Premièrement, il nous faut des vivres pour soutenir une guerre qui risque de durer : qu'on arrête tous les marchands qui transportent du blé et des vivres à Rome, et qu'on en charge tous mes vaisseaux. Deuxièmement, nous allons nous rendre maîtres de tous les ports jusqu'à Ostie, et peu importent les moyens, par les armes ou par la trahison : il faut que d'ici deux semaines Cosa, Tarquinii, Caere, Alsium et Ostie soient à nous. Troisièmement, nous allons construire un pont sur le Tibre, pour ôter à nos ennemis tout espoir d'être ravitaillés par cette rivière. Alors nous marcherons sur Rome, et nous ne ferons qu'une bouchée de ce freluquet d'Octave.

Quelques jours plus tard, au début du mois de décembre 87, les armées de Marius et de Cinna bloquaient Rome. Marius, qui connaissait l'importance stratégique des points en hauteur, décida de se saisir du Janicule, une petite colline sur la rive droite du Tibre où avait été édifié un temple en l'honneur du dieu Janus. À Rome, Octave, qui commandait en chef, n'avait, pour défendre la Ville, que ses murailles imprenables et un contingent de légionnaires bien entraînés ; mais il était tatillon et superstitieux, et c'est ce qui le perdit. Avant de combattre, il voulait avoir l'avis des anciens magistrats qui siégeaient au Sénat et, dans ce but, il rendit visite à Caïus Julius, dont il appréciait le jugement et la modération.

Il le rencontra dans sa villa de Subure, en train de jouer au *latro* (sorte de jeu de dames) avec son fils, qui avait l'air de gagner, car il avait déjà entassé deux piles de jetons noirs devant lui, qu'il avait pris à son père.

— Je te salue, Caïus Julius. Je viens te demander ton opinion. Marius est sous les murs de Rome, avec une immense armée.

— L'oncle Marius est arrivé ! s'écria César, qui ne pouvait cacher sa joie.

Octave calma sévèrement son enthousiasme :

— César, n'oublie pas que Marius a été déchu de tous ses droits de citoyen romain, puni de bannissement et condamné à mort : nous allons nous emparer de lui et le faire exécuter selon les lois de la République.

— L'oncle Marius n'est pas un traître.

— Tais-toi, César, intervint son père, tu ne sais pas de quoi tu parles.

Puis, se tournant vers Octave :

— Mon opinion sur quel sujet ?

— Marius a envoyé un détachement sur le Janicule, et mes officiers veulent faire une sortie pour l'en déloger, mais j'hésite...

— Tu as peur de Marius ? Je te comprends, dit Caïus en souriant intérieurement.

— Non, je ne le crains pas, j'ai la loi pour moi : il n'a pas le droit d'entrer dans Rome.

— Ce n'est pas ta loi qui l'en empêchera, Octave, sois réaliste.

— Je sais, je sais. Mais je n'ai pas assez de soldats. Mes officiers me suggèrent de promulguer une loi affranchissant les esclaves de la Ville pour les employer comme soldats.

— Et tu as peur qu'ils soient de mauvais soldats ?

— Non, non, les esclaves sont jeunes et ils sont

forts... mais je considère que c'est un sacrilège que d'accorder aux esclaves les mêmes droits et les mêmes privilèges qu'aux citoyens romains : Rome doit rester Rome.

Quel imbécile ! pensait César. Il peut, en quelques minutes, modifier le rapport des forces et il invoque des traditions vieilles de cinq ou six siècles. Si j'étais à sa place, je préférerais un bourgeois romain vivant et sans esclaves à un bourgeois romain mort avec des esclaves autour de lui.

Caïus, de son côté, qui souhaitait secrètement la victoire de Marius et des populaires, trouva un moyen habile de dégager sa responsabilité. Il savait Octave très sincèrement religieux et superstitieux jusqu'à la moelle et qu'il ne prenait aucune décision, aussi banale fût-elle, sans en référer à quelque devin venu de Chaldée ou d'ailleurs :

— Consulte donc les oracles de Cumes et tes devins chaldéens, lui suggéra-t-il en se mordant les lèvres pour ne pas éclater de rire, malgré la gravité du moment.

— J'ai déjà interrogé les oracles, ils me promettent que tout ira bien pour moi si je reste dans Rome.

— Alors reste dans Rome.

Octave n'était pas un imbécile, comme le pensait César, mais il ignorait tout des jeux de la guerre, et surtout qu'ils n'obéissaient à aucune règle, sinon celle du plus fort. Il s'entêtait à écouter les charlatans et les diseurs de bonne aventure ; il était comme paralysé, dans l'incapacité d'agir, tandis que les armées de la démocratie empêchaient le ravitaillement de la Ville, où venait d'éclater une épidémie de peste. Les propres alliés de Sylla se détournaient de lui, et non des moindres. Pompée Strabon, le héros de la guerre sociale, négociait en secret avec Cinna : il fut tué par la foudre et la populace s'acharna sur son cadavre. Finalement, lorsqu'il n'y eut plus un seul grain dans les greniers de Rome, lorsque les sénateurs disparurent subitement du Forum, pour se cacher dans leur villa de l'Esquilin ou de l'Aventin en craignant le pire, des envoyés du Sénat sortirent de la ville et se rendirent auprès de Cinna, qui les reçut majestueusement assis sur son siège de consul :

— Nous allons t'ouvrir les portes de Rome, Cinna, dirent les envoyés, mais promets-nous qu'il n'y aura pas de massacre, que tu ne souilleras pas tes mains du sang des citoyens romains.

— Je ne promets rien du tout, répondit Cinna avec hauteur, j'exige une reddition sans condition.

Pendant ce temps, perché sur la tribune des harangues, Octave tentait de calmer les quelques rares passants qui traînaient encore sur le Forum, il invoquait Jupiter, les oracles, les lois. Nul ne l'écoutait plus. Il fut arraché de sa tribune par quelques sbires de Marius qui s'étaient introduits secrètement dans la Ville et étranglé comme un poulet ; ensuite on lui coupa la tête et on l'attacha aux Rostres, sans autre forme de procès. On trouva sous sa toge le talisman chaldéen en lequel il croyait tant.

Cinna entra dans Rome à la tête de ses armées, fièrement, en consul légitime qu'il était ; mais

Marius s'arrêta tout net devant la porte qui s'était ouverte devant lui, et, s'adressant aux sénateurs tremblants qui lui faisaient signe d'avancer, il leur dit d'un ton où l'ironie se mêlait à la colère :

— Pères conscrits, vous qui respectez tant les lois et les formes, comment voulez-vous que je pénètre dans l'Urbs ? Vous avez donc oublié que vous avez fait voter contre moi, par le peuple, un décret de bannissement ? Quant à moi, je respecte trop les lois de ma patrie pour les enfreindre, je ne pénétrerai dans Rome qu'après l'annulation de ce décret. Qu'on appelle immédiatement le peuple de Rome sur le Forum.

Les sénateurs étaient rassurés. Tout semblait devoir se passer légalement : il n'y aurait pas de massacre. On convoqua sur-le-champ les comices, l'on fit ranger les citoyens des quatre circonscriptions de Rome en lignes, par centuries, et l'on disposa les urnes. Mais, avant même que les deux ou trois premières centuries eussent exprimé leurs suffrages, le visage de Marius se métamorphosa ; il perdit toute sa sévère gravité, qui n'était que feinte, et devint grimaçant, effrayant :

— Tuez-les tous, cria-t-il à la troupe d'esclaves étrusques en armes qui l'entouraient et qu'il appelait les « Bardiens », tuez-les tous.

Les Bardiens tuèrent d'abord au hasard, et les cadavres jonchèrent le sol du Forum. Marius leva alors le bras, et la tuerie cessa, pour quelques instants. Puis, un par un, les citoyens romains furent appelés à défiler devant lui, pour le saluer. On crut que la tuerie était terminée. Il n'en était rien : Marius avait donné à ses Bardiens la consigne de tuer tous ceux à qui il ne rendrait pas son salut. Personne ne fut épargné parmi ceux qui l'avaient trahi jadis ou contre lesquels il avait le moindre soupçon. Toutes les maisons de Rome furent fouillées. Les Bardiens forçaient les portes, tuaient les hommes, violaient leurs femmes et leurs enfants.

La terreur était dans Rome. Chez les Julius, c'était la consternation. César, surtout, en pleurait. Il avait couru sur le Forum, pour acclamer son oncle : il ne le reconnut même pas et, lorsque les têtes des sénateurs décapités volèrent, il se voila le visage de sa petite toge. « Marius, Marius, sanglotait-il, tu étais mon idole, mon modèle, qu'es-tu devenu ? » Cinna lui-même ne savait pas comment apaiser, chez Marius, cette soif de vengeance qui ternissait, en quelques jours malheureux, toute une vie de gloire au service de la patrie romaine, du peuple et des opprimés.

Cependant, à la fin de cette semaine sanglante, un semblant d'ordre républicain s'institua. Cinna fit exterminer les Bardiens, une nuit qu'ils dormaient dans leur camp, repus de vin et de luxure, et l'on procéda au jugement des collaborateurs de Sylla, qui avaient contribué à la déchéance de la République : le vénérable Cornélius Mérula, le prêtre de Jupiter qui avait pris la place de Cinna au consulat, s'ouvrit les veines au pied de la statue de son dieu, sur le Capitole, et Sylla lui-même fut déclaré ennemi public. On remit en vigueur l'ancienne Constitution romaine, celle qui donnait le pouvoir de légiférer au peuple, et non plus au Sénat, qui fut dépouillé des prérogatives que lui avait attribuées Sylla, et des élections traditionnelles furent organisées sur le Champ de Mars en décembre. Leur résultat était prévisible : Cinna et Marius furent élus consuls et intronisés en grande pompe le 1er janvier 86. Dans le même temps la nouvelle parvenait à Rome des premières victoires de Sylla sur Mithridate, qui avait soulevé contre Rome les provinces d'Asie : il avait repris la Béotie et mis le siège devant Athènes. Mais les démocrates, vainqueurs sur les bords du Tibre, avaient d'autres chats à fouetter que les Athéniens.

Après les journées sanglantes qu'il venait de vivre, le héros était fatigué. Marius s'était enfermé dans sa belle demeure romaine, où il revivait avec nostalgie son passé : la pauvre maison paysanne, près d'Arpinum, dans laquelle il était né, ses modestes débuts dans la vie militaire, au siège de Numance, le patricien Métellus Numidicus, qui l'avait pris sous sa protection, son élection comme tribun de la plèbe une trentaine d'années plus tôt, en 119, alors qu'il était parfaitement inconnu à Rome, son entrée dans la noble famille des Julius par la voie de son mariage avec Julie, ses jours de gloire : ses campagnes d'Afrique, Jugurtha, comment il avait sauvé Rome des Cimbres et des Teutons, ses six consulats, la guerre sociale, et finalement le bannissement par Sylla et sa fuite à Djerba. Son vieux corps était rompu par les guerres et les souffrances. Il ne se sentait plus le courage de lutter.

111

Il ne dormait plus la nuit, tourmenté par les fantômes de son passé et par l'angoisse de ne plus pouvoir être le lion redoutable qu'il avait été. Alors il se mit à boire, pour dormir du sommeil de l'ivresse à défaut de celui de la nature. Puis il tomba malade. C'est une grippe, dirent les médecins. C'était une pleurésie. Il resta sept jours à frissonner dans son lit. Il ne mangeait plus, il ne dormait plus, il délirait. Il se voyait faire la guerre à Mithridate, cette guerre que Sylla lui avait volée. Et il mourut, le 17 janvier 86. Il n'avait jamais eu que deux amours : sa patrie et le peuple. Il n'avait jamais eu qu'une haine : celle des aristocrates romains qui l'opprimaient. Il laissait l'une et l'autre entre les mains de son allié Cinna et de son neveu et fils adoptif Caïus Marius II, dit Marius le Jeune.

Et, sans le savoir, entre les futures mains de celui qui se considérait comme son fils spirituel, son neveu Caïus Julius César, âgé de quatorze ans et six mois.

Chapitre VII

Le flamine de Jupiter
(86-84)

César pleura son oncle comme il aurait pleuré son père et il conduisit ses funérailles au côté de Marius le Jeune, qui avait huit ans de plus que lui. Des femmes vinrent faire la toilette du mort et les employés des *exsequiae* (pompes funèbres) plantèrent un cyprès devant la maison du défunt, dont la dépouille fut étendue sur un lit d'apparat.

Puis le cortège funèbre se forma. Le corps du grand Marius fut installé sur une litière funèbre, portée par six vétérans du grand guerrier. Devant elle marchaient des musiciens, qui soufflaient dans les longues trompettes funéraires, et des pleureuses qui entonnaient des complaintes de deuil, s'arrachaient les cheveux et chantaient les louanges de l'homme qui était mort. Derrière la litière marchaient Marius le Jeune, son fils adoptif, puis son neveu César et enfin son beau-frère, Caïus, accompagné de Cinna ;

conformément à la coutume romaine, son épouse Julie n'assistait pas à la cérémonie.

Le cortège, parti de la maison mortuaire, se dirigea vers la colline de l'Aventin, où, quelques années auparavant, Marius avait acheté un terrain et fait construire un *sepulcrum* (tombeau) de marbre avec deux chambres funéraires, destinées à recevoir ses cendres et celles de sa femme. Il avait choisi ce lieu pour affirmer son attachement au peuple, parce que c'était sur cette colline que s'était retirée la plèbe, lors de sa révolte contre les patriciens, aux alentours de l'an 500 av. J.-C., révolte qui avait eu pour effet l'institution des tribuns de la plèbe. Devant la sépulture vide, un emplacement avait été réservé, où l'on avait dressé le bûcher funéraire. Cinna prononça une brève oraison funèbre, puis Caïus Marius II et César allumèrent ensemble le bûcher, en tournant le dos au glorieux cadavre qui allait se consumer sous les yeux de tous, comme le voulaient les traditions.

Les cendres de Marius furent recueillies dans une urne d'albâtre qui fut déposée dans le tombeau du glorieux soldat.

De 86 à 84, tandis que Sylla guerroyait en Orient, Rome vécut en paix, sous l'égide du parti populaire ou, comme on disait aussi, démocratique, mais dans l'attente inquiète du retour de Sylla. Un consul modéré, partisan de la paix et de la négociation, Valérius Flaccus, fut élu pour remplacer Marius : il

fit voter une loi financière dégageant les débiteurs, qui étaient nombreux, des deux tiers de leurs dettes, même vis-à-vis du Trésor public. À la fin de l'année 86, Cinna fut réélu consul pour deux ans, et, avec lui, le démocrate Papirius Carbon.

Parmi les représentants du parti sénatorial, les uns avaient péri lors de la semaine sanglante, les autres avaient été punis de bannissement et un petit nombre, des modérés, étaient passés à travers les mailles du filet de la répression. C'était le cas du père de César, dont les sympathies pour la démocratie étaient bien connues et qui avait toujours conduit ses affaires avec une scrupuleuse honnêteté. Il reprit donc ses voyages à travers l'Italie du Nord. Il était au mieux avec Cinna, patricien comme lui, et sans doute négociait-il des achats de blé et d'huile pour le gouvernement en place.

La destinée de son fils commençait à le tracasser. Il en avait discuté avec Aurélie.

— César aura quinze ans dans quelques mois et, l'an prochain, il troquera la toge des adolescents, la prétexte, contre la toge virile. Il va falloir penser à son avenir.

— J'avoue que son avenir m'inquiète, répondit Aurélie. Il a des dispositions pour les lettres, c'est certain, il fait même quelques petits vers qui ne sont pas mal tournés, mais, poète, ce n'est pas un métier.

— Ni une vie, renchérit Caïus. On pourrait peut-être en faire un avocat. Il y a en ce moment à Rome un juriste extraordinaire dont les cours ont un sacré succès ; c'est le père Cicéron qui me l'a dit : il y envoie son fils, Marcus Tullius.

— Son fils est plus âgé que César, il a bien cinq ou six ans de plus que lui. Comment s'appelle ce juriste ?

— Mucius Scaevola.

— J'en parlerai à César. Mais je doute que ces cours l'intéressent : il a horreur du droit et de tout ce qui est juridique. Il préfère l'action. Tu sais ce qu'il m'a dit, l'autre jour ?

— Non.

— Il me parlait de Socrate et de sa conception du bien et il m'a donné son avis, qui m'a étonnée : « Socrate dit que ce qui est bien, c'est ce qui est vrai, moi je dis que ce qui est bien, c'est ce qui réussit. »

— Je ne savais pas mon fils philosophe.

— Je crains fort qu'il ait un penchant pour la politique plus que pour la philosophie. Nous devrions peut-être le pousser dans cette voie-là. Après tout, c'est le neveu de Marius, et le parti de Marius est au pouvoir.

— Y restera-t-il longtemps ? Quand Sylla reviendra d'Asie, il ne fera de cadeaux à personne.

— Mais il n'a plus de partisans dans Rome.

— Ceux qui sont morts sont morts, mais il exigera le retour des bannis.

— Comment pourra-t-il exiger quoi que ce soit après tout ce qu'il a fait subir au peuple ?

— N'oublie pas qu'il reviendra en triomphateur, avec une armée victorieuse et de l'or plein ses navires. Ce ne lui sera pas très difficile de reprendre le pouvoir. Non, dans l'intérêt de notre César, je le pousserai plutôt vers les affaires. Je peux l'aider dans ce domaine, j'ai plus de relations avec les banquiers et les grands producteurs de blé qu'avec les sénateurs. Il faudrait le marier avec la fille d'un gros capitaliste de province.

— Je parie que tu penses à la petite Cossutia.

— Précisément. Elle est jolie, et j'ai noté que César se retourne sur les jolies filles, dans Subure et sur le Forum. Cossutius, son père, est le plus riche propriétaire de Tusculum : il a fait fortune dans les grains.

— Oui, je sais. Il achète des grains quand les cours baissent, il les stocke et il les vend quand les cours montent. Franchement, je ne vois pas mon petit César surveillant des hangars.

— Présentons-lui Cossutia, dit Caïus, et nous verrons plus tard. Je vais à Tusculum demain, j'en parlerai à ses parents.

Quinze jours plus tard, Cossutius venait à Rome avec sa fille, et, pendant que leurs pères parlaient affaires, les deux jeunes gens disparurent dans le jardin de la villa des Julius. Cossutia avait dix-neuf ans, un nez retroussé, l'air moqueur et déluré des filles de la campagne, et César portait encore la prétexte. D'après Babasus, les deux jeunes gens étaient partis faire une partie de balançoire, mais Aurélie ne les vit point auprès de l'olivier auquel elle était suspendue. En revanche elle entendit des rires dans les buissons voisins et la voix de Cossutia qui disait :

— Viens, viens, je vais te montrer. Ouvre ta bouche et donne-moi ta main... C'est doux, tu ne trouves pas ?

Est-ce qu'ils cueillent des mûres, ou est-ce qu'ils s'embrassent ? se demanda Aurélie. Réaliste, elle opta pour la deuxième hypothèse, s'éloigna des buissons et toussa à plusieurs reprises, pour signaler sa présence. Elle vit César courir vers elle, tout rouge, avec, comme à son habitude, sa prétexte mal ceinturée. Mais, cette fois-ci, il n'y avait pas de ceinture du tout.

Au printemps 86, les parents de Cossutia invitèrent César dans leur propriété de Tusculum, pour lui faire connaître la vie des champs. Ils avaient, eux aussi, une idée en tête.

C'était le temps des semailles. La campagne romaine était belle sous le soleil et César, le petit intellectuel citadin, avait tombé sa prétexte. Il courait en tunique à travers champs, en tenant Cossutia par la main et, de course en course, ils finirent par rouler dans l'herbe tendre, comme disent les fabulistes. Alors commencèrent entre eux les jeux hypocrites de la sensualité adolescente. Ils comparèrent leurs tuniques et Cossutia fit mine de découvrir qu'elles étaient presque de la même taille, ce qui lui donna une excellente raison pour proposer de les échanger, et César partit maladroitement à la découverte des rondeurs de Cossutia.

C'est généralement à cette phase du jeu que les jeunes filles gloussent, ce que tous les garçons interprètent comme une invitation à poursuivre leur exploration, ou s'écrient, avec une fausse innocence : « Tu me chatouilles. » Cossutia était du genre gloussant et César se trouva bientôt embarrassé. Il avait entrepris une approche méthodique du corps de la jeune fille. Il explora les épaules, le cou, les seins, descendit ses mains vers les cuisses, s'attarda autour du genou, mais, confus, il n'osait plus progresser. Si je lui touche les fesses, je vais avoir l'air idiot, se dit-il, et, tout en caressant, sans avoir l'air de rien, une jolie cuisse rose, il tentait de résoudre le dilemme : vaut-il mieux avoir l'air idiot et en rester là, ou vérifier que ses fesses sont aussi fermes que ses cuisses ?

Cossutia n'était pas plus à son aise. Sa stratégie érotique consistait à pincer son partenaire en tel ou tel point de son corps et à lui demander : « Ça te fait mal ou ça te chatouille ? » Si le garçon lui répondait : « Ça me fait mal », elle le chatouillait franchement, et, dans le cas contraire, elle le pinçait plus fortement. Mais elle aussi, elle avait ses tabous et elle feignait de ne pas remarquer l'érection césarienne.

L'arrivée inopinée d'un berger avec son troupeau mit fin à ce pugilat maladroit. Mais ce n'était que partie remise, puisque César devait passer quelques jours à Tusculum. Les adolescents amoureux sont comme les stoïciens : ils ignorent l'impatience et ils savent attendre. Ils ne sont pas torturés, comme les adultes, par l'idée que l'objet de leurs désirs peut leur être ravi. Ils ne sont pas jaloux, quand ils n'ont pas encore possédé.

Le jour baissait. César et Cossutia regagnèrent la grande maison des Cossutius pour le repas du soir. On montra sa chambre au jeune Romain et Cossutia lui glissa à l'oreille : « Je viendrai te voir cette nuit. »

Elle ne vint pas. César resta éveillé toute la nuit, guettant le moindre frottement, le moindre bruit. Il avait décidé de jouer à l'amoureux indifférent qui s'est laissé surprendre ; pour cela il s'était tourné et retourné cent fois dans son lit, à la recherche de la position idéale. Il finit par choisir l'attitude languissante que les peintres italiens donneront, plus tard, à leurs modèles : sur le dos, la tête légèrement inclinée vers la droite, le bras droit recourbé en arc au-dessus de la tête, le bras gauche allongé, la jambe droite repliée sous la jambe gauche tendue. Ainsi, pensait-il, quand elle entrera dans ma chambre, elle me découvrira offert et prêt à l'amour.

Malheureusement, on l'a dit, elle ne vint pas. Et comme le jeune homme n'osait pas abandonner cette pose de peur qu'elle ne surgît au moment où il se détendrait, il resta ainsi toute la nuit. Au petit matin, il avait les bras et les jambes raidis par des crampes douloureuses. Et il jura, mais un peu tard, qu'on ne l'y prendrait plus à jouer les charmeurs alanguis.

Il rentra à Rome puceau comme devant et perdit sa première virginité le lendemain, avec une jeune putain de Subure, douce et experte.

Voici l'été et ses chaleurs. César a dit adieu à son enfance. Dans un an, il quittera la prétexte pour revêtir la toge virile. Il se sent libre et désœuvré, il entreprend une tragédie, il écrit un *Éloge à Hercule*, il relit Homère et quelques vers libertins qui, un demi-siècle plus tard, choqueront tellement l'empereur Auguste qu'il en interdira la publication. Ils choquèrent aussi sa mère, qui les découvrit par hasard, en rangeant ses vêtements. Elle s'en ouvre à la tante Julie, toujours aussi énergique, aussi tonitruante malgré son veuvage.

— Il faut que jeunesse se passe, ma petite Aurélie, lui dit-elle. Ton fils, quand il aura l'âge, nous le pousserons dans la carrière des honneurs, que mon frère Caïus a refusée. Le pauvre Marius me disait souvent : « Ce petit, je sens en lui l'âme d'un grand politique et, bien que ce ne soit pas compatible en général, l'âme d'un grand guerrier. Quand j'étais jeune légionnaire, au siège de Numance, quelqu'un demanda à notre chef, Scipion Émilien, qui pourrait lui succéder comme grand capitaine, il répondit, en me frappant sur l'épaule : "Celui-ci peut-être" ; j'en dirai autant de notre petit César. »

— Je le pense aussi. Il y a chez cet enfant une perspicacité, un sens de ce qu'il faut faire et de ce qu'il ne faut pas faire qui manque à bien des adultes. Son père voulait en faire un homme d'argent et lui faire épouser Cossutia, moi je rêve pour lui de la fille ou de la nièce d'un consul, tiens, Cornélie, la fille de Cinna : elle est en âge de se marier.

— Je m'en charge. Cinna ne peut rien me refuser : il doit sa réussite à Marius. Nous marierons César dès qu'il aura quitté la prétexte.

Ce grand jour ne devait pas tarder. Le 13 juillet 85, César terminait sa seizième année et il allait revêtir solennellement, pour la première fois, la toge virile. La cérémonie eut lieu dans la villa des Julius.

Caïus a convoqué tous les membres de la famille, les vivants comme les morts. Les premiers ne sont guère nombreux. César est le seul Julius mâle vivant ; les autres sont des femmes : sa mère, sa tante Julie, ses deux sœurs Julie. Les morts sont représentés par leurs *imagines*, leurs portraits en cire, conservés avec soin dans des cases placées autour de l'atrium ; il y en a onze, dont le plus ancien Julius connu, Lucius Ier celui qu'on avait surnommé pour la première fois « Caesar », deux anciens consuls, quatre anciens préteurs, un ancien prêtre.

Il a aussi invité tous les amis de la famille, les affranchis, les clients. Tout ce petit monde attend, dans l'atrium, l'arrivée de la vedette du jour, Caïus III Julius César.

La porte au fond de l'atrium s'ouvre et le jeune homme paraît, vêtu de sa toge prétexte. Le père, Caïus II, quelque peu ému, récite la prière appelant sur César la bienveillance de ses ancêtres. L'adolescent s'approche lentement de l'autel des dieux Lares, y dépose la bulle d'or qu'il portait au cou depuis sa naissance, ôte sa toge bordée de pourpre et se drape dans sa toge virile. L'assistance applaudit.

— César, ta ceinture est mal serrée, fait remarquer sa mère.

Puis, en cortège, tout le monde se rend au *tabularium*, l'édifice où sont conservées les archives de l'État romain. Un fonctionnaire inscrit sur un *volumen* son nom, son prénom, son surnom, son âge, ainsi que la tribu et la centurie auxquelles il appartient. Il n'y a plus qu'à grimper tout en haut du Capitole, à rendre grâce aux dieux tutélaires de Rome et à la déesse de la jeunesse, et à redescendre. La cérémonie est terminée, et c'est le retour joyeux à la villa des Julius, où un grand festin a été préparé.

César est dorénavant un citoyen romain à part entière.

Un citoyen qu'il va falloir marier sans attendre. La tante Julie avait de la suite dans les idées : il lui fallait arranger le mariage de César avec Cornélie, la fille de Cinna, d'autant qu'on annonçait le prochain retour de Sylla, qui avait restauré la puissance de Rome en Grèce et sur les rives de la mer Noire, et que la guerre civile risquait de se déclencher à nouveau.

— Pressons-nous, expliquait-elle à Aurélie. Marions ces deux enfants et installons-les dans ma propriété de Misène ; si le sang doit encore couler sur le Forum, que ce ne soit pas celui de mon neveu.

Elle se rend chez Cinna, qui la reçoit avec les honneurs dus à la veuve de son ancien compagnon de lutte. Il accueille sa proposition avec plaisir, mais aussi avec intérêt. Avoir comme gendre le jeune chef d'une des plus anciennes familles de Rome, une des rares familles patriciennes qui n'avaient trempé dans aucun scandale, financier ou politique, cela pouvait être un atout pour son avenir politique. Le mariage est donc décidé. Ce n'était pas un mariage d'argent, comme celui dont avait rêvé le père de César avec Cossutia, c'était un mariage de raison : en épousant Cornélie, la fille du tout-puissant premier personnage de la République, César entrait dans la carrière. La suite de l'histoire nous montrera que ce fut aussi un mariage d'amour.

La cérémonie des fiançailles eut lieu en 85, au moment des vendanges. Elle fut rapide et discrète, car Cinna et son collègue Papirius Carbon, le consul qui avait remplacé Marius à la mort de celui-ci, avaient de lourdes préoccupations : ils tentaient de négocier avec Sylla qui, toutes voiles dehors, voguait vers l'Italie, après avoir rétabli la situation en Asie.

Au mois de décembre 85, premier coup de théâtre : on apprend que le père de César, en voyage d'affaires, est mort brusquement à Pise, en faisant sa toilette matinale. Aurélie accueillit la nouvelle avec la dignité héroïque des matrones romaines et César, le cœur serré, s'installa tout aussi dignement dans son rôle de *pater familias* ; il décida — car c'est lui qui décidait, maintenant, dans la famille Julius — que son mariage aurait lieu au mois de janvier 84.

Le *princeps* — le président — du Sénat était alors Valérius Flaccus. C'était un homme de paix, et, avec l'assistance du juriste Mucius Scaevola, il avait préparé un compromis. De son côté, Cinna avait concentré une flotte dans l'Adriatique, au large d'Ancône, de Rimini et de Ravenne, afin de parer à toute éventualité. Au début de l'année 84, une sédition éclata parmi les troupes, sans doute pour une banale histoire de prime ou de butin, et l'épée d'un centurion mit fin à la vie du futur beau-père de César. Il n'est pas impossible que le bras du criminel ait été armé par des émissaires de Sylla, car l'assassin se serait écrié, au moment de l'attentat :

— Je délivre la République du plus injuste et du plus cruel des tyrans.

Les régicides et autres auteurs de meurtres politiques disent toujours cela.

C'est donc une orpheline que César épousa, dans la plus stricte intimité, aux premiers jours de l'année

84. Cornélie se maria en robe blanche, mais sans le traditionnel voile rouge de mariée ; il n'y eut ni chanteuses, ni joueuses de flûte, ni cortège, ni festin.

César marié, sa vie publique allait commencer. Il n'avait pas l'âge requis pour prétendre entrer dans la carrière des honneurs (il fallait avoir trente ans au moins pour se présenter à la questure, le grade le plus bas des magistratures), il n'avait aucun goût pour la carrière militaire, dans laquelle on pouvait entrer dès l'âge de seize ans, il ignorait tout du négoce et des finances, le droit ne l'intéressait pas et, c'est bien connu, la poésie ne nourrit pas son homme. Alors, que faire de César ? Sa mère et sa tante eurent une idée : pourquoi pas un prêtre ?

La République romaine n'était pas laïque. La vie domestique et la vie publique reposaient sur la religion, considérée comme une sorte de contrat entre une multitude de dieux et de génies — les grands dieux mythologiques, mais aussi les dieux domestiques ou familiers — et les hommes. Entre un dieu et un homme, il y avait un rapport de clientèle : le premier devait aide et protection au second si celui-ci lui rendait les hommages rituels. De sorte que tous les actes de la vie publique et privée commençaient par une offrande ou par un sacrifice destiné à plaire aux dieux, qui manifestaient leur volonté par des présages.

D'où la place importante tenue par les prêtres à

Rome. Eux seuls savaient prendre les auspices — c'est-à-dire interpréter les présages — et observer les rituels. Et, comme « être prêtre », ce n'était pas une fonction, mais une dignité, on pouvait la recevoir concurremment à une autre. Elle était accordée par les prêtres eux-mêmes, groupés en collèges.

— César est trop jeune pour entrer dans le collège des pontifes, dit Julie ; d'ailleurs il n'y a pas de poste vacant, et nos quinze pontifes ont tous bon pied, bon œil.

— Et chez les flamines ? demanda Aurélie.

Les flamines étaient les trois prêtres chargés d'allumer le feu des sacrifices offerts aux trois grands dieux tutélaires de Rome, Jupiter, Minerve et Junon, dont le temple, construit par Tarquin le Superbe, le dernier roi de Rome, couronnait la colline du Capitole. Il comprenait trois sanctuaires parallèles, avec, au centre, le sanctuaire consacré à Jupiter et, sur les côtés, ceux de Junon et de Minerve, qui se terminaient par un fronton commun.

— Les flamines de Junon et de Minerve ne sont pas prêts à laisser leur poste, répondit Julie, mais le flamine de Jupiter s'est ouvert les veines il y a trois ans, et on ne l'a jamais remplacé. Rappelle-toi. C'était Cornélius Mérula qui avait été choisi comme consul pour remplacer Cinna, quand le parti sénatorial avait déposé celui-ci. Il s'est suicidé lorsque Marius est entré dans Rome.

— Je vois très bien mon fils en flamine de Jupiter, dit Aurélie en souriant. Mais l'acceptera-t-il ?

— Demandons-le-lui.

Aurélie fait appeler César, qui, en jeune marié

126

qu'il était, ne quittait guère la chambre conjugale. Il se présente à sa mère quelques minutes plus tard, dans une tenue quelque peu débraillée.

— César, attache ta ceinture...

— Oui, mère.

Il ne me dit plus « maman », depuis qu'il est marié, nota Aurélie, c'est la vie !

— César, ta tante et moi nous avons quelque chose d'important à te dire.

— J'écoute.

— Tu es maintenant le chef de la famille Julius, tu ne peux rester à Subure, à regarder les mouches voler.

— Je ne regarde pas les mouches voler, j'écris...

— C'est la même chose. Tu es chef de famille, tu es marié, tu dois occuper une fonction digne de ton rang. La tante Julie propose de te faire nommer flamine de Jupiter.

— Mais il y en a déjà un.

— Non, il n'y en a plus depuis trois ans. Elle va intervenir auprès de ton beau-père.

— Mais je n'ai pas envie d'être flamine de Jupiter. Je veux vivre ma vie, moi. C'est bon pour un vieux bonhomme. Tu penses : les flamines ne doivent rien toucher avec leurs mains, ils ne peuvent porter aucun insigne, aucune agrafe, aucun bijou, ils ne peuvent ni divorcer, ni prendre des maîtresses...

— Tu as déjà l'envie de tromper la petite Cornélie ?

— Non, mère, je disais cela sans réfléchir. Tout leur est interdit, aux flamines, même de monter à cheval ou de sortir de Rome. Et puis tu as vu leur costume ? Tu m'imagines avec un chapeau pointu terminé par une mèche de laine ? Tu crois que j'ai envie de me promener, hiver comme été, avec une lourde toge de laine tissée par ma femme ? Elle ne sait même pas tisser. Non, non, je ne serai pas flamine de Jupiter.

La tante Julie intervient :

— Tu dis des bêtises, César, il y a belle lurette que toutes ces interdictions ne sont plus observées. Le flamine de Jupiter ne porte son bonnet pointu que lorsqu'il allume la flamme du bûcher, sur le Capitole. Et j'ai connu quelques flamines, du temps de ton oncle, qui, lorsqu'ils venaient dîner chez nous, ne s'ennuyaient pas. Il y en avait un qui nous présentait une nouvelle femme chaque semaine. Il avait le chic pour ramasser toutes les pimbêches de Misène.

— Ta tante a raison. Et puis, rassure-toi : tu ne resteras pas longtemps flamine de Jupiter. La vie est longue.

Le collège des flamines accueillit favorablement la candidature de César, d'autant qu'elle était appuyée par le consul Papirius Carbon. Le jeune prêtre avait alors dix-sept ans. Mais il n'exerça jamais ses fonctions, car la guerre civile allait reprendre dans Rome et la cérémonie d'investiture fut remise *sine die*.

En revanche, il voyait poindre à l'horizon de l'année 83 une nouvelle fonction : sa femme Cornélie était enceinte. Si c'est une fille, lui dit-il amoureusement, elle s'appellera Julia, comme toutes les femmes de la famille Julius.

Ce fut une fille.

Chapitre VIII

Un proscrit mal ceinturé
(83-81)

Rome tremblait. Le terrible Sylla, victorieux du roi Mithridate, revenait d'Asie, plus riche et plus puissant que jamais. Il avait fait savoir qu'il se vengerait de tous ses ennemis. Tous les chefs du parti populaire, tous les sénateurs modérés, tous ceux que la tourmente révolutionnaire marianiste de l'année 87 avait épargnés, tous ceux qui avaient pactisé avec Marius ou avec Cinna savaient que leurs jours étaient comptés. On disait, sur le Forum : « Cinna et Marius ont tué la moitié du Sénat, Sylla tuera l'autre moitié », ou encore : « Marius était un lion enragé, Sylla est un lion enragé doublé d'un renard cruel. »

— Un tyran chasse l'autre, expliquait Gniphon à César, qui était venu le visiter, mais la tyrannie subsiste. Elle risque même de s'aggraver en changeant de visage.

— Que faire ?

— L'union sacrée contre la dictature venimeuse de Sylla.

— C'est facile à dire, Gniphon, mais ce n'est pas aisé à faire.

Elle se fit quand même : le patricien Cornélius Scipion et un homme nouveau, issu de la plèbe, Norbanus, furent élus consuls pour l'année 83. À eux deux, ils disposaient d'une armée de cent mille hommes, auxquels s'étaient ajoutés quarante mille Samnites, un peuple allié qui avait bien souffert au temps de la guerre sociale.

Au printemps 83, on apprenait que Sylla venait de débarquer à Brindes, avec une armée de quarante mille hommes, aguerris et fanatiques, enivrée de ses victoires. Deux puissants Romains étaient venus le rejoindre : le patricien Métellus, et le jeune chevalier Pompée, qui n'avait alors que vingt-trois ans et qu'on devait appeler plus tard Pompée le Grand.

Sylla, Métellus et Pompée firent mouvement aussitôt. Ils taillèrent en pièces toutes les armées républicaines et celles de leurs alliés italiques, ne laissant sur leur chemin que des ruines fumantes et des cadavres. Il ne leur fallut que trois mois pour atteindre Rome, sous les murs de laquelle Sylla parvint avec son armée au mois de juillet 83, quelques jours avant le dix-huitième anniversaire de César, qui était depuis peu papa d'une jolie petite Julie. Mais il ne put forcer les terribles murailles et, vers la fin de l'automne, il rebroussa chemin et prit ses quartiers d'hiver en Campanie.

En janvier 82, les consuls sont deux hommes du parti populaire : Papirius Carbon et Marius le Jeune, fils adoptif du grand Marius. Pendant toute l'année, des batailles terribles mettent aux prises les armées romaines officielles et celles de Sylla et Métellus. Le carnage continue. Les généraux parcourent toute l'Italie à la recherche d'hommes valides. Le dernier sursaut des forces démocrates a lieu à Préneste, à une trentaine de kilomètres au sud de Rome.

Marius le Jeune s'y était enfermé avec ses alliés samnites, en octobre 82. Il se savait vaincu. Sylla avait fait égorger, un à un, tous les Samnites prisonniers, sous les murs de la ville. Dans un dernier sursaut d'orgueil, Marius envoya un émissaire à Rome, porteur d'un ordre épouvantable, au préteur Damasippe : celui de réunir tous les sénateurs dans le palais du Sénat et de faire massacrer par des tueurs professionnels tous ceux d'entre eux qu'ils considéraient comme suspects. Ainsi, pensait-il sans doute, lorsque Sylla entrera dans Rome, il ne se trouvera pas un magistrat, pas un sénateur pour le féliciter. Puis, blessé, il se fit achever par un esclave et mourut.

Sylla et Métellus pénètrent dans Rome en novembre 82, tandis que Pompée occupe la Sicile, fidèle aux démocrates, et fait exécuter Papirius Carbon, le second consul, après un simulacre de procès. À Rome, Sylla et Métellus s'autoproclament proconsuls, et Sylla pérore devant les sénateurs. Pendant qu'au Forum et au champ de courses on égorge des Romains par milliers — six mille soldats faits prisonniers — le « lion-renard » prononce un discours que n'auraient pas désavoué les dictateurs qui ont empuanti l'histoire de l'Europe pendant vingt siècles. Comme les quelques sénateurs qui avaient osé venir siéger s'étonnaient des hurlements qu'on entendait au-dehors, il leur dit simplement, sans presque s'interrompre, et d'un ton indifférent :

— Écoutez ce que je vous dis, Pères conscrits, écoutez tranquillement, soyez attentifs, et ne vous préoccupez pas des cris poussés par une poignée de criminels que l'on punit sur mon ordre.

Ce qu'il leur disait tenait en peu de mots :

— Pères conscrits, le dernier consul de Rome vient d'être jugé et exécuté en Sicile, sur mon ordre et celui du général Pompée. Je vous propose de voter la vacance du consulat, que nous appellerons « interrègne », et de m'élire dictateur, après consultation du peuple.

La comédie était finie et la République aussi. Sylla plongea Rome dans un bain de sang. On tuait en permanence, partout et n'importe qui. Un jeune sénateur eut le courage d'interpeller le dictateur :

— Nous ne te demandons pas, Sylla, d'épargner ceux que tu as délibérément décidé de faire mourir, nous te prions d'ôter du doute ceux que tu as résolu de laisser en vie.

— Je ne sais pas encore qui je laisserai en vie, répondit calmement Sylla.

— Dis-nous au moins ceux que tu veux faire mourir.

— Vous le saurez dès demain... Mais je risque d'en oublier.

Et à partir du lendemain, en effet, il fit publier, jour après jour, la liste des proscrits. Puis il fit savoir que toute personne qui découvrirait, dénoncerait ou tuerait un proscrit recevrait en récompense

12 000 deniers ; que toute personne qui cacherait un proscrit, quels que soient ses liens de parenté avec lui, deviendrait elle-même un proscrit ; que les enfants et les petits-enfants d'un proscrit seraient marqués du sceau de l'infamie et verraient leurs biens confisqués. Avec Sylla, la dénonciation faisait son entrée dans l'histoire des institutions.

César avait tout pour déplaire à Sylla : il était le neveu de Marius et le gendre de Cinna, les deux plus grands ennemis du dictateur dont il ne restait plus que les cendres. Cependant, il ne figurait pas sur les listes des proscriptions qui, chaque jour, étaient affichées dans Rome.

— C'est quand même curieux, lui avait dit Gniphon : il a dû t'oublier.

— Je ne crois pas que Sylla oublie les amis de ses ennemis. C'est un monstre, mais il ne fait rien par passion : il a un but, c'est évident.

— Quel but ? se venger ? terroriser ses ennemis politiques ? s'enrichir des biens de ceux qu'il fait tuer ? le pouvoir à l'état pur ?

— Non, un autre but, beaucoup plus lointain, et je ne suis pas loin d'être d'accord avec lui, mais ce sont les moyens que je désapprouve.

— Je t'écoute.

— Quand il est parti en Orient, c'était un général-politicien comme un autre, comme Marius par exemple, en quête de victoires, de butin et de gloire.

Lorsque Marius fit casser le décret du Sénat qui l'avait chargé, lui, Sylla, de la guerre contre Mithridate, il a été furieux, il a mis ce coup bas au passif du parti populaire, et il a fait ce que tu sais en relevant le parti sénatorial. Puis il est parti en Asie.

— Jusque-là, je te suis.

— Et j'ajoute que ce genre de manipulation de la plèbe et des sénateurs était chose courante à Rome. Donc, Sylla a un but traditionnel et il emploie des méthodes politiques traditionnelles.

— Tu raisonnes froidement, mais j'aime cela. Je retrouve mon ancien élève qui commentait si bien Platon.

— En Asie, Sylla a changé. Pourquoi, je n'en sais rien, mais il a changé. Il a peut-être eu une sorte de révélation politique. Il a obtenu tout ce qu'il désirait, le pouvoir, les victoires, etc., et il a découvert qu'il lui fallait autre chose.

— Mais quoi ?

— L'éternité.

— Je ne comprends pas.

— Il a découvert qu'il n'existait que deux modes de régimes politiques : ceux dans lesquels le pouvoir est attribué aux gouvernants par des procédés variés, comme le vote, le tirage au sort, la loi du plus fort ou du plus riche, et ceux dans lesquels il se transmet de père en fils, comme chez les souverains orientaux.

— Ce n'est pas la peine d'aller au fin fond de l'Asie pour découvrir cela. Vous aussi, les Romains, vous avez eu des rois avant d'avoir la République.

— C'est précisément ce qu'il a découvert : que les régimes d'Orient, si différents du nôtre, étaient tout aussi mauvais et tout aussi instables. Ce qui l'a conduit à se poser la question : comment faire autrement... et à trouver ce qu'il croit être une réponse.

— Laquelle ?

— Le régime idéal, ce pourrait être un pouvoir fort, entre les mains d'un homme fort, qui n'aurait de comptes à rendre à personne, et qui ferait le bonheur de son peuple en gouvernant sans contrainte, sans avoir besoin de se reposer sur tel ou tel, sur le peuple ou sur les riches. Et il s'est dit que s'il réussissait à installer un tel mode de gouvernement, sa gloire serait vraiment éternelle.

— Pour l'instant, il ne fait le bonheur de personne, sinon de quelques assassins et de quelques bandits de grand chemin.

— Je le sais. Mais il pense que c'est une sorte de mal nécessaire, un mauvais moment à passer pour parvenir au gouvernement idéal. Il rêve d'être un dictateur éclairé.

— Et je te rappelle le syllogisme d'Aristote : tous les hommes sont mortels, or un dictateur éclairé est un homme, donc un dictateur éclairé est mortel. Qui lui succédera, à supposer qu'il réussisse ?

— Il n'a pas trouvé la réponse à cette question. Moi non plus, d'ailleurs.

— Tu voudrais être un dictateur comme Sylla ?

— Non. Un dictateur, peut-être, mais qui aimerait les hommes et le peuple. C'est précisément le point faible de sa position : il n'aime pas les êtres humains. Il n'aime que lui. Alors il échouera.

— Que les dieux t'entendent ! Mais cela n'explique pas que tu ne sois pas sur la liste des proscrits.

— Détrompe-toi, ça l'explique. À partir du moment où tu admets que le but de Sylla, tout utopique qu'il soit, dépasse ses propres désirs actuels, tu dois admettre qu'il cherche à s'entourer de tous les hommes qui risquent d'être utiles à son projet. Il a bien engagé Pompée, et pourtant, c'est un imbécile, mais c'est un bon organisateur militaire. Je fais sans doute partie de ceux-là. Et, comme je n'ai aucune fortune, faire de moi un proscrit n'enrichirait personne, sinon mon dénonciateur.

— Mais si tu refusais de le suivre ?

— Alors, là, je deviendrais son ennemi en puissance, et tu ne me trouveras pas sur une liste de proscrits : tu trouveras simplement mon cadavre dans un caniveau, ou flottant sur la Cloaca maxima ; j'aurai été officiellement victime d'un « accident » ou d'un coupeur de bourses, et il honorera mes funérailles.

— Je vais te donner mon avis, César. Les hommes se sont donné, un peu partout dans le monde, les gouvernements qu'ils pouvaient. Quand ils sont trop malheureux, il leur arrive de se révolter et ils changent de gouvernement. Et ainsi de suite. Ceux qui veulent faire le bonheur des peuples malgré eux sont des fous. Laisse ton Sylla où il est : il finira bien par mourir. Et prends bien garde à toi. Adieu, César. Et n'oublie pas le proverbe : pour vivre heureux, vivons cachés... et muets, par les temps qui courent.

César l'oublia. La vie reprenait peu à peu son cours, à Rome, sur un fond de dénonciations et de proscriptions, mais il se sentait curieusement à l'abri. Il n'avait jamais été l'adversaire de personne et, encouragé par l'indifférence que Sylla lui marquait, il se tourna vers le collège des flamines, dans lequel il avait été admis l'année précédente. Il voulait savoir quand il serait officiellement investi.

La demande parvint jusqu'à Sylla, qui contrôlait tout, régentait tout. Les qualités de ce jeune patricien, qui n'avait jamais participé à quelque lutte politique que ce soit, l'intéressaient. Il profita de l'occasion pour demander au jeune homme un gage de fidélité :

— Je veux bien que tu te rapproches de nous, mais tu dois faire un geste. Tu as épousé Cornélie, la fille de Cinna, et je ne peux supporter l'idée que le flamine de Jupiter soit le gendre de mon pire ennemi.

— Mais il est mort, ton pire ennemi, Sylla.

— Je le sais. Mais c'est ainsi. C'est pourquoi je te demande, comme je l'ai demandé à Pompée, de répudier Cornélie et d'épouser une autre femme, qui soit davantage des nôtres ; je te signale que Pompée a accepté : il a répudié son épouse, Antistia, pour épouser ma belle-fille, Émilie.

Courageusement, César répondit :

— Cornélie est ma femme, la mère de ma fille Julie, et elle le restera.

— Et pourquoi donc ?

— Parce que je l'aime. Un point c'est tout.

— Souhaitons que tu n'aies pas à t'en repentir. Adieu, César.

Le lendemain, César était en bonne place sur la liste des proscrits. Par la même occasion, il était rayé de la liste du collège des flamines et sa fortune fut confisquée. Mais il n'avait pas attendu que la liste fût publiée pour s'enfuir : il quitta Rome la nuit même, déguisé en colporteur, et gagna le pays des Sabins, à une quarantaine de kilomètres au nord de Rome, en passant par de petits chemins de campagne, car les deux grandes routes qui y menaient, la via Flaminia et la via Salaria, étaient truffées de policiers et de chasseurs de primes : dénicher un proscrit était une bonne affaire pour celui qui le découvrait.

Pour éviter d'être dénoncé, il changeait chaque soir de gîte et dormait dans des granges, dans des cabanes de bergers, dans des étables. Un soir, il aperçut une bâtisse abandonnée qui avait encore bonne apparence et courut s'y cacher ; mais, à peine s'était-il allongé par terre pour dormir qu'il entendit des voix qui s'approchaient. C'étaient des voix d'hommes.

— Tu l'as vu ?

— Non, il a filé vers le bosquet.

— Nom d'un chien ! Si je le trouve, je lui casse les reins et je le mène à la police.

— Tu crois qu'il est caché dans la grange ?

— Ça m'étonnerait. Jetons-y un coup d'œil.

— Bon sang ! jura César, ils vont me découvrir. Et il fait noir comme dans un four !

Il tâtonna, heurta une bêche qui tomba par terre avec un bruit d'enfer, et, en poussant une porte basse, il parvint à se glisser dans un réduit étroit et malodorant. S'ils viennent, ils ne me trouveront pas là, pensa-t-il. Tout à coup, il eut l'impression de n'être pas seul ; il lui avait semblé entendre respirer un petit animal. Il tâtonna encore, se retourna dans

le noir, tenta de se déplacer dans la direction de la
« chose » qui respirait.

Un prodigieux coup de gourdin l'étourdit pendant
quelques secondes. Il se mordit les lèvres pour ne pas
crier, mais déjà une petite main fraîche se posait sur
sa bouche.

— Ne dis rien, ne parle pas, ils sont là, murmura
à son oreille une voix qu'il entendait à peine.

— Qui es-tu ?

— Cécilia. Ils ont arrêté mes parents hier.

— Qui, « ils » ?

— Les proscripteurs. Mon père était un ancien
soldat de Marius. Et toi ?

— Je suis dans la même situation que toi.

— Ils ont arrêté ton père ?

— Non, ils veulent m'arrêter.

— Comment t'appelles-tu ?

Il hésita. Il valait mieux qu'elle ne sache pas qui il
était :

— Marcus. Qu'est-ce qu'on fait, maintenant ?

— On peut dormir, ils sont partis.

La nuit fut plus que douce pour les deux jeunes
proscrits. Cécilia devait avoir son âge, mais elle était
experte dans l'art des caresses et César se laissa faire.
La vie de proscrit n'avait pas que des inconvénients.

Ce jeu de cache-cache avec les policiers, les proscripteurs et les mouchards de toute sorte dura plusieurs semaines. César disparaissait maintenant dans
des grottes sur les flancs de l'Apennin mais on était
en novembre, et les nuits devenaient de plus en plus
froides. Il se nourrissait de fruits sauvages et de raci-

nes et, quand il croisait un être humain, il simulait le simple d'esprit.

À ce régime, il finit par tomber malade. Abruti par les fièvres, frissonnant, il ne parvenait plus à se déplacer, et des âmes charitables l'avaient étendu sur un brancard. Il pouvait ainsi se faire transporter d'un asile à un autre. C'est au cours d'un de ces transports qu'il fut arrêté par les sbires de Sylla. L'escouade était commandée par un larron qui lui dit s'appeler Cornélius. L'imminence du danger eut raison de sa fièvre. César eut, d'instinct, une de ces réactions foudroyantes comme il en aura tant plus tard ; sa voix devint dure, cassante :

— Cornélius, combien toucheras-tu pour m'avoir pris ?

— Douze mille deniers.

— Et que devras-tu faire, pour cela ?

— Te transporter jusqu'à Rome.

— Sur mon brancard ? Sur ton dos ?

— Ah ! je n'y ai pas pensé.

— Qu'est-ce qui t'intéresse le plus ? Me transporter ou les 12 000 deniers ?

— C'te blague ! Les deniers.

— Alors je vais t'en donner 15 000, et tu me laisseras ici. Tu auras ton argent, et tu n'auras aucun effort à faire. Qui sait, tu trouveras peut-être un autre proscrit et tu doubleras la mise.

Cornélius n'était pas futé, mais il avait assez de jugeote pour comprendre que l'affaire était bonne et sans risques. Il empocha les deniers de César en répétant, ébahi :

— Ah ! ben ça, alors ! Ben ça, alors !

140

L'intention de César était d'atteindre la côte adriatique en passant par les montagnes de l'Apennin, et, de là, filer en Grèce ou même en Asie. Mais la route montagneuse était longue et malaisée, et ses crises fiévreuses l'obligeaient souvent à s'arrêter un ou deux jours. Au fur et à mesure qu'il s'enfonçait dans la montagne, les proscripteurs se faisaient plus rares et il put arriver, méconnaissable et épuisé, à Asculum, sur le Tronto, la ville d'où était partie la révolte des Alliés dix ans plus tôt.

Ce bourg modeste lui sembla le comble de la civilisation, après ce qu'il avait subi depuis un mois. En outre, le pays des Picentins avait conservé un bon souvenir de Marius, de ses efforts pour obtenir le droit de cité qu'ils réclamaient, et César put s'abriter chez un ancien centurion à qui son oncle avait fait octroyer quelques terres, en récompense de ses bons et loyaux services. À sa grande surprise, César constata que le courrier de Rome arrivait régulièrement à Asculum et il adressa une lettre à sa mère, qui, depuis l'arrivée de Sylla, s'était réfugiée dans la belle villa de ses parents, sur la colline de l'Esquilin, avec sa femme et sa fille.

Aurélie, en bonne mère romaine, n'avait pas perdu son temps. Elle avait remué tout Rome pour obtenir de Sylla l'amnistie de César. Elle fit intervenir son frère, qui, lorsqu'il était consul, avait défendu les intérêts du parti aristocratique, et jouissait d'un grand prestige auprès de Sylla, le collège des prêtresses de Vesta, les vestales, ainsi que de nombreux personnages considérables. Sylla repoussa longtemps les arguments et les prières des amis d'Aurélie qui fai-

saient valoir la jeunesse et l'innocence de son fils :
« Qu'as-tu donc à craindre de ce jeune homme qui
ne s'est jamais occupé de politique ? » lui disait-on.
Il leur répliquait à tous que ce « jeune homme » était
peut-être plus dangereux pour leur parti qu'ils le
croyaient. Il finit cependant par accorder la fameuse
grâce qu'ils lui réclamaient, non sans leur dire :

— Triomphez et gardez-le, mais sachez que ce
jeune homme dont le salut vous tient tant à cœur
causera un jour la perte du parti aristocratique que
vous avez défendu avec moi : il y a dans César plusieurs Marius... Méfiez-vous de ce jeune homme mal
ceinturé.

« Mal ceinturé », dans la bouche de Sylla, sonnait
comme une injure : c'est ce qu'on disait, sur le
Forum, des jeunes homosexuels débraillés qui ven-
daient leurs charmes en dandinant des fesses. Et il
aurait pu ajouter, comme on le disait en souriant
dans la bonne société romaine : « César ? C'est un
minet parfumé, toujours fourré chez le coiffeur, à se
faire épiler. »

Minet peut-être, mais de la gent féline César avait
la prudence, et le « pardon » méprisant de Sylla,
accordé du bout des lèvres, ne lui disait rien qui
vaille. Il en avait aussi la souplesse et la vivacité : il
saisit la première occasion qui se présenta pour bondir loin de Rome. Cette occasion, ce fut le général
Minucius Thermus qui la lui offrit. Il rencontra ce
personnage, qu'il ne connaissait pas auparavant, chez
son barbier, au cours d'une séance d'épilation.

— C'est toi, le fils d'Aurélie et de Caïus Julius ?
lui demanda-t-il d'une voix chaude et douce.

142

— Oui.

— Sylla m'a parlé de toi ; je t'ai reconnu à tes yeux noirs... C'est vrai qu'ils sont beaux, ces yeux !

César avait horreur des compliments que l'on faisait sur sa personne, il se contenta d'esquisser un sourire.

— Je suis le général Minucius Thermus. Cela te dirait de partir avec moi en Bithynie ? Sylla m'y envoie.

— Il t'y envoie dans quel but ?

— Il a laissé une flotte là-bas, et il m'a chargé de la ramener. J'ai besoin d'un second.

— Mais je ne connais rien à la navigation.

— Il y a des marins, pour ça. Mais la société des marins m'ennuie, et la traversée est longue. J'ai besoin d'un compagnon de voyage bien élevé, cultivé et séduisant. Viens, je te présenterai au roi Nicomède.

— Tu crois que Sylla me laissera quitter Rome ? demanda César. Tu sais qu'il ne me porte pas dans son cœur.

— Oui, je sais, tout le monde en parle autour de lui. Mais ça lui passera : tu es encore trop jeune pour lui nuire, et il a d'autres fers sur le feu. Allez, décide-toi vite. Je lui dirai que Nicomède préfère les jeunes gens mal ceinturés aux centurions poilus. Je pars après-demain.

Il ne fallut pas plus de deux minutes à César pour accepter l'offre de Minucius Thermus.

Sa carrière militaire allait commencer d'une drôle de façon.

Chapitre IX

Le mignon de Nicomède
(81-78)

César ne connaissait de l'Orient que celui des anciens Grecs. Il savait confusément qu'il y avait là-bas une immense mer, sombre et profonde, qu'on nommait à Rome le Pont-Euxin, et qu'on y pénétrait, en venant de la Méditerranée, par un chenal étroit, le détroit de l'Hellespont, que nous appelons aujourd'hui les Dardanelles.

Il avait aussi appris que les terres baignées par cette mer Noire avaient jadis fait partie de l'empire du grand Alexandre, qui les avait conquises sur les Perses, et que, maintenant, elles étaient partagées en une multitude de petits royaumes, plus ou moins indépendants du grand empire gréco-persique voisin, qui était tombé entre les mains des Parthes, ces cavaliers qui nomadisaient autrefois autour de la mer Caspienne. Le Pont était l'un de ces petits États. Depuis un demi-siècle, Rome avait conquis la Macédoine et la Grèce, ce qui l'avait tout naturellement conduite à s'intéresser aux rives de la mer Noire et, par voie de conséquence, au royaume du Pont.

Mais là s'arrêtaient ses connaissances. Il n'avait pas très bien compris ce que Sylla était allé faire si loin, alors que la guerre civile faisait rage dans l'Urbs, ni en quoi le roi du Pont, Mithridate, méritait qu'on s'occupât tant que cela de lui. Rome, pensait César, a d'autres chats à fouetter en ce moment. Il s'en ouvrit au général Minucius Thermus en sortant de l'échoppe du *tonsor* qui les avait tous deux rasés de près et parfumés, comme c'était la règle dans la *high society* romaine, par une belle matinée de ce mois de septembre de l'année 81 avant notre ère :

— Depuis que je suis né, Rome et l'Italie ne cessent de vivre en état de guerre civile permanent. Quand j'étais tout petit, je n'avais pas le droit d'aller jouer ni au Forum, parce qu'on s'y battait, ni dans les rues de Subure, parce que les paysans de la banlieue venaient, de temps à autre, démolir des boutiques ou incendier les logis de quelques plébéiens. Lorsque j'ai eu dix ans, ma tante invectivait — en paroles — les « bandits qui nous gouvernent ». Ensuite, ce fut l'assassinat du propréteur d'Asculum, suivi de trois années de guerres à travers toute l'Italie ; à l'époque, je voyais ça comme un jeu, et je prenais des notes sur un *volumen*, mais j'ai changé d'avis lorsque j'ai compris que cette guerre avait tué tant de gens, pour rien.

— Pas pour rien, César : beaucoup se sont enrichis dans cette affaire, sur la ruine des autres.

— Mais pourquoi Sylla est-il parti en Asie, au lieu

de rester ici, et de participer à la reconstruction de l'Italie et à la réconciliation des Romains ?

— On le comprendra un jour, peut-être. Sylla est un patriote sincère, mais il voit plus loin que tout le monde quand il s'agit de la grandeur de sa patrie. Il me l'a dit souvent : un jour viendra où Rome, qui n'était qu'un petit village il y a six ou sept cents ans, s'étendra sur toutes les contrées qui entourent la Méditerranée, de l'océan Atlantique jusqu'aux déserts de l'Afrique et de l'Arabie. Et tous les peuples y vivront libres et en paix sous une seule loi.

— Je comprends. C'est un beau rêve, et moi-même je le fais souvent. Mais je trouve que partir conquérir l'Asie au moment où les Romains et les Italiens se massacraient les uns les autres du mieux qu'ils le pouvaient, c'était mettre la charrue devant les bœufs. C'est il y a dix ans qu'il fallait un dictateur à Rome, pas maintenant. On aurait fait l'économie de deux guerres civiles.

— Tu as peut-être raison, mais on ne peut pas écrire à nouveau l'histoire. Une fois allumés les feux de la guerre civile, par qui que ce soit, on ne pouvait les éteindre qu'avec du sang. C'est ce qu'on appelle le réalisme politique.

— Laissons cela, général. Parlons du futur. De quoi s'agit-il ?

— J'aime bien cette manière de parler, jeune homme : tu as beau être mal ceinturé, tu me sembles avoir de l'énergie. Tu as entendu parler de Mithridate ? C'est le roi d'un royaume proche de la mer Noire. Il rêve de l'étendre tout autour de cette mer comme nous

146

cherchons à le faire pour Rome autour de la Méditerranée... et les deux mers communiquent entre elles.

— Aïe. Je vois. Il faut empêcher ce roitelet de grandir.

— Tu comprends vite. Mais Mithridate n'est pas un roitelet et il a un avantage sur nous : son peuple est bien uni derrière lui, comme il l'était derrière les rois qui l'ont précédé.

— C'est l'avantage de la monarchie, général. Tous les pouvoirs entre les mains d'un seul... à condition que ce chef solitaire soit avisé et aime son peuple ; s'il ne songe qu'à se remplir les poches, ou à satisfaire ses instincts les plus bas, le peuple en question a intérêt à lui couper la tête.

— Entre le royaume du Pont et la mer Noire, il y a un petit pays charmant où jadis, si l'on en croit Homère, vivaient les Amazones. C'est la Bithynie...

— Joli nom !

— Joli pays, aussi, où la vie est bien agréable. C'est un pays ami, et, depuis des lustres, les rois Nicomède de Bithynie sont les alliés de Rome.

— Pourquoi Nicomède ?

— C'est leur nom, de père en fils. Ils sont d'origine grecque, et leur civilisation est très raffinée. Le souverain actuel est Nicomède IV. Il a été chassé de son trône par Mithridate ; Rome, fidèle à son traité d'alliance, a envoyé une flotte pour le lui restituer, mais Mithridate a coulé la flotte romaine.

— Quand cela ?

— Il y a huit ans, en plein milieu de la guerre sociale. Il a fait pire : pour affaiblir Rome, il a soulevé contre elle les cités grecques, en particulier Athènes, et envoyé des armes aux Italiques révoltés, il a envahi d'autres royaumes d'Asie amis de Rome, bref, il nous a bien fait peur.

— Là, je suis au courant. C'est à ce moment que Sylla est parti pour l'Asie, laissant la République à Cinna. Entre nous, il a fait du bon travail en Asie. Il a tout repris en main et remis Nicomède sur son trône. Mais il n'y a pas été de main morte.

— Tu connais son mot, lorsqu'il a pris Athènes après un siège de plusieurs mois ?

— Non.

— Selon sa méthode, qui est, je l'avoue, un peu radicale, il avait décidé de passer tous les Athéniens par les armes. Mais, au nom du glorieux passé de cette cité, il a dit : « J'accorde aux morts la grâce des vivants. »

— La suite, je la connais, Sylla a rétabli l'ordre romain en Grèce et en Orient. Nicomède a retrouvé son royaume et les villes qui étaient restées fidèles furent récompensées.

— Mais il en a profité pour rafler tous les trésors de Delphes, d'Olympie et d'ailleurs. C'est de bonne guerre.

— Et qu'est-ce que nous allons faire là-bas, maintenant ?

— Il y a une cité qui n'a pas été punie, c'est Mytilène, la capitale de l'île de Lesbos.

— Le berceau de la poésie lyrique... Ah ! Saphô... tu connais sa chanson :

« Je dis que l'avenir se souviendra de nous,
Je désire et je brûle... »

Oui, Saphô, l'avenir s'est souvenu de toi.

— Bravo ! Nicomède appréciera. Donc, nous allons punir Lesbos et prendre Mytilène.

— Comment ?

— Avec la flotte que Nicomède nous a promise et que nous allons chercher de ce pas. Allez, en route pour Pouzzoles... Tu connais ?

— Oui, à l'entrée de la baie de Naples. Mon oncle avait une belle villa dans le coin.

Il s'aperçut, mais un peu tard, de ce mot malheureux, mais le général Thermus, tout au plaisir de retourner en Asie, ne releva même pas que César venait de faire allusion à feu Marius, le pire ennemi de Sylla.

— C'est le meilleur port d'Italie, enchaîna Thermus, intarissable, une véritable petite Délos. Les bateaux y sont à l'abri toute l'année : on y a construit une formidable jetée. Nous irons à Pouzzoles par la via Appia ; avec un bon *cisium* (voiture légère attelée) à deux chevaux, nous y serons en quatre ou cinq jours, sans nous presser. Un navire à voiles et à dix-huit rameurs nous conduira à Nicomédie en une douzaine de jours. Tu as le mal de mer ?

— Je ne sais pas. Ce sera mon premier voyage en bateau. Quel sera mon grade ?

— Tu sera mon *contubernalis*, c'est-à-dire mon officier d'état-major, en quelque sorte. Je t'aurai toujours à ma disposition.

Le voyage se passa sans encombre, et ils arrivèrent à Nicomédie (l'actuelle Izmit, en Turquie, sur la mer de Marmara) dans les délais prévus.

— Prépare-toi, lui dit Thermus, tu vas porter un message au roi le plus rapidement possible.

Le général avait tout prévu. Il avait embarqué à bord le meilleur barbier de Pouzzoles, de sorte que son jeune *contubernalis* fut rasé, épilé, coiffé, parfumé et poudré comme jamais il ne l'avait été à Subure, et il se présenta devant Nicomède vêtu d'une toge d'un blanc immaculé qui faisait ressortir le noir de ses yeux. Comme à son habitude, il avait laissé sa ceinture desserrée.

Nicomède IV, roi de Bithynie, était assis sur un siège de bois d'orme, orné de pierreries, à la manière orientale. C'était un homme grand, assez fort, d'une cinquantaine d'années, qui avait dû avoir les traits fins dans sa jeunesse, mais ses paupières étaient lourdes, comme celles des libertins romains. César lui tendit le message de son général : il enjoignait à sa Très Excellente Grandeur le roi Nicomède IV de Bithynie de tenir la promesse qu'il avait faite à Sylla qu'il mettrait toute sa flotte, bien armée, avec ses équipages, à la disposition de Rome à la première réquisition de celle-ci et sans délai. En d'autres temps, Nicomède se serait offusqué du ton énergique du message, mais il ne l'avait pas remarqué : l'arrivée de ce jeune Romain aux yeux noirs et à la toge flottante l'avait plongé dans un profond émoi.

Il se leva, se dirigea vers César et le prit dans ses bras pour lui donner l'accolade. Mais, au lieu de la donner joue contre joue, il fit en sorte que ses lèvres effleurassent celles du jeune homme d'un baiser rapide, auquel le jeune *contubernalis* répondit.

— Comment te nommes-tu, beau Romain ?

— Caïus Julius César, ô roi de Bithynie.

— Mon nom est Nicomède... Tu es fatigué, cher Caïus, le voyage est long depuis Rome... Veux-tu te reposer ? dormir ?

— ...

— Gardes, cria Nicomède, accompagnez cet ambassadeur jusqu'à ma chambre, qu'il puisse s'y délasser.

Les gardes du roi l'y conduisirent et, si l'on en croit Cicéron, il s'endormit dans un lit d'or aux draps de pourpre. À bord de son navire, le général, ne voyant pas revenir son jeune assistant, se prit à sourire d'un air entendu : il connaissait l'appétit de Nicomède pour les chairs fraîches de tous sexes. Cependant, il se trompait : César dormit comme on dort à vingt ans, tout d'une traite, et ne se réveilla que le lendemain à midi. Le roi avait soulevé la lourde tenture de velours qui fermait sa chambre et l'avait simplement regardé dormir en silence.

Le jeune homme fut tiré de son sommeil par les gazouillements de quatre jeunes filles orientales qui lui ôtèrent ses vêtements, y compris le pagne de lin qu'il portait à même son corps, l'entraînèrent dans une sorte de piscine où elles pénétrèrent, nues, avec lui, et entreprirent de le laver et de le masser sur toutes les parties de son corps. Elles éclatèrent d'un rire joyeux lorsqu'elles obtinrent la preuve tangible de son plaisir.

Vers trois heures de l'après-midi, deux éphèbes qui n'avaient pas quinze ans vinrent quérir César qui se prélassait dans son lit de pourpre :

— Habille-toi, Romain, le roi te convie à un festin qu'il a fait préparer en ton honneur.

Il faisait chaud, César se laissait peu à peu aller à cette ambiance de fête orientale qui lui faisait oublier Rome, Sylla et même Cornélie, devenue une jeune mère de famille respectable. Il décida de ne pas revêtir sa lourde toge et de se rendre à la fête qu'on lui offrait les pieds nus, en tunique et sans pagne, en laissant pendre les deux bouts de sa ceinture, sans même la nouer mollement.

La salle où avait lieu le festin était immense. Nicomède et ses invités n'étaient pas étendus sur des lits, à la manière romaine, mais assis en tailleur sur d'épais tapis aux couleurs vives. César fut accueilli par des murmures d'admiration. Alors, jouant de la prunelle, il s'empara d'un *crater* (vase à vin) et le présenta au roi, en souriant. Nicomède lui tendit la coupe d'or dans laquelle il buvait et César se pencha pour le servir, tandis que le monarque, nonchalamment, lui caressait la croupe en lui passant la main sous la tunique.

Le repas se déroula dans une atmosphère qui devint très vite orgiaque. Là, deux jeunes filles à peine pubères montraient fièrement leurs jeunes appas à des négociants romains venus en Orient dans le but d'acheter quelques prostituées pour un lupanar luxueux qu'ils avaient installé à Pompéi, près de

Naples. Ailleurs, un géant barbu et rieur présentait son énorme sexe en érection à qui voulait l'empoigner ou le goûter, en poussant des grognements de plaisir. Un peu plus loin, avachis sur des coussins moelleux, des personnages d'apparence noble et imposante contemplaient un défilé de courtisanes qui se déshabillaient langoureusement devant eux tandis que des gitons s'affairaient entre leurs cuisses. D'autres s'étaient assis en cercle autour de six danseuses syriennes, entièrement nues, munies de petits tambourins à grelots, dont la danse lascive était plus qu'une invitation à l'amour.

Nicomède prit César par la main.

— Viens, lui dit-il, nous serons plus à l'aise dans mes appartements.

Et c'est ainsi que le fils de la sage Aurélie devint, pendant plusieurs nuits, la femme du roi de Bithynie, qui émaillait leurs ébats de trivialités latines : *Te paedico* (« Je t'enc... »), lui disait-il en le besognant, et, quand il prenait entre ses mains la tête de César, il pénétrait dans sa bouche en lui criant : *Irruo* (« Je m'enfonce »). Les négociants romains qui avaient assisté à ces débauches — auxquelles, d'ailleurs, les riches citoyens de Rome étaient accoutumés — se hâtèrent d'envoyer dans la capitale quelques lettres piquantes sur ce jeune patricien en service commandé devenu le mignon d'un souverain oriental. Et il se trouva de bonnes âmes pour faire courir le bruit qu'il s'était prostitué à Nicomède.

Cependant, était-ce un scandale ? La loi romaine interdisait l'homosexualité masculine entre citoyens romains, mais non pas entre un Romain et un esclave, un affranchi ou un étranger (ce qui était le cas, en la matière, pour Nicomède, fût-il un roi). César n'avait donc pas violé la loi. Le vrai scandale, c'était plutôt le caractère public de l'affaire, le fait qu'il eût pris la place d'un esclave en jouant à l'échanson et surtout qu'il n'avait pas été envoyé en Bithynie pour faire la fête, mais pour faire la guerre. Et l'on n'aimait pas toujours, à Rome, le mélange des genres.

Cela dit, César fit la guerre, et il la fit bien. Après quelques jours — ou quelques semaines — de plaisir entre les bras de Nicomède, il obtint de celui-ci la flotte promise, qui, sous le commandement de Minucius Thermus, quitta Nicomédie, traversa la mer de Marmara, gagna la mer Égée par les détroits des Dardanelles et du Bosphore, et jeta enfin l'ancre devant Mytilène, capitale de l'île de Lesbos.

Disposer une flotte nombreuse autour d'une île pour l'assiéger, investir sa ville principale, mettre au point la tactique du futur assaut, cela prenait du temps. César, qui était hanté par le souvenir de son aventure avec Nicomède, et qui ne participait pas à ces travaux préparatoires, interrogea son général :

— Thermus, pourrais-tu m'accorder quelques jours de permission ?

— Pourquoi ?

— J'ai besoin de retourner en Bithynie. Un client à moi (on appelait « client » à Rome un homme libre — généralement un affranchi — qui faisait partie de la maisonnée d'un *pater familias* et qui était, en quelque sorte, son protégé) m'a chargé de recouvrer une créance sur un débiteur qui habite Nicomédie.

Le prétexte était cousu de fil blanc, mais Thermus lui accorda la permission demandée et César put retrouver, pour quelques jours, l'homme qui avait su retenir ses sens. Puis il revint à Lesbos et il participa à la prise de Mytilène, avec vaillance sans doute, car son chef lui décerna la *corona civica* (la couronne civique), décoration attribuée, en principe, à tout combattant qui sauvait la vie d'un soldat romain et tuait son adversaire : c'était une couronne de feuilles de chêne avec des glands.

La campagne de Mytilène était achevée. Il était traditionnel, dans ce cas, de renvoyer les troupes à Rome, ou sur un autre front, et le général vainqueur, nommé propréteur du territoire conquis, se chargeait d'en organiser l'administration. Thermus renvoya donc la majeure partie de ses troupes et donna le choix à César entre rentrer à Rome ou rester à son côté.

— Je préfère rester en Bithynie ou à Lesbos, répondit César. Tu m'initieras à l'administration d'une province.

— Et tu pourras obtenir une permission de temps à autre pour faire un tour à Nicomédie... afin de vérifier si les comptes de ton client sont bien en règle, ajouta-t-il avec un sourire ironique.

César le remercia. En fait, il voulait, tout à la fois, profiter des circonstances pour s'instruire dans un domaine où il était totalement ignorant, et sans doute goûter à nouveau aux plaisirs et aux fêtes de

Nicomède. Mais la raison profonde pour laquelle il préférait rester en Orient était d'une autre nature : c'était la crainte qu'il avait des réactions du dictateur qui régentait Rome. Sylla ne lâche jamais sa proie, pensait-il, il n'aura de cesse qu'il n'y ait plus, dans l'Urbs, un seul homme qui puisse se dresser contre lui. Pour vivre longtemps, concluait-il, vivons caché.

Il passa ainsi plus d'un an à apprendre le métier d'administrateur, à savourer le luxe et les plaisirs de l'Orient, mais aussi à apprécier les bienfaits du régime politique stable de ces petites monarchies orientales, dont la vie quotidienne n'était pas troublée par d'incessantes campagnes électorales et par la course aux honneurs. Il s'en ouvrit à Thermus :

— Qu'elle soit populaire, comme du temps de Marius, ou aristocratique et rude, comme avec Sylla, nous autres, Romains, nous tenons tous à notre République. Mais crois-tu, Thermus, que ce régime qui convenait parfaitement à Rome il y a cent ou deux cents ans, lui convienne encore de nos jours ? Vois l'étendue de son empire : comment faire vivre tout le monde sous une même loi alors que plus personne ne parle la même langue, que les proconsuls et les propréteurs honnêtes comme toi sont rarissimes, que la course au profit l'emporte sur le civisme ?

— Il est vrai que les gouverneurs de province n'en font qu'à leur tête, dit Thermus. Il faut avoir l'honnêteté chevillée au corps pour résister aux tentations. Regarde le nouveau proconsul de Macédoine, Dolabella. Le roi Nicomède m'en a parlé récemment : il se remplit les poches au nom de la République, tout le monde le sait et personne ne bronche.

— Personne ne le dénonce ?

— Pour dénoncer, il faut des preuves, et ce n'est pas facile. En outre, c'est un ami de Sylla : tu te vois attaquer un ami de Sylla ?

Thermus avait raison, et César, qui se morfondait dans le traintrain de la vie administrative, cherchait des occasions d'agir, de payer de sa personne comme il l'avait fait à Mytilène. Il apprit que le gouverneur de Cilicie, une province côtière sur la Méditerranée, limitrophe de la Syrie, préparait une expédition pour nettoyer les côtes de sa province des pirates qui les infestaient. Il fit des offres de service, qui furent acceptées. Mais elles furent sans lendemain : à la fin du mois de mai de l'année 78, la nouvelle parvint à Mytilène que Sylla venait de mourir, dans la villa de Pouzzoles où il s'était retiré en 80, après avoir abdiqué la dictature.

César abandonna les pirates de Cilicie à leur sort, monta sur le premier navire qu'il put trouver et rentra à Rome toutes affaires cessantes. Il lui tardait de revoir sa mère, sa femme, sa fille, ses amis, et de respirer les odeurs de Subure, qui valaient bien celles de l'Orient.

Chapitre X

Les débuts d'un dandy
(78-76)

César fit la traversée de Nicomédie à Pouzzoles sur un grand voilier marchand dont la cale était pleine de sacs de grains, et qui transportait vers l'Italie du blé d'Asie Mineure et des amphores à vin en provenance de l'île de Rhodes. Le capitaine était un Grec disert et affable, du nom d'Eudoxe, qui avait donné à son passager quelques indications sur la route qu'il avait l'intention de suivre, lorsque le navire pénétra dans la mer Égée :

— Nous longerons d'abord les côtes de l'Asie, afin d'échapper aux pirates, puis, arrivés à la hauteur de Samos, la patrie de Pythagore, nous mettrons le cap sur l'Ouest, et nous ferons escale à Délos. Vous connaissez Délos ? ajouta-t-il d'un ton presque mondain.

— Non.

— Autrefois, c'était la plaque tournante du commerce entre l'Orient et l'Italie. Malheureusement, il y a une dizaine d'années, la flotte du roi Mithridate s'en est emparée et tous les Romains qui s'y trouvaient, fonctionnaires, militaires, marchands, tous ont été massacrés, avec l'aide des insulaires. Quand Sylla est intervenu, il a repris l'île et sévèrement châtié ses habitants. Depuis, le marché aux esclaves de Délos, qui était le mieux fourni de toute la Méditerranée, périclite. Nous nous y arrêterons une journée, le temps d'embarquer une cargaison de marbre et un agent du Trésor public romain qui revient d'une tournée en Orient.

Comme l'avait promis le capitaine, l'escale à Délos fut brève. Un petit bonhomme bedonnant et transpirant monta à bord ; c'était le fonctionnaire du fisc romain : il se nommait Laelius. Souriant et expansif, il expliqua au capitaine qu'il était arrivé en Macédoine trois mois plus tôt, pour une enquête de routine, et qu'il rentrait à Rome avec un plaisir qu'il ne pouvait dissimuler.

— Quels sauvages que ces Macédoniens ! avait-il dit à César après lui avoir été présenté par le capitaine Eudoxe. Si tu savais comme on mange mal, dans ce pays ! Vivement Rome, que je retrouve le goût de la bonne viande ! Et toi, jeune homme, il y a longtemps que tu as quitté Rome ?

— Trois ans. Moi aussi, j'ai hâte de retrouver mes pénates.

— Bien des choses ont changé, tu sais. Tu te prépares à entrer dans la vie publique ?

César n'aimait pas les questions indiscrètes. Ce qu'il avait l'intention de faire, dans la vie, ne regardait que lui, pensait-il et il ne pouvait tout de même pas confier ses ambitions au premier fonctionnaire venu. Néanmoins, il l'écoutait d'une oreille attentive, car celui-ci commençait à l'intéresser.

— Grâce à Lépide, le parti marianiste est en train de renaître de ses cendres.

Cela, César le savait vaguement. Lépide était un aristocrate, membre, comme lui-même, d'une des plus anciennes familles patriciennes de Rome, la famille des Æmilius. Cependant, à l'époque où Marius faisait la pluie et le beau temps à Rome, il était passé de son côté, et il avait même épousé la fille d'un des chefs du parti marianiste, le tribun de la plèbe Saturninus, Appuléia. Puis, lorsque se déclencha la guerre civile, Lépide retourna sa veste, comme tant d'autres, et il reçut en récompense un poste de gouverneur en Sicile. Enfin, aux élections consulaires de 79, il se présenta à la fois comme défenseur des prérogatives sénatoriales, que Sylla avait bafouées, et comme candidat du parti populaire, ce qui était pour le moins contradictoire : il fut néanmoins élu consul pour l'année 78, en même temps que le candidat du parti syllanien, Lutatius Catulus.

Le capitaine Eudoxe intervint :

— Notre ami Laelius exagère. Lépide est un curieux personnage, mais je ne pense pas qu'il soit en train de faire renaître le parti marianiste ; je le définirais plutôt comme un habile navigateur, qui se joue des récifs et qui change de route toutes les fois que le vent tourne. Je crois que son but a toujours été d'abattre la classe sénatoriale, dont pourtant il faisait partie, et cela pour le bien de Rome...

— ... et, par la même occasion, pour le bien de ses propres affaires, ajouta le petit percepteur : avec Sylla, il s'en est mis plein les poches.

— Oui, mais, une fois Sylla mort, il a imposé au Sénat de voter une loi sur la distribution gratuite de blé à tous les nécessiteux de Rome, quels qu'ils fussent, aux frais de l'État, répliqua le capitaine.

— Cette loi sur le blé ruinera la République, reprit Laelius, et il ne l'a fait voter que par démagogie, pour se faire porter en triomphe par le peuple et par les malheureux.

César intervint :

— Je préfère une loi généreuse et démagogique à l'indifférence hautaine du parti sénatorial. Les sénateurs ont leurs banquets, leurs esclaves, leurs huîtres de Corse, leurs cochons de lait, ce sont les banquets de l'égoïsme ; Lépide offre au peuple les restaurants du cœur sous la forme de quelques boisseaux de blé gratuits. Et peu importe dans quel but il le fait.

— Vous savez ce qui s'est passé, après les funérailles nationales de Sylla, en mars dernier ? demanda Laelius.

— Non, répondirent en chœur César et le capitaine.

— Un véritable scandale, je peux vous l'affirmer. Sylla a eu droit à des funérailles nationales sur le Champ de Mars, avec une pompe que Rome n'avait jamais connue, même pour Scipion l'Africain. Son cadavre fut porté sur un lit d'or par des sénateurs et suivi par l'armée de tous ses anciens soldats, ses vété-rans, et par celle de Pompée.

— Il n'y a rien de scandaleux à cela, dit César, en souriant comme il savait le faire quand il pensait autre chose que ce qu'il disait, c'est tout simplement une bonne comédie politique : les sénateurs rendent un hypocrite hommage à Sylla, qui les avait transformés en potiches chargées uniquement d'approuver ses décrets, et ils jubilent, car ils sont maintenant les maî-tres de Rome ; quant aux armées, elles sont là pour intimider Lépide. Sylla mort ne fait plus peur à per-sonne, et l'on va chanter sa légende de grand sauveur de la République. C'est vraiment drôle, votre histoire.

— Je ne suis pas de votre avis, dit Laelius d'un ton pincé ; d'ailleurs le scandale, ce n'a pas été le cortège, ce fut l'empoignade des deux consuls qui menaient le deuil, Lépide et Catulus, après la cérémonie. Ils se sont injuriés en public, il a fallu les séparer pour qu'ils ne se battent pas sur la dépouille du mort.

— Voilà qui m'amuse de plus en plus... et ensuite ?

— Ensuite Lépide a organisé réunion sur réu-nion, au Forum, sur le Champ de Mars, dans des villas privées. Il a promis de rappeler à Rome tous les proscrits et qu'il leur rendrait tous les biens qu'on leur avait confisqués du temps de Sylla et qu'on avait vendus.

— Voilà une bonne justice, dit César, que les emportements du petit fonctionnaire amusaient de plus en plus.

— Il a même fait le serment de restituer tous les biens qu'il avait lui-même acquis de cette façon.

— S'il le fait, je m'incline devant lui. Décidément,

j'ai hâte de rencontrer ce Lépide. Un homme qui veut honorer le peuple, faire taire les quelque six cents sénateurs qui s'enrichissent sur son dos, on n'avait pas vu cela depuis mon oncle Marius. À Rome, capitaine, à Rome, et le plus rapidement possible !

— Cela dépend du dieu des vents.

Les vents ne furent point capricieux. Et César retrouva sa villa de Subure au début du mois de juin 78, accueilli par les larmes de joie de sa mère, Aurélie, et de sa femme, Cornélie, mais aussi par une petite fille de quatre ans qui le tirait par le bas de sa toge en criant : « Papa ! Papa ! » La toge de papa César était mal attachée, et les plis perdirent de leur belle ordonnance, ce qui fut l'occasion, pour Aurélie, de dire à son fils, d'une voix tendre :

— Tu ne changeras donc jamais : tu es toujours aussi mal ceinturé.

Et les trois femmes conduisirent l'une son fils, la seconde son époux, la troisième son père vers la chambre qu'elles avaient préparée pour lui.

L'ancien proscrit, l'ancien mignon de Nicomède, le héros du siège de Mytilène, l'homme qui avait tant voyagé était las. Il dormait. La main gauche sous la tête, l'index et le pouce de la main droite appuyés sur l'arête du nez, comme un enfant qui a cessé de sucer son pouce.

César reprit avec plaisir ses habitudes romaines. Les conversations avec le jardinier Babasus, les séan-

ces chez le barbier de Subure, les discussions philosophiques ou littéraires avec Gniphon, les longs débats
sur le Forum, sous la tribune des harangues, après le
passage de quelque orateur, syllanien ou populaire.
Chez Nicomède, il avait découvert le luxe oriental, et
il le recherchait maintenant dans les riches maisons
patriciennes de l'Esquilin. Petit à petit, il prit l'habitude de vivre fastueusement, mais, comme il n'avait
aucune fortune, il empruntait à ses amis les plus
riches, voire à des usuriers, qui étaient légion sur le
Forum.

Le bruit de ses frasques avec Nicomède avait fait
le tour de Rome, où certains l'appelaient, en riant,
la « reine de Bithynie », mais où d'autres blâmaient
sévèrement non pas son homosexualité — les couples
homosexuels étaient nombreux à Rome — mais
d'avoir servi de prostituée à un barbare. Et lui-même
multipliait les aventures, choisissant ses maîtresses
dans les meilleures familles de la Ville et de préfé-
rence parmi les femmes mariées. Plus tard, un de ses
adversaires, le consul Curion, dira de lui qu'il était
« le mari de toutes les femmes et la femme de tous
les hommes ».

Cependant la fièvre politique s'était emparée des
Romains. Les discours tonitruants de Lépide avaient
été entendus à Fiesole, dans l'ancien pays des Étrusques. Il y avait là de grandes exploitations agricoles
qui avaient été confisquées à des proscrits et distribuées à des vétérans de Sylla, au moment de la guerre
civile. Dès que les proclamations du consul furent
connues, les gens de Fiesole récupérèrent leurs terres
manu militari, massacrant leurs nouveaux propriétai-

res, qu'ils traitaient d'usurpateurs. Ce drame alimenta nombre de séances fiévreuses au Sénat, où les opinions étaient divisées.

— Il faut punir sévèrement les auteurs de cette agression, sinon leur exemple sera contagieux et ce genre de massacre va se propager à travers toute l'Italie, partout où les anciens proscrits avaient des terres, disaient les uns, qui avaient été les bénéficiaires de ces spoliations.

— Attention aux conséquences, disaient les autres. Punir, cela signifie envoyer une armée à Fiesole, et la Constitution nous impose d'en confier le commandement à un consul. Si nous choisissons Lépide, il retournera son armée contre nous, et, si nous choisissons Catulus, Lépide filera en Étrurie et prendra la tête de l'insurrection.

Il fut finalement décidé d'organiser deux armées consulaires et d'envoyer les deux consuls en Étrurie, après leur avoir fait prêter le serment de ne rien entreprendre l'un contre l'autre jusqu'à la fin de leur consulat (qui se terminait dans quelques mois, le 31 décembre de l'année 78).

Le résultat de cette décision fut catastrophique. Au mois de juillet, le Sénat rappela les consuls à Rome pour organiser les élections consulaires, qui, depuis Sylla, avaient lieu en juillet. Catulus, qui avait partie liée avec les sénateurs, obéit ; mais Lépide, prétextant des arguments de stratégie militaire, fit traîner les opérations de telle sorte qu'il se trouvait encore en Étrurie à la fin de l'année. Son consulat était officiellement terminé : il se trouvait, par là même, délivré

165

de son serment et, de plus, en possession d'une armée en parfaite légalité.

Lépide, en position de force, décide alors de reconstituer l'ancien parti populaire, et il cherche à s'attacher César qui n'avait jamais caché ses sympathies marianistes : n'était-il pas le neveu de Marius et le gendre de Cinna, les chefs historiques du marianisme ? Il lui fait donc des propositions d'alliance, par l'intermédiaire du fils de Cinna, qui était un de ses tout premiers partisans et le frère de Cornélie, la femme de César. Celui-ci les repousse sans hésiter un seul instant, et il s'en explique franchement à son beau-frère :

— J'ai trois raisons principales de ne pas accepter ces offres magnifiques que tu me fais au nom de Lépide.

— Lesquelles ?

— La première va t'irriter, mais je te la dis quand même : je n'ai pas confiance en les capacités de Lépide ; il est très habile à intriguer, à négocier, à rouler les sénateurs dans de la farine, mais je ne crois pas en lui comme homme de guerre, et, pour prendre le pouvoir, il faudra engager une véritable guerre civile. La seconde, c'est que les sénateurs, qui ont recouvré leur toute-puissance depuis que Sylla a abdiqué, sont bien décidés à la conserver. Et la troisième, et non la moindre, c'est Pompée : les sénateurs lui ont voté les pleins pouvoirs et, crois-moi, quand un général de la qualité de Pompée a les pleins pouvoirs, il sait s'en servir. Je t'avoue que c'est surtout lui que je crains : actuellement, il est imbattable en toutes circonstances.

— Tu me déçois, César. Tu as peur ?

— Je n'ai pas peur, bien au contraire. Mais pour moi, le courage, c'est la juste appréciation du danger couru et non pas l'emballement passionné. Je sais que Pompée est militairement le plus fort, et, comme mon but c'est de faire triompher ma cause et non de m'immoler à elle, je ne marche pas. J'attendrai mon heure. Et ton Lépide se devrait bien d'en faire autant.

Lépide n'écouta pas les sages conseils de César. Il opta pour la solution de force et se résolut à marcher sur Rome, comme l'avaient fait avant lui Cinna et Sylla. Il échoua et il dut s'enfuir. Mais il échoua aussi dans sa fuite : il s'était embarqué pour la Sardaigne, où il se trouva pris au piège, et il y mourut de maladie.

Ainsi se termina, pendant l'été 77, la folle tentative de Lépide. César n'avait qu'à se louer de sa perspicacité. Comme tous les jeunes gens de bonne famille, il était ambitieux, et il visait les honneurs plus que les richesses, mais il prenait son temps. Plutôt que de réussir par les armes, ce qui était devenu impossible à Rome, il préférait utiliser son charme et son sens de ce que nous appellerions aujourd'hui les « relations publiques ». À Subure, il tenait table ouverte, et se constituait ainsi tout un réseau d'amitiés, de relations — politiques, financières ou amoureuses — qui faisaient de lui un dandy à la mode. Toujours impeccablement rasé et peigné, toujours souriant et affable, séducteur, il avait une manière de se gratter la tête du bout de l'index qui était devenue célèbre à Rome.

Il n'y avait pas de grand dîner ou de partie fine dont il ne fût. Les femmes se disputaient ses faveurs, et nul politique, nul général ne pensait alors que ce « play-boy » avant la lettre puisse être un impitoyable rival ailleurs que dans le lit de leurs femmes. Il semblait même se désintéresser de la carrière des honneurs, puisque, depuis son retour de Bithynie, il n'avait entrepris aucune démarche pour se faire intégrer officiellement dans le collège des flamines, dignité pour laquelle il avait été désigné alors qu'il avait à peine dix-sept ans.

Il avait revu le général Thermus, lors d'un de ses passages à Rome, et comme celui-ci s'étonnait du peu d'entrain que montrait son ancien assistant à entrer dans la vie publique, il lui répondit :

— Par les temps qui courent, la vie publique est un piège à rats, surveillé par les légions de Pompée, rempart de la toute-puissance sénatoriale. Et puis, quelle magistrature pourrais-je briguer ? Pour être candidat au consulat il faut être ancien préteur, pour se présenter à la préture il faut être ancien questeur, et la questure ne peut être postulée que si l'on a au moins trente ans et à la condition d'être un ancien tribun militaire... et je n'ai même pas l'âge requis pour être candidat au tribunat. Alors, que veux-tu que je fasse ? La guerre ? Je suis d'accord, c'est de mon âge, mais ça n'en vaut la peine que si l'on est général, et, pour l'instant, le grand général romain, c'est Pompée : je ne risque pas de rivaliser avec lui ; d'ailleurs il a quatre ans de plus que moi.

— Alors, que penses-tu faire ?

— Je vais te confier un secret, Thermus, j'ai envie de faire de la politique, comme tout le monde, mais pas pour les raisons de tout le monde. Je me moque du pouvoir, et de ses avantages. Je n'ai aucune ambition ou rancune à assouvir. Mes seules maîtresses, ce ne sont pas ces Lollia, ces Postumia et toutes ces jolies femmes romaines qu'on m'attribue...

— On ne prête qu'aux riches !

— ... ce sont mes idées.

— Quelles idées ? Un système philosophique, dans le genre de celui qu'enseigne Posidonios à Rhodes ?

— Non pas. Je veux créer un système politique qui ait la rigueur d'un système philosophique.

— Mais nous l'avons, ce système, c'est la République romaine.

— C'est un système vide. Nos institutions sont une sorte de règle du jeu, mais d'un jeu sans but précis. Nous disons : c'est le Sénat qui a l'initiative des lois, il faut avoir au moins quarante-deux ans pour être élu censeur, etc., mais nous n'avons aucune idée d'ensemble de ce que doivent être ces lois, de ce à qui et à quoi doit servir notre République.

— Et toi, César, tu as un but précis ?

— J'ai plutôt une sorte d'idéal. Notre *imperium* romain, c'est-à-dire la manière dont nous gérons, nous autres Romains, ces vastes territoires que nous avons conquis, en six ou sept siècles, n'a pas d'idéal, je voudrais lui en proposer un et lui donner les moyens de le réaliser.

— Et quel est-il, cet idéal ?

— Je voudrais que tous les êtres humains qui habitent ces territoires puissent vivre en paix et dans la prospérité, avec des droits et des devoirs identiques, indépendants des querelles et des ambitions de leurs gouvernants. Ces sénateurs qui ne tiennent qu'à perpétuer leurs privilèges, ces consuls qui ne rêvent de devenir les maîtres du monde que pour assouvir leurs appétits, ces proconsuls et ces propréteurs qui pillent les provinces si durement conquises, tous ces fantoches appartiennent à un système désuet. Et leur *imperium* ne tient qu'à un fil : qu'une horde suffisamment nombreuse de barbares déboule sur notre territoire, et je ne donne pas cher de Rome ; vois ce qui a failli se passer avec les Cimbres et les Teutons, alors que je n'étais pas encore né, et imagine un peu ce qui se produirait si Mithridate réussissait dans ses entreprises.

— Alors, que proposes-tu ?

— Une sorte de monarchie, contrôlée par le peuple tout entier, et non par un petit nombre d'affairistes, d'ambitieux ou d'incapables.

— C'est ce qu'a tenté de faire Sylla : tu as vu le résultat ? Les horreurs de la guerre civile et, maintenant, le lamentable sort de Lépide.

— Sylla s'est fait nommer dictateur, mais il ne connaissait même pas l'ABC du métier et il s'est conduit comme un écolier. Il s'était emparé de la dictature, mais il n'a rien su en faire. Il s'appuyait sur la terreur et sur la délation, et il méprisait le peuple. Le système de Sylla a été sans lendemain, parce que, après avoir pris le pouvoir par les armes, il s'en est servi pour écraser la plèbe.

— Tu es un idéaliste, César. Que penses-tu faire ?

— D'abord, laisser mûrir en moi ces idées, qui germent lentement dans mon esprit ; ensuite les mettre en ordre et, plus tard, quand le moment sera venu, quand les circonstances seront propices, j'entrerai dans la carrière, et l'on verra bien.

— J'admire ta maturité, César. Je dirai même qu'elle m'étonne : je te croyais plus léger. Tu as une de ces réputations, à Rome...

— Je sais. Mais je vais y remédier. J'ai l'intention de me faire la main en intentant une action judiciaire contre Dolabella...

— ... l'ancien gouverneur de Macédoine ?

— Lui-même.

— Qu'est-ce que tu as à lui reprocher ?

— Personnellement, rien. Mais tu sais aussi bien que moi que cet ancien consul, entièrement dévoué à Sylla, qui était en fonction lorsque j'ai été proscrit et poursuivi, a littéralement pillé la Macédoine ; en matière de prévarication, il a dépassé tout ce qu'il est possible d'imaginer.

— Oui, je l'ai appris. Même ses confrères en rapines, les anciens gouverneurs de nos colonies lointaines, trouvaient qu'il exagérait.

— Or, pour le traîner devant les tribunaux de la République, il faut que soit déposée contre lui, par un citoyen romain, une *divinatio* (une assignation) en forme de réquisitoire, bien argumentée, avec des preuves.

— Qui t'en a donné l'idée ?

— Des amis de mon âge, qui étudient le droit. C'est un bon moyen de se faire connaître.

— Tu peux même en tirer quelque profit. Je me suis laissé dire que ces procès n'allaient pas toujours jusqu'au bout, et que l'on pouvait négocier, entre l'accusé et ses victimes, un arrangement sur lequel pouvait se payer l'accusateur.

— Pour moi, c'est secondaire, répliqua César, les honoraires que je pourrais tirer de cette affaire ne seraient qu'une goutte d'eau, en comparaison de mes dettes.

— Eh bien ! bonne chance. Espérons que tu ne te casseras pas les dents sur ce Dolabella. C'est un dur à cuire.

— Au revoir, Thermus. Je te tiendrai au courant.

César se met donc au travail. Il entre en relation avec des correspondants sérieux, en Macédoine, leur demande de réunir des témoignages, des preuves concernant les vols et les abus de confiance commis par Dolabella. Il rédige avec soin sa *divinatio*, et celle-ci devait être suffisamment convaincante, car les juges compétents en matière de concussion y donnèrent suite et le procès eut lieu.

Dolabella, en apprenant l'action intentée contre lui, le prit de haut. Il fit une intervention particulièrement violente au Sénat :

— Quelle honte, Pères conscrits, quelle honte que de voir un jeune blanc-bec, un ancien proscrit, couvert de dettes, un dévoyé, ce César, qui prit la place de la reine de Bithynie dans la couche du roi Nicomède, ce paillasson de la litière royale, s'attaquer à moi, Dolabella, ancien consul, qui ai eu les honneurs du triomphe !

Et le consul prévaricateur d'engager comme avocats les deux plus grands ténors du temps : Caïus Aurélius Cotta, frère de la mère de César, et Hortensius, dont l'autorité et la science juridique étaient respectées de tous. C'était la lutte du pot de terre contre le pot de fer. Ses adversaires démontèrent sans mal ses accusations, César plaida avec brio, mais il perdit son procès et Dolabella fut acquitté.

Cet échec ne le découragea pas. Dès l'année suivante, en 76, il intenta un procès du même genre contre un autre homme de Sylla, Caïus Antonius Hybrida, chef de la cavalerie romaine dans la guerre contre Mithridate : il lui reprochait, comme à Dolabella, d'avoir pillé plus qu'il n'était permis par les lois de la guerre. Cette fois-ci, il fut bien près de gagner, mais Hybrida eut l'idée — inattendue pour un ancien syllanien — de se faire défendre par les tribuns de la plèbe, qui déclarèrent la procédure illégale. Et le procès n'eut pas lieu.

Ces deux coups d'essai ne furent donc pas des coups de maître. César avait été battu par plus fort que lui, mais on avait apprécié son sérieux et son éloquence. Aux yeux du « tout-Rome » qu'il fréquentait, il ne passait plus pour un simple noceur, amateur de parties fines et grand chasseur de femmes mariées. On commençait à le regarder d'un autre œil.

Chapitre XI

César et les pirates
(75-74)

Ses deux échecs judiciaires n'avaient pas affecté César.

Sylla est mort, et bien mort, pensait-il, mais non pas le syllanisme. Il a restauré la puissance du Sénat, en lui attribuant pratiquement tous les pouvoirs, mais, comme le Sénat était à sa botte, Sylla était, en fait, le seul maître de Rome. Maintenant qu'il a disparu, c'est le Sénat qui tient Rome dans sa main, c'est-à-dire une poignée de patriciens, pour la plupart fortunés, et de chevaliers enrichis par les conquêtes ou les affaires. J'ai plaidé contre deux créatures de Sylla, devant un tribunal de sénateurs qui devaient tout à Sylla : je ne pouvais que perdre. Pour tous ces syllanistes, je suis marqué du sceau de l'infamie, celui d'avoir collaboré avec le parti populaire. Tout le reste n'est que littérature.

De ces réflexions pessimistes, César conclut que le

174

meilleur parti à prendre, pour l'instant, c'était de quitter Rome, tout autant pour fuir les éventuelles tracasseries de Dolabella, qui chercherait certainement à se venger et qui en avait le pouvoir (ne serait-ce qu'en faisant pression sur ses créanciers), que pour se changer les idées.

Sans doute avait-il aussi dans l'esprit de mettre son nez dans les affaires de Bithynie. À l'automne de l'année 75, la nouvelle était arrivée à Rome de la mort du roi Nicomède ; c'est Thermus qui la lui avait annoncée :

— Tu vas être bien triste, César, était-il venu lui dire à Subure : Nicomède a vécu.

Le visage de César était devenu plus pâle encore qu'il ne l'était d'ordinaire :

— Il est mort ? Mais comment cela ? On l'a assassiné ? À la guerre ? Ou bien de maladie ? C'est impossible !

Ses yeux noirs étaient devenus troubles. Jamais, dans sa vie, il n'avait pleuré, sinon à la mort de son oncle Marius, mais, en cet instant, il n'en était pas loin.

— Je pense qu'il est mort de mort tout ce qu'il y a de plus naturelle, dit Thermus ; je connaissais bien son entourage : il n'avait pas d'ennemis en Bithynie et son peuple l'adorait.

— Mort... je ne peux pas le croire, murmurait César... Tu sais, je peux le dire maintenant, que nous nous sommes vraiment aimés ?... J'étais jeune, et il m'avait tellement impressionné. Mort !

Puis, une fois ce moment d'émotion passé, son intelligence politique des événements l'emporta :

— Tu sais, Thermus, que cette mort va déclencher une troisième guerre en Asie.

— Comment cela ?

— Une troisième guerre contre Mithridate, le roi du Pont.

— Tu veux dire une deuxième...

— Non, une troisième. La première a eu lieu quand j'avais dix ans, au moment de la guerre sociale. Le roi du Pont s'était emparé des royaumes de Bithynie, où régnait Nicomède, et de Cappadoce, où régnait Ariobarzane.

— Oui, je m'en souviens. C'est un ami de ton oncle Marius, le général Aquilius, qui a été envoyé pour rétablir ces deux rois, qui étaient nos alliés, sur leurs trônes. Ce fut le plus grand désastre que Rome ait jamais connu. Toute notre flotte a été coulée, Aquilius a été livré à Mithridate par la ville de Mytilène, où il avait établi son état-major, et il est mort écartelé. Après cela, toutes nos colonies grecques se sont révoltées, et, en trois ans, Rome a perdu une partie de son empire. Plus rien n'interdisait à Mithridate de débarquer en Italie, à Brindes par exemple, et nous ne serions pas là pour en parler aujourd'hui.

— Mon oncle Marius me disait que Mithridate était alors un plus grand danger pour notre patrie que les Cimbres et les Teutons, qu'il avait exterminés jadis.

— Je n'ai jamais été du parti de ton oncle, mais je dois dire qu'il avait raison. Les Germains étaient des nomades, sans organisation politique ; ils auraient pillé la Ville, violé nos femmes, massacré les Romains, puis ils seraient partis vers d'autres rapines, et Rome aurait pu survivre à leur passage. Mais Mithridate, c'était autre chose. Après avoir conquis la Grèce, Rome et l'Italie, il y aurait installé des gouverneurs, et, aujourd'hui, nous serions ses sujets, ou ses esclaves.

— Aquilius était nul, tout le monde le savait ; c'est Marius qu'il aurait fallu envoyer contre Mithridate. Mais le parti sénatorial, dont tu faisais partie, ne le voulait pas.

— Sylla la voulait pour lui, cette guerre, il me l'a dit souvent : je veux que Rome se souvienne de moi comme du sauveur de la patrie, Mithridate m'appartient.

— Mon oncle disait la même chose.

— Je pense encore que c'était Sylla qu'il nous fallait : Marius était déjà trop vieux.

— Bon. Ne recommençons pas une vieille querelle. Sylla a gagné la première guerre contre Mithridate, et c'est ce qui compte aujourd'hui. Ensuite, il y en a eu une deuxième...

— Laquelle ? demanda Thermus.

— Tu devrais t'en souvenir, puisque tu étais en Asie avec Sylla quand il a nommé Licinius Muréna gouverneur de l'Asie romaine, avant de rentrer à Rome.

— Ah ! oui, en effet ; c'est un poste qu'il m'avait promis. Je n'aimais pas Muréna. C'était un ambitieux et un prétentieux.

— Il a repris la guerre, en 83, sans l'autorisation du Sénat. Ce fut la deuxième guerre contre Mithridate, et elle dura encore deux ans. Et voilà pourquoi je te dis que la mort de Nicomède risque d'en faire naître une troisième.

— Explique-moi comment.

— Nicomède m'avait souvent confié, quand j'étais en Bithynie, qu'il léguerait son royaume à Rome...

— Il a fait un testament ?

— Je n'en sais rien. Mais je pense que Rome a intérêt à revendiquer cette donation, car il en parlait à tout le monde.

— Il n'a pas de fils ?

— Non. Il avait bien une femme, mais il ne l'a jamais touchée, dit César en souriant, tu sais bien qu'il n'aimait pas les femmes.

— Et le fils qu'elle a eu ?

— Il n'est pas de lui ; c'est un bâtard.

— Je comprends, dit Thermus, Mithridate va profiter de l'aubaine : il va prétendre que c'est lui le véritable héritier, et que Rome veut le déposséder de son héritage légitime. C'est un beau prétexte pour s'emparer de la Bithynie ; j'imagine bien Mithridate en régent. Tu as raison de parler d'une probable troisième guerre contre le roi du Pont. Mais pourquoi veux-tu aller là-bas maintenant ?

— Nicomède m'a couché sur son testament, j'en suis certain.

— Sur son testament seulement ? ne put s'empêcher de plaisanter Thermus.

— Oh ! c'est une vieille histoire. Mais qui dit testament dit richesses, et Dieu sait s'il en avait, des richesses, mon Nicomède. J'ai intérêt à gagner de vitesse le questeur romain qui va défendre à Nicomédie la position de Rome : ces questeurs ont la main leste.

— Très juste. Et puis cela te donnera une occasion de t'éloigner de Rome, de Dolabella et de tes créanciers.

— Tu auras toujours le mot pour rire, Thermus. Mais garde pour toi ce que je viens de te dire. Je n'ai pas envie qu'on me mette des bâtons dans les roues. À tout le monde, je dirai que je vais à Rhodes, pour suivre les cours d'Apollonios Molon ; c'est le professeur de rhétorique le plus célèbre du moment, et aussi le plus grand philosophe de notre époque : il enseigne le stoïcisme. Tous les intellectuels romains ont fait le voyage de Rhodes pour l'entendre : Cicéron a été son élève il y a trois ans. Pourquoi pas moi ?

— En effet, pourquoi pas toi ! Porte-toi bien, César, et reviens-nous vite. Tu me raconteras.

Officiellement, donc, le fils d'Aurélie partait pour Rhodes. On le vit traverser le Forum, dans la brume de l'automne finissant, suivi d'une imposante escorte d'esclaves, de porteurs, de secrétaires sautillants et bavards ; il emmenait aussi avec lui son cuisinier préféré, son barbier et son médecin.

— D'où tire-t-il son argent, pour se payer tant de gens ? disaient les uns.

— Pourvu qu'il revienne sain et sauf et qu'il nous rembourse ce que nous lui avons avancé, disaient les prêteurs professionnels.

179

— Bon débarras, murmuraient les maris trompés.

— J'adore la manière qu'il a de se gratter la tête avec l'index, disait une jolie Romaine à une amie, il est d'un drôle !

César et son cortège quittèrent Rome par la via Appia et gagnèrent le port de Tarente par Capoue, Bénévent et Vénouse. Là, César se mit à la recherche d'un navire en partance pour la mer Noire. Le hasard voulut qu'il tombât sur le joyeux capitaine Eudoxe, qui, trois ans plus tôt, l'avait ramené de Bithynie et qui se vantait de se jouer des pirates ; le marin faisait les cent pas au loin, sur le môle.

— Capitaine Eudoxe, lui cria César, dont la vue était perçante, tu me reconnais ?

— Viens plus près, de loin je n'y vois pas grand-chose avec ces vagues et ces embruns.

César se dirigea vers l'extrémité du môle :

— C'est moi, César.

— Le jeune homme que j'ai embarqué à Nicomédie, il y a trois ans ?

— Oui, tu me reconnais, maintenant ?

— Je n'en crois pas mes yeux. Tu étais fluet comme un adolescent et te voilà toujours aussi mince, mais on sent que tu es devenu costaud, musclé.

— On change, Eudoxe, on change. Tu as de la place sur ton navire ? Je retourne à Nicomédie.

— Avec cette troupe ? Qu'est-ce que tu es devenu ? Un ambassadeur ?

— Je fais mon chemin à Rome, en évitant les récifs, comme toi sur la mer.

— Tu te souviens de ma comparaison ? Tu as une

de ces mémoires ! Tu tombes bien. En principe, à cette époque de l'année, la mer est fermée, et les navires romains restent au port ; mais, moi, je ne suis pas un marin romain, je suis inscrit sur les rôles du port de Nicomédie et je peux naviguer quand il me plaît. J'appareille demain, au petit jour.

— Tu navigues toujours le long des côtes ?

— Toujours, quand je le peux.

Le lendemain, ils partirent de Tarente et, une fois sorti de ce golfe si bien abrité, Eudoxe mit le cap sur l'île de Corfou ; puis il longea le littoral grec, contourna les côtes dentelées du Péloponnèse et parvint à Délos, où il fit son escale traditionnelle.

— Ça marche toujours, le commerce des esclaves ? demanda César au capitaine.

— Plus que jamais. Il en arrive beaucoup de la côte syrienne, en ce moment. Je dois embarquer une cargaison de cent esclaves noirs qu'un marchand phénicien de Tyr a vendus à un marchand grec de Délos, qui les envoie à Milet, où je dois la livrer à un richissime armateur. Après cela, nous ne nous arrêterons plus avant Nicomédie.

Deux jours plus tard, la marchandise humaine était livrée et le capitaine Eudoxe, fidèle à sa stratégie anti-pirates, longeait la côte ionienne, dans la direction du Nord, se faufilant entre les innombrables îlots de la mer Égée avec une maestria digne des plus grands marins. Le navire avait quitté Milet depuis à peine deux ou trois heures et venait de contourner l'îlot de Pharmacuse, lorsque le *proreta*, l'homme qui se tenait à l'avant du navire pour surveiller la mer, se mit à hurler :

181

— Des pirates à main gauche ! Des pirates à main gauche !

— Il ne manquait plus que ça, grogna Eudoxe, nous allons perdre du temps. Jetez l'ancre, cria-t-il à son équipage, et baissez les voiles.

— Quoi, dit César, on ne combat pas ?

— Je suis un marin, moi, pas un légionnaire. Il n'y a pas une arme sur ce bateau.

Déjà les pirates escaladaient le bastingage et se précipitaient sur César, qui les écarta d'un geste tellement autoritaire que tous s'immobilisèrent.

César s'adressa à eux en grec :

— Vous êtes sans doute les bandits de Cilicie qui rançonnez les navigateurs... Lequel d'entre vous est le chef ?

Les assaillants restèrent perplexes. Ce jeune homme aux yeux noirs les intriguait. Son comportement n'était pas celui de leurs victimes habituelles, qui se jetaient à leurs pieds, les suppliaient de les épargner, et se livraient à des pleurnicheries diverses.

César avait pris la situation en main :

— Toi, là-bas, oui, le gros rougeaud, ne perdons pas de temps. Combien veux-tu pour ma rançon ?

Il connaissait bien les usages de la piraterie, qui sévissait aussi dans l'Adriatique. Les écumeurs des mers raflaient tous les objets précieux qui se trouvaient à bord des navires qu'ils arraisonnaient, et gardaient en otages, à bord du bâtiment attaqué ou sur leurs propres navires, les personnalités susceptibles d'être rançonnées. Celles-ci envoyaient à terre des émissaires, et la rançon était payée par la ville au large de laquelle avait eu lieu l'abordage, en vertu d'une loi romaine qui rendait les cités alliées du littoral responsables de la sécurité des citoyens romains.

César répéta, avec énergie :

— Combien ?

— 20 talents d'or (le talent valait environ 25 kilogrammes).

— Pauvres minables ! 20 talents ! Vous me faites pitié. Vous ne savez pas qui je suis. Demandez donc 50 talents, et vous les aurez.

Puis se tournant vers les gens de sa suite :

— Partez illico pour Milet, et rapportez ma rançon au plus vite, je vais donner des ordres.

Les pirates étaient muets d'étonnement ; il leur ordonna de fréter une barque et de conduire à terre tous les gens de sa suite, y compris les esclaves, et de ne laisser à bord que son médecin, son barbier, son cuisinier et deux serviteurs :

— Allons, dépêchez-vous. Et conduisez-moi à terre avec mes employés et mon médecin : j'ai faim.

Les pirates s'exécutèrent et César s'installa avec eux, sur l'île de Pharmacuse. Il déjeuna de bon appétit puis alla faire la sieste, sous un arbre voisin, tandis que les pirates entamaient une bruyante partie de dés.

— Taisez-vous, je dors, leur cria César, en colère.

Intimidés par tant d'autorité, les bandits sanguinaires qu'ils étaient se turent, comme des enfants qu'on gronderait. Quand César se réveilla, il réclama de l'eau fraîche, et les pirates se précipitèrent pour le satisfaire. Il resta ainsi trente-huit jours entiers, non pas comme un prisonnier, mais comme un chef entouré de ses subordonnés. Il se comportait comme un voyageur en vacances, jouait aux dés avec le gros chef rougeaud, s'entraînait à la course, à la nage — car il nageait très bien — et, quand l'envie lui en prenait, il leur récitait des vers, des discours :

— Venez, écoutez-moi, bande d'ignorants, leur disait-il. Et faites silence, sinon, quand je serai libre, je vous ferai crucifier, comme on le fait, à Rome, pour les voleurs.

Les pirates s'amusaient de cette conduite inhabituelle, et jouaient le jeu. Toutefois, ils veillaient au grain, et, de cela, César se doutait. Aussi, pour n'éveiller aucun soupçon, il se gardait de changer ses habitudes, ne retirait ni ses sandales, ni ses chaussures, pour ne pas être soupçonné de vouloir s'enfuir à la nage, par exemple.

Au bout de trente-huit jours, la rançon arriva enfin. Les pirates libérèrent leur prisonnier, qui regagna Milet en barque, et ils fêtèrent leur succès par un festin copieux et une grande beuverie. Mal leur en prit, car César leur destinait une surprise à sa façon.

En effet, pendant que ses ex-geôliers ripaillaient, César préparait sans tarder sa vengeance. En un après-midi, il avait recruté une bande de malandrins prêts à tout, sans doute des pirates d'une bande rivale, qui traînaient sur le port de Milet à la recherche d'un bon coup, et loué à des pêcheurs cinq ou six navires rapides. En principe, ce genre de service s'achetait comptant, mais César, après un mois et demi de captivité, n'avait plus un sou. Il parvint néanmoins à convaincre ses « collaborateurs » de travailler à crédit :

— Réfléchissez, leur dit-il, à ce que vous avez à

184

gagner dans cette affaire. Les galères de pirates sont pleines de tout ce qu'ils ont volé un peu partout au large de Milet depuis plusieurs mois. Nous les surprendrons en pleine nuit, endormis et ivres, et nous n'aurons aucun mal à les faire prisonniers, à nous emparer de leurs richesses et à couler leurs bateaux. Dans cette entreprise, les risques sont presque nuls, et les gains seront énormes. Vous n'allez pas me dire que vous avez peur ! Nous partirons ce soir même, à la nuit tombante, et nous les surprendrons sur les lieux mêmes de leur méfait, en train de cuver leur vin.

L'éloquence de César, l'appât d'une bonne prise, mais aussi l'espoir de se débarrasser d'une bande concurrente balayèrent toutes les hésitations de ces alliés d'un soir, et l'expédition punitive eut lieu. La petite flotte hétéroclite de César surprit celle de ses voleurs encore à l'ancre, dans la rade de Pharmacuse, et il n'y eut presque pas de combat : les pirates qui dormaient, ivres, furent égorgés en un instant, ceux qui tentèrent de se défendre furent faits prisonniers. César récupéra les 50 talents d'or versés par la ville de Milet pour sa libération, vida les galères des bandits des butins qu'elles contenaient, et les coula sur place.

La petite escadre rentra donc victorieuse à Milet. César paya sur-le-champ les pêcheurs qui lui avaient loué leurs barques et les mauvais garçons qui l'avaient aidé dans cette affaire. Quant au butin immense qu'il avait saisi, et qui représentait plusieurs mois de piraterie dans la mer Égée, il se l'attribua, conformément aux lois de la guerre de l'époque. Je n'aurai pas perdu mon temps, se dit-il : je pourrai rembourser mes créanciers quand je retournerai à Rome.

César n'en resta pas là. Il se considérait comme vengé, mais — et c'est là un trait intéressant de sa personnalité — il voulait aussi que les pirates fussent légalement punis par les autorités romaines, pour avoir fait violence à un citoyen romain. Cela, c'était le rôle du gouverneur de la province d'Asie, le proconsul Juncus Silanus, dont le siège était à Pergame, à 200 kilomètres de Milet, dans l'intérieur des terres.

Voilà donc César parti sur la route de Pergame, avec son escorte personnelle, augmentée de quelques soldats romains pour veiller sur ses prisonniers. Mais, à Pergame, pas de Juncus : le proconsul était à Nicomédie, occupé à faire l'inventaire de la succession de Nicomède, qui avait légué son royaume et ses richesses à Rome.

Qu'à cela ne tienne, pensa César, j'irai à Nicomédie, j'en profiterai pour récupérer ma part de l'héritage. Et il partit pour la Bithynie, laissant des prisonniers sous bonne garde à Milet. Son entrevue avec Juncus fut brève et décevante. César venait lui demander la peine de mort par crucifixion de ses agresseurs, mais le proconsul préférait prendre son temps et récupérer, par une quelconque acrobatie juridique, le butin que César s'était attribué :

— Je te félicite de ton exploit, dit-il à César, mais je n'ai pas le temps, actuellement, d'examiner ta demande, ni de prendre une décision juste. Ces problèmes de piraterie sont bien compliqués. Tes pirates sont en prison, qu'ils y restent : j'aviserai en temps utile et je te ferai savoir les suites de cette affaire quand tu seras rentré à Rome.

Cause toujours, mon bonhomme, je te vois venir, se disait César, qui n'avait que deux idées en tête : punir les pirates comme il le leur avait promis, par jeu, quand il était leur captif, et garder le butin. Il rentra à Pergame, où il fit publiquement pendre et mettre en croix les larrons qui avaient eu l'audace de s'attaquer à un citoyen romain. Bien entendu, il conservait le butin, en bon chef de guerre qu'il devait être plus tard.

Vengé et riche, César pouvait maintenant se rendre à Rhodes, comme il l'avait annoncé en partant de Rome, auprès d'Apollonios Molon. Toutefois, il ne resta que quelques jours, voire quelques semaines, dans l'« île aux roses », où l'on pouvait rencontrer la fine fleur des érudits et des artistes de l'Orient hellénique. En effet, une fois de plus, les provinces d'Asie étaient menacées par le roi du Pont : la troisième guerre contre Mithridate était sur le point de commencer, ainsi qu'il l'avait prédit à Thermus, avant de quitter Rome.

Mithridate, en effet, ne pouvait laisser la République romaine annexer la Bithynie, bien qu'elle lui revînt de droit en vertu du testament de Nicomède : par leur situation, en bordure de la mer Noire, dont elles contrôlaient l'accès, les villes de ce royaume barraient la route aux flottes et aux armées pontiques.

Aussi, sans aucun avertissement, il entra en campagne : à la tête d'une armée considérable, il pénétra en Bithynie, tandis qu'un de ses généraux envahissait la Cappadoce, pour couper le passage aux armées romaines cantonnées en Cilicie. En quelques semaines d'une guerre éclair, Mithridate récupéra ainsi tout le royaume de Nicomède, à l'exception de la presqu'île de Chalcédoine où, fuyant devant cette progression foudroyante, les Romains résidant en Bithynie s'étaient réfugiés.

À Rhodes, la petite colonie d'intellectuels et d'artistes grecs et romains commentait ce coup de force avec une certaine indifférence. César, en revanche, qui venait de goûter aux plaisirs des actions guerrières en punissant les pirates qui l'avaient attaqué et volé, sentit confusément monter en lui le désir du combat : son orgueil de Romain lui interdisait de rester inactif quand les alliés de Rome — Bithyniens, Cappadociens et même Ciliciens — étaient en danger.

C'est pourquoi, avant même l'arrivée des troupes régulières romaines, il avait pris sa décision et passait de Rhodes sur le continent, où il rassembla, à la hâte, quelques troupes de francs-tireurs et d'auxiliaires. En comparaison du dispositif militaire impressionnant qu'avait déployé le roi du Pont, son action ne risquait pas de peser d'un grand poids dans le déroulement de la troisième guerre contre Mithridate (qui, dirigée par les consuls Lucullus et Marcus Cotta, devait durer plus de sept ans), mais elle lui conféra une certaine réputation dans la capitale.

C'est au milieu de cette activité guerrière, au début de l'année 73, qu'une nouvelle importante parvint à César : il venait d'être choisi pour remplacer son oncle Caïus Aurélius Cotta, ancien consul et frère de sa mère Aurélie, dans une assemblée prestigieuse, le collège des pontifes.

Encore un coup de ma mère, qui veut me faire rentrer au bercail, pensa-t-il. Mais il était soudain empli d'orgueil, et, pour une fois, il ajusta sa ceinture. Il était devenu *pontifex* : c'était autre chose que d'avoir été nommé flamine à dix-sept ans.

Chapitre XII

Premiers pas dans la vie publique
(73-72)

La province romaine d'Asie était constituée par les territoires de ce continent que baigne la mer Égée et par la multitude d'îles que contient cette mer, qui forment comme un pont entre l'Europe et l'Asie. Sa population, cosmopolite mais à forte dominante grecque, était concentrée dans un chapelet de cités qui s'étendait du détroit des Dardanelles jusqu'à l'île de Rhodes : Lampsaque, Pergame, Phocée, Éphèse, Milet, Halicarnasse. Rome entretenait, dans toutes ces villes, des fonctionnaires et des légions ; le gouverneur de la province — qui avait rang de proconsul ou de propréteur — siégeait à Pergame, et il avait des représentants à Milet et à Éphèse.

Lorsque Mithridate se lança à la conquête de la Bithynie, nombre de ces cités, qui supportaient mal la domination romaine, chancelèrent et manifestèrent quelques velléités d'indépendance. C'est sans

doute pour tuer dans l'œuf toute tentative de soulèvement que César leva, à ses frais, des troupes
auxiliaires, destinées à les contrôler en attendant l'arrivée des légions dont le transport à partir de Rome
demandait environ un mois. Ce faisant, il obéissait
à deux mobiles, son patriotisme et le soin de sa
renommée naissante : à son retour, il pourrait entrer
dans Rome la tête haute, en digne représentant de la
famille des Julius qu'il était.

Toutefois, dans l'instant, il n'était plus question
pour lui d'intimider les indépendantistes de la province d'Asie : un siège au collège des pontifes l'attendait à Rome, où il lui fallait arriver le plus vite
possible.

— Tu te rends compte, Decurtius, disait-il au
médecin qui l'avait accompagné en Asie, je suis pontife, moi, César, et je n'ai que vingt-sept ans !

— Voilà ce que c'est que de descendre de Numa
Pompilius, dit en souriant Decurtius, faisant allusion
à la généalogie plus légendaire que réelle de la grand-
mère de César.

La religion romaine n'était pas faite de dogmes ou
de règles morales ; elle se réduisait au culte rituel
qu'il fallait rendre aux puissances invisibles logées
partout dans l'univers, susceptibles d'aider les hommes ou de leur nuire. Ces divinités étaient extrême-
ment nombreuses. Il y avait les grands dieux, objets
du culte public : Jupiter, roi des dieux, qui était aussi
le dieu des orages et de la foudre ; son épouse Junon,
déesse de la lumière et du mariage ; Janus, dieu du
labourage et des agriculteurs ; Vesta, le feu sacré,
entretenu par ses prêtresses, les vestales ; Saturne,

dieu des semailles, et Cérès, déesse des moissons ; Minerve, l'intelligence ; Neptune, la mer ; Mars, la guerre ; Vénus, la beauté et l'amour ; Liber, la vigne ; Mercure, dieu du commerce et des voleurs ; Diane, la chasseresse ; Orcus, la mort. À cette liste s'ajoutaient les innombrables divinités susceptibles d'intervenir, en bien ou en mal, dans la vie des hommes : les génies rustiques des champs, des bois et des sources, faunes, sylvains, nymphes ; les génies « familiers », qui veillaient sur les actions particulières des hommes ; les génies domestiques, protecteurs des maisons ; les âmes des ancêtres morts, qu'on appelait Mânes quand elles étaient bienfaisantes, et Larves dans le cas contraire. Les sceptiques comme le docteur Decurtius avaient coutume de dire qu'il était plus facile, à Rome, de rencontrer un dieu qu'un homme.

Dans cette religion, le rôle des prêtres était capital. Eux seuls savaient comment s'adresser aux divinités, eux seuls connaissaient les traditions, les rites des prières et ceux des sacrifices, dont les moindres détails étaient réglés minutieusement. Ils étaient groupés en collèges : il y avait le collège des flamines, qui étaient les prêtres des grands dieux ; celui des vestales, qui entretenaient le feu sacré de la cité ; celui des luperques, les prêtres de Faunus, protecteur des troupeaux et des bergers, et bien d'autres encore.

Le collège qui était, de loin, le plus important, c'était le collège des pontifes. Présidé par un Grand Pontife *(pontifex maximus)*, il comptait quinze membres, élus à vie et par cooptation. Être pontife n'était pas une charge, c'était une dignité prestigieuse qui n'empêchait en rien son titulaire d'exercer, par ailleurs, d'autres fonctions publiques, d'être magistrat ou général par exemple ; et cela expliquait l'exultation de César.

— Je ne te comprends pas, dit Decurtius. Tu as été nommé flamine à dix-sept ans, et tu n'as jamais réclamé qu'on officialise ta nomination, et maintenant tu trépignes de joie à l'idée d'être pontife.

— Un flamine a des tas d'obligations : il doit s'habiller d'une certaine façon, ne pas sortir de Rome, ne pas briguer les magistratures, et que sais-je encore. Mais un pontife n'a rien à faire, sinon se réunir de temps en temps avec quatorze vieux gâteux. Et il est à l'abri des caprices de la politique et de l'opinion publique. J'ai hâte de me voir attribuer officiellement les insignes de mon pontificat : le *simpulum* (cuiller avec laquelle on puisait le vin, dans certains sacrifices), la *securis* (hache pour immoler le bétail), l'*aspergillum* (le goupillon).

— Quand envisages-tu de partir ?

— Le plus vite possible.

— Tu as pensé aux pirates ? D'autant qu'ils sont à la solde de Mithridate.

— Je te crois, que j'y ai pensé. Après la manière dont j'ai traité ceux qui nous avaient capturés, devant Milet, je n'ai pas intérêt à me montrer dans la mer Égée en ce moment.

— Tu as un plan ?

— Évidemment. Tu t'imagines que César s'engage à l'aventure ?

— Non. J'ai remarqué que tu savais réfléchir avant d'agir.

— Voici ce que je vais faire. Je vais vendre tous les esclaves que j'ai emmenés, et ne conserver avec moi que toi, mon barbier, et deux serviteurs pour porter nos bagages.

— Que fais-tu de tes secrétaires, du cuisinier et des autres ?

— Ils rentreront en bateau, comme tout le monde : les pirates se moquent bien d'eux. Quant à nous, nous éviterons de traverser la mer Égée et nous irons, à dos de mulet, à travers la Thrace et la Macédoine, jusqu'à Dyrrachium (Durazzo), sur la mer Adriatique.

— Et de là, pour rejoindre l'Italie ?

— Je trouverai bien à louer une petite *scapha* (petite barque de pêche pointue), avec deux paires d'avirons ; nous ramerons à deux, toi et moi, par exemple, ou moi et le barbier : il nous faudra deux ou trois jours pour aller de Durazzo à Brindes ; les pirates ne pourront pas nous voir, ou, s'ils nous voient, ils nous prendront pour des pêcheurs.

Ils firent comme il avait dit. César envoya son barbier, qui n'était pas connu, acheter cinq mulets à Éphèse et, après un voyage épuisant de quarante jours à travers la Macédoine et la Grèce, il parvint à Durazzo, où il échangea ses mulets contre un solide pointu, bien caréné. La traversée de l'Adriatique lui demanda une petite semaine et se fit sans encombre, sauf au matin du sixième jour : il crut apercevoir à l'horizon les mâts de plusieurs navires, qui se dirigeaient vers son esquif.

— Ce sont des pirates, j'en suis certain, dit-il en se déshabillant.

— Que fais-tu ? lui demanda Decurtius.

— Je vais plonger et nager sous l'eau.

— Tu vas te noyer.

— Oh ! que non. Marius m'a appris à nager quand j'étais petit, aussi bien sur l'eau que sous l'eau ; j'allais pêcher des oursins avec lui, dans la baie de Naples, quand j'étais très jeune. J'adore les oursins.

Il s'empara d'un poignard, qu'il glissa dans la ceinture de son pagne, et se laissa glisser dans l'eau froide de l'Adriatique, en sortant de temps à autre la tête de l'eau :

— Que font-ils, demanda-t-il à Decurtius, ils s'approchent ?

Un éclat de rire lui répondit :

— Ce ne sont pas les mâts d'une flotte de pirates que tu as vus, César, c'est une rangée d'arbres : nous sommes en Italie !

Rome, enfin ! Et sa bonne vieille villa de Subure, où l'attendent sa mère, sa femme et sa fille. Et le jardinier Babasus, toujours aussi chauve. Le bruit de ses mésaventures avec les pirates avait traversé la Méditerranée : il lui fallut les conter par le menu. Les yeux d'Aurélie brillaient de fierté : c'était un homme, son fils !

Mais César avait des questions à poser, et la première, qui lui brûlait les lèvres, concernait son entrée au collège des pontifes :

— Mère, dit-il en se tournant vers Aurélie, c'est toi qui as monté l'affaire de bout en bout ?

Elle avoua :

— J'avais toujours rêvé de te voir prêtre.

— Je sais. Je me souviens que tu avais trouvé le moyen de me faire désigner comme flamine de Jupiter, il y a dix ans, avec la complicité de la tante Julie.

— Mais tu n'as jamais été investi officiellement, Sylla s'y était opposé.

— Sylla aura fait au moins une chose de bien dans sa vie.

— Allons, oublie tout ça. Maintenant, tu es pontife, ça doit te plaire.

— Oui, mère, ça me plaît. Et tu sais pourquoi ?

— Non.

— Parce que je n'aurai rien à faire, sinon introniser quelques jeunes vestales ; il y en a de jolies.

— César, intervint Cornélie, qui couvait des yeux son mari, sois un peu sérieux.

— Mais je suis sérieux. Je voudrais savoir comment mère a pu se débrouiller pour me faire élire pontife. Le collège n'aime pas les jeunes, et encore moins lorsque ce sont des patriciens ruinés qui prennent la défense du peuple : il prétend qu'ils trahissent leur classe. Les vieux pontifes se moquent bien de la misère du monde. Mais quand donc verrons-nous des hommes de religion nous prêcher qu'il faut s'aimer les uns les autres, et non pas gagner, toujours gagner ! Alors, comment as-tu fait, mère ?

— Mon frère — c'est-à-dire ton oncle — Caïus Aurélius Cotta, qui était consul, est mort subitement peu après ton départ pour Rhodes, il y a deux ans, et il faisait partie du collège des pontifes ; alors j'ai fait ta campagne. Je suis allée voir le grand pontife, Métellus Pius, je lui ai parlé de toi, je lui ai fait valoir qu'un cousin germain de ton père avait été lui-même pontife...

— Tu penses au cousin Strabon ?

— Oui, à Caïus Julius Strabon ; j'ai relancé le président du Sénat, et ton cousin Sextus, qui est flamine du dieu Romulus. Bref, je me suis donné beaucoup de mal, et te voilà pontife. Embrasse ta mère, mon fils, elle l'a bien mérité.

César faisait ses comptes. Depuis son premier voyage en Orient auprès de Nicomède, en 81, c'est-à-dire depuis plus de sept ans, il n'avait passé que trois années à Rome, de 78 à 76. Il avait tâté de la vie militaire, en participant au siège de Mytilène, lors de son premier séjour en Orient, avec Thermus, et, plus récemment, à titre privé, lorsqu'il était à Rhodes. Entre ces deux épisodes orientaux et enrichissants, il avait fait une entrée plus ou moins ratée dans les milieux judiciaires, en perdant, coup sur coup, deux procès contre des prévaricateurs. Maintenant, à vingt-huit ans, il était temps pour lui de se caser, comme aurait dit sa tante Julie.

Mais que faire ? Du commerce, comme son père ? Il n'avait aucun goût pour cela et il partageait le point de vue de Cicéron, de près de six ans son aîné, qui lui avait dit un jour que le commerce était méprisable. Vivre de ses rentes ? Il n'avait aucune fortune.

197

Restait la politique, qui l'intéressait hautement, non point par ambition, mais d'un point de vue qu'on pourrait qualifier de théorique. César, dont l'adolescence avait été perturbée par la guerre civile qui avait opposé Marius et Cinna, chefs du parti populaire, à Sylla et au parti sénatorial, raffolait de ces conversations interminables et passionnées avec des jeunes gens de son âge ou légèrement plus âgés, comme Cicéron ou quelques autres, au cours desquelles ils reconstruisaient le monde. L'aristocrate pauvre qu'il était abominait l'injustice, la prévarication, les combines, et il aimait le peuple, le petit peuple, cette plèbe de Subure que sa mère lui interdisait de fréquenter, quand il était petit garçon, et il admirait les théories généreuses de son oncle Marius.

Maintenant, il avait vingt-huit ans. Dans deux ans, il serait en âge d'entrer dans la carrière des honneurs, et d'en franchir progressivement tous les échelons, dont le plus bas était celui de questeur et le plus élevé celui de consul. En attendant, il avait toujours la possibilité de se faire élire tribun militaire, une magistrature mineure à laquelle il pouvait légalement prétendre. Les candidats devaient en effet être âgés d'au moins vingt-sept ans et avoir servi au moins pendant un an sous les armes, ce qui était son cas, puisqu'il avait accompagné le général Thermus en Orient au siège de Mytilène et qu'il y avait obtenu une sorte de médaille militaire, la couronne civique. Les élections pour le tribunat avaient lieu à la fin de l'année 73, il eut donc juste le temps de s'inscrire sur la liste des candidats.

César commençait à être connu des Romains ; il

avait pour lui les voix des plébéiens, qui se souvenaient — en bien — de Marius, et des patriciens modérés qui se souvenaient — en mal — de Sylla et des syllanistes, et, de plus, il y avait vingt-quatre postes à pourvoir : il fut donc élu tribun militaire pour l'année 72, et vraisemblablement versé dans les services administratifs de l'armée. Une armée romaine qui avait d'ailleurs fort à faire, car la République combattait alors sur trois fronts : en Espagne, où la révolution contre Rome avait commencé sept ans auparavant, conduite par un ancien lieutenant de Marius nommé Sertorius ; en Italie, où les gladiateurs et les esclaves venaient de se soulever ; en Orient, enfin, contre Mithridate.

Dans Rome, il y avait aussi bataille, mais bataille politique, et, sans hésiter, César s'y lança avec fougue.

Il commença par prendre contact avec les tribuns de la plèbe. Ces magistrats élus annuellement, au nombre de dix, jouaient, avant Sylla, un rôle considérable dans la vie politique romaine. Le tribunat avait été créé quatre siècles plus tôt, au commencement de la République, pour défendre les intérêts de la plèbe ; les tribuns étaient sacro-saints et inviolables (les toucher pouvait constituer une souillure) et leurs pouvoirs étaient énormes, car ils étaient en mesure de bloquer légalement le fonctionnement du Sénat et le pouvoir législatif des consuls. Sous la dictature de Sylla, à peu près tous les pouvoirs du tribunat avaient été abolis : l'opposition populaire avait été muselée, et le Sénat légiférait et gouvernait sous le seul contrôle du dictateur. Et, depuis cinq ans que le dictateur avait disparu, la coterie sénatoriale n'avait plus de comptes à rendre à qui que ce soit, et s'était bien gardée de rétablir le pouvoir des tribuns, ces empêcheurs de tourner en rond. Elle les entendait, mais elle ne les suivait jamais.

Le premier tribun que César rencontra fut un nommé Plautius. Celui-ci avait organisé une grande réunion populaire au Forum, devant la tribune des harangues — les Rostres —, dans le but d'exposer au peuple le projet de loi qu'il avait l'intention de proposer au Sénat. Il en parla à César :

— Je vais demander au Sénat de promulguer une loi d'amnistie, autorisant les anciens proscrits et les émigrés politiques du temps de Sylla à rentrer à Rome ; qu'en penses-tu ?

— Est-ce que ce n'est pas le projet dont Lépide parlait, il y a quatre ans ?

— À peu près, mais je propose d'étendre l'amnistie aux partisans de Lépide eux-mêmes.

— Il y avait mon beau-frère Cinna le Jeune parmi eux, remarqua César. Je lui avais déconseillé de suivre Lépide, car son affaire était perdue d'avance ; mais il ne m'a pas écouté.

— Ne crois-tu pas, César, qu'un peu de paix civile ferait du bien à Rome, avec ce qui se passe dans le Sud ?

— Quoi donc ?

— La révolte des gladiateurs. Ils mettent tout à feu et à sang.

— Quand ta réunion aura-t-elle lieu ?

— Dans deux jours, au Forum, nous parlerons du haut de la tribune aux harangues.

200

— Compte sur moi, j'y serai. Nous nous retrouverons sur les Rostres.

Le surlendemain, pour la première fois de sa vie, César montait les marches de pierre menant à la plate-forme surélevée, munie d'un parapet et que protégeait un dais de pierre, d'où les orateurs politiques les plus célèbres s'étaient adressés et s'adressaient encore au peuple romain. Elle était supportée par des arcades, dont les piliers étaient ornés des *rostra*, les éperons d'airain qui armaient la proue des navires de guerre, destinés à éventrer les bâtiments ennemis. Ces rostres étaient historiques. Ils provenaient des navires capturés sur les Volsques, en 338 av. J.-C., après la bataille d'Antium (Antium était une cité maritime, à 50 kilomètres environ au Sud de Rome ; c'était la capitale du peuple des Volsques, un peuple latin que Rome avait soumis après cette bataille héroïque).

Il y avait foule au pied de la tribune des harangues. Toute la plèbe de Subure était là pour écouter l'enfant du quartier, celui qu'on appelait le « petit César » et qui prenait son envol sur le chemin des honneurs. Et César parla. Mais avec prudence : il n'avait pas l'intention de gâcher la carrière qui s'ouvrait devant lui par un discours démagogique :

— Ce n'est pas pour défendre la cause de ceux qui, tel ce malheureux Lépide, ont violé les lois de la République, citoyens, que je prends la parole aujourd'hui. Ce n'est pas non plus pour faire renaître de ses cendres le parti populaire qu'avait créé mon oncle Marius : les temps ont changé. J'élève la voix, aujourd'hui, au nom des lois sacrées de la parenté, en faveur du frère de mon épouse Cornélie, mon beau-frère Lucius Cornélius Cinna le Jeune. Le dictateur Sylla avait proscrit son père, Cinna l'Ancien, le Sénat a exilé le fils et tant d'autres citoyens, qui pourraient aujourd'hui servir Rome, s'ils étaient pardonnés. C'est pourquoi j'appuie aujourd'hui de tout mon cœur le projet de loi du tribun Plautius, qui a déjà été ratifié par le Sénat et qui sera, sous peu, proposé aux comices des tribus, c'est-à-dire à vous, citoyens, comme l'exige la Constitution de la République enfin rétablie.

Est-ce l'éloquence de César ou le désir qu'avait la plèbe de soutenir son tribun, on ne sait, mais la loi Plautia fut votée quelques jours plus tard par les comices, et César put savourer son premier succès... partagé.

La conséquence de la loi Plautia fut le retour en masse des marianistes qui avaient été exilés. Ces anciens membres du parti populaire étaient des militants de longue date qui n'avaient rien perdu de leur combativité politique. Ils n'avaient pas leur pareil pour provoquer des réunions spontanées, pour réveiller les indolents, pour faire la chasse aux abstentionnistes en cas de consultation électorale. Aussi un autre tribun de la plèbe, Licinius Macer, comprit que le moment était venu d'agir afin que fussent rétablies les prérogatives du tribunat. Il s'en ouvrit à César, dont il avait apprécié la subtile intervention au sujet de la loi Plautia.

— Je crains le pire, César, je crains le pire. La République est devenue un vain mot. Son empire, qui s'étend de l'Espagne à la mer Noire, est gouverné non pas dans l'intérêt des millions d'êtres humains qui y vivent, mais dans celui de six cents sénateurs qui s'en partagent les richesses. Et il n'existe plus aucun contre-pouvoir qui puisse s'opposer légalement à cette coterie de nobles, de chevaliers et de richards. Un de ces jours, le système craquera.

— Je suis de ton avis ; d'ailleurs il est déjà en train de craquer. La guerre d'Espagne et la guerre contre Mithridate ont ruiné non seulement le Trésor public, mais aussi les particuliers. Il y a des émeutes de la faim partout, et la révolte des gladiateurs et des esclaves est contagieuse : bientôt, ce sera la plèbe qui prendra les armes, et qu'en sortira-t-il ? Un nouveau Sylla ? De nouvelles proscriptions ?

— J'ai un programme, et je voudrais l'exposer au peuple. Mais je suis seul, et, lorsqu'un tribun de la plèbe parle, il est bien rare qu'on l'écoute.

— Pourtant moi, qui suis un noble, je t'écoute et je te comprends, et je ne suis pas le seul dans ce cas.

— Je sais, il y a de bons et de mauvais nobles. Mais ce sont les mauvais qui tiennent le Sénat. Je voudrais déposséder cette assemblée de ses pouvoirs exorbitants, mais je suis isolé, et ma magistrature de tribun est une caricature de magistrature.

— Tu connais la définition du tribunat selon les sénateurs : une magistrature née de la sédition, pour la sédition.

— Ils ont raison. Mais moi, Licinius, je leur réponds : c'est de la sédition que naissent les libertés, et des libertés que naît la puissance d'un État. Depuis quelques jours, je fais circuler dans Rome l'annonce d'un grand discours, que je prononcerai du haut de la tribune aux harangues ; les marianistes seront tous là, les anciens aussi, et, parmi eux, je l'espère, les nobles intelligents, comme toi, qui ont compris que l'intérêt public doit l'emporter sur tous les intérêts individuels.

— Je serai présent, et sois assuré que j'aiderai de tout mon pouvoir les hommes comme toi qui s'efforcent de restaurer la puissance tribunicienne ; mais, ajouta César, j'espère que tu mesures les difficultés du combat que tu engages.

— Pour un homme de cœur, lui répondit Licinius, il vaut mieux essuyer une défaite en se battant pour la cause de la liberté que de ne point avoir entrepris le combat.

C'est devant un auditoire immense et attentif que Licinius fit son fameux discours, debout, s'appuyant des deux mains sur le parapet de la tribune aux harangues, entouré des neuf autres tribuns de la plèbe et de nombreuses personnalités, parmi lesquelles tout le monde pouvait remarquer César, grave et silencieux, portant les insignes de sa dignité de pontife et se grattant de temps à autre la tête avec son index.

Licinius commence son discours par un réquisitoire :

— Citoyens, tous ceux qui ont été élus pour défendre vos droits se sont joués de vous, ils ont dirigé contre vous leur influence, l'autorité que leur confèrent leurs charges.

Bruits divers dans l'assistance.

— Un petit nombre d'hommes, à la faveur de leur renom militaire, se sont emparés du trésor de l'État, de l'armée, des royaumes, des provinces, tandis que vous, tels des veaux ou des moutons, vous les suivez, vous vous livrez à eux, vous devenez leur chose... Autrefois, votre bulletin de vote vous donnait des chefs, aujourd'hui, il ne vous donne que des maîtres...

Un murmure houleux se propage autour de la tribune. Licinius se tourne vers son public, il devient pathétique :

— À vous, qui croyez être libres parce que la verge du licteur a épargné vos fesses, je dis : n'appelez pas tranquillité ce qui est servitude, car, lorsque le crime l'emportera sur le droit et sur l'honneur, la tranquillité ne sera point votre lot.

Un silence de mort s'installe. Puis une voix fuse, d'on ne sait où, portant un brin de contradiction :

— Ce sont quand même nos consuls, soutenus par nos sénateurs, qui ont décidé de distribuer gratuitement du blé aux indigents...

— Ils tentent d'éteindre le feu qu'ils ont allumé : ce sont eux qui vous ont rendus indigents. Ces quelques aumônes sont des insolences : ils vous donnent ce qui vous appartient et qu'ils vous ont volé, vous ne leur devez nulle reconnaissance pour cela. Écoutez mon programme. Je ne prêche pas la guerre civile, c'est le pire des maux. Exigez la restauration de la puissance des tribuns, qui pourront alors refuser les lois injustes, réclamer la justice pour tous et envoyer devant des tribunaux impartiaux les prévaricateurs, les traîtres et les combinards.

— Bravo, Licinius, crie une voix dans le public, mais comment exiger ?

— Oui ! Comment ?

— Comment ?

— Comment ?

Puis soudain, tous en chœur, les assistants scandent :

— Com-ment ! Com-ment ! Com-ment !

Licinius s'excite, César reste impassible, mais il savoure en connaisseur la dialectique du tribun ; il sait que, dans quelques secondes, il va faire une proposition inattendue et révolutionnaire.

— Je vais vous dire comment forcer les gouvernants et les nobles à nous satisfaire. (Et il crie :) FAITES LA GRÈVE DU SANG !

Il s'explique :

— Nos consuls font la guerre sur trois fronts à la fois, ils sont sur le point d'envoyer à tous les citoyens encore mobilisables les convocations pour qu'ils rejoignent les légions : quand vous les recevrez, n'obéissez pas. À ces messieurs qui vous demandent votre sang, répondez par cet ultimatum : « Pas de restauration de la puissance tribunicienne, pas de sang. »

Et Licinius Macer, aphone et apoplectique, quitte la tribune sous les vivats frénétiques de l'assistance.

César se grattait toujours la tête : il parle bien, il a raison, pensait-il, mais ce n'est ni le Sénat, ni les consuls actuels qui auront l'intelligence et le courage de rétablir les pouvoirs des tribuns de la plèbe. Ce sera un général vainqueur, et je n'en vois que deux possibles : Pompée, qui ne tardera pas à rentrer vainqueur d'Espagne, et Crassus le Riche qui, tel que je le connais, n'aura aucun scrupule à mettre un terme à la révolte des gladiateurs et des esclaves par un bain de sang.

Chapitre XIII

La grande parade de Spartacus
(72-69)

L'été 72 venait de se terminer. César, qui n'avait nullement l'intention de faire carrière dans l'armée, avait officiellement remis aux censeurs les insignes de sa fonction, comme le prévoyait la loi républicaine, et il était retourné à la vie privée, nanti du titre de « tribun militaire du peuple ». Cette démission, pour répandue qu'elle fût parmi les jeunes gens de bonne famille, désolait sa mère :

— César, tu n'en feras toujours qu'à ta tête. Pourquoi as-tu démissionné ? Tu aurais pu rejoindre l'armée de mon frère, en Orient, et combattre avec lui Mithridate : tu serais monté en grade, car il t'aurait certainement nommé préfet militaire... Qui sait, tu aurais pu devenir général, comme Pompée, qui n'a que cinq ans de plus que toi.

— Non, mère, pas cinq ans, quatre ans et dix mois : il est né un 30 septembre et moi un 13 juillet.

Mais je n'ai pas envie de devenir général, et j'en ai soupé de l'Orient, j'y suis déjà allé deux fois.

— Et l'armée de Pompée, en Espagne ?

— Ne me parle pas de Pompée. C'est un hâbleur, un fils à papa ; pour rien au monde je ne voudrais être sous ses ordres.

— Il est quand même en train de pacifier l'Espagne.

— Qu'est-ce que cela signifie, « pacifier l'Espagne » ? Il n'y aurait jamais eu besoin de « pacifier » — comme tu dis — l'Espagne si Sylla n'avait pas mis le feu aux poudres.

César faisait allusion aux conséquences de la dictature de Sylla. Celui-ci avait révoqué l'excellent gouverneur de cette province, Sertorius, qui appartenait au parti populaire (il avait servi sous Marius), et l'avait remplacé par un homme à lui, le consul Cécilius Métellus. Sertorius, qui avait su gagner le cœur des peuples espagnols, s'était révolté et avait entrepris de créer une sorte d'État ibérique indépendant, organisé sur le modèle de la République romaine, avec un Sénat, des magistrats et une armée. Il s'était allié avec Mithridate, qui lui envoyait des armes et de l'argent par l'intermédiaire des pirates qui sillonnaient la Méditerranée. La guerre durait déjà depuis sept ans. Après la mort de Sylla, Rome avait envoyé en Espagne une armée, sous le commandement de Pompée, qui n'avait alors que vingt-cinq ans. Finalement, Sertorius fut assassiné par son lieutenant, Perperna, et, en cette fin d'année 72, la révolte était sur le point d'être matée.

— Tu cherches toujours le pourquoi et le comment des choses, mon petit César.

— Je n'ai pas envie de partir à l'aveuglette. Les temps sont troubles, depuis la guerre civile, et bien des bouleversements se produiront encore avant que Rome vive en paix. Et, quand je dis « Rome », je pense à tout son empire, à l'Espagne, à la Numidie, à l'Italie tout entière, à la Grèce, et à nos territoires d'Asie.

— Mais alors, que vas-tu faire ?

— Attendre, et réfléchir.

— Réfléchir à quoi ?

— Au moyen de sortir de ce lupanar.

— César, n'emploie pas des mots de ce genre.

— Je les emploie parce qu'ils traduisent bien la réalité, mère. Depuis dix ans, tout le monde cherche à acheter tout le monde, comme du temps de Jugurtha. Regarde Pompée. Sa famille est richissime, et il pense que l'on peut tout avoir avec de l'argent. De plus, c'est une girouette : il y a dix ans, il se prétendait démocrate, mais, lorsque Sylla est revenu d'Orient, il a recruté de ses propres deniers trois légions, au mépris de toutes les lois de la République, et il s'est mis à sa disposition. Sylla s'en méfiait tellement qu'il l'a envoyé combattre loin de Rome, en Afrique et en Sicile. Après la mort de Sylla, il s'est mis à faire des sourires au Sénat. De qui, demain, sera-t-il l'allié ?

— Bon. N'en ajoute pas. J'ai compris que tu n'aimais pas Pompée... Et tu n'aimes pas davantage Crassus, n'est-ce pas ?

Crassus, c'était l'homme le plus riche de Rome. Il avait agrandi la fortune, déjà grande, qu'il tenait de son père en rachetant, à très bas prix, les biens confis-qués par l'État aux proscrits. Son sens de la spoliation était tel qu'il avait encouru la disgrâce du dictateur. Depuis le début de l'année 72, il assumait la charge de préteur, et le Sénat venait de lui confier la responsabi-lité d'endiguer la révolte des gladiateurs et des esclaves qui avait éclaté en Campanie au cours de l'été.

Non, César n'aimait pas Crassus, et il le dit carré-ment à sa mère.

— Alors, dis-moi, que vas-tu faire ?

— Vivre, aimer, boire et chanter, et me faire construire une belle villégiature : j'ai ramené tant d'argent d'Orient !

— Tu n'es pas bien, ici, dans la maison de ton père et de ton grand-père ?

— Je suis mieux ici que n'importe où ailleurs, mère, tu le sais bien. Mais j'aimerais, de temps en temps, me reposer à la campagne. J'ai acheté un ter-rain dans un endroit très pittoresque, au bord d'un lac, près d'Aricie, à deux ou trois lieues de Rome. Je vais y faire construire une villégiature et j'y recevrai mes amis, j'y donnerai des fêtes, pendant que ce pourri de Crassus et cet imbécile de Pompée feront de la politique, la tête vide et la bourse pleine. Moi aussi, je ferai peut-être de la politique, mais, si j'en fais un jour, j'étonnerai le monde.

Pour le moment, l'homme qui bouleversait sinon le monde, du moins l'Italie, c'était un berger thrace,

211

doté d'une force herculéenne, à l'intelligence vive et à l'âme généreuse : il se nommait Spartacus, il était mirmillon de son état.

Il y avait déjà plus d'un siècle que les combats de gladiateurs passionnaient les foules : les premiers avaient eu lieu en l'an 489 de Rome (264 av. J.-C.). À l'origine, ces combats avaient été des substituts aux sacrifices humains que pratiquaient certains peuples de l'Italie, comme les Étrusques, par exemple. Puis ils étaient devenus — ce qui est triste à dire — l'un des divertissements populaires les plus appréciés des Romains. Ils avaient lieu alors en plein air, dans le Champ de Mars ou sur le Forum même, et relevaient d'entreprises privées. On raconte, par exemple, qu'en 160 av. J.-C., alors qu'une troupe de théâtre jouait (en plein air, comme c'était la coutume) une comédie de Térence, la représentation avait été brutalement interrompue par l'annonce d'un *munus* (combat de gladiateurs) offert par les fils du consul Paul Émile, le général romain qui avait conquis la Macédoine, aux Mânes de leur père : tous les spectateurs avaient planté là Térence et s'étaient précipités sur le Forum pour assister au combat, généralement mortel, de deux couples de gladiateurs.

À l'époque de Marius et de Sylla — plus précisément à partir de l'an 105 av. J.-C. —, ce genre de divertissement fit partie des jeux annuels que les consuls et les édiles offraient au peuple de Rome, toujours en plein air (le premier amphithéâtre en dur ne fut construit qu'en 29 av. J.-C., sous le règne de l'empereur Auguste).

Ces hommes, qui s'entre-tuaient pour le plus

grand plaisir d'une foule avide d'exploits musculaires et qui en oubliait qu'ils étaient sanglants, étaient choisis pour la plupart parmi les prisonniers de guerre ; mais on trouvait parmi eux des esclaves et même, parfois, des hommes libres qui avaient délibérément choisi ce métier. Ils étaient partagés en différentes catégories et, de même que de nos jours nous avons des boxeurs, des lutteurs, des catcheurs, des judokas, des karatékas, des fleurettistes, des épéistes et autres spécialistes des sports de combat, il y avait à Rome des crupellaires, qui combattaient revêtus d'une armure des pieds à la tête, des rétiaires dont les armes étaient le filet et une fourche à trois dents, des bestiaires qui luttaient contre des bêtes féroces, des mirmillons et autres classes de gladiateurs. La spécialité des mirmillons était de combattre jambes et torse nus, coiffés d'un casque orné d'un poisson de bronze en guise de panache.

Spartacus était l'un d'entre eux. Enrôlé comme auxiliaire dans les armées romaines, ce vigoureux berger avait déserté, erré quelques mois dans les campagnes, tel un bandit de grands chemins ; puis il avait été arrêté par les policiers romains et vendu comme esclave sur le marché de Rome. Il avait été acheté par un laniste (sorte d'imprésario qui entretenait des équipes de gladiateurs) de Capoue, un certain Lentulus Batiatus.

Spartacus n'était pas une brute épaisse. Il possédait non seulement des muscles impressionnants, mais aussi du cœur, de la finesse, de l'intelligence, et se rapprochait plus d'un Grec que d'un barbare. Il avait pour maîtresse une devineresse de son pays, initiée

213

aux mystères de Dionysos (le Bacchus des Grecs) et versée dans l'interprétation des rêves. Les deux jeunes gens s'étaient rencontrés par hasard, sur le marché aux esclaves de Rome : Spartacus était en train de dormir, étendu sur le dos, lorsque la devineresse thrace s'aperçut brusquement qu'un serpent — sans doute une longue couleuvre — s'était enroulé autour de son visage. Elle le réveilla et lui prédit que ce signe prophétique signifiait qu'il deviendrait un jour puissant et redoutable. Depuis ce jour, ils ne s'étaient plus quittés.

Acheté par le laniste Lentulus, Spartacus prit très vite de l'ascendant sur ses compagnons gladiateurs. Il leur parlait de l'égalité entre les hommes, de liberté, et les poussait à s'enfuir de l'école de Capoue où ils étaient parqués.

— Secouez-vous, camarades, leur disait-il, cessez de vous soumettre comme des bêtes à ce Lentulus, qui vous tient en prison comme si vous étiez les pires des malfaiteurs et qui vous force à vous entre-tuer pour la plus grande distraction des Romains. Nous sommes deux cents, ici, et nous n'avons peur de rien : sauvons-nous.

Son discours n'eut qu'un succès relatif. La plupart de ses compagnons, timorés, préféraient se soumettre plutôt que de risquer une sévère punition. Certains parlèrent, peut-être, et le laniste finit par s'apercevoir qu'il se tramait quelque chose ; craignant pour sa sécurité, il prit la précaution de leur confisquer leurs armes. Quand il s'en aperçut, Spartacus convainquit sans peine ses camarades qu'il valait mieux s'enfuir au plus vite, même les mains nues, et il s'échappa de l'école des gladiateurs avec soixante-dix-huit d'entre eux. Cela se passait au début de l'été 73.

Et voilà Spartacus et sa bande dans les rues de Capoue. Leur aspect était redoutable, et les Capouans s'enfuyaient sur leur passage, d'autant qu'avant de quitter la ville ils avaient dévalisé une rôtisserie et fait main basse sur les broches et les coutelas. La milice de Capoue leur donna la chasse, mais les gladiateurs eurent tôt fait de rosser les miliciens et de s'emparer de leurs armes. Puis ils se réfugièrent sur les pentes abruptes et glissantes du Vésuve, couvertes de vignes sauvages.

La nouvelle de ces événements parvint à Rome quelques jours plus tard. Les consuls en place et le Sénat s'en inquiétèrent, à juste titre. Les avis étaient partagés : pour les uns, c'était un fait divers grave, mais simplement un fait divers que les milices locales de Capoue ou de la province de Campanie étaient en mesure de régler ; les autres craignaient que cette rébellion locale n'agisse comme un déclencheur et n'ait des retentissements à Rome même, où le climat social était tendu : le poids financier de la guerre d'Espagne et de la guerre contre Mithridate était très lourd, trop lourd, et les consuls en place, Cassius et Terentius, tout conservateurs qu'ils fussent, avaient dû organiser des distributions de blé gratuites aux plébéiens nécessiteux. Terentius avait lancé un avertissement aux sénateurs :

— Si par malheur ces rebelles décident de marcher sur Rome, ils partiront peut-être cent, mais ils seront dix mille en arrivant à Rome : entre Capoue et l'Urbs, la route est longue et les malheureux sont innombrables. Il faut tuer dans l'œuf cette révolte des gueux.

On envoya donc vers Naples une troupe de trois mille fantassins, sous le commandement du préteur Glaber, avec mission de liquider « ces brigands ».

La chose était plus facile à dire qu'à faire. Les « brigands » s'étaient réfugiés tout en haut du Vésuve, et leur position était inexpugnable. Glaber interrogea ses centurions :

— Pensez-vous qu'on puisse lancer une attaque ?

— Impossible, lui répondit un vieux baroudeur. Les pentes de la montagne sont glissantes et je me demande même comment ils ont pu grimper jusque là-haut. De plus, ils sont costauds et vont se défendre en nous bombardant de pierres et de rochers. D'autant que nous ignorons combien ils sont vraiment.

— D'après mes informations, dit Glaber, ils sont soixante-treize ou soixante-dix-huit ; mais divers témoins prétendent qu'ils étaient deux cents en sortant de Capoue.

— Raison de plus pour ne pas donner l'assaut, nos pertes seraient énormes.

— Alors nous ferons le siège du Vésuve, comme si c'était une place forte. Nous les aurons à l'usure, lorsqu'ils n'auront plus rien à manger ni à boire. Le soleil tape fort, en ce moment, ils ne tiendront pas très longtemps. Centurions, disposez vos hommes.

Ils firent chou blanc. Spartacus donna l'ordre à ses compagnons de couper les plus longs et les plus gros sarments des vignes qui couvraient les versants du Vésuve et de les attacher ensemble, afin de faire une sorte de longue rampe qui descendait jusqu'au pied du Vésuve, en un lieu où il n'y avait pas de soldats romains. Une fois cette rampe fixée, tous les gladiateurs, sauf un, descendirent sans trop de difficultés jusque dans la plaine ; celui qui était resté au sommet leur jetait leurs armes, et, quand il les eut toutes jetées, il descendit à son tour, suivi de Spartacus, qui, en bon capitaine, fermait la marche.

Une fois en bas, la troupe contourna le volcan et les soixante-dix-huit gladiateurs déchaînés fondirent sur les légionnaires. Effrayés par cette meute hurlante, les soldats de Glaber s'enfuirent, sans même tenter de résister, sous les regards hilares des bouviers et des bergers campaniens qui gardaient leurs bêtes dans la région : ravis d'assister à la débandade de ces légions qui, quelques années plus tôt, au moment de la guerre sociale, ne leur faisaient pas de quartier, ils rejoignirent la petite troupe de Spartacus. Tant et si bien qu'en moins d'une semaine Spartacus se trouvait à la tête d'une armée de sept mille hommes, parmi lesquels des gladiateurs en fuite — des Thraces, des Germains, des Gaulois — et des esclaves qui avaient déserté la maison de leurs maîtres.

Le Sénat avait vu juste. Le fait divers de Capoue se transformait en révolution ; d'autres chefs se révélaient, auprès de Spartacus, notamment un Gaulois nommé Crixos. Il fallait agir sans plus attendre, et les sénateurs envoyèrent, coup sur coup, deux régiments, chacun de deux mille fantassins, commandés par deux autres préteurs : ils furent taillés en pièces entre Herculanum et Pompéi.

C'est après ces premiers succès que Spartacus

217

montra à la fois sa sagesse et son sens de la stratégie militaire.

— Vois-tu, Crixos, disait-il au chef gaulois tandis que ce qui restait des armées romaines courait se réfugier derrière les murs de Cumes, il ne faut pas se faire d'illusion. Les Romains reviendront, avec cinq, dix, vingt mille hommes s'il le faut, et ils finiront par nous vaincre.

— C'est du défaitisme, lui répondit le bouillant Gaulois.

— C'est de la clairvoyance. Réfléchis : que veulent tous ces gladiateurs, tous ces esclaves qui se sont joints à nous ? Purement et simplement rentrer chez eux, que ce soit en Thrace, en Gaule, en Germanie ou ailleurs.

— Certes. Il n'est pas question de conquérir Rome.

— Alors, puisque l'ennemi est abattu, pour l'instant du moins, profitons-en : partons à la nuit vers les montagnes, quittons ces terres romaines qui sont notre prison, et regagnons notre Gaule, notre Germanie, notre Thrace natales par les cols haut perchés des Alpes ou par la mer Adriatique.

— Tu as raison, dit Crixos, mais va le faire comprendre à nos compagnons ! Ils sont devenus beaucoup trop nombreux pour obéir ; ils ne pensent plus qu'à prendre des villes, à violer, à piller. Tu as libéré un torrent que tu ne peux plus maintenir dans son lit.

— Tentons quand même de les convaincre.

— Essayons... Mais je suis sceptique, foi de Crixos.

Spartacus parvint à décider ses hommes — ils étaient maintenant trente mille — à le suivre sur la route du Nord, vers les Alpes et, de là, à passer en Gaule ou en Helvétie. Mais Crixos eut moins de succès, et il resta avec ses dix mille hommes entre l'Apennin et la côte adriatique, pillant toutes les villes qu'ils rencontraient. La masse des rebelles s'était coupée en deux. Et l'hiver de l'année 73 se passa à marcher vers la Gaule Cisalpine, c'est-à-dire vers le versant italien des Alpes, pour Spartacus, et à se diriger vers l'Apulie et vers Brindes pour Crixos.

En janvier 72, les armées romaines, commandées par les nouveaux consuls, Clodianus et Gellius, combinent leur action et choisissent de fondre sur le plus faible de leurs deux adversaires, à savoir Crixos, qui finit par succomber. Puis ils se retournent vers Spartacus, mais celui-ci a devancé la manœuvre et les taille en pièces à son tour. Vainqueur, il ordonne à ses hommes d'égorger séance tenante les prisonniers, mais d'en épargner quatre cents. Puis, avec gravité, il s'adresse à ses troupes :

— Camarades, les Romains nous faisaient combattre à mort en hommage aux Mânes des héros qu'ils enterraient. Aujourd'hui, nous adopterons leur coutume : ces quatre cents soldats romains vont s'affronter deux à deux dans un duel à mort, comme nous le faisions jadis, en hommage aux Mânes de Crixos et de tous nos anciens compagnons. Après quoi, nous reprendrons notre marche vers le Nord et vers la Gaule, qui est encore un pays libre.

Il fut fait comme il avait dit. Puis la terrible troupe repartit, dans le noir de la nuit, vers les cols alpins encore lointains. Mais elle grossissait chaque jour. Les hommes de Spartacus furent bientôt quarante mille, puis cinquante mille, puis cent mille, et, sur leur chemin, toutes les villes se barricadaient derrière leurs murailles. Spartacus ne trouvait plus de quoi nourrir ses troupes affamées.

Alors, il prit une décision inattendue et audacieuse : il fit faire demi-tour à sa horde de pillards, pour retourner vers les villes qu'il avait conquises en Italie l'année précédente, du Picénum à la Lucanie, pour les piller à nouveau. À Rome, ce fut la panique : tant que cette troupe de damnés de la terre pourrait circuler à sa guise à travers l'Italie, piller les moissons, voler les troupeaux, attaquer les marchands, faire main basse sur les cargaisons des navires dans les ports, la vie économique de Rome, qui dépendait étroitement de celle des provinces italiennes, serait paralysée. Les riches allaient être ruinés et les pauvres affamés.

Le Romain le plus inquiet de cette situation était Marcus Licinius Crassus, l'homme le plus riche de Rome, que l'on avait surnommé *Dives* (le « Riche »). Depuis le mois de janvier 72, Crassus était préteur urbain et il décida de prendre en main la lutte contre cette rébellion qu'on commençait à appeler, à Rome, la « révolte servile », celle des esclaves.

Crassus était un plébéien, mais sa fortune était considérable. Ancien marianiste, il avait rejoint le camp de Sylla (ce que lui reprochait César), et il était jaloux de la carrière de Pompée, rapide et brillante ; il trouva dans la révolte servile l'occasion de jouer un rôle public. Il était orgueilleux, il avait de l'argent à investir dans des entreprises guerrières, et les capitalistes romains, nobles, chevaliers ou plébéiens, avaient confiance en lui ; mais il ne souhaitait pas être sous les ordres des consuls.

Le Sénat fit tout ce qu'il désirait. Il destitua les consuls de leurs pouvoirs militaires et les transféra à Crassus, avec le titre de proconsul ; il mit quatre légions à sa disposition, lui-même en ayant constitué six avec ses propres deniers. À l'automne 72, Crassus était fin prêt pour le combat. Et il n'avait de comptes à rendre à personne. Ses soldats s'en aperçurent bien vite : une de ses légions, qui avait pour mission de suivre, de loin, l'armée de Spartacus se débanda ; Crassus fit arrêter cinq cents fuyards et en fit exécuter un sur dix, par tirage au sort.

Fuyant les légions de Crassus, Spartacus cherchait à passer en Sicile, en s'embarquant à Rhegium (Reggio de Calabre), sur les navires d'une flotte de pirates venus d'Orient. Mais la flotte n'était pas au rendez-vous : Spartacus et ses cent mille *desperados* étaient bloqués dans la pointe de la botte italienne, d'autant que Crassus, pour leur interdire toute fuite vers le Nord, avait fait construire une palissade de 56 kilomètres de long, barrant la presqu'île calabraise de part en part.

L'hiver de l'année 72 fut très rude. La neige tomba abondamment, et les spartakistes n'avaient plus de vivres. Avec l'énergie du désespoir, une partie d'entre eux put franchir le mur de Crassus, qui, de son côté, avait demandé l'aide de ses légions à Pompée.

La dernière bataille eut lieu au tout début du printemps, un peu au Sud de Salerne. Elle fut terrible.

221

Spartacus se fit amener son cheval, sur lequel il devait combattre, et le tua de son épée, devant tous les siens, en disant fièrement :

— Si je perds cette bataille, je n'en aurai plus que faire ; si je la gagne, je n'aurai que l'embarras du choix, parmi les beaux chevaux de mes ennemis.

Dès le début du combat, le fier gladiateur fut blessé d'une flèche à la cuisse, et il combattit pendant des heures à genoux, voyant tomber autour de lui tous ses compagnons. Au soir de la bataille, le champ était couvert de dizaines de milliers de morts — soixante mille, disent ceux qui l'ont rapportée — sur lesquels tombait une fine pluie de printemps. On ne retrouva pas le corps de Spartacus : pour lui, la lutte finale était terminée.

Mais non pas pour Crassus. Il poursuivit tous les survivants et les fit exécuter sur place, ne conservant que six mille prisonniers qu'il fit crucifier vivants, sur la route de Rome, tout au long de la via Latina, en faisant dresser une croix tous les cinquante mètres.

Ainsi s'acheva cette terrible guerre. Pompée, qui, revenant d'Espagne, se dirigeait avec son armée vers le Sud de l'Italie, pour venir en aide à Crassus, rencontra en cours de route une bande de cinq mille fuyards désarmés : il les extermina jusqu'au dernier, sans risque aucun. Puis il retourna à Rome et annonça cette tuerie en ces termes :

— Crassus a vaincu le mal, moi, j'en ai coupé les racines.

En fait, il n'avait fait que voler au secours de la victoire, mais il s'en attribuait la gloire.

Spartacus était vaincu, mais aussi l'ordre républicain, et le Sénat en prit conscience très rapidement : il y avait à Rome deux généraux vainqueurs et sans scrupules, et, aux portes de Rome, leurs deux puissantes armées. Que pouvait-il en résulter ?

Cette question alimentait la conversation animée qui se tenait entre les clients du barbier de Subure où César se faisait raser à côté de Thermus, le général qu'il avait accompagné neuf ans plus tôt chez Nicomède.

— Deux armées aux portes de Rome, plus deux généraux ambitieux, cela ne me dit rien qui vaille. On se croirait revenu au temps de la lutte entre Marius et Sylla, dit Thermus.

— Que crains-tu ? lui demande César.

— Un coup d'État, de la part de l'un ou de l'autre... et une nouvelle guerre civile.

— Impossible.

La réponse avait été cinglante.

— Tu as l'air bien sûr de toi, César.

— Non. Je raisonne.

— Comme d'habitude, dit Thermus en souriant

— Il y a une dizaine d'années, il y avait bien deux généraux et deux armées en présence, mais il y avait aussi dans Rome deux partis puissants : les populaires et les nobles. Aujourd'hui, il n'y a plus de partis. Il y a encore des gens qui se disent démocrates, d'autres qui se prétendent conservateurs, mais ils ne sont prêts, ni les uns, ni les autres, à s'aligner derrière Crassus ou Pompée.

— Pourquoi donc ?

— Parce que Crassus et Pompée ne sont ni démocrates, ni conservateurs.

— Et que sont-ils ?

— Ils sont pour le pouvoir pur.

— Autrement dit, mon cher César, ils n'ont pas de programme ?

— Tout juste, mon général. Ils n'ont ni programme, ni vue d'ensemble de la situation de Rome. Et tout le monde le sait. Ils ne se battent pas à coups d'idées, comme Marius et Sylla, mais à coups de deniers et de sesterces. Et, comme ils sont à peu près aussi riches l'un que l'autre, ça peut durer longtemps.

— Et le Sénat, dans tout cela ?

— Oh ! les sénateurs sont des roublards. Affolés, à juste titre, par la parade de Spartacus, et constatant l'impuissance militaire des consuls, ils ont donné tous les pouvoirs à Crassus ; mais, dans le même temps, ils ont fait revenir Pompée : ils savaient bien qu'il n'arriverait pas à temps pour vaincre les gladiateurs et les esclaves, mais que, politiquement, sa présence neutraliserait Crassus.

— Tu penses que le Sénat va manigancer quelque chose ?

— Il est déjà en train de le faire. J'ai rencontré un sénateur, en venant me faire raser, et il m'a dit qu'ils accorderaient une *ovatio* à Crassus pour son succès.

— Et alors ?

— Tu sais bien que l'*ovatio* est une cérémonie

modeste, dans laquelle le général vainqueur défile simplement à pied ou à cheval, et non pas sur un char, comme dans un *triumphus* (« triomphe », cérémonie exceptionnelle en l'honneur d'un général vainqueur).

— Ce n'est déjà pas mal.

— Oui, à mon avis, c'est largement suffisant : où irait-on si l'on accordait des triomphes sans discernement ? Mais là où la chose devient drôle, c'est que le Sénat a décidé d'accorder le triomphe à Pompée.

— Non ? Tu en es certain ?

— À cent pour cent. Et maintenant, Pompée et Crassus vont s'opposer l'un à l'autre, mais pas avec leurs armées, mais devant le Sénat. Ils sont forts, ces sénateurs. Diviser pour régner, voilà leur formule.

— Il y a un point que tu as oublié, César : que se passerait-il si Pompée et Crassus s'entendaient ?

— C'est dans le domaine du possible.

— Alors, tes pronostics ?

— Le triomphe pour Pompée, l'*ovatio* pour Crassus et le consulat pour tous les deux.

— Mais ils ne remplissent pas les conditions requises pour se présenter aux élections consulaires. Il faut être âgé d'au moins quarante-deux ans et avoir été préteur. Or ni l'un ni l'autre n'a l'âge requis, Pompée n'a jamais été préteur et Crassus ne l'a été que pendant six mois.

— Qu'à cela ne tienne, répond César. Le Sénat, qui a tous les pouvoirs, votera une loi d'exception. Ils seront tous deux élus consuls, et, comme ils ne seront jamais d'accord, les sénateurs resteront les maîtres.

César n'avait que partiellement raison. Crassus et Pompée furent élus tous deux consuls pour l'année 70, mais ils ne se disputèrent pas. Bien au contraire, ils s'entendirent à merveille pour sonner l'hallali du Sénat.

Tous les pouvoirs que les lois de Sylla avaient ôtés aux tribuns de la plèbe pour les conférer au Sénat leur furent rendus. Ils récupérèrent leur droit d'*intercessio*, qui leur permettait de s'opposer à toute décision d'un magistrat ou du Sénat ; l'initiative des lois et des plébiscites leur fut restituée, ainsi que leurs droits judiciaires d'accuser et de faire juger un citoyen. Une loi sur la composition des tribunaux a marqué la fin du monopole judiciaire que possédait le Sénat : désormais les jurés seront choisis pour un tiers parmi les sénateurs, pour un tiers parmi la classe équestre (dont la liste fut remise à jour) et pour un tiers parmi les plébéiens fortunés appartenant aux centuries de la deuxième classe (leur patrimoine devait être d'au moins 300 000 sesterces ; le *cens* des chevaliers était de 400 000 sesterces).

Cette dernière décision fut la plus populaire : Sylla avait livré les tribunaux au Sénat, qui avait pu ainsi couvrir, pendant près de dix ans, les abus, les prévarications, l'utilisation frauduleuse et à des fins personnelles des deniers de l'État, mais aussi les délits et crimes de droit commun, quand ils étaient commis par leurs amis ou leurs proches.

De même Pompée et Crassus restaurèrent le rôle des censeurs qui, comme avant Sylla, furent seuls chargés d'établir tous les cinq ans la liste des sénateurs. Les censeurs radièrent de la liste existante soixante-quatre Pères conscrits et y intégrèrent des citoyens appartenant à la plèbe rurale et à tous les cantons de l'Italie unifiée. Ils réformèrent aussi la liste des chevaliers et la composition des tribunaux. En quelques mois, et comme par enchantement, le Sénat avait perdu tous ses pouvoirs.

Chapitre XIV

César entre en lice
(69-68)

Janvier 69. L'Espagne, reconquise et pacifiée par Pompée, qu'on appelle maintenant le Grand, panse ses blessures. En Italie, de la révolte de Spartacus, il ne subsiste plus que les six mille croix de la via Latina, entre Salerne et Rome : les buses et autres rapaces ont dévoré les cadavres des esclaves et des gladiateurs crucifiés. En Orient, depuis 74, Rome est engagée dans une troisième guerre contre le roi du Pont, Mithridate, qui a évacué la Cappadoce et s'est tourné vers le Caucase, avec l'appui de son gendre Tigrane, le roi d'Arménie ; c'est une guerre qui n'en finit pas, malgré les succès qu'entasse le général Lucullus. En Méditerranée, les pirates sont toujours rois, et ils perturbent les communications militaires et économiques entre Rome et ses provinces grecques et orientales.

À Rome, depuis 74, ce sont toujours des membres

du parti sénatorial qui gouvernent, et, après l'entracte du double consulat Pompée-Crassus en 70, les consuls pour l'année 69, Q. Hortensius Hortalus et Q. Cécilius Métellus, appartiennent à la coterie du Sénat. Mais les tribuns de la plèbe reconstituent le parti populaire et battent le rappel de ses meilleurs militants.

Au nombre de ces derniers figure César qui, à part deux brèves apparitions à la tribune des harangues, en 73-72, a disparu de la vie publique et se tient en réserve de la République. En revanche, si, au cours de ces trois années, on ne l'a plus vu ni sur le Forum, ni au Champ de Mars, les amateurs de grande bouffe, de parties fines et de chroniques conjugales scandaleuses ne connaissent que lui.

— Comment un homme comme toi, si doué, peut-il rester à l'écart de tous les changements que nous vivons en ce moment ? lui dit un jour Licinius, le tribun qui, quatre ans auparavant, avait violemment agressé les sénateurs, du haut de la tribune aux harangues.

— Ces changements doivent te plaire, Licinius, lui répondit César, la loi Pompée-Crassus t'a donné satisfaction : les tribuns de la plèbe ne sont plus des magistrats fantoches, mais de vrais magistrats, avec les pouvoirs d'antan.

— La loi est bonne, encore faut-il que l'on s'en serve. Théoriquement, le Sénat n'est plus rien, pratiquement, il tire encore toutes les ficelles : Hortensius et Cécilius Métellus, qui viennent d'être intronisés consuls, font partie de cette coterie d'aristocrates qui accaparent la République.

229

— C'est normal. Quand ils ont été élus, ils n'avaient pas d'adversaires valables.

— C'est ce qui m'inquiète. Si nous voulons un jour voir Rome gouvernée par des consuls du parti populaire, il nous faut des candidats valables. Toi, César, par exemple, tu l'emporterais aisément : tu aurais la faveur des nôtres et, de par tes origines patriciennes, tu n'effraierais pas les conservateurs du Sénat. Quel âge as-tu, maintenant ?

— Trente-deux ans... et il faut quarante-deux ans au moins pour prétendre au consulat.

— Je sais. Et puis il faudrait que tu passes d'abord par la questure, l'édilité et la préture. Je sais bien qu'il y a eu l'exception de Pompée et de Crassus, mais si ce genre d'exception se généralisait, alors, adieu la République : le pouvoir serait à qui voudrait le prendre.

— C'est pour cette raison que je n'ai pas tellement envie d'entrer dans la carrière des honneurs. Soit, je peux être élu questeur cette année, mais après ? Je devrais attendre d'avoir trente-neuf ans pour me présenter à la préture et qui peut bien savoir où en sera la République dans sept ans ? Cet imbécile de Pompée nous aura peut-être refait le coup de Sylla. Je vais te confier un secret : les honneurs, je m'en moque, mais le destin de Rome m'est sacré, et, quand je dis Rome, je pense à tout son empire, et non à ces quelques hectares de boue séchée que représente l'Urbs, je pense à la plus grande Rome. Et cet État dont je rêve ne pourra pas être gouverné par des consuls ou des tribuns qui changent tous les ans, qui ne sont connus que sur le Forum, l'Esquilin ou à Subure, qui ignorent tout des besoins de ces autres futurs citoyens romains que seront les habitants d'Athènes, de Milet ou de Bithynie.

— Tu me fais peur, César. Tu veux qu'il n'y ait plus de consuls, plus de tribuns de la plèbe, plus de préteurs ?

— C'est exactement ma pensée. La révolte de Spartacus m'a montré que j'avais raison. Pourquoi Spartacus a-t-il réuni tant de monde autour de lui ?

— C'étaient des malheureux, des criminels.

— Non. C'étaient des hommes comme toi et moi, mais ni toi, ni moi, ni tous les tribuns de la plèbe de la terre ne se préoccupaient d'eux. Ceux que nous défendons, c'est une poignée de citoyens romains.

— Allons, allons, César, les censeurs ont publié leur *album* : à l'heure actuelle, il y a neuf cent mille citoyens romains.

— Mais il y a des millions et des millions d'êtres humains qui vivent sous la loi de Rome. Qu'est-ce que tu en fais, de ceux-là ?

— Ils ont été soumis, ils n'ont qu'à s'incliner.

— C'est en raisonnant ainsi qu'on fait surgir des Spartacus. Et il y a un Spartacus qui sommeille dans chaque homme, libre ou esclave, qui ne fait pas partie de tes neuf cent mille citoyens romains.

— Quel régime proposes-tu donc ?

— La monarchie.

Le tribun Licinius s'étrangla de stupeur :

— Quoi, que dis-tu ? Des rois, comme ceux que nous avons chassés il y a cinq cents ans ?

— Ces « rois » de Rome relèvent de l'histoire

ancienne, Licinius. Vois Mithridate, le roi du Pont. Il n'a pas de Sénat, pas de consuls, pas de préteurs, pas de tribuns de la plèbe, il n'a pas neuf cent mille « citoyens » pontiques : il n'a que des millions de sujets et il tient tête à Rome depuis vingt ans.

— Tu es fou.

— Non, je ne suis pas fou. Je raisonne sainement. Et je souhaite devenir un jour le premier monarque de la grande Rome. Non pas pour la piller, comme le font tous les Sylla, les Crassus et autres Pompée, mais pour la chérir et faire durer son nom. Ce jour n'est pas encore venu : je suis trop jeune ; mais il viendra et, crois-moi, lorsque je serai parvenu au premier rang dans l'État, il sera plus difficile de me faire descendre au second, qu'ensuite du second au dernier.

— Et en attendant ?

— En attendant, je vais m'inscrire sur la liste des candidats à la questure, puisque les élections pour l'année 68 ont lieu en juillet, histoire de mettre mon nez dans les affaires touchant à l'administration, puis j'irai comparer les figues de mes maîtresses et les membres de mes amants.

Licinius, scandalisé, le quitta en se voilant le visage de sa toge et s'enfuit en courant, comme s'il avait rencontré le squelette d'une Larve, ces spectres maléfiques qui erraient de par le monde, effrayant et maltraitant les humains.

Aux élections de juillet 69, César fut élu « questeur provincial » par les comices tributes. C'était pour lui un demi-échec, car il avait postulé pour l'un des deux postes de questeurs en charge à Rome même, qu'on appelait les « questeurs urbains », et il

232

dut se contenter d'une nomination dans la province espagnole de Bétique (l'Andalousie). Il n'en fêta pas moins son élection avec une petite bande d'amis dont il partageait la vie plus ou moins débauchée, et il eut droit aux quolibets d'usage.

— Alors, César, tu vas taquiner les belles de Cadix ? Il paraît qu'elles ont du chien.

— Penses-tu, c'est lui qui va se faire taquiner par les beaux de Cadix, ce sont des hommes magnifiques, petits mais magnifiques.

— Tu y connais quelque chose, en matière de comptabilité ?

— Ah ! J'imagine mon César, les pieds dans la boue, allant de ferme en ferme récolter les contributions des paysans.

— Tu parles leur langue, au moins ?

— Il trouvera bien un centurion pour lui servir d'interprète...

— Et d'autre chose aussi, gloussa une jolie fille aux cuisses dénudées.

— Quand entres-tu en fonction ?

— Le 5 décembre prochain. Je partirai en octobre ou novembre.

— Buvons à notre questeur, qu'il nous revienne vite, et en bon état !

César partit pour l'Espagne vers la fin de l'été, car le voyage s'annonçait comme devant être très long : l'Andalousie était presque aussi éloignée de Rome que la mer Noire, et il n'était pas question de l'atteindre par la voie maritime, car la Méditerranée était infestée de pirates. Il prit donc la route vers la Gaule Narbonnaise à dos de mulet, avec, comme à l'accoutumée, son

233

médecin Decurtius, son barbier, son cuisinier et ses gens.

En traversant les Alpes, il passe par un petit village de barbares, habité par de pauvres gens, en pleine effervescence. Ceux qui l'accompagnaient s'arrêtent et se renseignent sur les causes de cette excitation, disant en plaisantant aux villageois :

— Que se passe-t-il ? Vous allez élire votre maire ? Vous vous disputez pour savoir qui sera le premier d'entre vous ?

Et de s'esclaffer.

César intervient, et dit à ses compagnons :

— Ne riez pas. Quant à moi, sachez-le, j'aimerais mieux être le premier dans ce village que le second à Rome.

Être questeur en Bétique n'était pas une sinécure. César avait à gérer les finances des 179 cités que comptait la province, à fixer les taxes et les impôts que devaient payer leurs habitants, à les encaisser, à tenir les comptes des municipalités, et à rendre la justice en lieu et place du gouverneur Antistius Vérus, quand celui-ci était absent ou empêché. Or les cités de la Bétique ne possédaient pas moins de sept statuts fiscaux et judiciaires différents : 4 villes principales, Cadix (la Gadès des Phéniciens), Séville, Ecija et Cordoue, possédaient leurs propres juridictions ; 120 cités dites « tributaires » versaient un tribut annuel au fisc romain, tribut qui dépendait notamment du nombre de leurs habitants ; 29 villes jouissaient des mêmes droits et des mêmes obligations que les cités du Latium (le pays latin, dans la région de Rome) ; neuf « colonies » vivaient selon les lois romaines ; huit « municipes » possédaient leurs propres droits ; six « cités libres » étaient dotées d'un statut voisin de celui des municipes ; enfin trois cités « alliées » étaient régies par les traités — différents — qu'elles avaient signés avec Rome.

César passait donc son temps à circuler entre les villes de l'Andalousie, à vérifier la tenue des comptes, à assurer l'encaissement des impôts et des amendes, à distribuer des subventions et à rendre la justice, selon le droit des cités concernées. Certes, il avait à sa disposition une équipe importante de fonctionnaires romains, bien au courant des statuts des uns et des autres, qui lui préparaient le travail, mais il devait en outre se substituer au gouverneur toutes les fois que celui-ci le lui demandait, recevoir les émissaires de Rome, surveiller les légions.

Il ne lui restait donc que peu de temps pour goûter aux fruits, mâles ou femelles, du pays, et il avait l'impression pénible de perdre son temps.

— Je ne suis pas fait pour être fonctionnaire, disait-il un jour à un préfet militaire qui était venu de Rome pour une inspection. Je suis fait pour l'action et pour le plaisir : ici, je n'ai jamais à agir, et les plaisirs sont rares.

— Je te comprends, questeur César ; moi aussi, lorsque je ne suis pas sur un champ de bataille, je m'ennuie à en mourir.

— Gadès, Cordoue, ce ne sont pas de vraies vil-

235

les, ce sont des bourgades sans vie, sans discussions possibles. On en a bien vite fait le tour. Quant à la campagne... N'en parlons pas. Je suis à mille lieues de la civilisation. Et lorsque je la retrouverai, cette civilisation, qu'est-ce que je ferai ? J'entrerai au Sénat, pour écouter les sornettes des sénateurs ? Et puis l'on m'élira préteur, et le train-train administratif sera remplacé par le train-train judiciaire. Il y a des moments où j'envie Pompée.

L'idée qu'il pourrait rater sa vie obsédait César à un tel point qu'il se mit à dévorer l'histoire des campagnes d'Alexandre dans les récits de l'écrivain grec Polybe. Il en rêvait la nuit. Il se voyait en songe soumettant les villes de Syrie, l'Égypte, écrasant les Perses de Darius près d'Arbèles, pénétrant dans Babylone, traversant au galop de son cheval le fabuleux palais de Persépolis et fondant des centaines de villes sur son passage.

Un soir, au crépuscule, son médecin personnel Decurtius le trouva seul, près du temple d'Hercule, pleurant au pied d'une statue d'Alexandre le Grand.

— Quelle est la cause de ta douleur, César ? lui demanda Decurtius. Tu es malade ? Tu t'es blessé ?

— Je pleure en pensant qu'à mon âge Alexandre avait déjà soumis la terre, alors que moi, César, je n'ai encore rien fait de mémorable.

Il faisait aussi les songes les plus bizarres, qu'il n'osait raconter à personne, même pas à Decurtius. Une nuit il se réveilla, brûlant de fièvre et de confusion : il avait rêvé qu'il violait sa mère, la douce Aurélie à laquelle il devait tant de choses. C'est un songe trop horrible, pensa-t-il, qui dénote

236

quelque présage. Et il se mit en quête d'un devin, mais il n'en trouva pas. Un fonctionnaire du Trésor, qui se morfondait à Gadès depuis trois ans, lui donna l'adresse d'une devineresse carthaginoise, Marysa, chez laquelle il se rendit, tout en se disant : « Décidément, l'Espagne ne me vaut rien... En être réduit à consulter une devineresse, moi qui ne crois à rien ! »

Après quelques tours de passe-passe et quelques incantations, Marysa, à qui César avait raconté son rêve, croisa ses bras sur sa poitrine et lui donna l'interprétation rassurante de son rêve :

— Cette mère que tu as vue en songe, ce n'était pas Aurélie, c'était la Terre, qui avait pris les traits d'Aurélie, la Terre qui passe pour avoir enfanté tous les hommes ; les visions que tu as eues en dormant présagent pour toi l'empire du monde. Longue vie à toi, César.

Il la quitta, perplexe. L'empire du monde ! Pourtant il ne se sentait pas l'âme d'un grand conquérant : il serait peut-être grand, mais il ne serait point Alexandre, de cela il était certain.

Après la visite à Marysa, il se rendit auprès de Decurtius.

— Toi, mon fidèle médecin, éclaire-moi sur ce songe que j'ai fait : j'ai rêvé que je violais ma mère.

Decurtius avait une théorie sur le rêve :

— Toutes les fois qu'on rêve, on voit défiler devant ses yeux une multitude d'images qui forment le contenu du rêve, elles sont incohérentes parce que nous sommes assoupis.

— Cela, je le comprends.

— Ces images, en fait, sont des souvenirs de la veille. Par exemple, si je vois un bossu sur le Forum, et si je m'en souviens en dormant, je rêverai de ce bossu. Si je lis un conte d'Homère dans lequel il y a un monstre, je pourrai très bien rêver qu'il m'arrive une aventure avec ce monstre.

— Mais je n'ai jamais assisté à un viol, et encore moins à un viol de ma mère.

— Qu'as-tu fait, dans la journée ?

— J'ai lu quelques passages du Livre IX de la *République* de Platon.

— Tu te souviens desquels ?

— Pas très bien. C'était sur la tyrannie.

— Tu n'as rien fait d'autre ?

— Non. Ce fut une journée de *farniente*.

— Et tu n'as lu que Platon ?

— Oui, je crois bien... Son analyse débute par un long exposé sur la nature des désirs chez l'homme, mais je ne m'en souviens plus du tout ; je l'ai même peut-être sauté, car ce qui m'intéressait, c'était l'opinion de Platon sur la tyrannie.

— Oublie ce rêve, César. Et oublie les propos de Marysa la devineresse, tous ces interprètes de présages, de signes et de songes ne sont que des charlatans. Je crois surtout que tu n'es pas à ta place à Gadès, et que Rome, sa vie et ses plaisirs te manquent. Quand nous étions en Orient, à voir la manière dont tu avais manœuvré avec les pirates qui nous avaient capturés, puis comment, lorsque Mithridate a recommencé sa guerre contre Rome, tu avais, en quelques jours seulement, créé ces milices qui ont permis d'attendre l'arrivée des armées romaines, je

238

voyais en toi un futur grand capitaine, dans le genre de ton oncle Marius ou de Pompée le Grand. Mais je m'étais trompé : je pense que tu as attrapé la maladie romaine de la politique.

— Tu es perspicace, Decurtius. C'est vrai, depuis que nous avons quitté Rome, je ne pense qu'à cela. Ce n'est pas la carrière des honneurs qui m'intéresse, c'est l'organisation de l'État romain.

— Bon sang ne saurait mentir : tu es le neveu de Marius.

— Je suis différent de mon oncle. Je n'ai de commun avec lui que mon amour pour le peuple, que ma haine des injustices. Mais le peuple n'est pas tout ; pour qu'il vive heureux et libre, il faut non seulement qu'il participe au gouvernement de l'État, mais que l'État romain cesse d'être la propriété d'un petit nombre de personnes, d'une oligarchie comme le dit Platon, sous le prétexte qu'elles sont les plus riches ou les plus nobles.

— C'est ce que disait Sylla.

— C'est ce qu'il disait, mais il n'a rien fait pour que le système change. Il a simplement remplacé une oligarchie, celle des sénateurs, par une autre, celle de ses partisans les plus proches. Entre la coterie sénatoriale et la clique des syllanistes, il n'y avait pas de place pour le peuple. En outre, il a fait couler trop de sang.

— Tu vois, César, dès que tu parles politique, tu oublies Gadès, les mesquineries de ton travail administratif, les devineresses et tout le reste. Tu devrais demander au gouverneur de te laisser repartir pour Rome avant la fin du temps légal de ta questure.

— C'est bien mon intention. J'ai besoin de me faire entendre à Rome, et pas seulement sur le Forum ou dans les dîners mondains : il me faudrait un siège au Sénat.

César était redevenu César. Son désarroi au pied de la statue d'Alexandre s'était envolé. Decurtius le quitta et se précipita dans sa bibliothèque, à la recherche des rouleaux de papyrus sur lesquels un copiste avait transcrit pour son usage personnel le texte de la *République*. Le chapitre dans lequel Platon analysait la tyrannie était le Livre IX. Decurtius passa toute la nuit à le lire, et, au petit matin, il poussa un cri de joie : il venait de découvrir le passage qui avait vraisemblablement frappé César, dans la journée qui précédait le rêve incestueux qui l'avait tant impressionné. Voici ce qu'il contenait :

« Parmi les désirs qui ne sont pas nécessaires, il y en a qui, à mon sens, sont déréglés : chacun est exposé à les trouver en soi [...]. Ce sont ceux qui s'éveillent à l'occasion du sommeil, toutes les fois que dort la partie de l'âme dont le rôle est de raisonner et de commander par la douceur à l'autre, tandis que la partie bestiale et sauvage, s'étant emplie de nourriture ou de boisson, se trémousse et, en repoussant le sommeil, cherche à aller de l'avant et à assouvir son penchant propre. En une telle occurrence il n'est point d'audace devant laquelle elle recule, comme déliée, débarrassée de toute honte et de toute réflexion : ni en effet de vouloir s'unir à sa mère ou à n'importe qui, de se souiller de n'importe quel meurtre. »

— J'ai compris, marmonna Decurtius en bâillant car il sentait le sommeil le gagner, j'ai compris pourquoi César a rêvé qu'il violait sa mère : il l'avait lu dans Platon, sans s'en apercevoir. Comme c'est mystérieux, l'esprit humain !

César demanda donc un congé à Antistius, qui le lui accorda sans difficulté : il y avait assez de fonctionnaires expérimentés, à Gadès et à Cordoue, pour effectuer le travail d'un questeur. Il repartit pour Rome. À peine arrivé en vue des murailles de la Ville, il apprit que sa tante Julie, la veuve de Marius, s'éteignait doucement dans sa demeure romaine et, quelques jours plus tard, elle mourait dans ses bras, non sans lui avoir confié la charge de ses obsèques : César n'était-il pas membre du collège des pontifes ?

Son chagrin était profond, et il entendait bien lui organiser ses funérailles comme le méritait la veuve d'un sauveur de la patrie. Il demanda au Grand Pontife que sa tante fût admise aux honneurs d'une *laudatio* (oraison funèbre publique), conformément à une coutume ancienne. La demande était risquée, car cette cérémonie impliquait un cortège officiel, avec exhibition des images de la défunte et de son mari ; or ce mari avait été Marius, et il avait laissé deux souvenirs dans la mémoires des Romains : celui du sauveur de la patrie, contre les Cimbres et les Teutons, trente-cinq ans auparavant, et celui de l'adversaire de Sylla, qui avait ensanglanté Rome au moment de la guerre civile, et dont le nom était encore haï par la classe sénatoriale au pouvoir. La *laudatio* fut cependant accordée et, le jour des obsèques, la foule romaine, massée sur le passage du cortège, put voir, pour la première fois depuis sa mort, le masque du grand Marius, qu'on avait tiré de sa niche familiale. Il était porté devant le cercueil de la tante Julie, avec sa toge prétexte, soigneusement drapée, et les insignes de toutes les fonctions qu'il avait occupées pendant sa vie, précédé de l'escorte de douze licteurs en grande tenue à laquelle avaient droit les consuls, sous les acclamations et les vivats du peuple, et sous les murmures désapprobateurs de quelques sénateurs et de leurs partisans. Derrière la litière funèbre, César, coiffé de la calotte surmontée d'une tige pointue en bois d'olivier que les pontifes arboraient dans les cérémonies, conduisait le deuil.

Le cortège fait halte au Forum, en face de la tribune aux harangues, devant laquelle on dépose le lit funéraire. Des sièges d'ivoire ont été disposés en demi-cercle, au pied des Rostres : les personnages officiels, à savoir le consul Lucius Cécilius Métellus et le préteur Licius, les porteurs des masques des ancêtres descendus de leurs chars, Aurélie — la mère de César — et sa fille Julie vont s'y asseoir ; autour d'eux s'installent les autres membres du cortège funéraire.

César monte lentement à la tribune : il va prononcer l'oraison funèbre de la défunte. Il commence par rappeler publiquement l'ancienneté et la grandeur des origines de sa tante Julie, qu'il pleure aujourd'hui, et de la famille des Julius :

242

— Du côté de sa mère, Marcia, ma tante Julie descend des anciens rois ; par son père, Caïus Julius, qui était mon grand-père, elle se rattache aux dieux immortels. En effet, c'est d'Ancus Martius, quatrième roi de Rome, qu'est issue la famille des Martius Rex, et sa mère était une Marcia ; c'est de Vénus que sont issus les Julius, dont notre propre famille est une branche. Celle-ci réunit donc, par ses origines, le caractère sacré des rois, qui sont les maîtres des hommes, et la sainteté vénérable des dieux, au pouvoir desquels les rois eux-mêmes sont soumis.

Un vieux plébéien mal rasé, assis sur les marches de l'escalier qui conduisait à la tribune, qui n'avait jamais manqué une *devotio* depuis cinquante ans qu'il traînait ses sandales dans le Forum, appréciait, en connaisseur :

— Il est malin, le bougre. On ne l'a pas vu depuis longtemps sur le Forum, alors il fait sa propre publicité à travers celle de sa famille.

César continue son oraison. Il rappelle le mariage de sa tante, descendante des dieux par son père et des rois par sa mère, avec un petit paysan d'Arpinum, dont le père gagnait sa vie à la sueur de son front, qui n'avait lui-même ni éloquence, ni richesse, et qui s'était illustré à la guerre, le fameux Marius, tribun de la plèbe.

— Il est de plus en plus malin, le bougre, marmonne le vieux plébéien amateur d'oraisons funèbres. Voilà qu'il cite Marius : c'est la première fois qu'on prononce son nom dans une cérémonie officielle depuis sa mort ; ça va faire enrager les gens de la haute, les sénateurs et tout le toutim. J'ai bien envie de crier « Vive Marius », mais je vais me faire lyncher.

Il y avait bien eu quelques murmures pincés, parmi les sénateurs dignement assis sur leurs petites chaises d'ivoire, d'autant que César se mettait à faire, discrètement il est vrai, l'apologie de Marius et de sa politique démocratique.

— Il exagère, notre questeur espagnol, dit un Père conscrit à son voisin. Je croyais qu'il y avait une loi interdisant de promener des images de Marius dans le Forum et de propager ses idées politiques.

— Sylla n'existe plus depuis douze ans, confrère, et la démocratie est redevenue à la mode. Et puis, nous ne sommes pas dans une réunion publique, nous assistons aux funérailles d'une vieille patricienne...

— Une patricienne qui a trahi sa classe en épousant un plébéien, comme ce César, qui, ici même, il y a quatre ans réclamait le rétablissement des pouvoirs des tribuns...

— Des pouvoirs qui ont été rétablis par les lois Pompée-Crassus il y a dix-huit mois, je te le signale, et que nous avons votées...

— Contraints et forcés. Tiens, il a fini de parler. Levons-nous. En route pour l'Aventin.

Le corps de la tante Julie se consuma sur le bûcher que César lui-même alluma en face du tombeau de marbre aux deux chambres funéraires que Marius avait fait construire de son vivant sur le mont Aventin : les cendres du vieux lion reposaient dans l'une d'elles, celles de sa fidèle compagne furent placées

244

dans l'autre. Les deux époux étaient réunis pour l'éternité.

Le général Thermus eut le mot de la fin :

— Ces funérailles annoncent l'entrée en scène de César, dit-il à mi-voix, comme pour lui-même. Messieurs les sénateurs, Messieurs les prévaricateurs, Messieurs les démagogues, Messieurs les riches pantins du Forum et de la Curie, Messieurs les seigneurs de la guerre, rappelez-vous la parole de Sylla : « Il y a dans César plusieurs Marius. »

Quelques semaines plus tard, Cornélie, la femme de César, s'éteignait à son tour. Elle n'avait pas trente ans. Pendant seize ans, elle avait été l'épouse modeste et effacée d'un jeune mari qui n'était jamais là et qui l'avait trompée avec toutes les jolies femmes mariées de Rome, sans compter les Nicomède et autres aventures douteuses. Elle lui avait donné une fille qui avait reçu le prénom de Julie, comme toutes les filles qui naissaient dans la famille des Julius. Aujourd'hui, Julie avait quinze ans, et elle pleurait sa mère.

Alors César fit quelque chose d'inattendu, de contraire à toutes les traditions romaines, à toutes les règles du collège des pontifes : il demanda d'honorer la mémoire de sa femme d'une oraison funèbre publique, honneur qui n'était accordé qu'aux matrones romaines d'un âge avancé. Il devait sans doute avoir quelque autorité, car Métellus, le Grand Pontife, lui en donna l'autorisation : pour la première fois, à Rome, on entendit, à la tribune aux harangues, un homme louer publiquement, et avec émotion, sa jeune femme qui venait de mourir.

Cette innovation concilia à César la faveur du

245

peuple et des midinettes, qui virent dans ce geste une marque de sa bonté et de sa douceur. Seul le plébéien mal rasé, amateur d'oraisons funèbres, eut quelques doutes :

— Il n'en rate pas une pour se faire valoir, sacré César !

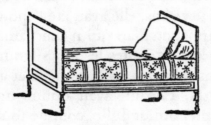

Chapitre XV

Premières atteintes au Sénat

(67)

Vox populi, vox Dei, dit le proverbe. Mais cette fois-ci le proverbe mentait : le clochard mal rasé du Forum se trompait.

Pendant trois années, César s'était abstenu de paraître dans les réunions publiques, ou de parader avec son titre de pontife. Dans les discussions sur le Forum, il restait le plus souvent silencieux, et il n'attaquait ouvertement ni la coterie sénatoriale, ni le parti anti-sénatorial qui s'appuyait sur la classe équestre ou sur les nouveaux riches, et il ne parlait même pas en faveur du parti populaire, qui avait perdu tout crédit depuis la guerre civile et la mort de Marius. Comme il s'en était confié à sa mère, comme il le disait souvent aux tribuns qui venaient le relancer ou à ses compagnons de plaisir, il réfléchissait.

En fait, il avait compris que la République

romaine était retombée entre les mains d'une coterie composée de la plupart des membres du Sénat, des riches propriétaires terriens ou immobiliers, des banquiers et des spéculateurs. Ces gens-là, avait-il constaté, se partageaient les magistratures, les commandes de l'État, les postes juteux de gouverneurs de province, les monopoles commerciaux, les terres agricoles des territoires conquis. Ils étaient indifférents aux dangers extérieurs lorsqu'ils étaient lointains, aux revendications des peuples que Rome avait soumis ainsi qu'aux souffrances des plébéiens, citoyens romains à part entière, qui avaient le droit de vote, mais qui n'avaient pas de quoi vivre.

Depuis son adolescence, César avait observé que cet égoïsme romain sans grandeur avait été contraint de mettre un peu d'eau dans son vin quand les menaces extérieures s'étaient rapprochées. Son oncle Marius le lui avait expliqué en lui contant l'invasion des Cimbres et des Teutons en 105, et ç'avait été le cas au temps du soulèvement des « Alliés » italiques, en 91-88 ; ou encore lorsque des guerres lointaines eurent des conséquences économiques graves pour Rome : pendant la première guerre de Mithridate (91-88) et plus récemment, lors de la guerre d'Espagne (83-71).

Dans ces périodes de crise, la coterie sénatoriale au pouvoir s'était effacée devant un militaire démocrate, Marius, en 105, puis devant un militaire anti-démocrate, Sylla, en 85. Et Rome avait été sauvée, mais sauvée provisoirement, car d'autres menaces avaient surgi : le soulèvement de l'Espagne, qui ressemblait curieusement au soulèvement de l'Italie en 91-88, une nouvelle guerre en Orient, où Mithridate cherchait à supplanter Rome, la sanglante équipée de Spartacus.

En ce début d'année 67, César confiait ses inquiétudes au général Thermus, avec lequel il venait d'assister à l'intronisation des consuls de l'année, Calpurnius Pison et Acilius Glabrion.

— Depuis la mort de Sylla, il y a dix ans, lui disait-il, c'est toujours la même chose : l'empire de la République craque du dedans, où la misère est de plus en plus grande, et du dehors, où nous sommes incapables de maintenir Mithridate dans ses frontières et où les pirates font absolument ce qu'ils veulent en Méditerranée. Il doit y avoir une raison à cela, et je crois l'avoir découverte.

— Je fais les mêmes constatations que toi depuis trente ans, et je n'y ai jamais rien compris. Alors, en bon militaire, j'obéis sans me poser de questions. Donne-moi ton explication : je n'ai pas envie de mourir idiot.

— La cause de tout cela, c'est notre régime républicain.

— Qu'est-ce que tu dis ? Tu es fou !

— Sur quoi est fondée notre République ?

— Sur le suffrage universel et sur le Sénat.

— Tu te trompes. Combien y a-t-il de citoyens romains ?

— Romains purement romains ?

— Si tu veux.

— Environ quatre cent mille d'après le dernier recensement des censeurs.

— Et combien y a-t-il de citoyens électeurs ?

— Les quatre cent mille Romains de souche, et environ cinq cent mille Latins et Italiques.

— Ce qui fait neuf cent mille citoyens. Je ne parle que des hommes libres, bien entendu, et qui sont en âge de voter. Parfait. Et combien y a-t-il d'habitants sur la totalité des territoires de la République, en comptant la Sicile, l'Espagne, l'Afrique du Nord, les pays sur les rives de l'Adriatique, les cités et les royaumes grecs, les cités d'Asie et la Bithynie ?

— Je ne sais pas.

— Moi non plus. Mais mon père, qui a été préteur, a eu l'occasion de consulter des documents établis par les censeurs, en relation avec les gouverneurs de provinces et de colonies. Il y aurait quelque chose comme vingt millions d'habitants mâles de plus de dix-huit ans à travers tous les territoires contrôlés par Rome. Conclusion, un habitant sur vingt de notre République est électeur. Tous les autres n'ont aucun droit à la parole, et n'ont d'ailleurs pas envie de la prendre : ils ne se sentent pas concernés par ce qui nous arrive. Et, que ce soit à Mithridate, à Nicomède ou à notre fisc qu'ils payent leurs impôts, cela leur est totalement égal.

— Conclusion ?

— Conclusion, il n'y a pas de suffrage universel dans l'État romain. Seuls les citoyens votent, et les sujets de Rome, qui représentent quatre-vingt-quinze pour cent de la population de cet État, se fichent complètement de ce qu'il peut lui arriver, à notre République. Passons au Sénat. Combien y a-t-il de sénateurs ?

— Six cents, depuis Sylla.

— Comment devient-on sénateur ?

— C'est une question piège, César, que tu me poses là. Je sais que la liste des sénateurs, qu'on appelle l'*album*, est établie tous les cinq ans par les censeurs, qu'elle est constamment réajustée, mais je n'ai jamais totalement compris sur quels critères ils se fondaient. Je crois qu'avant tout il faut posséder un patrimoine d'au moins 400 000 sesterces : c'est bien cela qu'on appelle le cens ?

— Tout juste. C'est le cens exigé pour appartenir à la classe des chevaliers. Mais toi, Thermus, tu appartiens à cette classe, ta fortune est largement supérieure au cens équestre, et pourtant tu n'es pas sur l'*album*.

— Je n'y ai jamais figuré, et je m'en moque. Je suis un militaire, pas un politique.

— Donc il ne suffit pas d'être riche pour être sénateur, il faut avoir été désigné par les censeurs : voilà encore ton cher suffrage universel qui en prend un coup.

— Tu as raison. Mais les magistrats et les anciens magistrats sont automatiquement inscrits sur l'*album* sénatorial, et ils ont tous été élus par le peuple.

— Cela c'est vrai, bien que les élections ne soient pas toujours très régulières. Enfin, admettons. Pratiquement, les sénateurs sont d'anciens élus. Mais vois-tu, Thermus, je me souviendrai toujours des premiers comices centuriates auxquels j'ai assisté, quand j'avais dix ans, avec mon père. Il m'avait expliqué qu'il y avait 193 centuries, qui votaient séparément, et que la majorité de chaque centurie représentait une voix ; mais il m'avait dit aussi que les citoyens riches, qui sont bien moins nombreux que les pauvres, tu me l'accorderas, constituaient à eux seuls 98 centuries, et avaient donc constamment la majorité. Drôle de suffrage universel !

— Il n'empêche que parmi les riches, comme tu dis, il y a pas mal de représentants du parti populaire : ton oncle Marius en a été le meilleur exemple. Et puis tous les magistrats ne sont pas élus par les comices centuriates ; il en est qui sont choisis par les comices tributes, qui correspondent aux circonscriptions géographiques, sans distinction de fortune : les édiles, les questeurs, les tribuns de la plèbe, les tribuns militaires.

— D'accord. Mais ce sont les magistratures inférieures ; les magistrats qui gouvernent, à savoir les consuls, les préteurs et les censeurs, sont élus par les comices centuriates. Revenons aux sénateurs. Ils sont là pour ratifier, pour surveiller les procédures et, éventuellement, pour juger. Mais l'initiative des lois appartient aux magistrats, et ce sont les comices tributes qui les adoptent. Le rôle du Sénat se limite, en principe, à émettre des avis, à vérifier le caractère légal des propositions de loi, et à les enregistrer une fois qu'elles ont été votées par l'assemblée des tribus.

— Et en cas de conflit avec un magistrat élu ?

— Avant Sylla, c'est-à-dire du temps de ton oncle, les sénateurs devaient s'incliner, et surtout devant les tribuns de la plèbe. Sylla, quand il s'est fait nommer dictateur, a muselé tous les magistrats, et en particulier les tribuns de la plèbe, et il a flatté le Sénat, qui ne jouait plus qu'un rôle décoratif. Après la mort de Sylla, nous en avons déjà parlé, le

Sénat est devenu tout-puissant. Il ne s'incline que devant la force armée.

— Je sais. Finalement le Sénat est devenu une coterie, une oligarchie. Pompée, en rétablissant les pouvoirs des tribuns, est parvenu à juguler la coterie sénatoriale. Rien que pour cela et pour ce qu'il a réussi en Espagne, je veux bien accorder un peu d'estime à ton collègue.

— Mon collègue ? Ah ! en effet, nous sommes tous deux des généraux.

— Alors je peux conclure. Premièrement, un État de vingt millions d'hommes dont à peine un homme sur vingt est électeur, ce n'est pas une République, et ça ne peut pas fonctionner comme une République. Deuxièmement, un État aussi vaste et aussi divers que l'État romain ne peut pas être gouverné par une coterie de six cents sénateurs qui ne s'intéressent qu'à leur destin personnel ou à celui de leur famille. Troisièmement, un État dont les ministres changent chaque année, puis partent se remplir les poches en province...

— Tu exagères.

— À peine. Je dis donc qu'un tel État, notre brave État romain, doit être organisé autrement. Le temps est venu de choisir entre un empire multinational, qui ne peut être sauvé qu'à la condition d'être unifié par une monarchie, et la République romaine d'autrefois, conçue pour les quelques dizaines de milliers de Romains qui vivaient à l'intérieur de notre superbe muraille.

— Tu as un programme ?

— J'y pense depuis trois ans. Sylla avait conquis

le pouvoir absolu grâce à la force de ses légions, et il l'a perdu tout aussitôt. Moi, je demanderai ce pouvoir à la plèbe, et je ferai en sorte que les lois de mon empire s'appliquent à tous ceux qui vivent sur son territoire : j'imposerai le respect des assemblées, qui ne seront pas seulement celles du Forum ou du Champ de Mars, mais les assemblées de l'État romain tout entier, et j'imposerai le respect des lois qu'elles auront votées, des lois qui seront les mêmes pour tous, quelle que soit la langue qu'ils parlent. Quand je songe que, dans une petite province comme la Bétique, il y a 179 villes, avec 179 ensembles de lois différents ! Mon pouvoir et celui de mes successeurs sera celui du peuple.

— Quel beau discours ! Tu mets en premier la souveraineté du peuple...

— ... et je considère comme nulle celle d'une coterie de sénateurs qui tirent leur autorité d'une tradition désuète, conçue sur les bords du Tibre, il y a cinq cents ans, pour les quelques centaines de laboureurs et de bergers qui y vivaient.

— Si j'applique ta théorie à la chose militaire, cela signifie que je dois demander à mes soldats quelle est la meilleure tactique à suivre dans une bataille : tu peux être certain qu'avec cette méthode, elle sera toujours perdue. Il faut un chef.

— Oui, il faut un chef. Un chef est tout simplement un homme entre les mains duquel un peuple remet ses pouvoirs.

— Il paraît, m'a dit Decurtius, que tu lis en ce moment la *République* de Platon. Je l'ai lue moi aussi, jadis, et je me souviens qu'il y décrit quatre systèmes de gouvernement. Comment appeler le tien ?

— Pourquoi pas le césarisme ? Il me faudra des années et des années pour y parvenir.

— Quand commences-tu ?

— Demain. Je vais me faire inscrire sur la liste des sénateurs. C'est une dignité à laquelle j'ai droit en tant qu'ancien questeur.

Le grand bâtiment rectangulaire où se tenait le Sénat, pour délibérer, la Curie, était situé tout au fond du Forum, qu'il dominait.

La porte de la Curie était toujours gardée ouverte, mais seuls les sénateurs avaient le droit de la franchir. Elle était précédée d'un portique, le *Chalcidium*, où se tenaient les curieux, les quémandeurs, les esclaves et les serviteurs des sénateurs, ou les sénateurs eux-mêmes quand ils allaient se dégourdir les jambes, après une longue séance. Il y avait aussi, à côté de la Curie, un bâtiment administratif, avec des bureaux, une bibliothèque et des dizaines de fonctionnaires, c'était le *Secretarium*, le « secrétariat », du Sénat. La tribune aux harangues se trouvait à une centaine de mètres en avant de la Curie, et légèrement en con-trebas.

En pénétrant pour la première fois dans la Curie, César dut se familiariser avec les usages et le forma-lisme du Sénat. Il apprit que chacun des six cents sénateurs avait une place bien déterminée (un *locus*) dans la Curie, mais que seuls avaient une place assise les sénateurs ayant exercé une magistrature donnant droit à ce qu'on nommait un « siège curule » (c'était un tabouret pliant et confortable, transportable en tous lieux, accordé, à titre honorifique, aux consuls, aux préteurs, et à certains édiles, dits « édiles curules » ; les questeurs ne pouvaient y prétendre, ni les tribuns de la plèbe). Le fonctionnaire qui le guidait le lui fit remarquer :

— Nous avons environ trois cents sénateurs curules, et trois cents sénateurs debout, qu'on appelle communément les *pedarii* (les piétons). Ce sera ton cas, César.

Il apprit aussi qu'en tant que sénateur il figurerait sur la liste des juges désignés dans les procès publics, comme ceux devant lesquels il avait plaidé contre Dolabella, quand il était plus jeune, en 77, et qu'il avait droit à des places réservées, juste derrière les sénateurs curulaires, au théâtre et dans les réunions publiques.

— Quand ont lieu les séances ? demanda-t-il à son guide.

— Il n'y a pas de calendrier fixe. Le Sénat se réunit sur convocation des consuls ou, à défaut, des préteurs ; les tribuns de la plèbe ont aussi le droit de le convoquer, ils l'avaient perdu depuis Sylla, mais ils l'ont retrouvé avec les lois Pompée-Crassus de 70.

— Et le président du Sénat, le *princeps Senatus*, qui le choisit ?

— Les censeurs, lorsqu'ils établissent l'*album* sénatorial : ils lui donnent le numéro 1.

La première séance à laquelle César participa eut

lieu au début du mois de janvier 67. Plus curieux qu'ému, César alla se ranger dans la partie de la Curie réservée aux sénateurs piétons, et écouta attentivement le discours d'ouverture du *princeps* :

— Mes chers collègues, nous avons été convoqués par le tribun de la plèbe Roscius Othon, qui a fait voter par les comices tributes une loi attribuant aux chevaliers des places spéciales au théâtre, aux quatorze premiers rangs derrière les rangs réservés aux sénateurs, face à l'orchestre.

César n'en revenait pas. Les pirates avaient, par leurs actions, instauré une sorte de blocus de Rome, où le blé d'Orient n'arrivait plus, le cours des grains avait atteint des sommets, la population romaine était sur le point de mourir de faim, et le Sénat allait perdre son temps à discuter pour savoir où il fallait placer les chevaliers, c'est-à-dire la classe la plus riche de la République, quand ils allaient au théâtre. Il y avait vraiment de quoi sourire de commisération.

Le *princeps* demanda s'il y avait des sénateurs qui désiraient se prononcer sur cette question, en précisant que, selon la procédure sénatoriale, ils parleraient par ordre de rang : d'abord les consulaires — les anciens consuls —, puis les anciens préteurs, et ainsi de suite. Un consulaire leva la main pour prendre la parole, et il attaqua la loi Roscius sur les théâtres, en prétendant qu'il s'agissait d'une manœuvre politique pour mettre en valeur le parti de la haute finance :

— Si vous ratifiez cette loi, Pères conscrits, on vous en proposera bientôt une autre qui demandera les premiers rangs pour les chevaliers et les rangs suivants pour les sénateurs.

Ils sont de plus en plus en dehors des réalités, pensait César ; il a bien eu raison, Sylla, de balayer tous ces crétins : dommage qu'il n'ait agi que par ambition personnelle. Quelques orateurs se succédèrent encore, et quand la motion de Roscius eut été ratifiée, César fut réveillé par les applaudissements : il avait dormi debout.

Au sortir du Sénat, il alla déjeuner avec le tribun de la plèbe Gabinius, dans une auberge en dehors de Rome, sur la via Appia, en bordure d'un petit vignoble. Tu verras, lui avait-il dit, on y mange des fèves au lard délicieuses, accompagnées d'un petit vin qui mérite d'être goûté.

Gabinius appréciait César, et il avait applaudi aux funérailles de sa tante Julie, car c'était un marianiste convaincu. Tout en savourant le calme de la campagne romaine et les fèves du tavernier, les deux hommes commentaient la séance du matin.

— Tu ne crois pas que les sénateurs auraient des questions plus sérieuses à débattre que ces histoires de préséance au théâtre ?

— Ils sont malins, répondit Gabinius à cette remarque de César. Ils ont compris que la loi Roscius, sous son aspect dérisoire, en annonce d'autres, beaucoup plus dangereuses pour eux. Je vais te confier un secret. Jusqu'à présent, c'est le Sénat qui nomme et qui destitue les généraux commandant en chef à l'extérieur et les sénateurs tiennent à ce privilège : je vais déposer un projet de loi qui aura pour effet de transférer ce pouvoir aux comices, donc aux assemblées du peuple.

— Ils vont crier au scandale ; jamais ils n'accepteront.

— Je suis plus malin qu'eux. Je ne vais pas le leur proposer carrément. Je sais qu'ils veulent se débarrasser de Lucullus, qu'ils ont nommé gouverneur de Bithynie après lui avoir retiré son commandement contre Mithridate...

— Il est de fait qu'il avait bien commencé sa guerre, mais que, maintenant, il recule sur tous les fronts.

— Je vais donc abonder dans leur sens, pour une fois, et je vais proposer, à sa place de gouverneur, un noble, qui fait partie de la coterie sénatoriale, le consul qu'on vient d'introniser...

— Lequel ? Calpurnius Pison ou Glabrion ?

— Glabrion. Il a tout pour plaire aux sénateurs : il est des leurs, il sait très bien faire main basse sur les richesses provinciales sans en avoir l'air et il renvoie consciencieusement les ascenseurs.

— Et alors ? Où est le piège ?

— Le piège, c'est que je vais faire approuver cette nomination par les comices tributes, ce qui constituera un précédent et, dorénavant, le Sénat sera bien obligé de les consulter pour nommer les gouverneurs de province.

— Tu crois qu'ils y tomberont ?

— Je pense qu'ils soupçonneront le piège, mais qu'ils accepteront ma proposition... sans flairer mon second piège, qui est le plus important.

— Gabinius, tu me sembles bien retors.

— C'est l'intérêt du peuple. Une loi de Sylla, qui est toujours en vigueur, exige que les généraux commandant à l'extérieur soient choisis parmi les gouverneurs ou les anciens gouverneurs de province. Comme ma loi propose de faire désigner ces derniers par les assemblées du peuple, il en résultera que les généraux dépendront, eux aussi, de cette désignation.

— Je comprends. C'est un joli coup porté à la coterie : la plèbe aura dorénavant en main le droit de contrôler la paix comme la guerre, en Orient ou ailleurs. Mais à malin, malin et demi. Je pense que tu me caches quelque chose.

— Quoi donc ? demande innocemment Gabinius.

— Si tu obtiens que ce soit la plèbe qui, en définitive, nomme les généraux, est-ce que tu n'en as pas un sous le coude ?

— Que vas-tu chercher là, César ?

— Autant que je le sache, les grands généraux sont rares. Il y a eu jadis Scipion Émilien, quand nous n'étions pas encore nés, plus récemment mon oncle Marius, puis Sylla, car on ne peut lui dénier ce talent, et maintenant...

Gabinius l'interrompt :

— Je te vois venir, tu vas me citer Pompée.

— Évidemment. Ce qu'il a réalisé en Espagne est étonnant, je m'en suis aperçu quand j'y étais questeur, l'an dernier. J'ai un peu changé d'avis à son sujet. Je suis certain qu'il n'a pas une grande intelligence politique, mais il a une sacrée puissance d'organisation. Et rien ne l'arrête. La manière dont il s'est fait attribuer toute la gloire de la victoire sur Spartacus, alors qu'elle appartenait à Crassus, dénote une volonté de puissance que j'admire, même si je n'apprécie pas le côté m'as-tu-vu et l'inculture du personnage. Tout nous sépare, d'ailleurs : je suis un patricien, noble et pauvre, mais fervent défenseur du parti populaire ; Pompée appartient à l'ordre équestre de par son père, il est donc riche, mais sans noblesse et fervent défenseur... de lui-même.

— Quel portrait !

— Tu as des intentions, en ce qui concerne Pompée ?

— Mon intention profonde, c'est de débarrasser la République de l'oligarchie dont elle est le hochet et de faire triompher le parti populaire. Or, l'expérience le prouve, on ne peut plus rien faire à Rome sans la force. Le général Marius a imposé le parti populaire, le général Sylla a imposé la clique sénatoriale, j'espère que le général Pompée, malgré ses richesses, sera le nouveau général du peuple, le successeur de ton oncle. Alors, j'ai décidé de le soutenir.

— De quelle manière ?

— Tu le sauras demain, quand je déposerai une nouvelle *rogatio* au Sénat.

— Sur quel sujet ?

— Un sujet que tu connais bien : la piraterie en Méditerranée.

À Rome, les pirates défrayaient la chronique depuis plus de vingt ans. Déjà au cours de la guerre sociale, dans les années 89-88, Mithridate fournissait

261

en armes, par leur intermédiaire, les cités italiennes soulevées contre Rome, et les flottes romaines envoyées vers la mer Noire subissaient fréquemment leurs assauts : malheur aux galères isolées. César en avait fait l'amère expérience en 75.

De même, toujours par l'intermédiaire des pirates, pendant la guerre d'Espagne, des relations économiques et militaires s'étaient établies entre le leader du soulèvement ibérique, Sertorius, un ancien partisan de Marius, et Mithridate. Au point que, à la fin de 74, lorsque avait débuté la troisième guerre contre le roi du Pont, la péninsule italienne avait couru le risque d'être prise en sandwich entre les flottes de pirates de l'Adriatique et celles de la mer Tyrrhénienne. Spartacus lui-même fut aidé par Mithridate, *via* les pirates, en 72-71.

Les premiers nids de pirates s'étaient formés en Cilicie, sur les côtes de l'Asie Mineure, en face de l'île de Chypre. Au début, il ne s'agissait que de vulgaires bandits, des écumeurs des mers comme ceux qu'avait rencontrés César. La guerre engagée par Mithridate contre Rome fit leur fortune.

Avec l'argent du roi du Pont et de quelques riches cités orientales ou crétoises, les pirates avaient maintenant transformé leurs flottes. Ils avaient remplacé leurs petites coques de noix faites d'un treillage en osier recouvert de peaux de bêtes, qui ne leur permettaient qu'un cabotage d'île en île, par des galères rapides à trois rangs de rames, avec lesquelles ils pouvaient aller en moins de trois semaines de Rhodes à Brindes ou à Pouzzoles. Ils avaient dressé en plusieurs lieux maritimes des arsenaux, des ports, des phares, et naviguaient impunément en Méditerranée, avec des équipages entraînés à prendre la mer par tous les temps et en toutes saisons (alors que la flotte romaine ne sortait pas de ses ports en automne et en hiver). Les Romains estimaient l'ensemble de leurs effectifs à mille navires.

L'audace des pirates était sans bornes : en été, ils n'hésitaient pas à tenter — et à réussir — des coups de main sur les plages où se doraient les jeunes patriciennes, à enlever les baigneuses, à piller les villégiatures en bord de mer. En 67, ils jetèrent l'ancre devant Ostie, le port de Rome, et repartirent avec toute la flotte de commerce qui était au mouillage.

Leurs galères étaient luxueuses, avec des poupes dorées, des rames argentées, des tapis de pourpre, comme s'ils se plaisaient à exhiber les produits de leur piraterie. Tous les ports et toutes les îles de la Méditerranée orientale, de la mer Égée, de la mer Adriatique, de Corse, de Sardaigne, de Sicile, des détroits résonnaient de leurs chants, de leurs banquets, du récit de leurs exploits, des rançons qu'ils accumulaient, tout cela aux seuls dépens du peuple romain. Ils avaient pris plus de cinq cents villes, pillé le temple de Castor et Pollux à Claros, celui d'Esculape à Épidaure, le temple d'Apollon à Actium, les temples de Junon à Samos, à Argos et bien d'autres encore.

On disait aussi, à Rome, que certains pirates avaient de curieuses pratiques religieuses. Ils adoraient Mithra, dieu du soleil et de la lumière, et croyaient qu'à la fin des temps les morts sortiraient de leurs tombeaux pour être jugés : ceux qui, dans leur vie, avaient cherché à faire le bien monteraient au ciel, vivre pour l'éternité une existence de béatitude, et les autres, qui auraient été foncièrement mauvais, seraient précipités dans le royaume des ténèbres.

César ressassait toutes ces histoires, en faisant les cent pas sous le Portique, devant le Sénat. Il vit venir à lui Gabinius, affairé, le visage en sueur, qui l'interpella sans même le saluer :

— Vite, entrons, j'ai préparé mon projet.

César regagna sa place, espérant que la séance ne serait pas trop longue. Il avait passé une nuit torride avec Lollia, la jeune femme de Gabinius, qui était venue le surprendre, vers minuit, dans sa villa de Subure :

— Mon mari s'est enfermé dans sa maison de campagne pour écrire le discours qu'il doit prononcer demain au Sénat, lui avait-elle dit, rouge d'excitation. Nous avons toute la nuit devant nous, mon chéri.

Entre les pirates et la jolie compagne inassouvie du vieux sénateur, César n'hésita pas. Mais, bien qu'il fût robuste en la matière, elle l'avait exténué, et l'idée de rester debout pendant plusieurs heures le chagrinait. Il l'imaginait, dormant du sommeil de la femme infidèle, nue, dans son vaste lit, et il regardait son mari avec envie : Il a une chance de cocu, d'être assis, pensait-il ; mais, cette nuit, c'est moi qui avais la meilleure place.

Le président du Sénat parle, César dort debout, mais la voix forte de Gabinius le réveille ; il expose son projet de loi, sa *rogatio* :

— Pères conscrits, l'heure est grave. Les pirates sont à nos portes et Rome est à leur merci. L'autre jour, ils ont emporté toute la flotte d'Ostie. Nos navires ne circulent plus, le commerce de Rome est arrêté, et, avec lui, l'entrée dans Rome des denrées qui nous viennent normalement d'Espagne, d'Afrique, de Sicile et d'Orient. La famine nous guette. Le cours du blé monte dangereusement et, déjà, le marché noir s'installe. Partout nos vaisseaux sont arraisonnés, coulés. Partout les citoyens romains sont emmenés par les pirates, ridiculisés, souvent noyés. Il faut en finir d'un coup avec la piraterie : ce ne sont pas des larrons que nous avons à combattre, c'est une puissance maritime énorme, avec mille navires, qui risque d'être aussi difficile à conquérir aujourd'hui qu'une puissance terrestre comme l'Espagne hier. D'ailleurs, la stratégie de ces pirates est la même que celle des Ibères et des Lusitaniens que le grand Pompée a vaincus : c'est la guérilla maritime. Ils attaquent partout, fondent sur vous au moment où l'on s'y attend le moins, harcèlent nos flottes, sèment la terreur.

« Je demande donc, Pères conscrits, que soit choisi, parmi les anciens consuls, un magistrat qui aura rang de proconsul, à qui sera accordé, pour trois années, l'*imperium majus* (le commandement suprême) sur toutes les mers, des Colonnes d'Hercule (Gibraltar) jusqu'au Bosphore et jusqu'à la Syrie. Je demande qu'il lui soit conféré les pleins pouvoirs sur toute l'étendue de ce territoire maritime, sur toutes les côtes qui le bordent, jusqu'à 50 milles à l'intérieur des terres. Je demande aussi que ce proconsul ait le droit de recruter lui-même un état-major de quinze légats, pris parmi les anciens préteurs, pour le seconder, qu'il puisse équiper deux cents navires de guerre, qu'il soit autorisé à lever autant de troupes qu'il lui en faudra, et qu'on mette à sa disposition une somme de 6 000 talents (environ 160 tonnes) d'or. J'ai terminé.

Gabinius n'avait prononcé le nom d'aucun général, mais les sénateurs le connaissaient tous : il faisait allusion à Pompée, dont il s'agissait de faire le monarque absolu de la mer. César jubilait. Pour la première fois de son histoire, Rome remettait la totalité d'une partie de son territoire à un seul homme : Pompée allait être, pour trois ans, l'empereur des mers romaines ; lui, César, espérait bien secrètement être un jour l'empereur des terres romaines.

Le prince du Sénat ouvrit le débat et donna la parole d'abord aux consuls de l'année 69, qui avaient la priorité de l'ancienneté sur les consuls de l'année en cours. Ils développent calmement leurs objections. La parole passe alors au consul Calpurnius Pison, qui vient d'être intronisé. Il attaque violemment le tribun :

— Il n'y a pas de « commandement suprême » dans la République ; le commandement appartient aux assemblées du peuple, et aux magistrats qu'elles ont élus. En cas de danger, et je reconnais que Rome est en danger, la Constitution permet à un consul, et je suis consul, de nommer un dictateur sur ordre du Sénat, pour six mois seulement. Gabinius n'a cité aucun nom, mais il est sur toutes les lèvres, c'est Pompée qu'il nous propose comme commandant suprême. Eh bien ! je vous le dis, Pères conscrits, Pompée se prend pour Romulus. Et s'il veut jouer le rôle de Romulus, qui créa la royauté, il finira comme Romulus : emporté dans un orage.

L'assemblée devient houleuse. On crie. On s'invective. César prend la parole et soutient la proposition de Gabinius. On insulte le tribun. Gabinius, exsangue, se précipite hors de la Curie, il ameute la foule :

— Peuple de Rome, moi, Gabinius, tribun sacrosaint et inviolable de la plèbe, je te prends à témoin : on a attenté à ma personne sacro-sainte en me menaçant.

Il entraîne la foule déchaînée, il pénètre avec elle dans la Curie, et la séance est interrompue, dans une atmosphère d'insurrection. César, impassible, se dit qu'il serait aussi bien dans les bras de Lollia, car il ne peut être que de peu de secours à son mari Gabinius. Le Sénat est vaincu. La loi que propose Gabinius doit maintenant être proposée aux comices tributes, l'assemblée du peuple, qui l'accepteront ou qui la repousseront.

Les comices tributes furent convoqués rapidement. Selon la loi, il devait y avoir d'abord un débat préliminaire, sur le Champ de Mars, devant les citoyens romains réunis par tribus ; le vote aurait lieu le lendemain ou le surlendemain. Le consul Calpurnius Pison préside le débat préliminaire. Il annonce à l'assemblée :

— Citoyens, vous allez avoir à voter par tribus pour ou contre la *rogatio* du tribun de la plèbe Gabinius, qui va vous la préciser.

Gabinius monte à la tribune. Il parle lentement et sans passion : il sait que la foule lui est acquise. Cette fois-ci, il prononce enfin le nom de Pompée et aggrave la proposition qu'il avait lue au Sénat et il souligne d'un geste énergique tous les « je demande » qu'il prononce :

— Citoyens, je demande dans la présente *rogatio* que vous accordiez au grand Pompée, et pour trois années pleines, l'*imperium majus* sur toutes les mers, des Colonnes d'Hercule jusqu'au Bosphore et jusqu'à la Syrie. Je demande que vous lui confériez les pleins pouvoirs sur toute l'étendue de ce territoire marin, sur toutes les côtes qui le bordent, jusqu'à 50 milles à l'intérieur des terres. Je demande aussi que ce proconsul puisse recruter lui-même un état-major de vingt-cinq légats, pris parmi les anciens préteurs, pour le seconder, et qu'il puisse équiper cinq cents navires de guerre. Je demande en outre que vous lui accordiez une armée de terre de cent vingt mille fantassins et de cinquante mille cavaliers. Je demande enfin qu'on lui accorde le droit absolu d'exercer un droit de réquisition sur tous les territoires qui dépendent de Rome et de disposer à sa guise des caisses des questeurs.

Une salve d'applaudissements salue cette proposition de loi.

Gabinius sait maintenant qu'il a gagné ; mais les formalités continuent.

— La parole est à Pompée le Grand, ancien consul, parvient à annoncer Calpurnius Pison.

Pompée monte à son tour à la tribune. D'un geste

lent, il se drape dans sa toge prétexte. Il se fait humble, modeste :

— Je ne suis pas digne d'un si grand honneur, ce fardeau serait trop lourd pour mes épaules.

L'hypocrite, se dit en lui-même César. Il fait l'âne pour avoir du son. La foule proteste, on entend des « vive Pompée » de tous les côtés du Champ de Mars. César se dit que cela lui rappelle le temps de Marius.

— La parole est à Quintus Lutatius Catulus, ancien consul, annonce Calpurnius Pison.

Catulus est un ancien homme de Sylla, qui avait été consul en 78 ; il tente une dernière manœuvre pour éviter le vote de la loi et explique à la foule qu'il comprend son admiration pour Pompée, et que c'est pour cette raison qu'elle désire voter la loi Gabinius :

— Car, ajoute-t-il, si vous veniez à perdre Pompée, souhaiteriez-vous le remplacer ? et par qui ?

— Par toi, crie la foule, qui lui cloue ainsi le bec.

César éprouve le besoin de se manifester. C'est la première fois qu'il est en face de la totalité du corps électoral, puisque les comices réunissent aussi bien les électeurs de la Ville, qui le connaissent tous, que les électeurs des circonscriptions *extra muros*, qui l'ignorent : c'est le moment, pense-t-il, de me faire un peu de publicité dans les campagnes. Et il monte à la tribune, pour faire savoir au peuple qu'il est du côté du peuple et non de celui de la coterie sénatoriale. Pison clôture la séance et convoque les tribus pour le lendemain.

Le jour suivant, tout le monde se retrouve sur le Champ de Mars. Les sénateurs ont tenté une dernière manœuvre : ils ont convaincu, moyennant finances, deux des dix tribuns de la plèbe de s'opposer à la loi, par la procédure du *veto*. Le premier, Roscius Othon, fait le fameux geste qui accompagne le *veto* des tribuns : il étend son bras et lève ostensiblement l'index et le majeur de sa main droite, les autres restant pliés, puis il s'adresse au peuple et demande que le commandement suprême soit partagé entre Pompée et un autre ancien consul. Mais il retire sa proposition aux premiers hurlements de la foule. Le second, Trébellius, met lui aussi son *veto* en disant :

— Pompée devra passer sur mon cadavre avant de prendre son commandement.

Son collègue Gabinius demande, séance tenante, aux tribus de prononcer la déchéance de ce tribun qui ne respecte pas son mandat de défenseur de la plèbe ; on commence à voter, et Trébellius retire son *veto*.

C'est ainsi que finalement la loi Gabinia fut adoptée. Pompée allait pouvoir se mettre au travail avec méthode et conscience. Ce qu'il savait faire de mieux — la seule chose qu'il savait faire, prétendait César —, c'était organiser une lutte de longue haleine, car Pompée n'était pas un tacticien, mais un stratège. En six mois, il nettoya toute la Méditerranée de ses pirates. À la fin de l'année 67, la liberté de la navigation était rétablie partout sur cette mer : désormais, les Romains

pourront dire, orgueilleusement, en parlant d'elle :
Mare nostrum (notre mer).

Pompée est vraiment le seul bon cheval de Rome,
conclut César. Tous les autres sont des affreux. Il est
temps que je pense un peu à moi. Voilà un an que je
suis veuf, il est temps que je me cherche une nouvelle
épouse. N'y aurait-il pas une jolie fille dans la famille
Pompéius ? Ça pourrait toujours servir.

Il n'y en avait aucune, mais il se découvrit une
jolie Pompéia, fille d'un homonyme de Pompée, qui
se nommait Cnéius Pompéius Rufus. Il l'épousa.
Plus tard elle le fit cocu. Il l'avait bien mérité, et il
la répudia. Mais c'est une autre histoire.

La grande défaite que fut pour le Sénat la loi
Gabinia, au début de l'année 67, fut suivie d'une
série de petites attaques qui contribuèrent aussi à
affaiblir la position de la coterie sénatoriale.

En effet les tribuns de la plèbe tiraient à boulets
rouges sur toutes les tares du régime : la confiscation
du consulat par les sénateurs, qui en avaient fait une
chasse gardée ; les prêts léonins qu'ils faisaient, avec
les deniers de l'État, aux ambassades étrangères et
dont ils empochaient les intérêts ; la partialité de leur
justice, qui jugeait à la tête — ou à la bourse — du
client ; la brigue électorale.

Cette dernière pratique faussait les résultats de
nombre d'élections, aussi bien pour les hautes magistratures, comme le consulat ou la préture, que pour

les magistratures comme la questure ou l'édilité, qui étaient très recherchées pour les pots-de-vin qu'elles pouvaient rapporter. Elle concernait aussi et surtout le tribunat : dans la mesure où les tribuns de la plèbe étaient les empêcheurs de tourner en rond du Sénat, il était tentant pour les sénateurs de faire élire à ce poste des candidats « compréhensifs ».

Le tribun Cornélius tenta de lutter contre la brigue en déposant une motion condamnant tout candidat convaincu de brigue à dix ans d'interdiction de scrutin. Et, pour que sa loi fût plus efficace encore, il eut l'idée de condamner comme complices de brigue les agents électoraux qui achetaient les suffrages en distribuant à des électeurs faciles à corrompre des cadeaux ou des pourboires. Décemment, les sénateurs ne pouvaient pas refuser une motion tendant à abolir ces pratiques, mais ils tenaient à leurs agents électoraux, qu'ils appelaient leurs *divisores*. Ils firent donc pression sur Cornélius pour qu'il modifiât sa loi ; il y eut marchandage, et Cornélius retira de sa motion la poursuite des *divisores* ; en échange, il obtint que les candidats coupables fussent exclus à vie de tout scrutin. Conformément à la coutume, on donna à cette loi le nom du consul qui la promulgua, Calpurnius Pison : ce fut la loi Calpurnia.

Elle eut sans doute quelque effet, car, aux élections qui eurent lieu en juillet 67, destinées à désigner les magistrats de l'année 66, ce furent des conservateurs modérés, et non des représentants de l'oligarchie sénatoriale, qui furent choisis comme futurs consuls : Æmilius Lépidus et Volcatus Tullus. Parmi les futurs préteurs, il y avait un homme nouveau, conservateur

modéré et déjà célèbre comme orateur : Cicéron.
Quant aux tribuns désignés pour l'année 66, le Sénat
n'avait qu'à bien se tenir : c'était une bande d'agita-
teurs, admirateurs de Pompée et bien décidés à servir
de toute leur énergie le parti populaire.

Chapitre XVI

L'amant de la femme du consul
(66)

La vie de César était de plus en plus remplie. Il menait de front son rôle de sénateur, ses fonctions de conseiller politique auprès de Crassus, celui qu'on avait surnommé *Dives* et dont on disait qu'il était « le plus riche des Romains », sa propre carrière et ses amours.

Dès le mois de janvier, après l'intronisation des consuls de 66, il fut sur la brèche. Le 1ᵉʳ janvier, le tribun Manilius, qui avait la réputation d'être un homme vénal à la solde de Pompée, dépose une motion qui allait beaucoup plus loin que la loi Gabinia. Le président du Sénat en donne lecture aux Pères conscrits en chevrotant de rage :

— Le tribun Manilius propose de confier au grand Pompée, en sus de son commandement suprême sur les mers, le gouvernement de nos deux provinces d'Asie et la conduite de la guerre à la fois contre Mithridate et contre Tigrane, le roi d'Arménie, chez lequel il s'est réfugié, avec des pleins pouvoirs illimités.

La foudre tombant au milieu du Sénat n'aurait pas produit un plus grand effet. Ce projet de loi revenait, purement et simplement, à offrir l'Asie Mineure à Pompée, et il allait falloir, pour le défendre, d'autres voix que les vociférations d'un tribun, car les sénateurs, qui avaient ruminé pendant un an l'échec de leur opposition politique à loi Gabinia, allaient, de toute évidence, changer de tactique. Le *princeps Senatus* informa les sénateurs présents que la motion Manilius serait mise à l'ordre du jour de la séance du 30 janvier, pour délibération : les deux partis avaient un mois pour fourbir leurs armes.

Les sénateurs choisirent l'arme juridique. Le président du Sénat donna d'abord la parole aux consulaires, par ordre d'ancienneté ; le premier à parler fut Catulus, consul en 79, et le second, Hortensius, consul en 69. Leurs argumentations furent à peu près identiques.

— Cette motion, déclara avec véhémence Catulus, est une violation scandaleuse des institutions républicaines que nous ont léguées nos ancêtres. Et vous pouvez le répéter au peuple : si jamais l'assemblée des tribus la votait, alors je vous le dis, Pères conscrits, et je le dis à tous les citoyens romains, dépêchez-vous de découvrir quelque montagne où vous pourrez vous enfuir pour défendre votre liberté, car la proposition de Manilius fera de vous des esclaves.

Hortensius fut moins virulent et plus technique :

275

— J'accorde au tribun Manilius que, si la République devait être remise entre les mains d'un seul homme, ce ne pourrait être qu'entre celles de Pompée. Mais la République est, ne l'oubliez pas, la « chose publique », et vous ne pouvez, Pères conscrits, autoriser que l'on vote pour ou contre son découpage pour en donner une partie à un seul homme. Cette motion ne peut être proposée aux comices tributes, car elle est anticonstitutionnelle.

— Quel est le Père conscrit qui veut répondre à ces deux orateurs ? demande le président du Sénat.

— Moi, Marcus Tullius Cicéron, préteur pour l'année en cours.

Cicéron était un orateur et un juriste, dont la réputation commençait à se répandre à Rome. Cet intellectuel fortuné, épris de culture grecque, n'avait pas de liens avec le parti populaire : c'était un conservateur modéré et prudent. Il va démontrer que la proposition de loi n'est pas anticonstitutionnelle, car il y a des précédents :

— Pères conscrits, dit Cicéron d'un ton grave, les pouvoirs que cette motion propose d'offrir à Pompée, le vainqueur des pirates, sont ceux d'un monarque, je vous l'accorde, et ils m'effrayent un peu moi-même, mais pas au point de me faire fuir dans les grottes des Alpes *(sourires dans l'assemblée)*. Ce recours est conforme à toutes les traditions de la République qui a déjà conféré l'*imperium majus*, par deux fois dans le passé : à Marius, contre Jugurtha et contre les Cimbres, ainsi qu'à Sciption Émilien contre Carthage et Numance. La *rogatio* du tribun Manilius est donc compatible avec les lois de la

République. Il reste à savoir si elle est indispensable : ici aussi, je pense que oui.

On entend dans la Curie un petit nombre de sénateurs qui approuvent, et même quelques anciens consuls conservateurs qui apprécient l'argumentation. Cicéron continue :

— Pères conscrits, savez-vous que chaque jour, le Trésor public s'appauvrit ? Que nous recevons de Grèce, d'Asie, d'Afrique des lettres de chevaliers chargés de faire rentrer les taxes et les impôts et dont les caisses sont vides ? Avez-vous pensé à la ruine qui guette un grand nombre de citoyens ? Aux désordres qui résulteraient de leur faillite ? Et à ceux qui seraient la tragique conséquence de la faillite de la République ? Le grand Pompée a supprimé la piraterie, il faut en finir avec Mithridate et Tigrane par les mêmes méthodes et avec les mêmes moyens. Et pour cela, nous devons mettre fin, au moins certains d'entre nous, à nos dissensions : que sénateurs et chevaliers s'unissent, pour la plus grande gloire de Rome.

C'est maintenant à César d'intervenir. Il a apprécié la souplesse des arguments de Cicéron, qui, sans en avoir l'air, vient de diviser le Sénat, en gagnant à la thèse des tribuns ceux des sénateurs qui sont des hommes d'argent et non des nostalgiques de leur puissance passée. Ceux-là ont compris où était leur intérêt.

César va donc enfoncer le clou :

— Pères conscrits, je ne suis pas suspect d'être un admirateur inconditionnel de Pompée : pourrais-je être, dans ce cas, le conseiller de Crassus qui n'est pas son ami ? Mais je dis que seul ce grand guerrier peut réparer les sottises et même les crimes de certains d'entre vous. De ceux-là qui, il n'y a guère longtemps, se sont couchés devant Sylla, comme de ceux qui se moquent de la misère du peuple et de la détresse de la plèbe.

Les sénateurs s'inclinèrent et la *rogatio* de Manilius fut ratifiée. Les trente-cinq tribus romaines furent convoquées au Champ de Mars ; chacune d'entre elles vota « oui » à une grande majorité : la loi Manilia fut adoptée par trente-cinq tribus sur trente-cinq.

Quinze jours plus tard, une galère rapide entrait dans le port de Milet, où Pompée passait l'hiver, avec à son bord un messager du Sénat : il venait notifier au général-gouverneur son investiture en tant que commandant suprême, avec les pleins pouvoirs, de l'Asie romaine dont il devenait, au titre près, le monarque absolu. Pompée, qui avait été l'instigateur secret de cette loi, reçut le messager au milieu de ses familiers. Il lut le document officiel qu'il lui apportait, fronça ses sourcils, se donna une grande claque sur la cuisse, comme si cette nouvelle l'ennuyait, en disant, non sans hypocrisie :

— Ô dieux ! Ne serai-je donc jamais au bout de tant de travaux ? N'aurait-il pas mieux valu, pour moi, être un petit cultivateur inconnu, plutôt qu'un éternel guerrier ? Quand viendra le temps où je pourrai vivre tranquillement avec ma femme et mes enfants, dans ma maison, au milieu de mes champs ?

Tout le monde savait, autour de lui, que cette surprise et ces envies étaient feintes : il avait lui-même rédigé la *rogatio* du tribun Manilius.

À Rome, César se frottait les mains. Son intervention en faveur de la loi Manilia faisait partie de son plan de campagne politique, car ce faisant, il avait cherché non pas tellement à convaincre les Pères conscrits qu'à flatter le peuple qui, à son avis, était plus puissant que le Sénat. Quant à Pompée, il lui faisait un cadeau empoisonné :

— Plus Pompée sera couvert d'honneurs, expliquait-il à son ami Thermus, plus il se rendra impopulaire et plus vite le peuple se dégoûtera de lui. En politique, il ne voit pas plus loin que le bout de son nez. Mais j'ai plaidé sa cause devant le Sénat pour une autre raison.

— Laquelle ?

— Un jour, c'est pour moi que je demanderai les pleins pouvoirs, et je pourrai invoquer la loi qui vient d'être votée comme un précédent.

— Mais tu donnes l'impression de t'être incliné devant Pompée.

— La belle affaire ! Pour l'instant, il a le vent en poupe, laissons-le naviguer. Et je dirai même : qu'il navigue encore longtemps en Orient. Pendant ce temps, je reste seul sur le terrain, à Rome, avec le peuple.

— Près des yeux, près du cœur. Tu es un grand stratège, César, dans l'art de mobiliser les masses.

— Fais donc une prière aux dieux de ton choix pour moi : je dois te quitter car j'ai une autre masse à mobiliser.

— Peut-on savoir ?

— Elle se nomme Crassus.

— Je croyais que tu étais en froid avec lui.

— On ne reste pas longtemps en froid avec un homme si riche. Il me faut des munitions pour partir à la conquête du pouvoir.

— Attention à la loi sur la brigue.

— Je n'ai pas besoin de ça. Je vais me présenter comme candidat à l'édilité, au mois de juillet prochain, et je devrai faire des promesses au peuple. Or, les promesses, il faut les tenir ; et, pour les tenir, il faut de l'argent. Donc j'ai besoin de Crassus, mais je sais comment l'atteindre. Depuis qu'il a quitté sa charge de consul, en 70, il ne rêve que de se retremper dans le bain du pouvoir, et sa femme le gêne.

— Tertulla ? Elle a couché avec tout Rome.

— Elle a le feu aux fesses. Elle ne passe pas deux nuits de suite dans le même lit. Tu as déjà couché avec elle, Thermus ?

— Jamais. Je n'aime pas les femmes mûres, et elle a cinquante ans bien sonnés.

— Ça ne me dérange pas. Elle a encore de beaux restes.

— Mais c'est une véritable nymphomane.

— J'en ai vu d'autres. En faisant jouir sa femme, je m'attacherai Crassus, c'est la seule chose qui m'intéresse.

— On peut dire que tu n'y vas pas par quatre chemins.

— Celui que j'ai l'intention de prendre est large.

— Quel est-il ?

— Il passe entre les cuisses de Tertulla. On dit qu'elles sont fermes.

— César, tu n'es qu'un goujat, lui dit en souriant Thermus. Bonne chance.

César n'eut aucun mal à goûter aux charmes de Tertulla, en un temps où les mœurs austères des anciens Romains étaient bien oubliées. Même le très sérieux Cicéron organisait des soupers fins, mais discrets, avec ses maîtresses. Quant à Crassus, il ne faisait pas de sentiment, et il sut gré à César de ses prouesses sexuelles, partant du principe qu'une femme comblée n'importune jamais son mari. Surtout lorsque ce mari lui préfère des jeunesses... et qu'il a des projets.

Des projets, Crassus en avait à revendre. Après avoir exterminé de main de maître Spartacus, ses gladiateurs et ses esclaves, en 71, il avait mal digéré la manière dont Pompée avait tiré les marrons du feu, son triomphe manqué, et sa mise à l'écart de la République, à la fin de son consulat, en 70. Mais, pour les réaliser, il lui fallait autre chose que des millions ; il avait besoin d'un stratège, et César venait de faire ses preuves avec les lois Gabinia et Manilia. Il lui ouvrit donc tout à la fois, en sus du lit de sa femme, sa maison et son coffre-fort.

Crassus poursuivait deux buts : en finir avec la coterie sénatoriale, qui barrait la route à ses ambitions, et se faire élire à la magistrature respectable de censeur, qui ne permet pas de gouverner — il s'en moquait — mais dont la durée est de cinq ans, alors que tous les autres magistrats ne restent qu'un an en place, et qui confère la haute main sur le Sénat, puisque c'étaient les censeurs qui en établissaient et en révisaient l'*album*, ainsi que la liste *(lectio)* des chevaliers.

Dès lors, Crassus ne jure plus que par César, exécute à la lettre toutes ses directives en matière de politique et finance sa campagne de juillet 66, où le peuple devait élire les magistrats pour l'année 65. Bien entendu, des bruits couraient. On disait à voix basse, dans certains milieux, que Crassus préparait un coup d'État ; qu'il envisageait d'attaquer la Curie, une fois en poste à la censure, de faire égorger les sénateurs par ses mercenaires et de s'emparer de la dictature. Mais il courait tant de bruits sur Crassus...

Avec beaucoup d'argent, tout était possible, et les élections de juillet 66 sont un triomphe. Crassus est élu censeur. Deux hommes à lui, de réputation douteuse, sont élus consuls : Publius Cornélius, neveu de Sylla, et Pétrus Autronius Paétus, un libertin affirmé. César, enfin, franchit un rang de plus dans la carrière des honneurs, il est élu édile curule : il contrôlera toutes les manifestations qui pourraient avoir lieu dans la Ville, ainsi que la police.

L'année 65 qui pointait à l'horizon s'annonçait bien pour le parti populaire.

Chapitre XVII

Et si l'on tuait tous les affreux... ?
(5 DÉCEMBRE 66)

Lorsque furent connus les résultats des élections de l'été 66 et le succès de ceux qu'on appelait, sur le Forum, « la bande à Crassus », ce fut la stupeur parmi les sénateurs.

Les deux futurs consuls, Cornélius et Autronius, étaient en effet plus connus des services de police que des milieux politiques. Le premier avait surtout la réputation d'être un homme de main, et le second était un libertin éhonté, grand organisateur d'orgies en tout genre, fameuses par la qualité et le savoir-faire des prostituées et par la beauté des éphèbes qui y participaient. Il y avait de quoi faire avaler leur parapluie à tous les sénateurs. Si ces deux aventuriers et leurs acolytes s'installent aux commandes de la République romaine, pensaient-ils, nous pouvons dire adieu à la légalité et à nos privilèges. Même les sénateurs modérés, qui attendaient patiemment l'heure de la retraite, s'en étaient émus.

Mais que faire ? Comment se débarrasser au plus vite de ces malotrus ? Deux sénateurs honorables, Manlius Torquatus et Aurélius Cotta, trouvèrent la parade : ils demandèrent l'application de la loi Calpurnia contre la brigue électorale et contre les pots-de-vin, que le parti populaire avait lui-même imposée l'année précédente afin de moraliser la vie politique, et qui se retournait aujourd'hui contre ce même parti. Selon cette loi, tout candidat convaincu de brigue et de manœuvres illicites était déchu de ses droits politiques et son élection était annulée. Nos deux sénateurs portèrent donc l'accusation contre les deux futurs consuls devant le tribunal du Sénat et, bien entendu, les sénateurs-juges condamnèrent sans hésiter Cornélius et Autronius, dont l'élection fut annulée, et ils nommèrent à leur place leurs deux accusateurs, au mois de novembre 66.

C'était la première fois, dans l'histoire de la République, que le Sénat révoquait deux consuls en même temps, quatre mois après leur élection. La bande à Crassus et les tribuns de la plèbe crièrent au coup d'État. Quant à Crassus, partisan de la manière forte, il n'avait pas l'intention d'en rester là :

— Il ne suffit pas de protester, dit-il à César, son conseiller politique, il faut trouver un moyen d'obliger le Sénat à refaire des élections. Tu en connais un ?

— La loi est la loi, Crassus, lui répondit César. Elle dit formellement que les consuls dont l'élection est annulée doivent être remplacés par des consuls désignés par le Sénat, dé-si-gnés, tu entends Crassus, et non pas élus. Il n'y a aucun moyen juridique d'exiger une nouvelle élection.

— Moi, j'en ai un, dit Crassus. Et il est imparable.

— Dis-le-moi.

— Que se passerait-il si les deux consuls qui ont pris la place des nôtres disparaissaient ?

— Qui ? Aurélius Cotta et Manlius Torquatus ?

— Oui.

— Il faudrait convoquer le peuple et procéder à une nouvelle élection de consuls.

— C'est cela, mon moyen : je vais faire disparaître ces deux connards. Rendez-vous chez moi le 5 décembre au soir. J'inviterai quelques amis. Viens discrètement, et seul, ce n'est pas pour une partouze.

César les connaissait, les amis de Crassus. Tout débauché qui avait dissipé son patrimoine par le jeu, le libertinage ou les mondanités, tout homme qui s'était endetté pour accomplir une action criminelle, tout ce que Rome comptait de parricides, de repris de justice et de vagabonds, tous devenaient, un jour ou l'autre, des amis de Crassus. On ne comptait plus les billets innombrables qu'il leur avait fait signer en temps utile et tous lui étaient dévoués, non par amitié, mais par la crainte d'un quelconque chantage.

Au soir du 5 décembre, tout ce joli monde était donc réuni dans sa maison, en compagnie de quelques jeunes dévoyés, prêts à tout, par besoin, par insouciance ou par vice, que Crassus, en bon révolutionnaire qu'il était, entretenait dans l'attente d'une occasion de coup de force : il payait les dettes de l'un, procurait une courtisane ou un giton à un autre, soustrayait éventuellement un jeune homme de bonne famille aux poursuites de la justice.

Crassus était dans une rage folle, et ne perdit pas son temps en longs discours.

— Nous sommes dans la merde jusqu'au cou, leur dit-il avec hargne, et ce n'est pas le moment de se dégonfler. Il faut nous débarrasser de ces deux consuls que nous a imposés le Sénat, et faire la peau à ces culs-bénis de sénateurs... Ils ne nous auront pas si facilement que cela. Si c'est nécessaire, on les tuera tous, ces affreux.

César ne bronche pas. La vulgarité du propos le choque, et il n'est pas d'accord avec son contenu, mais il est là pour observer, non point pour agir. Les autres protestent, invoquent leur conscience, leur horreur du sang, etc.

— Ne me faites pas rigoler, leur dit Crassus, avec votre morale d'instituteur en retraite. Toi, Antonius Hybrida, tu dois près d'un million de sesterces à une douzaine de cercles de jeu...

— J'ai tout remboursé, Crassus.

— Menteur. Tiens, regarde : j'ai racheté toutes tes reconnaissances de dette.

Et de tirer un paquet de billets griffonnés des plis de sa toge. Hybrida, l'aristocrate décavé, ne bronche pas ; il tousse d'un air discret. Crassus se tourne ensuite vers deux jeunes gens pâles et silencieux, tels des félins guettant leur proie :

— ... Toi, Publius Sittius, ce ne sont pas les préjugés qui t'embarrassent : tu es le faux témoin le moins cher de Rome, et, quand tu étais gouverneur de la Maurétanie, tu es devenu le roi des détournements de fonds publics. J'ai à ta disposition la liste de tes rapines. Si je l'envoie au Sénat, les Pères conscrits auront cent motifs pour te faire pendre ou crucifier, comme un vulgaire voleur.

Sittius ne proteste pas. Il connaît la froide détermination de Crassus.

— ... et toi, Cnéius Pison, poursuit celui-ci, tu es l'homme de main le plus redouté de la Ville. Je sais que le sang des consuls ne te fait pas peur. Tu es devenu un professionnel du crime.

Crassus se tourne ensuite vers un homme de grande taille, vigoureux, au regard sombre et hautain :

— Et toi encore, Catilina, depuis quand fais-tu la fine bouche devant un meurtre ? Il y a quelques années, du temps de la dictature de Sylla, tu en as tué, des proscrits, aidé de ta sinistre escorte de Gaulois ; tu as égorgé de ta propre main Quintus Cécilius, le mari de ta sœur, sous les yeux de celle-ci et je t'ai vu promener dans Rome, au bout d'une pique, la tête de Marius Gratidianus, que tu avais coupée toi-même, après avoir violé une vestale. On dit même que tu as tué ta première femme et le fils qu'elle t'avait donné pour épouser la riche Aurélie Aurestilla. Enfin, ce ne sont pas les scrupules qui t'ont étouffé, l'an dernier, quand tu gouvernais notre province d'Afrique : tu t'en es mis plein les poches. Résultat : les Pères conscrits t'ont rayé des listes de candidature au consulat au mois de juillet dernier. N'as-tu pas envie de te venger de ces crétins de sénateurs ?

Catilina avait l'âme noire, mais l'intelligence acérée. À la différence des autres complices de Crassus et de César, mobilisés par l'appât du gain, par quelque prébende ou par la crainte d'un chantage, ce qui l'intéresse, dans le coup de force qui s'annonce, c'est la conquête du pouvoir : ce qu'il demande, pour prix de son intervention, c'est le consulat pour l'année 64. Et, comme il a de la suite dans les idées, il fomentera lui-même sa propre conjuration en septembre 63, après l'échec du « complot Crassus ». C'est pourquoi il acquiesce d'un signe de la tête, sans protester.

— Voici comment nous procéderons, expose Crassus. Les nouveaux consuls, Manlius Torquatus et Aurélius Cotta, doivent être intronisés le 1er janvier prochain, date de leur entrée en charge. La cérémonie commencera par le défilé traditionnel sur la colline du Capitole : les deux magistrats, précédés de quelques mètres par les douze licteurs réglementaires, porteurs des faisceaux consulaires, descendront lentement de la colline jusqu'à la Curie, où les attendront les sénateurs. Vous vous mêlerez tous à la foule, en vous débrouillant pour être au premier rang et en vous tenant par la main. Une fois les licteurs passés, Hybrida et Sittius feront semblant d'être bousculés et débouleront entre eux et les consuls tandis que, presque au même moment, Pison, qui est vif et musclé, tranchera la gorge à Torquatus et à Cotta, comme il a appris à le faire chez les Maures.

— Et nous, dirent presque simultanément Autronius et Cornélius, les deux consuls qui avaient été évincés par le Sénat en novembre, que faisons-nous ?

— Vous prenez la place de Torquatus et de Cotta dans le défilé, comme si de rien n'était.

— Mais si les licteurs s'y opposent ?

— J'ai prévu qu'ils s'y opposeront. Des hommes à nous, vêtus comme eux, les égorgeront, s'empareront des faisceaux consulaires et prendront leur place.

— Et la foule ? Tu y as pensé ?

— Les Romains sont des veaux et des couards, répondit Crassus, méprisant, si vous agissez vite et bien, elle ne bougera pas.

— Et quand nous arriverons à la Curie ?

— Les Pères conscrits ne seront au courant de rien, puisqu'ils attendront, à l'intérieur, l'arrivée des consuls. Nos licteurs pénétreront dans le bâtiment, et les sénateurs ne découvriront les consuls que quelques minutes plus tard.

— Mais ils vont les siffler, les huer, leur tomber dessus.

— Certes. Mais nos bandes armées, qui se seront engouffrées dans la Curie derrière les consuls, les mettront bien vite à la raison. Les Pères qui résisteront seront égorgés, et, quand on en aura tué cinq ou six, les autres se tiendront tranquilles. Les sénateurs ne sont ni des foudres de guerre ni des héros ; ce ne sont que de grands bavards. Cornélius, qui parle mieux qu'Autronius, les informera de la mort accidentelle, sur le Capitole, des consuls qu'ils ont nommés en novembre, et exigera d'être rétabli dans sa magistrature avec Autronius.

— Tu crois qu'ils obéiront ? demande alors Autronius, qui était resté muet jusqu'alors.

— Il n'y a aucun doute sur ce point. Après tout, vous avez été élus par le peuple, en juillet dernier, et ce sont les sénateurs qui ont annulé votre élection :

ils sont théoriquement les premiers responsables. Cela dit, il ne faudra pas perdre de temps. Vous demanderez aux Pères de voter à main levée votre réhabilitation, et, ne vous en faites pas, ils lèveront tous la main. Aucune assemblée ne résiste à l'argument des poignards et des épées.

— Une fois reconnus, que faisons-nous ?

— Vous me nommez immédiatement dictateur pour six mois, conformément à notre Constitution. Le reste, je m'en charge. Quand nous aurons tué tous ces affreux (il voulait dire par là les sénateurs rétifs, tenants du républicanisme traditionnel), je ferai intégralement ce que je voudrai.

César ne disait toujours rien. Les coups d'État, pensait-il, sont sans lendemain si l'on n'a pas derrière soi une armée puissante ou tout un peuple impatient. Or Crassus n'avait ni l'une ni l'autre : il ne pouvait qu'échouer. Son siège était donc fait : il ne participerait pas au complot de Crassus. Catilina, en revanche, avait son mot à dire.

— Je suis prêt à t'aider, Crassus, en te fournissant des hommes et de l'argent, mais je demande, en retour, que tu patronnes ma candidature au consulat aux élections de juillet 64.

— J'allais te le proposer, répond Crassus ; quant à toi, César, dit-il en se tournant vers ce dernier, je te nommerai général en chef de la cavalerie romaine et je te chargerai, en cette qualité, de partir annexer l'Égypte et d'en faire une province romaine.

— Non merci, Crassus, je n'aime pas la cavalerie. Laisse-moi en dehors de tout cela. Tu n'as rien à craindre, je ne risque pas de parler.

— J'ai confiance en toi. Mais je ne comprends pas ton refus : c'est une bonne occasion à saisir.

— J'ai quelques soucis de santé, en ce moment, des vertiges, des absences. J'attendrai le printemps pour vous rejoindre.

— Et nous, s'écrièrent en chœur Pison et Sittius, qu'est-ce que nous aurons ?

— À toi, Pison, je donnerai un commandement extraordinaire sur les deux Espagnes, la Tarraconaise et la Bétique ; quant à toi, Publius Sittius, tu auras carte blanche pour franchir le détroit des Colonnes d'Hercule (Gibraltar), lever des troupes sur place et rallier le proconsul de notre province africaine (la Cyrénaïque) à mon gouvernement.

Décidément, pensait César, Crassus prend ses désirs pour des réalités. Même s'il parvenait à se maintenir à Rome et à mettre le Sénat à ses bottes, il se cassera les dents sur Pompée, pour qui tout ce qui concerne les Espagnes et la Méditerranée est une chasse gardée, même quand il est en Orient. Et Pompée, ce n'est pas un sénateur apeuré ! Quelle fatuité ! Quel aveuglement ! Je n'ai rien à faire dans cette galère.

Chapitre XVIII

Les caves se rebiffent
(FÉVRIER-JUILLET 65)

31 décembre 66. Les deux édiles curules, qui tiennent lieu, tout à la fois, de préfets de police et de maires, ont organisé une réunion d'information avec leurs successeurs, élus en juillet dernier, à savoir César et un certain Bibulus, dont la fortune était énorme, mais la vue bien courte et à qui César battait froid. Tous les quatre, ils mettent au point la cérémonie d'intronisation des nouveaux consuls, Cotta et Torquatus, qui doit avoir lieu le lendemain matin.

Premier édile — Il faudra convoquer le collège des pontifes, le Grand Pontife, les consuls et les licteurs pour quatre heures du matin, quand il fera encore nuit, avant l'arrivée de la foule. On attend énormément de public ; qu'ils viennent en litière, discrètement.

César — Je vous conseille de fermer dès ce soir tous les accès au Capitole, et de vérifier que la colline est déserte.

Deuxième édile — Tu crains une manifestation, un attentat ?

César — Par les temps qui courent, tout est possible. Il y a quand même beaucoup d'agitation à Rome, en ce moment. Et puis, les élections de juillet n'ont pas été tout à fait normales : c'est la première fois que des élections consulaires sont cassées. Depuis la décision du tribunal, en novembre, les populaires sont furieux, une émeute est toujours possible.

Deuxième édile — Sur les quatre magistrats élus, il y en a quand même deux dont l'élection n'a pas été annulée : toi, César, et Crassus, qui va être préteur. Tu as entendu parler de quelque chose, chez les tiens ?

César — Tu sais, moi, je fais de la politique par tradition familiale, comme tous les patriciens. D'accord, je soutiens le parti des populaires, parce que je pense que le temps des aristocrates est révolu, mais je ne suis pas Catilina : je souhaite que le changement se fasse dans les règles, et non pas à coups de couteau. Nous ne sommes plus au temps de la guerre civile.

Premier édile — Catilina, tout patricien qu'il soit, est un véritable voyou. Nous avons des dossiers sur lui, et je peux te dire qu'ils puent. Il entretient des bandes de casseurs et d'assassins : dans la police, nous les appelons les « catiliniens ».

César — Confidence pour confidence, savez-vous comment Catilina appelle les sénateurs, dans son argot de Subure ? Les « caves ».

Deuxième édile — Qu'est-ce que ça veut dire ?

César — C'est un mot employé par les poètes : un

cavus, c'est un homme sans consistance, un benêt, facile à berner. Croyez-moi, il vaut mieux prévenir que guérir. Bouclez le Capitole dès ce soir ; et, si j'étais vous, je conseillerais à Cotta et à Torquatus de porter une cuirasse sous leur toge prétexte, demain matin.

Deuxième édile — À ce point ?

César — J'ai un pressentiment.

Deuxième édile — C'est entendu. Je vais immédiatement donner l'ordre au préfet militaire de fermer tous les chemins et tous les escaliers qui montent au Capitole d'un double cordon de vigiles armés. Merci du renseignement, César.

César — Ce n'est pas un renseignement, c'est un conseil. Je n'ai dénoncé personne ; d'ailleurs, je ne suis au courant de rien. Il faudrait aussi prévenir le Sénat.

Deuxième édile — J'y vais de ce pas ; je vais demander l'autorisation de faire escorter les consuls par une garde militaire, en plus des licteurs.

Le lendemain, 1ᵉʳ janvier 65, la cérémonie d'investiture se déroula comme elle devait se dérouler. Torquatus et Cotta, précédés de leurs licteurs et séparés de la foule par une solide garde armée, descendent le *clivus capitolinus* (le chemin du Capitole), qui mène au Forum, du pas lent et grave des sénateurs.

Les hommes de main de Pison ont les yeux fixés sur César, qui, en tant que membre du collège des pontifes, fait partie du cortège. Ils attendent le signal convenu pour exécuter le plan de Crassus : au moment où César laissera glisser sa toge le long de son épaule, ils devront se précipiter sur les consuls, poignard à la main. Ils sont là, les jarrets tendus, prêts à bondir sur leurs deux victimes. Pison, qui avait été choisi pour les immoler, serre de toutes ses forces le poignard qu'il tient caché sous sa toge : son cœur ne bat pas plus vite qu'à l'accoutumée, c'est un tueur professionnel. Mais le signal ne vient pas. César reste impassible et le cortège consulaire arrive sans encombre à la Curie.

Catilina se tient devant l'entrée du Sénat, sous le Portique, prêt à donner à ses bandes l'ordre de se précipiter dans la salle pour y égorger les sénateurs qu'il leur désignera.

De loin, il voit venir les deux consuls, précédés des licteurs ; mais il est face au soleil et, ébloui, il ne peut distinguer leur visage. Il a cependant un doute : il voit briller, au cou de l'un d'eux, le *torquis* (« collier ») auquel Manlius devait son surnom de Torquatus. Il attendait Autronius et Cornélius, et ce n'est qu'au dernier moment qu'il s'aperçoit que la substitution prévue ne s'est pas faite.

— Qu'est-ce qui s'est passé ? demande-t-il à un de ses hommes, qui arrive en courant auprès de lui.

— César n'a pas fait glisser sa toge, lui dit-il, essoufflé, et les consuls étaient protégés par des hommes en armes. On n'a rien pu faire.

— Quelqu'un a parlé, ce n'est pas possible, murmure Catilina, rouge de rage. Tout est foutu. Il faut tout recommencer. Je suis sûr que c'est un coup de César : Cotta est le frère de sa mère.

Il est rejoint par Autronius, qui le prend par la toge, le secoue et lui dit, avec sa vulgarité habituelle :

— Qu'est-ce que c'est que cette merde ? Où est

Crassus ? Qui nous a balancés ? Il y a une taupe parmi nous. Quant aux caves, ils ne perdent rien pour attendre.

— Fais quand même attention aux caves, lui dit Catilina. Quand ils se rebiffent, ils deviennent vicieux.

— Ils ont l'air pourtant bien calmes : ils sont déjà en train de s'installer pour écouter l'allocution du *princeps Senatus*.

— Ne te fie pas à l'eau qui dort. De toute façon, les sénateurs ne dorment que d'un œil, c'est bien connu. Fais passer le mot à tout le monde : pour l'instant, on arrête tout.

Il était en effet prudent de remettre l'exécution du complot de Crassus à plus tard. César avait-il averti son oncle, Cotta ? Ou bien quelque comparse avait-il imprudemment bavardé ? On ne sait. Mais les sénateurs, qui n'étaient pas aussi « caves » que le disait Catilina, réagirent.

Leur première victime fut Pison, l'homme qui devait égorger les consuls. Les sénateurs l'expédièrent illico en Espagne Citérieure (province romaine correspondant à l'Aragon, la Murcie et la région de Valence), comme chargé de mission. Cette nomination n'était pas innocente, car l'Espagne regorgeait de partisans de Pompée, qui s'était brouillé avec Crassus à la fin de leur consulat commun, en 70 : quelques jours à peine après son arrivée, il tombait dans une embuscade et y passait de vie à trépas.

L'échec de la conjuration ne semblait pas avoir ému Crassus, qui, lorsqu'il reçut la nouvelle de la mort de Pison, dit à César :

— Ils n'ont pas perdu de temps, les sénateurs. Tu as bien fait de ne pas donner le signal du massacre.

— Je ne l'ai pas donné, parce que je ne l'ai pas voulu, Crassus.

— Il fallait le dire à la réunion du 5 décembre : pourquoi ne m'as-tu pas détourné de cette idée ?

— Parce que lorsque tu as une idée en tête, plus elle est stupide, plus tu t'y accroches. Et puis il y avait ce Catilina. C'est un danger public, et il fallait le laisser s'engager dans l'aventure, pour qu'il constate qu'elle était irréalisable.

— C'est toi qui as prévenu les sénateurs ?

— Non, pas officiellement. J'ai simplement conseillé à mon oncle de mettre une cuirasse le jour de l'inauguration de sa charge, mais je n'ai cité aucun nom.

— Mais pourquoi se sont-ils débarrassés si vite de Pison ?

— Pour t'intimider.

— Moi ?

— Enfin, Crassus, ne fais pas l'idiot. Tout Rome sait que tu n'attendais que le départ de Pompée pour fomenter un coup d'État, ou, du moins, pour t'imposer.

— J'ai été élu régulièrement, en juillet 66.

— Tout à fait régulièrement. Mais la candidature de Cornélius et d'Autronus a fait jaser : ils ont dépensé trop d'argent pour leur campagne, et il n'était pas sorcier de deviner d'où il venait, ce fric : de ta poche.

— On aurait pu penser qu'il venait de Catilina.

— Catilina n'a pas de fortune. Il a des bandes, qu'il entretient je ne sais pas comment. Et puis... on ne voit pas Pison travailler pour Catilina.

Tout à coup, César devient grave :

— Crassus, j'ai quelque chose à te dire. Si tu assistais plus souvent aux séances du Sénat, au lieu de ripailler, tu l'aurais appris comme moi : le bruit court, parmi les sénateurs, que tu espères profiter de l'absence de Pompée pour t'emparer du pouvoir, comme l'avait fait Marius quand il avait obligé les sénateurs à adopter les lois en faveur du peuple, il y a quarante ans, notamment celles qui concernaient la distribution de terres aux pauvres, dans le Nord de l'Italie ; puis, avec le soutien des tribuns, il avait fait décréter la peine de mort contre quiconque porterait atteinte à la majesté du peuple romain. On en a exécuté, des gens, au nom de cette loi !

— Et alors ? Ce n'est pas mon programme.

— Tu n'as pas de vrai programme, Crassus. Mais les sénateurs sont bien décidés à ne plus laisser personne leur reprendre le pouvoir que Sylla leur a laissé en mourant. Ils tirent sur tout ce qui bouge.

— Même sur les tribuns ?

— Les tribuns, ils en ont peur. Ils ne tirent sur eux que juridiquement, en faisant de la procédure. Tu as vu comment ils se sont battus contre les lois proposées par Gabinius et par Manilius, il y a deux ans.

— Alors César, toi, qui n'es pas un tribun de la

plèbe, ils ne se gêneront pas pour t'éliminer physiquement si c'est nécessaire.

— Le jour où je deviendrai dangereux, j'aurai intérêt à disposer de bons gardes du corps.

— Pourquoi ne m'ont-ils pas fait le coup de Pison ?

— N'oublie pas, Crassus, que tu es tout à la fois l'homme le plus riche de Rome, le leader du parti populaire et le plus haut magistrat de la Ville avec Catulus, l'autre censeur : certains sénateurs extrémistes n'y verraient aucun inconvénient, mais l'ensemble des sénateurs conservateurs y répugnent. Ils attendent que tu te manifestes, en violant les lois sacrées de la République, par exemple. Alors, ils te feront arrêter, juger, et tu seras précipité du haut de la roche Tarpéienne, comme un vulgaire assassin. C'est pourquoi, après la réunion du 5 décembre, l'année dernière, je suis allé tout dire à mon oncle Cotta.

— Tu as fait ça, toi, mon conseiller intime, l'homme en qui j'ai le plus confiance à Rome ?

— Oui, pour te sauver. Ta conjuration ne pouvait pas réussir, parce que les tribuns ne t'auraient jamais suivi, et ce sont les tribuns qui mobilisent les masses populaires, pas les capitalistes. Il n'y aurait même pas eu de procès : ta tête et celle de Catilina auraient été promenées dans Rome au bout d'une perche.

Crassus devenait de plus en plus pâle. Une devineresse lui avait prédit, un jour, que sa tête serait promenée sur un plateau. Il ne croyait guère aux prophéties, mais ce que lui disait César le troublait.

— Mon oncle Cotta m'a remercié de l'avoir

averti, et il m'a promis de n'en point parler : Nous prendrons nos précautions, me dit-il ; puisque tu seras édile, le jour de mon intronisation, prends les mesures nécessaires, sans en dire les raisons : tu as assez d'autorité pour ça. Et j'oublierai l'affaire. Voilà pourquoi je n'ai pas fait glisser ma toge de mon épaule.

— Tu m'as sauvé, César. Dommage pour Pison.

— Ce n'est pas une perte. Dorénavant, Crassus, tiens-toi tranquille. Contente-toi de ta fortune et renonce au pouvoir. Pour y parvenir, il faut de la patience, de la persévérance, et une stratégie à longue échéance, méthodique et rigoureuse. Et il n'y a que deux hommes qui en soient capables, à Rome.

— Lesquels ?

— Pompée et moi.

— Toi ?

— Depuis que je suis revenu d'Espagne, je place mes pions.

— Je serais curieux de les connaître.

— Un, je suis le neveu du fondateur historique du parti populaire, et j'ai le peuple de mon côté. Deux, à mon retour d'Espagne, je suis passé par les cités de la Cisalpine (la partie de l'Italie comprise entre le Rubicon et les Alpes), et j'ai pris quelques contacts qui me serviront un jour. Trois, en janvier 67, j'ai appuyé ouvertement, au Sénat, les tribuns Gabinius et Manilius, et j'ai pris le parti de Pompée contre le Sénat. Quatre, je t'ai soutenu contre le Sénat et contre Pompée à la fois, ce qui nous a permis de remporter les élections.

— Et maintenant ?

— Maintenant, c'est moi, le chef du parti populaire, et dorénavant, tu m'obéis. Encore trois ou quatre coups, et César joue et gagne, comme on dit au jeu du *latro* (sorte de jeu intermédiaire entre les dames et les échecs), et le Sénat sera *ad incitus reductus* (échec et mat). Mais il va falloir d'abord subir les dernières attaques des sénateurs. À la prochaine séance du Sénat, propose-leur d'accorder le droit de cité à tous les gens de race latine qui habitent les terres comprises au-delà du *Padanus* (du Pô), jusqu'aux Alpes.

— En Gaule Transpadane ?

— Oui, en Transpadane.

— Pourquoi ne fais-tu pas toi-même la proposition ?

— Parce que c'est toi le censeur, et c'est toi qui es responsable de la liste officielle des citoyens romains : demande à y inscrire les Transpadans.

— Il faut aussi convaincre l'autre censeur, ce diable de Catulus.

— Débrouille-toi.

Dès la fin février, Crassus proposa sa motion aux sénateurs.

— Pères conscrits, leur dit-il, je voudrais vous entretenir des habitants de la Transpadane. Ils ne sont pas entrés, jadis, dans la grande guerre sociale qui a ensanglanté l'Italie entre 91 et 88, et ils n'ont pas bénéficié de la citoyenneté romaine qui fut accordée, alors, aux Picentins, aux Ombriens, aux Samnites et aux autres, Latins ou Alliés. Maintenant encore, ils n'ont pas le droit de venir vendre eux-mêmes leurs grains à Rome, ils doivent demander des autorisations spéciales pour y séjourner plus de deux jours, et, bien entendu, ils subissent ces lois sans les voter. Et pourtant, ils sont de la même race que nous, ils parlent la même langue que nous, les dieux qu'ils adorent sont aussi les nôtres et leurs cités — Mantoue, Vérone, Crémone, Milan, Turin, Côme, Padoue — sont aussi animées et vivantes que les autres villes de l'Italie. Il y a là une injustice qu'il nous faut réparer, Pères conscrits : faites que ces Latins de l'autre côté du Pô, que ces Transpadans soient des citoyens romains.

Dès que Crassus eut fini de parler, César se leva de sa chaise curule pour parler à son tour, car il fallait gagner du temps sur les éventuels adversaires ; il avait d'ailleurs enjoint aux tribuns de la plèbe de prendre la parole les uns après les autres, dès qu'il aurait terminé de parler. Son discours est tout en finesse, en notations pittoresques, et, subtilement, il en appelle à l'orgueil de Rome :

— Pères conscrits, au retour de ma questure en Espagne, je me suis arrêté en Transpadane, sur les bords du Mincio, près de Mantoue. Je me suis reposé chez un laboureur du nom de Maro, dont le fils avait épousé la fille d'un citoyen romain. De leur union était né un garçon, qui a aujourd'hui cinq ans. À cet âge-là, je lisais à peine et je fus émerveillé de voir que ce petit garçon savait déjà écrire. Mieux encore, il m'apporta un bol de lait frais et me dit un court poème, chantant les suaves senteurs des étables et des champs. Je lui demandai s'il connaissait l'auteur de ces vers : « Virgile, me dit-il. — Qui est ce Virgile ? », lui dis-je. Il me répondit naïvement : « Mais c'est moi, Virgile, je m'appelle Publius Virgilius Maro. » Il avait la grâce d'un cygne, et tant de candeur m'émut. Alors je vous le demande, Pères conscrits, au nom de ce jeune cygne de Mantoue, faites que Virgile soit un citoyen romain, et faites que tous les siens soient des citoyens romains. Pères conscrits, donnez aux censeurs le droit de les inscrire sur la liste des citoyens romains, avec tous les Latins de Transpadane.

Catulus, le second censeur, demande la parole :

— J'exerce, en tant que censeur, mon droit d'*intercessio* (opposition formelle) à cette demande.

Le président du Sénat entérine l'*intercessio* de Catulus qui, à son tour, fait une proposition relative à la nomination de deux fonctionnaires dans les services de la censure. Crassus exerce alors son droit d'*intercessio*, à titre de représailles, et, d'opposition en opposition, les deux censeurs bloquent le fonctionnement du Sénat. Conformément aux règlements de l'assemblée, les deux censeurs sont sommés par le président de se démettre de leurs fonctions.

— Ne t'en fais pas, Crassus, dit César ; tu ne t'imaginais quand même pas que le Sénat se laisserait faire sans protester. Laisse-le marquer ses points. L'essentiel, c'est de remporter le point gagnant. Voyons ce que vont faire les tribuns.

Comme prévu, Papius, un des tribuns de la plèbe, demande la parole. Mais, dès ses premiers mots, César fronce les sourcils :

— Pères conscrits, dit Papius, j'en appelle à la plèbe de Rome, qui attend nos décisions, à l'extérieur de cette noble enceinte. Rome n'en peut plus. Rome est surpeuplée. Rome étouffe. Rome se meurt. Les immigrés nous ont envahis ; ils ont progressivement éliminé les artisans et les marchands romains. C'est parmi eux que se recrutent les voleurs, les assassins, les pillards. Rome n'est plus dans Rome ! Après la guerre sociale, nous avons accordé la citoyenneté romaine à tous les Latins et autres Italiques vivant au Sud du fleuve Rubicon, qui est notre frontière. Je demande solennellement qu'on expulse de Rome et qu'on renvoie dans leur pays tous les étrangers, tous ceux qui viennent d'au-delà du Rubicon.

César se tourne vers un tribun, qui se tient debout derrière lui, et dit à voix basse :

— Qu'est-ce qui lui prend ? Ce n'est pas un langage digne d'un représentant de la plèbe.

— Il a peut-être été soudoyé par le Sénat, lui répond le tribun.

— Pourquoi « peut-être » ?

— Parce que nous avons nos informateurs. Nous sommes très proches du petit peuple, qui ne voit pas plus loin que le bout de son nez. Les immigrés, pensent les petits artisans, les portefaix, les maçons, et quelques autres, leur retirent le pain de la bouche : ils acceptent de travailler pour un quignon de pain sec, ou d'incendier de temps à autre un immeuble plein à craquer pour permettre au propriétaire de faire une affaire rentable sur le dos des cadavres de ses pauvres locataires.

César a compris. Il se penche vers Crassus :

— N'insistons pas. Laissons passer la loi de Papius : mon idée d'un État romain multinational n'est pas mûre ; il faut qu'elle fasse son chemin dans les consciences, inutile de la compromettre.

Crassus, rageur, réplique :

— Il a raison, Catilina, les caves se rebiffent, et ils se rebiffent salement.

— Il a peut-être raison, mais il faut se débarrasser de Catilina ; c'est un mauvais cheval.

« Réfléchissons, se disait César, qui, pour une fois, s'était retiré, seul, dans sa maison de Subure. Où en suis-je ?

« D'après la Constitution, je ne peux me présenter à une magistrature supérieure que l'année prochaine, en juillet 64. Il est évident qu'en juillet prochain Catilina va se présenter à ma place, et sans doute comme consul ; les populaires voteront pour lui, et seuls les dieux savent quelles sottises il fera qui déconsidéreront notre parti. Il faut donc l'empêcher d'être élu. Mieux encore, il faut l'empêcher d'être candidat, en lui imposant une impossibilité juridique. Mais laquelle ?

« Autant que je sache, Catilina n'a jamais été condamné pour brigue électorale, donc je ne peux pas invoquer la loi Calpurnia sur la brigue. En revanche, du temps de Sylla, il a tué des proscrits pour le dictateur, crime alors légalement impuni... Mais elle est là, ma solution, à portée de la main : je vais remuer toute cette gadoue. J'en profiterai pour éclabousser un peu le parti sénatorial. Mais en respectant rigoureusement les lois, la jurisprudence et les usages. »

En principe, dans la République romaine, l'initiative des accusations et des poursuites était de la compétence du préteur urbain ; pratiquement, lorsqu'il était défaillant, l'usage voulait que le préteur fût remplacé à la tête du tribunal, par un des deux édiles en charge. César traîne donc devant le tribunal deux hommes qui avaient tué des proscrits, sur ordre de Sylla, et qui n'avaient jamais été poursuivis, un ex-centurion du nom de Luscius et un certain Bellénius, qui avait poignardé, sur un signe de Sylla, un ancien démocrate passé dans le camp du dictateur, et qui avait voulu se présenter au consulat malgré l'interdiction de celui-ci. Il obtient la présidence du tribunal, dirige lui-même les débats et les deux assassins sont condamnés à mort.

— Vois-tu, Crassus, commentera-t-il peu après ce succès, le peuple romain n'aime pas les assassins, et ce procès les fera réfléchir. Rien n'a été plus horrible que les proscriptions de Sylla, qui ont avili la société romaine. Il n'y a plus qu'à rappeler que Catilina n'a pas toujours été un bon démocrate et qu'il a du sang sur les mains, du sang qu'il a versé pour Sylla, en coupant la tête d'un de ses ennemis et en la promenant au bout d'une pique à travers toute la Ville.

— Tu vas le faire comparaître, lui aussi ?

— Non.

— Je ne comprends plus.

— C'est d'une simplicité enfantine. Je me représente aux élections en juillet 63 et je risque d'avoir besoin de lui, donc je ne l'accuse pas moi-même : il

306

a assez d'ennemis pour ce faire. Tiens, je vais te prédire les résultats des élections de cet été et de l'été
suivant... Je suis plus fort que ta devineresse : en
juillet prochain, l'affaire Catilina ne sera pas encore
jugée, donc il ne pourra être candidat ; le rappel des
crimes de l'époque de Sylla va refroidir les intentions
de vote au bénéfice de la coterie sénatoriale, et les
centuries éliront comme consuls des sénateurs cen-
tristes, à mi-chemin des populaires et de la coterie,
des types dans le genre de Cicéron, par exemple.

— Et en juillet 64 ?

— Entre-temps, j'aurai fait acquitter Catilina, qui
se présentera avec un autre candidat populaire,
contre le candidat du Sénat. Et je te parie 100 sesterces que Catilina ne sera pas élu.

— Ta combinaison est bien compliquée, César.

— Mais non, Crassus, elle est simple. J'écarte
Catilina de ma route, en lui laissant croire qu'il
pourra quand même être élu, ce qui m'évite d'avoir
à le combattre, et, d'autre part, je diminue considéra-
blement le prestige de l'oligarchie. Quand je revien-
drai sur la scène électorale, en juillet 63, je
remporterai la préture. D'ici là, je vais faire mon
boulot d'édile.

Après son départ, Crassus n'avait toujours pas compris le raisonnement de César. Qu'il veuille réveiller
le souvenir des horribles proscriptions, dans lesquelles
avait trempé une bonne partie de la coterie sénatoriale
en place, il trouvait la démarche astucieuse : tout ce
qui pouvait faire perdre la face au parti adverse était
bon. Mais comment César pouvait-il être certain que
Catilina ne parviendrait pas à se faire élire ?

Je n'ai jamais vu un homme aussi sûr de lui, pensait-il. Si vraiment les choses se passent comme il l'a dit, je veux bien manger toute ma toge, morceau par morceau.

Les choses se passèrent, nous le verrons, comme César l'avait prédit.

Aux yeux du parti adverse, celui des aristocrates du Sénat, César apparaissait comme un adversaire dangereux par sa clairvoyance et par sa ténacité, mais respectable, et qu'on attendait même avec un certain intérêt pour l'année 64. Mais, en juillet 65, le clan sénatorial avait la partie belle : le seul candidat populaire qui aurait pu tenter sa chance contre le clan était le sinistre Catilina, dont la participation aux crimes des proscripteurs avait été évoquée lors du procès intenté contre Luscius et Bellénius par César au début de l'été, et Catilina était lui-même sur le point de passer devant un tribunal pour proscription, ce qui le rendait inéligible, du moins jusqu'à la conclusion de ce procès.

Ce furent donc deux candidats sénatoriaux modérés, qui ne portaient ombrage à personne, qui furent élus consuls pour l'année 64 : Figulus, un aristocrate inoffensif, et un lointain parent de César lui-même, Lucius Julius César. Peu après leur élection, Cicéron, écrivait à son cher ami Atticus :

« *Je vous apprends que dans le temps même où L. Julius César et Figulus ont été désignés consuls, ma femme est accouchée heureusement d'un fils [...]. Je me prépare maintenant à plaider pour Catilina...* [dans un procès civil, qui n'aura d'ailleurs pas lieu]. »

Chapitre XIX

La tentation des pyramides
(MARS 65)

César était infatigable et méthodique. Il partageait ses journées entre les séances au Sénat, ses obligations d'édile, les conférences d'information en petits comités, au cours desquelles ses secrétaires et les fonctionnaires de police qui étaient sous ses ordres lui apportaient, méthodiquement classés, des notes et des rapports sur tout ce qui se passait dans Rome, aussi bien à ciel ouvert que dans le secret des cabinets de travail ou des alcôves. Les soirées étaient consacrées à la réception du courrier en provenance des provinces lointaines, qui l'informait, plus ou moins secrètement, sur les activités de ses concurrents politiques, et en particulier de Pompée, aux rendez-vous discrets avec les leaders du parti populaire tels que Crassus ou les tribuns de la plèbe. Et puis il y avait les bains de foule obligatoires et quotidiens sur le Forum, ainsi qu'un petit tour aux Rostres lorsque ses adversaires politiques y tenaient réunion.

À cela s'ajoutaient les séances du collège des pontifes, les astreintes du protocole, les moments consacrés à la méditation ou à la lecture ou, tout banalement, aux nécessités matérielles de tous les jours, comme sa toilette matinale dans laquelle son barbier jouait un rôle très important. Toutes ces occupations lui laissaient très peu de temps pour sa vie privée : il s'écoulait parfois une semaine sans qu'il puisse voir sa fille Julie, et il avait renoncé à tenir la liste des amants de sa femme Pompéia, qui le trompait à tour de bras et de cuisses.

Toutefois, il avait encore l'énergie, le soir, de se livrer à quelques plaisirs, raffinés ou crapuleux, selon son humeur : un fastueux souper chez un riche chevalier, une partie fine dans laquelle il jouait, selon les caprices de ses désirs, le rôle d'un homme ou celui d'une femme, ou un débat philosophique animé dans l'une des luxueuses demeures de Cicéron, qui était son adversaire politique mais avec lequel il entretenait des rapports de qualité.

Cicéron admirait cet homme qu'on ne pouvait rencontrer sans subir l'ascendant de sa volonté tranquille. En comparaison des leaders de son temps, aux projets inconstants, sans doctrine cohérente, César ne pouvait être que respecté par un personnage aussi clairvoyant que l'illustre orateur. Il a, disait-il, la conscience de ses forces et la certitude de la victoire ; il sait où il va, et il y parviendra : tout ce qu'il entreprend n'est jamais dû au hasard ou à la fantaisie, et il a la sagesse de ne jamais s'entêter et de savoir obéir aux événements. De fait, César n'était pas un homme de complot, on l'a bien vu dans l'aventure manquée de Crassus, ni un homme de coup de tête. Il n'entreprenait rien sans réfléchir méthodiquement aux conditions et aux conséquences de la réalisation de ses desseins.

Ces qualités, si rares à Rome, il les a manifestées dans l'affaire d'Égypte, en mars 65, qui précéda de peu le grand conflit avec le Sénat à propos des habitants de la Transpadane que l'on vient de conter.

Ce royaume grec, résultat du partage, en 321 av. J.-C., de l'empire d'Alexandre le Grand entre ses successeurs, les diadoques, n'avait plus aucun rapport avec l'Égypte pharaonique qui était morte et bien morte depuis fort longtemps. Son territoire s'étendait de la Libye actuelle à la côte syrienne, c'est-à-dire de Cyrène à Gaza. Alexandrie, sa capitale, fondée en 331 av. J.-C., à l'extrémité du delta du Nil, par Alexandre lui-même, était devenue le plus grand centre de civilisation de l'Antiquité, et elle le restera jusqu'au triomphe du christianisme. Les rois et les reines qui régnaient sur ce royaume étaient les descendants d'un lieutenant d'Alexandre qui se nommait Ptolémée ; ils constituaient la dynastie grecque des Lagides.

L'État égyptien entretenait de nombreux rapports, politiques et économiques, avec Rome. Le pays abondait en richesses naturelles, et le blé égyptien participait, dans une proportion importante, au ravitaillement de la République. L'Égypte était le pendant africain des provinces romaines d'Asie, que gouvernait Pompée, avec les pouvoirs d'un monarque oriental. Il était donc dans l'ordre des choses que Rome s'intéressât à ce royaume, dont la dynastie était chancelante, et lorsque la nouvelle arriva jusqu'à César que le souverain égyptien, Ptolémée XIII

Aulète — son surnom signifiait le « joueur de flûte » —, venait d'être chassé d'Alexandrie par ses propres sujets, il s'empressa de convoquer Crassus.

— Tu es au courant des affaires d'Égypte ? lui demande-t-il.

— Vaguement. Il y a encore quelques années, j'avais des intérêts à Alexandrie, mais j'ai fermé mes bureaux depuis longtemps.

— Le trône est vacant : Ptolémée XIII vient d'être déboulonné.

— Qui l'a viré, ce joueur de flûte ? Pompée ? questionne Crassus, soudainement intéressé.

— Non. Les Alexandrins eux-mêmes. Mais tu as raison : Pompée va loucher sur l'Égypte ; il a déjà des légions en Syrie, entre Byblos et Sidon.

— Il faut faire quelque chose pour le contrer, dit Crassus. Quel prétexte peut-on trouver pour intervenir officiellement ? Tu as une idée, César ?

— J'ai un dossier bien à jour sur l'Égypte : elle fait partie de mes projets.

— Je t'écoute.

— Voici. Ptolémée XIII n'était pas un souverain légitime.

— C'était un usurpateur ?

— Plus ou moins. Il s'était emparé de la couronne à la mort du dernier monarque de la dynastie lagide, Ptolémée XII, que Sylla avait fait couronner en 80 et qui n'a régné que dix-neuf jours ; le flûtiste était un de ses bâtards : il était sur le trône d'Égypte depuis quinze ans.

— Qu'est-ce qu'il a été faire en Égypte, Sylla ?

— Il faisait la guerre à Mithridate, et il pensait s'emparer de l'Égypte par la même occasion.

— Pour lui ou pour Rome ?

— Je pense que c'était pour Rome, répond César ; Sylla était un assassin, mais non pas un prévaricateur.

— Bon. Alors, ce Ptolémée XII ?

— Cicéron prétend qu'il aurait fait un testament et qu'il aurait légué son royaume à la République romaine, comme Nicomède l'avait fait pour la Bithynie.

— C'est bien ce que je te disais. Sylla a fait couronner Ptolémée XII, lui a fait faire un testament en faveur de Rome, et l'a tué ensuite.

— Sylla a commis suffisamment de meurtres pour qu'on ne l'accuse pas aussi de celui-là. Rien, absolument rien ne le prouve.

— Quelle est donc ton idée ?

— Demander au Sénat d'exiger l'exécution du testament en faveur de la République et de transformer l'Égypte en province romaine... avec moi comme gouverneur.

— Et par ici la bonne soupe !

— Non, Crassus, pas de bonne soupe. Les richesses de l'Égypte iront à l'État romain.

— Tu ne crois pas que tu fais un curieux amalgame entre la grandeur de Rome et ton ambition ?

— Et même si cela était ? Ce qui compte, c'est Rome.

— D'accord. Je te suis : je t'ouvre un crédit illimité. Mais n'en profite pas.

— Je ne m'appelle pas Crassus, répond César en souriant.

César se met en campagne. Il commence par mobiliser l'opinion publique. Un peu partout, dans Rome, des amis à lui argumentent, expliquent, cherchent à convaincre. Un testament, c'est sacré, disent les uns, Rome se doit d'en faire respecter les clauses, même si personne ne le lui demande. D'autres rappellent les précédents célèbres : Jugurtha, qui avait usurpé l'héritage de son oncle Hiempsal, roi de Numidie ; Mithridate, qui avait confisqué à son profit la Bithynie que son roi Nicomède avait léguée à Rome. Dans les milieux financiers et commerciaux de l'Urbs, on fait valoir l'importance du marché égyptien. Les intellectuels, toujours très écoutés à Rome, soulignent le rôle culturel primordial du *Musée*, l'université d'Alexandrie, où sont passés les plus grands savants de l'histoire : le mathématicien Euclide, le géographe Ératosthène, l'astronome Hipparque, et tant d'autres.

Lorsque César sentit que l'opinion publique était prête à accepter l'idée d'une expédition en Égypte, il déposa une motion en ce sens au Sénat. Mais les Pères conscrits, hostiles à toute guerre de conquête, la repoussèrent, soutenus par les chevaliers, qui défendaient la position du plus grand des leurs, Pompée. Cicéron fit même un discours fameux en ce sens.

Il ne lui restait plus que de faire agir les tribuns, comme il l'avait fait pour la loi Manilia. Ceux-ci imposèrent la motion, qui fut soumise aux comices tributes. Elle fut repoussée : le peuple romain était plus préoccupé de ses besoins immédiats que de conquêtes lointaines. Il tenta une ultime astuce de procédure, qui consistait à faire englober les revenus de l'Égypte dans l'état général des revenus du peuple romain, établi chaque année par les censeurs. C'est ce que fit Crassus ; mais son collègue, le censeur Catulus, mit son *veto*, et l'affaire d'Égypte en resta là.

Pour se venger de son désappointement, César fit un coup d'éclat. Le mois suivant, on devait célébrer les jeux de la Bonne Déesse, Cybèle ; il avait pris en main, d'autorité, leur organisation, et, en particulier, la décoration de la Ville. Dans ce but, il avait commandé à des artistes de réaliser secrètement des images d'or de Marius et des répliques tout aussi éclatantes des trophées commémorant ses victoires sur les Cimbres et les Teutons : c'étaient de splendides statues de marbre et de bronze représentant le grand guerrier porteur d'armes et de boucliers symbolisant ses prises sur les vaincus. Il fit déposer ces monuments dans le Forum, sur le Capitole, à l'entrée de Suburе, le quartier populaire par excellence, et sur les chemins de l'Aventin, qui menaient au tombeau du grand homme.

Dès l'aube, le bruit courut que des Marius d'or, de bronze et de marbre blanc veillaient sur Rome, dans une immobilité éternelle. La Ville fut progressivement inondée d'une foule populaire et joyeuse, qui remplissait le Forum et le Capitole du bruit de ses applaudissements et de ses vivats. Tous ces petits, ces obscurs retrouvaient leur idole, les jeunes qui ne l'avaient pas connu contemplaient les statues de ce revenant dont leurs parents leur avaient narré en secret les exploits et la bonté. Et des larmes de joie coulaient des yeux de ces braves gens, qui louaient à grands cris César pour la fabuleuse surprise qu'il leur avait offerte et pour la hardiesse qu'il avait montrée en la leur faisant.

Il y en eut aussi — les sénateurs, les chevaliers, les grands bourgeois romains — qui protestèrent sévèrement. Les uns proclamant que César venait de planter les fondements d'une tyrannie en faisant surgir du sol ces images et ces trophées que des ordonnances publiques et des édits avaient commandé d'enfouir à tout jamais. Parmi eux, certains — plus malins — disaient à qui voulait les entendre que c'était un test que faisait César, pour sonder la volonté du peuple, qu'il appâtait par la magnificence de cette initiative, préludant à celle des Jeux en l'honneur de Cybèle.

Catulus, l'ex-censeur qui avait entraîné dans sa démission celle de Crassus, fit une longue intervention au Sénat :

— Pères conscrits, César qui, depuis bientôt trois ans qu'il fait partie de notre assemblée, multiplie les chausse-trapes contre notre divin Sénat, vient de se démasquer. Il n'a d'autre but que de ruiner notre *Res Publica*, notre Chose Publique, la République sénatoriale et consulaire, mais aussi la République plébéienne, celle de la loi des Douze Tables et de nos grands anciens, patriciens ou plébéiens : Appius Claudius, Calpurnius Pison l'Honnête, les illustres familles des Cornélius, des Scipion, des Æmilius, des Marcellus, des Manilius et aussi celle des Gracques, qui sont à l'origine de nos institutions actuelles. Un jour viendra où, par l'action de cet homme, si nous

316

le laissons faire, il n'y aura plus à Rome ni Sénat, ni consuls, ni assemblées du peuple, mais la toute-puissance à vie d'un chef unique, d'un potentat oriental et de sa descendance.

César prit la parole pour lui répondre, sans éloquence excessive, avec la rigueur et la logique qui caractérisaient toujours ses interventions, parlant de lui à la troisième personne, comme il en avait l'habitude.

— Comment pouvez-vous croire, Pères conscrits, que César veuille détruire la République parce qu'il a orné Rome des trophées de Marius ? En quoi est-ce une innovation ? De tout temps, les édiles curules ont procédé de la sorte, avec nos anciens héros. Alors que César n'était encore qu'un inconnu, qu'un simple questeur en Espagne, attaché à d'obscurs travaux de comptabilité publique, il avait fait promener dans Rome les effigies de Marius, dans les rues de Rome et en plein Capitole, pour les funérailles de sa tante Julie, la veuve du grand général : ni Catulus, ni aucun sénateur ne s'était levé pour dénoncer cet acte de piété. Ce que vous avez toléré d'un simple questeur débutant, vous ne l'admettez pas d'un édile curule ? Et j'entends dans cette assemblée auguste, que je respecte et que j'ai toujours respectée, les accusations les plus infâmes proférées contre le plus estimé des Romains !

Le Sénat se contenta de cette réplique et ses amis encouragèrent César à prendre à cœur de ne céder à personne. Soutenu qu'il était par la faveur du peuple, l'assurèrent-ils, il l'emporterait sur tous et il aurait un jour le premier rang dans Rome.

César tint bon, et les statues de Marius ne furent pas démontées.

Chapitre XX

Catilina, l'homme à abattre
(PRINTEMPS 65)

Que la France était grande sous Henri IV, écrivait Voltaire. Que la République était belle au temps de nos grands Anciens, pensaient les quelques témoins éclairés qui, à Rome, assistaient, impuissants et désolés, à l'effritement de toutes les valeurs et toutes les traditions.

« *En ces temps-là*, écrit un historien romain nostalgique du passé (il s'agit de Salluste, qui avait à peine trente ans en 65), *les mœurs étaient honnêtes et la concorde régnait partout. On ignorait la cupidité. On pratiquait la justice et l'honneur, non par la contrainte des lois, mais par penchant naturel. Les querelles, les haines, on les réservait pour l'étranger, pour l'ennemi : les citoyens ne rivalisaient entre eux que de vertu.* »

Il était noble, pour un citoyen romain, qu'il fût patricien, chevalier ou plébéien, d'aspirer aux fonctions publiques. C'était une vertu. Le vice, ce qui

318

rendait l'ambition criminelle, c'était de chercher à la satisfaire en dehors des voies permises par les lois qui étaient faites pour la contenir. On ne pouvait parvenir à la magistrature suprême, celle de consul, qu'après être passé par une série de fonctions qui lui étaient inférieures — la questure, l'édilité, la préture —, séparées les unes des autres par un intervalle de deux ans, pendant lequel on ne pouvait aspirer à aucune. Et l'on n'atteignait le sommet des honneurs qu'à l'âge de quarante-deux ans révolus, exigé des candidats consuls. Seuls les défenseurs du peuple, les tribuns, sortaient directement du rang, sans carrière préalable, à partir de l'âge de trente ans environ.

Une fois parvenu au pouvoir suprême de consul, le bon citoyen ne pouvait le garder qu'un an : il n'était autorisé à postuler à nouveau cette magistrature qu'au bout de dix années. Le seul qui conserva le pouvoir pendant six années de suite fut Marius, entre 105 et 100 : mais ce fut à la demande unanime du peuple et du Sénat pour sauver Rome des Cimbres et des Teutons.

Le désir du pouvoir fut associé très tôt à celui de l'argent. Et cet argent coula à flots, dans les poches de certains, lorsque Rome partit à la conquête de l'Orient et de ses richesses : « Prenez-y garde, avait averti le vieux Caton, aux environ de l'an 553 de Rome (200 av. J.-C.), nous mettons le pied dans un pays où abondent toutes les concupiscences, toutes les sollicitations au plaisir, qui pervertissent l'ambition en l'associant à la cupidité. » À l'époque, les Romains avaient mis cet avertissement sur le compte du puritanisme du vieux Caton ; mais, avec la venue de Sylla, il s'était révélé prophétique.

Par une belle soirée du mois de mai 65, sous les frais ombrages du parc entourant une somptueuse villa de Tusculum, à une quinzaine de kilomètres d'Athènes, sur la via Latina, deux hommes, la quarantaine débutante, l'œil vif, les gestes lents, la voix bien timbrée, devisaient tranquillement. L'un était le fameux orateur Cicéron, le richissime propriétaire des lieux. L'autre était un personnage unique en son espèce, du moins chez les Romains de cette époque.

C'était un chevalier qui se nommait Titus Pomponius, mais qu'on avait surnommé Atticus — l'« Attique » — car, au moment où la guerre civile entre Marius et Sylla avait éclaté, alors qu'il n'avait que vingt ans, il avait pris la sage précaution de s'en désintéresser. Il était parti vivre à Athènes, loin du bruit et de la fureur, et il s'y partagea entre l'étude des lettres et de la philosophie d'une part, la connaissance des arts et sa passion de collectionneur d'autre part ; il disposait par ailleurs d'une très grosse fortune, qu'il tenait de son oncle, dont il ne se servit que pour se faire des amis. À Athènes, il avait adhéré au groupe des Épicuriens, dont la maxime favorite était « pas de politique », car, tout à la recherche d'une vie sans tracas, ils considéraient qu'il était sage de fuir ceux qu'attiraient les fonctions publiques ; Atticus avait ainsi trouvé un motif honorable pour se tenir loin de l'arène où ses compatriotes s'entre-tuaient, entre partisans et adversaires de Sylla, l'ambitieux et sanglant dictateur.

Une fois la paix civile revenue, Atticus avait fait restaurer sa maison familiale, sur la colline du Quirinal, et quelques villégiatures de campagne, et il partageait ses loisirs de riche amateur d'arts et d'idées entre la Grèce et ses propriétés romaines. Ce soir-là, il avait dîné chez son ami de toujours, son cher Cicéron.

— Cette déchéance des mœurs et ce déclin de la République, disait Atticus, a commencé lorsque Sylla est revenu d'Asie avec son armée, il y a dix-huit ans, en 83. Ses généraux, ses officiers, ses soldats y ont découvert le plaisir de faire l'amour avec qui leur plaisait, de boire, de piller les temples et les palais, de faire main basse sur les statues, les tableaux, les œuvres des orfèvres. Ce mal a perdu l'aristocratie. Chez elle, la richesse a enflammé le goût de la dépense, le besoin irrésistible de consommer, de faire étalage de son luxe ; et la prodigalité des aristocrates a bien vite dévoré leur fortune.

— Pas de tous, Atticus, pas de tous, répliquait Cicéron. Prends l'exemple de Crassus : il est chaque jour plus riche que la veille, grâce à la spéculation immobilière, à de fructueux placements..., comme toi, Atticus, ou comme Pompée, qui possède des actions dans de grosses affaires bancaires.

— Ce sont des exceptions. Tu connais beaucoup de véritables fortunes, à Rome ?

— Il est vrai que, si l'on y regarde bien, sur les quelque deux cent mille Romains qui vivent à l'intérieur de nos murailles, il n'y en a pas deux mille qui possèdent un véritable patrimoine, sans aucune hypothèque ; mais il y en a dix ou vingt fois plus qui jouent aux grands seigneurs et qui sont criblés de dettes.

— Exemple, César, dit en souriant Atticus.

— Lui, c'est particulier, il a un compte ouvert chez Crassus et c'est un prêté pour un rendu, c'est à lui que Crassus doit sa fortune politique. Ils se complètent.

— Et tous ceux qui ne possèdent plus rien, qui n'ont plus de crédit, qui vivent d'expédients, ils sont prêts à tous les crimes, à toutes les révolutions. Sans compter que, dans une révolution, on peut toujours avoir l'occasion de tuer ses créanciers.

— Atticus, tu es bien cynique.

— Mais non, je ne suis pas cynique. Passe donc en revue toutes les villas du Capitole, autour de la tienne. C'est le quartier le plus riche de Rome, du moins en apparence, et les plus anciennes familles y ont leur résidence. Tu en connais beaucoup qui n'aient pas trempé dans des affaires plus ou moins douteuses ? Tiens, un exemple entre mille : la famille des Sergius.

— Oh ! Ceux-là, dit Cicéron en se levant pour se dégourdir les jambes, ils m'agacent. Ils font partie de ces patriciens qui prétendent descendre des compagnons d'Énée lorsqu'il arriva en Italie.

— J'espère que tu ne crois pas à ces sornettes.

— Pas du tout. Mais ils m'agacent parce qu'ils méprisent tous ceux qui ne sont pas de grande lignée ; alors moi, qui suis né dans l'atelier d'un foulon, ils me considèrent comme une crotte de bique ! Ce qui m'amuse, c'est que le père Sergius a besoin de moi.

— Qui donc ? Catilina ?

— Oui. « Môssieu » Lucius Sergius Catilina, « Cati » pour les dames, a besoin d'un avocat.

— Qu'est-ce qu'il a donc fait ?

— Rien de blâmable dans l'immédiat ; on lui ressort une vieille affaire pour lui barrer la route aux élections consulaires de juillet prochain.

— Je ne suis pas au courant.

— Ce n'est pas étonnant ; tu es plus souvent à Athènes ou dans tes campagnes qu'à Rome. Laisse-moi t'expliquer. Catilina est le candidat du parti populaire...

— Lui, l'aristocrate que tu me dépeins ?

— Il mange au râtelier de Crassus, le trésorier du parti, comme César et tous les autres ; il a l'intention de se présenter contre les candidats du parti du Sénat.

— Mais tu es du côté du Sénat.

— Oui ; j'ai beau être fils d'un foulon, je suis un bon bourgeois, et j'aime l'ordre et la tranquillité. Les populaires, ce sont des révolutionnaires.

— Tu n'aimes pas qu'on change tes petites habitudes.

— Ce n'est pas ce qui me gêne ; je trouve même que certains ont des idées généreuses qui ne me déplaisent pas : après tout, moi aussi, je suis un fils du peuple. Celui qui m'embarrasse, c'est César.

— Pourquoi ?

— Il a une intelligence politique diabolique. C'est un mélange de Marius et de Sylla : il possède la générosité de l'un et la volonté tenace de l'autre, avec, en plus, un grand dessein, ce qui n'était pas le cas ni de son oncle, ni de cet ambitieux mégalomane et sanglant de Sylla.

— Alors, où est le problème ?

— En principe, il n'y en a pas. Je suis avocat, donc je plaide aussi bien pour Catilina, qui est mon adversaire politique, que pour mes amis. Le problème, c'est que j'ai l'impression qu'il s'agit d'un procès truqué, dans lequel je risque de perdre la face en servant de marionnette à César.

— Explique-toi, tu commences à m'intéresser, Cicéron.

Et Cicéron explique à son ami Atticus la manipulation politique qu'il a percée à jour. César, lui dit-il, veut éliminer Catilina de la course aux honneurs, non pas en tant que rival possible, mais parce qu'il constitue, par son passé et par son caractère, un allié dangereux. Or tout Rome sait que Catilina a commis, du temps de Sylla, des crimes qui sont de véritables crimes contre l'humanité, imprescriptibles, et César veut le traîner devant un tribunal sénatorial, mais il ne veut pas le faire lui-même.

— Pourquoi cela ?

— Pour ne pas donner l'impression à l'opinion publique que le parti populaire est divisé ; il souhaite que l'accusation parte de nos rangs à nous, les conservateurs, les aristocrates, comme on nous appelle.

— Et alors ?

— Et alors, je plaiderais volontiers pour Catilina contre un accusateur populaire, ne serait-ce que pour gagner contre lui ; mais je n'ai pas tellement envie de plaider contre un accusateur qui serait de mon propre parti.

— Tu sais ce qu'on dit, sur les quais du Pirée, le port d'Athènes, en face d'un type comme César ?

— Non.

— On dit que c'est un fouteur de merde ; les pêcheurs athéniens sont les plus vulgaires de toute la Méditerranée.

— Catilina aussi, est un fouteur de ce que tu dis. Si tu connaissais sa vie !

— Elle est si noire que ça ?

— Plus que tu ne peux l'imaginer. Lorsque tu vois Catilina, tu es d'abord séduit. Il est charmant, beau garçon, bon causeur, toujours prêt à rendre service, intelligent et vif ; moi-même, il me fait bon effet. Il a la grâce d'un cygne, mais c'est un cygne noir. Lorsqu'il était plus jeune, il avait le poignard facile : sa sœur avait un mari qu'elle ne pouvait pas souffrir, Catilina a tué son beau-frère ; il souhaitait divorcer pour prendre une autre épouse, il a jugé plus simple de tuer sa femme ; sa nouvelle femme ne pouvait supporter l'idée que, si elle avait un enfant, il serait le cohéritier du fils de Catilina, celui-ci a étranglé son propre fils...

— Ne m'en dis pas plus, si ce que tu dis est vrai, c'est horrible.

— On ne sait pas si c'est vrai. Mais c'est plausible, car, après l'arrivée de Sylla, il a montré plus de cruauté encore. Sa naissance aristocratique le poussait à entrer dans le parti de Sylla, mais aussi l'argent, car son père lui avait légué un grand nom, mais pas un radis. Alors il a dénoncé, dénoncé, dénoncé sans relâche : un jour, il a porté dans ses propres mains la tête coupée, encore sanglante, d'un lointain parent à moi, Marius Gradianus, qui était aussi un cousin de Marius, de la colline du Janicule jusqu'au Capitole. Voilà Catilina.

— Je comprends que ce soit un compagnon de route politique difficile à côtoyer.

— Et je ne te raconte pas tout. Catilina est l'amant des femmes les plus en vue à Rome. Il a même séduit une vestale...

— Une vestale !

— Oui, on l'a surpris en flagrant délit avec elle ; je connais bien l'histoire, car cette vestale n'est autre que la sœur de ma femme, Térentia.

— Et il n'a jamais été poursuivi, pour aucun de ces crimes ?

— Jamais.

— C'est incroyable.

— C'est Rome, mon cher, c'est Rome. Et maintenant, après avoir fermé les yeux sur tous ses crimes depuis vingt ans, on le poursuit pour le meurtre de Marius Gradianus.

— Qui le poursuit ?

— Un sénateur, un certain Luccéius. C'est un imbécile, qui ne voit pas plus loin que le bout de son nez ; il m'a dit : « Vous comprenez, mon cher Cicéron, cela va ternir le blason des populaires. »

— Il n'a pas raison ?

— L'histoire rejaillira surtout sur le Sénat : c'est Sylla qui nous a rendu nos prérogatives pour affaiblir les populaires, et nombre d'entre nous lui en savent gré.

— Décidément, Cicéron, les Romains se meuvent dans un univers de contradictions. Je préfère les Athéniens : chez eux, la raison a toujours raison.

Le procès de Catilina eut lieu, ce qui lui interdit de se présenter aux élections de juillet 65 et de briguer le consulat. Cicéron écrivit à son ami, qui était rentré en Grèce, que le parti sénatorial avait **gagné** les élections consulaires le jour même où sa femme, Térentia, accouchait d'un fils, et qu'il se préparait à plaider pour Catilina, contre son accusateur.

Mais il semble qu'il prenait ses désirs pour des réalités. Le tribunal qui devait juger Catilina, au mois de juillet, fut présidé par César, intervenant en tant que questeur, comme dans le cas des deux proscripteurs Luscius et Bellénius. Catilina fit appel à ses relations démocrates et Crassus fit pression sur César : Catilina fut acquitté (une fois de plus !) vers la fin de l'année 65. Cicéron, au nom du Sénat, poussa des hauts cris et parla de la justice bafouée ; l'opinion publique resta muette de stupéfaction. Tout cela laissa César indifférent.

César avait en effet obtenu ce qu'il voulait et le temps travaillait pour lui : Catilina, dont l'affaire était encore pendante en juillet, n'avait pas été autorisé à se présenter aux élections consulaires de 65.

Chapitre XXI

Trois cent vingt paires
de gladiateurs pour César
(SEPTEMBRE 65)

La cote de César était à son zénith.

Chez les politiques, même ses adversaires en puissance l'admiraient. N'avait-il pas évité un bain de sang au Sénat et contribué à éliminer Catilina de la course aux honneurs ? N'avait-il pas su faire marche arrière, au bon moment, dans l'affaire d'Égypte ? Ne s'était-il pas incliné avec élégance devant la décision des Pères conscrits, quant à la question de l'élargissement du droit de cité aux Latins qui demeuraient au-delà du Rubicon, en Transpadane ? Et, même lorsqu'il avait relevé les trophées de Marius, il avait procédé sans esclandre public et donné, en fin de compte, un bon avertissement au Sénat, à savoir que le peuple n'avait pas oublié son idole. Ils l'admiraient donc, mais aussi commençaient-ils à le craindre : les plus subtils d'entre eux voyaient poindre à l'horizon de Rome un astre véritable, qui ne s'imposait pas par la force des épées et des poignards, mais par celle de la volonté d'un visionnaire.

Le peuple aussi l'admirait. Mais d'une manière plus affective, plus spontanée. On se plaisait à répéter que, malgré le grand nom de sa famille, il avait été élevé à Subure. Certes, il n'avait pas fréquenté l'école publique, mais, depuis qu'il avait revêtu la toge virile, il n'hésitait pas à courir les tavernes et les boutiques populaires, et ses esclaves le vénéraient : sa générosité était devenue proverbiale. Quant à ses frasques, le peuple en était plus fier que scandalisé : qu'il ait mis dans son lit Postumia, Lollia, Tertulla — la femme de Crassus — et même Mucia, la femme de Pompée, ou Servilia, la belle affaire ! N'était-ce pas le désir de tous ?

— Lorsque César est dans le lit de Tertulla, la femme de l'homme le plus riche de Rome, c'est le peuple tout entier qui couche avec elle, avait dit son barbier.

Respecté et admiré, il ne restait plus à César que de se faire aimer. Et, lorsqu'on était édile, à Rome, la meilleure façon de s'attirer la faveur des foules, c'était d'organiser des fêtes publiques et tout particulièrement des *Ludi*, des « jeux », qui comprenaient tout aussi bien des représentations théâtrales que des courses de chars ou des combats de gladiateurs. En principe, leur budget était à la charge de l'État, et alimenté par la caisse des amendes municipales, mais cela n'y suffisait pas et les édiles devaient mettre la main à leur poche.

Les plus fameux de ces jeux étaient les *Ludi romani* (« jeux romains »), qui avaient lieu tous les ans, du 4 au 19 septembre, depuis trois siècles. En cette année 65, ils se devaient d'être grandioses : il s'agissait de célébrer leur trois centième anniversaire.

César, qui était régulièrement couvert de dettes, fit appel à Crassus, bien entendu, mais surtout à son collègue Bibulus, un patricien comme lui, appartenant à la famille Calpurnius, et dont la fortune était grande.

— Il faut que ces jeux, Bibulus, soient les plus beaux, les plus magnifiques qu'on ait jamais vus à Rome.

— Les caisses municipales sont vides.

— Qu'importe, j'emprunterai à mes amis, à titre personnel, ils ne peuvent rien me refuser.

— Je les connais, tes amis ; le seul qui paye quelque chose, dans votre bande de démocrates, c'est Crassus.

— Eh bien ! justement, Bibulus : tu ne veux pas qu'on dise, dans Rome, que ton parti d'aristocrates répugne à distraire le peuple et que c'est nous, les populaires, et nous seuls, qui offrons les jeux aux Romains. Tu parles d'un argument électoral ! Tu ne veux pas terminer ta carrière comme édile curule, que je sache ? Tu envisages la préture et, sans doute après, le consulat ? Il faut te montrer, que diable, il faut te montrer.

Bibulus se laissa convaincre, et il ouvrit largement sa bourse.

— Je m'occupe de tout, lui dit César, laisse-moi faire.

Et, chaque jour, il revenait à la charge :

— Bibulus, j'ai décidé de faire distribuer aux pauvres de Rome du pain, du vin et du raisin, au matin du premier jour des jeux : c'est le temps des vendanges.

— Qui paiera ?

— On verra bien... toi ou Crassus, répond hypocritement César.

— Il n'est pas question que Crassus puisse se pavaner une fois de plus, en se proclamant le protecteur des pauvres et des affamés. C'est moi qui paierai.

— Non, Bibulus, je peux payer le raisin : un de mes bons amis, qui a de beaux vignobles le long de la via Appia, m'a promis de m'en fournir. Garde tes sesterces pour les gladiateurs.

— Les gladiateurs ?

— Tu ne penses pas donner des jeux au peuple de Rome sans qu'il y ait au moins un *munus* (un combat de gladiateurs) !

— Je n'aime pas ça.

— Mais le peuple en raffole.

— Dis-moi plutôt le programme complet des réjouissances... si l'on peut appeler ces jeux des réjouissances.

— Il en faut pour tous les goûts. J'ai prévu neuf représentations théâtrales, six courses de chars et quinze *munera* (combats). Les courses et les spectacles auront lieu au cirque Flaminien, dans le Champ de Mars ; les gladiateurs combattront en ville, dans le cirque Maxime.

Le cirque Maxime était le plus vieux cirque de Rome (il remontait à l'époque des rois), et aussi le plus vaste, d'où son nom (*maximus*, « le plus grand »). Ses dimensions, en effet, étaient imposantes : plus de 800 mètres de long sur 250 mètres de large. Il s'étalait au fond de la vallée Murcia, entre les collines du Palatin et de l'Aventin dont les pentes, où poussait le myrte, semblaient avoir été modelées par la nature pour y recevoir des gradins qui, à l'époque, étaient tout simplement en bois. L'endroit était dédié au dieu Consus, protecteur des silos où l'on enterrait le grain, à l'intention duquel avait été creusé un autel souterrain au milieu du cirque. Ce grand stade pouvait contenir près de deux cent mille spectateurs. Quant au cirque Flaminien, qui devait son nom au censeur Flaminius Népos qui l'avait fait édifier en 221 av. J.-C., il était construit sur le même modèle que le cirque Maxime, mais il était deux fois moins long.

Bibulus osa une objection :

— D'habitude, ce sont les courses qui ont lieu dans le cirque Maxime, il est plus long, c'est plus commode pour les chars.

— Cette année, j'ai l'intention de faire combattre cinq cents paires de gladiateurs, il me faut de la place.

Bibulus crut qu'il allait s'étrangler, tant il était en colère :

— Tu es fou, César, mille gladiateurs ! Tu vas te ruiner.

— C'est déjà fait.

— Alors c'est moi que tu vas ruiner. De toute façon, jamais le Sénat n'autorisera l'entrée dans la ville de tant d'hommes armés. Le plus grand *munus* jamais vu à Rome est celui que les fils de Laevinus organisèrent en hommage à leur père qui venait de mourir, il y a cent cinquante ans, et on en parle encore : il y avait vingt-cinq paires de gladiateurs. Et ce Laevinus était l'homme qui avait repris la Sicile aux Carthaginois !

— Ce *munus* que je prépare, je le dédie aux Mânes de mon père...

— ... qui est mort il y a vingt ans !

— Raison de plus : le père de César vaut bien vingt Laevinus.

— Ton orgueil te perdra, César, et, auparavant, il nous ruinera.

Le Sénat, interrogé par Bibulus, refusa l'entrée dans Rome d'un millier de gladiateurs et limita à trois cent vingt le nombre de paires de combattants autorisé. Les cuirasses et les armes devaient être fournies par les édiles.

César décida qu'elles seraient en argent, et ne le dit même pas à Bibulus : il lui présenta simplement la facture, sans commentaires.

Le 4 septembre de cette année 65, au chant du coq, chacune des familles plébéiennes de Rome reçut quelques boisseaux de blé, du pain, des grappes de raisin aux grains mûrs et dorés, et une *diota* (petit vase à deux anses) de vin nouveau. Dans le courant de la matinée, les gradins du cirque Maxime se remplirent peu à peu. Les spectateurs chantaient, riaient, se disputaient, les matrones claquaient leurs enfants trop turbulents, les pères parlaient de politique ou de pêche à la ligne, les vigiles surveillaient les abords du grand stade, et, finalement, les vivats commencèrent à retentir : les officiels, en cortège, se dirigeaient vers les places qui leur étaient réservées.

En tête venait le Grand Pontife, Métellus Pius, suivi du collège des douze pontifes, avec, parmi eux et le dernier à paraître, César ; une immense clameur emplit la vallée Murcia : Vive César ! Vive César ! Les prêtres se dirigèrent vers le centre du cirque, où se trouvait enfoui l'autel du dieu Consus. Le gardien des poulets sacrés — le *pullarius* — apporte la cage dans laquelle on les gardait et le Grand Pontife prend les auspices, en observant la manière dont ils mangent les grains qu'on leur a donnés. Il les déclare fastes.

César quitta alors les pontifes, et se dirigea vers la loge destinée aux magistrats, qui était entourée des rangées de sièges réservés aux sénateurs, derrière lesquels étaient installés les chevaliers. Il salua les deux consuls, entre lesquels il fut placé en tant qu'organisateur de la cérémonie, ainsi que les préteurs ; Bibulus prit place au fond de la loge. César se leva enfin, sous un tonnerre d'applaudissements :

— Je proclame ouverts les trois centièmes Jeux romains, dédiés au dieu Consus.

Immédiatement le cirque Maxime résonne des timbres des trompettes romaines, de coups de cymbales, du roulement sourd des maillets sur les peaux tendues des tambours et l'on voit apparaître, sortant des écuries à l'extrémité du cirque, non pas, comme à l'accoutumée, des chars tirés par des chevaux fringants, mais, en rang par deux, avec leurs cuirasses d'argent étincelantes au soleil de septembre, les gladiateurs : le rétiaire, qui fait tournoyer son filet au-dessus de sa tête tout en brandissant, de la main droite le *tridens*, la terrible fourche dont les trois dents sont mortelles ; le *laqueator*, semblable au rétiaire, mais qui a troqué son filet contre un nœud coulant au bout d'un lasso pour saisir l'adversaire en l'étranglant ; le mirmillon, avec son casque gaulois et, dans l'œil, quelque chose comme le souvenir de Spartacus ; le *samnis*, pareil aux guerriers samnites, un bouclier couvrant son bras gauche, une *manica* (un brassard) au bras droit, les jambes enveloppées dans des jambarts ; le *thrax*, armé de la *sica*, le poignard à la lame recourbée des guerriers thraces, vêtu d'un simple pagne et protégeant ses muscles noueux à l'aide d'un petit bouclier rectangulaire à surface convexe ; l'*eques*, qui combat nu sur son cheval, qu'il tient orgueilleusement par la bride ; le crupellaire gaulois, vêtu de pied en cap d'une armure d'argent qui renvoie dans les yeux des spectateurs les rayons mouvants du soleil ; le bestiaire, combattant de bêtes féroces, qu'il affronte presque nu, armé seulement d'un coutelas et d'un petit bouclier. Ils sont là, tous, prêts au combat et à la mort. Leur pas est lourd, leurs gestes lents et ils n'en finissent pas de défiler.

Ils sont six cent quarante, dont certains n'ont pas vingt ans. Tout à l'heure, ils se battront comme les lions se battent avec les tigres. On les lâchera dans l'arène, vingt couples à la fois, des couples unis pour le temps d'un combat, enflammés par le désir de la victoire et l'amour de la gloire. Cent cinquante mille Romains et Romaines les dévisagent, cherchent à les reconnaître.

Les gladiateurs sont maintenant alignés devant la tribune officielle. Ils saluent les magistrats, et en particulier César, qui les a engagés à prix d'or, le bras gauche levé et tendu, main ouverte et doigts serrés :

— *Ave, Caesar, morituri te salutant !* crient-ils en chœur, ce qui veut dire : « Salut, César, ceux qui vont mourir te saluent ! »

Les combats commencent. Le peuple des gradins hurle, encourage les uns, qui leur semblent valeureux, huent ceux qui fuient, qui se dérobent à l'affrontement. Parfois, un gladiateur blessé, perdant son sang, se relève, brandit son coutelas et se jette sur l'adversaire qui l'a mis à terre : la victoire va-t-elle changer de camp ? Non, le blessé a laissé tomber son bouclier, son poignard, il ne cherche même plus à se couvrir : il avance, presque nu et sans force, vers le trident ou l'épée qui le transpercera, s'agenouille devant elle et attend. Le tueur se tourne vers la foule qui lui crie « Tue ! Tue ! » Puis il traîne le vaincu par les cheveux jusqu'à la tribune où siègent les vestales, ces jeunes filles pures, vierges pour la vie : il attend de ces frêles Romaines vêtues de blanc un signe de leur pouce, qui décidera de la vie ou de la mort du vaincu. Le pouce levé pour la vie, le pouce incliné vers la terre pour la mort.

Et, lorsque les vestales restent impassibles — ou horrifiées —, le maître de cérémonie, César en l'occurrence, ou un consul, lève son visage vers la foule, dans une interrogation muette. C'est elle qui criera, selon ses sentiments, « Tue-le » ou « Renvoie-le », et le magistrat fera, avec son pouce, le même signe que les vestales.

336

Le gladiateur victorieux reçoit, séance tenante, ses récompenses : des plats d'argent recouverts de pièces d'or, des bijoux. Il fait le tour de l'arène en courant, tenant ses prix à bout de bras. Le soir, peut-être, il sera la proie vivante d'une bourgeoise romaine moite d'émotion. Et il repartira, vers de nouveaux combats, prisonnier du laniste — du « manager » — qui l'a acheté comme on achète un esclave, et qui lui rendra sa liberté quand il ne sera plus bon à rien, en lui offrant symboliquement un *rudis*, un sabre de bois.

Quant aux vaincus, des employés du cirque, déguisés en Charon, le génie qui passe les âmes sur l'autre rive du fleuve des morts, avec une barbe grise et hirsute, un manteau en haillons et un chapeau rond, vérifient qu'ils sont bien morts en les frappant au front avec un maillet, et ils sont emportés hors de l'arène, dont le sable ensanglanté est hâtivement retourné.

De l'autre côté de la muraille qui enveloppait Rome, sur les rives du Tibre, dans le cirque Flaminien, l'ambiance est beaucoup moins dramatique, mais tout aussi bruyante. D'ordinaire, ce vaste espace, long de 400 mètres, large de 250 mètres, accueillait les gladiateurs ; mais, cette année-là, César l'avait destiné aux courses et au théâtre. Sur son petit côté, on avait aménagé des écuries rudimentaires où chevaux et attelages attendaient d'être appelés pour prendre place sur la ligne blanche du départ des courses, où les chevaux étaient maintenus, piaffant, par une corde tendue entre deux statues de marbre, à hauteur de leurs poitrails.

Deux sortes de courses étaient au programme des réjouissances. Il y avait de simples courses de chevaux, montés par des jockeys habiles ou par des acrobates qui faisaient, en se tenant debout sur l'échine du cheval, mille cabrioles ou mille facéties ; mais le spectacle le plus apprécié était celui des courses de chars, attelés à un nombre variable de chevaux : deux pour les *biges*, quatre pour les *quadriges*, et jusqu'à dix pour les *décemriges*. Les chars et leurs conducteurs étaient porteurs des couleurs de leurs équipes : blanc, vert, bleu, rouge. Tout un petit monde de cavaliers, de conducteurs de chars, d'entraîneurs, de garçons d'écurie, de bourreliers, de vétérinaires, de palefreniers tournaient autour des chevaux, s'agitaient, vérifiaient qui un mors, qui la bonne tenue d'un attelage, qui l'état physique des montures.

Les bêtes piaffaient. On leur avait fixé un rameau d'olivier sur la tête, relevé la queue, plaqué sur le poitrail des plaques de bronze dans lesquelles se réfléchissaient les rayons du soleil ; leur encolure était entourée d'un fin collier de perles et d'amulettes, ainsi que d'un ruban aux couleurs de leur écurie.

Enfin paraissaient les conducteurs, les auriges *(aurigae)*, vêtus d'une casaque blanche, verte, bleue ou rouge, selon leurs écuries, casque en tête, un fouet à la main ; des bandes pareilles à celles dont on emmaillotait les nouveau-nés entouraient leurs mollets et leurs cuisses.

Tout le Champ de Mars retentissait des cris de la foule et des disputes des parieurs ;

— J'ai joué 100 sesterces sur Tuscus.

— Il n'a aucune chance ; c'est Scorpius qui gagnera : vois comme il est frais et frémissant.

— Mais son aurige a la main qui tremble : jamais il ne virera sans chuter.

La course de chars, en effet, se déroulait entre deux bornes, plantées aux deux extrémités du cirque, et les auriges devaient faire plusieurs tours de piste, dans des conditions périlleuses : nombreux étaient ceux qui mouraient des blessures d'une chute ou des coups de pied d'un cheval. César avait invité aux Jeux romains les meilleurs conducteurs de chars de l'Italie. L'un surtout, était célèbre pour sa manière de conduire son quadrige : il se passait les rênes autour du corps, pour mieux tenir ses chevaux, en se penchant en arrière de tout son poids.

— Tu verras, disait un riche chevalier qui venait de parier une fortune sur cet athlète, il est fascinant quand il vire, en bout de piste. Il n'a peur de rien. Je l'ai vu chuter, une fois, dans des conditions terribles : les chevaux s'étaient emballés et le traînaient sur le sol, attaché aux rênes ; sa tête rebondissait sur toutes les pierres. Il est parvenu à s'en sortir en coupant les rênes avec ses dents. Depuis cet accident, il ne court jamais sans un coutelas attaché à la ceinture.

— C'est plus sûr que les dents.

Ces cochers de course étaient de véritables vedettes, richement rétribués qu'ils étaient par les propriétaires d'écuries de course... et par les parieurs qui les payaient parfois pour perdre. De sorte que toutes les épreuves se terminaient dans les hurlements des Romains qui avaient misé sur le bon cavalier ou sur le bon aurige, et dans les cris de désespoir de ceux qui avaient perdu qui un mouton, qui une villa, qui toute sa fortune, pour quelques tours de roues de plus ou de moins.

Toutefois, les pauvres étaient bien plus nombreux que les riches à Rome, et César, qui, en organisant ces jeux, cherchait avant tout à plaire au peuple, avait bien compris que ces courses où quelque gros négociant, quelque riche chevalier pouvait se ruiner en quelques minutes, passionnaient bien moins les foules plébéiennes que le théâtre. Il avait donc engagé un grand nombre de troupes de mimes, les acteurs comiques préférés du peuple, qui interprétaient des farces grossières, généralement salaces. Le personnage favori des enfants et des braves gens qui oubliaient, le temps des jeux, leurs malheurs quotidiens, était le *manduchus*, porteur d'un masque grotesque, avec une bouche énorme, garnie d'une double rangée de dents ; il faisait mine d'avaler, à grand renfort de rots et de hoquets, tout ce qui passait à portée de sa main : un jambon, un âne, une grosse matrone ou un sénateur bedonnant.

Pendant que ces pantomimes occupaient une partie du public, à l'autre extrémité du cirque Flaminien des acteurs s'appliquaient à jouer une comédie de Plaute ou de Térence, parfois sifflée, parfois applaudie, selon le talent des artistes ou de leurs metteurs en scène.

Ainsi, durant deux semaines, Rome fut en fête sur le Champ de Mars, et en sang dans le cirque

340

Maxime, pour la plus grande gloire de César, à tel point qu'on ne parlait plus, dans les nobles villas de l'Esquilin ou dans les rues putrides de Subure où, après une journée de fête, quelques ivrognes terminaient la nuit en hurlant des obscénités, que des « Jeux de César ». Son collègue Bibulus, qui avait sérieusement entamé sa fortune personnelle pour payer les fastes du neveu de Marius, au demeurant son adversaire politique, ne prit pas trop mal la chose et, à ceux qui lui faisaient remarquer qu'il avait été, en la matière, le dindon de la farce, il répliquait avec humour, en faisant allusion au temple élevé sur le Forum en l'honneur des Dioscures, les deux jumeaux (Castor et Pollux) nés des amours de la mortelle Léda avec Jupiter :

— Je n'ai pas plus de veine que Pollux : de même que les Romains appellent « temple de Castor » le sanctuaire des divins jumeaux, de même les Jeux fastueux que leur ont donnés César et Bibulus sont appelés les « Jeux de César », et l'on oublie Bibulus. C'est la vie !

Il avait suffi à César de relever quelques statues de Marius et d'offrir au peuple, sur le compte de Bibulus, les plus beaux jeux du siècle, et il était devenu son idole.

Chapitre XXII

La toge blanche de Cicéron
(JANVIER-JUILLET 64)

À la fin du mois de décembre 65, César restitua à l'État la chaise curule qui lui avait fort peu servi, car il n'avait guère eu l'occasion de s'asseoir au cours de cette année riche en événements et en combats politiques. Puis, en janvier 64, il avait assisté à l'installation des nouveaux consuls, Figulus et Lucius Julius César, un cousin éloigné, tous deux de noblesse bien établie et qui ne gênaient aucun des deux partis en présence. Dès la fin de l'hiver, il se mit à préparer les élections de juillet 64, pour le compte des populaires, en compagnie du grand argentier du parti, l'inévitable Crassus.

— Le parti sénatorial est bien embarrassé, Crassus, ils n'ont pas un seul candidat valable.

— Qui veulent-ils présenter ?

— Un patricien, Galba, et un riche plébéien, Cornificius, tu les connais ?

— Je n'ai jamais traité d'affaire avec eux, mais je connais leur réputation. Leur devise est « Tradition et austérité » ; l'un comme l'autre comptent un bon nombre de préteurs et de consuls parmi leurs ancêtres, mais ils n'ont aucune expérience politique sérieuse.

— On m'a parlé aussi de Longinus...

— C'est un voyou, dans le genre de notre Catilina, mais avec la bêtise en plus.

— Pourquoi l'ont-ils mis sur leur liste ?

— Je n'en sais rien. La vérité, mon cher César, c'est que nos adversaires sont usés. Au Sénat, tous les candidats de leur groupe qui avaient quelque chose à dire, ou à faire, ont déjà été consuls et ne sont plus éligibles avant longtemps. Il ne leur reste que les bons à rien. Pour nous, cette élection, c'est du gâteau.

— Qui penses-tu présenter ?

— C'est à toi de décider : tu as un plan.

— Évidemment, j'ai un plan. Je voudrais faire battre Catilina.

— Tu me l'as dit cent fois, mais pourquoi ?

— Pour qu'on n'en entende plus parler.

— Fais-le tuer par mes sbires.

— Non ; je n'aime pas le meurtre : on s'en est trop servi à Rome, depuis Sylla.

— Alors présentons Catilina et un autre candidat populaire ; j'en ai un sous la main, qui m'obéira au doigt et à l'œil ; il me doit des centaines de milliers de sesterces.

— Lequel ?

— Antoine Hybrida. Avec Catilina, cela fera un

beau couple. Ce sont deux anciens partisans de Sylla, et ils ont tous deux autant de dettes.

— Ah ! Elles vont être belles, les élections de juillet prochain ! s'exclame César. Deux aristos ringards contre un assassin et un homme couvert de dettes ! La République de papa, c'est terminé ! Eh bien ! tant mieux, foutons la pagaille partout, pour faire naître chez les Romains le désir de l'ordre. Et cet ordre nouveau, c'est moi qui, dans quelques années, le représenterai. Adieu Crassus. Je vais m'amuser.

Pour s'amuser, César s'amusa. Au Sénat d'abord, que ce soit par ses discours ou par ses confidences, il semait le doute dans l'esprit des Pères conscrits. « La République va de plus en plus mal, disait-il aux uns ; lorsque Pompée en aura terminé avec sa réorganisation de l'Asie, et qu'il rentrera en Italie avec son armée, il n'en fera qu'une bouchée. Et adieu, votre beau Sénat. » À un autre, il démontrait le contraire : « Pompée est trop respectueux des lois pour envisager de supprimer le Sénat ; il demandera le triomphe pour lui, des terres pour ses soldats et ses centurions et peut-être le consulat, ou une province à administrer à sa guise. »

Sur le Forum, il payait, avec l'argent de Crassus, des agents provocateurs qui manifestaient, ameutaient les passants et leur faisaient valoir que les riches prenaient tout et ne laissaient rien aux pauvres, qui deviendraient de plus en plus pauvres si la République était ainsi exploitée. Aux nobles, il expliquait que la plèbe était sur le point de se soulever, d'incendier leurs belles villas et de violer leurs femmes et leurs maîtresses ; à la plèbe, qu'il haranguait du haut des Rostres, il faisait valoir l'égoïsme de la classe possédante et dirigeante, la hausse du prix de la vie, l'insécurité croissante dans les rues de Rome, une fois la nuit tombée.

Au collège des pontifes, dont il était le membre le plus influent, il se désolait de l'affaiblissement du pouvoir religieux, dont il mettait la responsabilité tantôt sur le dos des sénateurs, tantôt sur le dos du peuple ; et il dressait les pontifes contre les magistrats, qui se croyaient tout permis, qui déplaçaient à leur gré les dates des élections, sans consulter les augures, et qui riaient sous cape des haruspices et des poulets sacrés...

Bref, à l'entendre, Rome était au bord du gouffre. César s'amusait à semer le désordre, le trouble, non par inconséquence, mais pour démontrer combien la République était devenue fragile, et qu'il lui faudrait un jour un homme providentiel pour la transformer en un État fort et unifié.

Or il se trouva un homme pour tenter de montrer que la République n'était peut-être pas moribonde, que si chacun mettait de côté ses ambitions personnelles, tous les Romains pourraient s'entendre sur un projet commun : Marcus Tullius Cicéron, avocat de son métier, un bourgeois intelligent, cultivé, que sa grande fortune avait fait classer dans l'ordre équestre.

L'origine de cette fortune nous est inconnue, comme elle l'était de ses contemporains. La loi romaine interdisant aux orateurs d'accepter aucun salaire, aucun présent de ceux qu'ils défendaient, elle ne provenait donc pas directement de l'exercice de sa profession ; mais ses clients avaient toujours la possibilité de marquer leur reconnaissance en inscrivant le nom de leur conseiller sur leur testament : Cicéron profita largement de cet usage, puisqu'il nous dit avoir reçu ainsi, au total, plus de 20 millions de sesterces. À ces libéralités posthumes, il convient d'ajouter les participations que prenait Cicéron dans les affaires financières de ses clients, notamment des publicains, ces fermiers généraux de la République romaine, et les ouvertures de crédit qu'ils lui consentaient, mais aussi la manière adroite dont lui-même gérait ses biens. Tout cela avait fait de Cicéron l'un des hommes les plus riches de Rome.

Il était né à Arpinum, une bourgade rurale du pays des Marses, dans une famille d'artisans agricoles qui, vraisemblablement, parlaient le latin en l'écorchant et avec un accent pittoresque : comme on disait, dans les milieux aristocratiques romains, il n'avait pas de naissance. Il n'eut pas le bonheur de voir se pencher sur lui, attentive et sévère, une mère pour lui enseigner non seulement la lecture, mais aussi les bonnes manières, comme l'avait fait Aurélie pour César ; ni d'avoir à ses côtés, dans sa jeune adolescence, un père ou un oncle illustre, tel Marius, pour lui expliquer la République, fût-ce à sa manière.

Cicéron n'aimait pas les nobles, qui le lui rendaient bien, ni les populaires, dont il craignait les excès et les violences. Sa fortune lui permettait d'entretenir un train de vie fastueux et de financer sa carrière politique. Car ce magicien de la rhétorique se prenait pour un homme d'État, et il avait franchi sans aucune difficulté les étapes imposées par la Constitution romaine : il avait été élu successivement questeur, édile curule, préteur, mais il n'avait pas laissé un grand souvenir de l'exercice de ces magistratures.

Lorsqu'il s'aperçut que le parti des aristocrates et des chevaliers ne parvenait pas à se décider sur le nom d'un candidat pour les élections consulaires, Cicéron se dit, non sans vanité : « Pourquoi pas moi ? » Et il se lança dans l'aventure.

Lorsque sa candidature fut connue, les bouches des nobles se pincèrent, leurs nez se froncèrent, mais, tout compte fait, ils se dirent à leur tour : « Pourquoi pas lui ? » Toutefois, les sénateurs spécialistes des campagnes électorales étaient dubitatifs :

« Il va se faire ratatiner, pensaient-ils. Mauvaise image pour le Sénat. »

Quant à Crassus, il tempêta :

— De quoi se mêle-t-il, ce bouffon ? Avec Catilina et Hybrida, j'ai deux candidats en or, et je peux rafler les deux sièges de consuls, et ce faiseur de beaux discours vient me faire des embarras. Un homme qui n'a même pas un sou de dette !

Crassus jugeait inadmissible qu'un homme destiné à gouverner l'État romain ne fût pas susceptible de tomber, tôt ou tard, sous son contrôle financier.

— Calme-toi, Crassus, je vais t'aider, lui dit César. Convoque-moi tes deux lascars, et ouvre ta caisse.

Cicéron tenait meeting sur meeting sur le Forum. Il lui fallait se faire connaître du peuple, lui,

347

l'« homme nouveau », l'*homo novus* ignoré des populaires. Il suivait les conseils que lui avait donnés son frère Quintus : il sortait tous les jours, accompagné d'un cortège de gens de toutes catégories, jeunes et vieux, afin d'impressionner ses adversaires en leur faisant comprendre que, le jour des élections, sur le Champ de Mars, ses partisans seraient dix fois, cent fois plus nombreux.

— Mais c'est une imposture, avait dit Cicéron à son frère ; je ne sais pas combien j'aurai de partisans, le jour des élections.

— Aucune importance, lui avait répondu Quintus. L'essentiel est que les populaires soient impressionnés. Tout est bon pour démoraliser l'adversaire. Et n'hésite pas à faire croire à ceux qui te suivent que tu t'intéresses à eux, même si tu t'en moques. Ce qui compte c'est de promettre, encore de promettre, toujours de promettre.

— Mais si, une fois élu, je ne peux tenir mes promesses ?

— Tu t'en fiches. Tu seras élu, un point c'est tout. Et quand ils verront que, chaque fois qu'ils te suivent, qu'ils viennent te voir, tu les reçois, tu t'occupes d'eux, tu les reconnais — c'est important de les reconnaître et de les appeler par leur nom — alors ils finiront d'être à tout le monde pour ne plus être qu'à toi.

— C'est de l'hypocrisie.

— Qui veut la fin veut les moyens. Quand tu plaides pour un criminel, mon cher frère, tu prétends qu'il est innocent, et tu le démontres même si c'est faux. Fais la même chose avec tes électeurs.

— Tout de même, si on me demande quelque chose d'odieux, par exemple de plaider contre un ami, je ne peux tout de même pas accepter.

— Tu dois en tirer profit. Refuse avec élégance, dis à ton solliciteur combien cela te coûte de lui refuser, mais que les exigences de l'honneur sont des liens impérieux : il admirera ta sincérité, surtout si tu ajoutes que tu sauras te rattraper en d'autres circonstances, et le dédommager de ce refus. Ce n'est pas le service rendu qui importe, c'est la manière dont tu accueilles celui qui te le demande.

— Si je comprends bien, résume Cicéron, il vaut mieux promettre et ne pas tenir, ce qui irritera les quémandeurs, mais après mon élection, que refuser parce que c'est impossible, ce qui les irritera avant.

— Tu as tout compris, grand frère. Et n'oublie pas les populaires. Tu as un discours facile à leur faire : rappelle-leur que tu as insisté pour que Pompée soit honoré d'un triomphe, que tu as plaidé pour la loi Manilia, que tu es de leur côté. Toutes les voix populaires que tu récolteras seront autant de voix en moins pour les candidats adverses.

— Et mes adversaires ? Qu'est-ce que j'en fais ?

— Tu les invectives. Laisse peser sur tes concurrents un soupçon d'infamie, qui soit plausible.

— Mais, mon programme, il faut bien que j'en parle.

— Surtout pas ! Ne dis pas que tu veux changer ceci ou cela : il faut que le Sénat voie en toi le conservateur de ce qui est, le défenseur de son autorité. Reste évasif. Dis : « Citoyens, c'est de Rome qu'il s'agit. »

Cicéron se mit donc naïvement en campagne, assisté par une nuée d'agents électoraux, bénévoles ou salariés, qu'il appelait ses « amis ». Il y avait ceux qui l'accompagnaient jusqu'au Forum, ou dans les quartiers de la Ville, ceux qui le raccompagnaient chez lui ; ses secrétaires, qui lui faisaient penser à tout, et même des spécialistes du double jeu, ceux qu'il appelait les *fardi*, les faux frères. Il souhaitait rallier tout le monde à sa cause : les sénateurs, les pompéiens, la plèbe, la jeunesse, les chevaliers, et pourquoi pas ce « cher César ».

Vaniteux jusqu'à l'innocence, Cicéron était persuadé de convaincre tout le monde. Mais il était politiquement myope : ni Crassus, ni César n'étaient dupes de ses mouvements de toge. À l'orateur pompeux qui leur déclarait, avec une sincérité certaine : « Embrassons-nous, pour le plus grand salut de la patrie romaine », ils répliquèrent ; César, par une attaque en règle, en plein Sénat, et Crassus, en distribuant ses sesterces sans compter, afin d'acheter les voix des uns et des autres, en faveur de Catilina et d'Hybrida. À un tel point que les sénateurs s'en émurent et parlèrent d'appliquer la loi sur la brigue électorale avec plus de sévérité contre les deux candidats des populaires.

Il se trouva, bien entendu, un tribun de la plèbe, Mucius Orestinus, pour faire le geste fatidique du *veto* et pour introduire une intercession auprès du président du Sénat contre ce projet de loi. Alors Cicéron le juriste, l'ancien préteur qui avait eu à juger Catilina et Hybrida à plusieurs reprises, quand il était en fonction, demanda la parole et, drapé dans sa blanche toge de candidat consul, il se lança dans une improvisation oratoire d'une violence inouïe, traitant ses deux adversaires de tous les noms d'oiseaux possibles :

— Ce Catilina n'est qu'un vulgaire escroc, un adultère, un assassin, un prévaricateur, un sacrilège, Pères conscrits, un gladiateur de la pire espèce ; il ne vaut pas mieux qu'un cocher, qu'un aurige de bas étage. Antoine Hybrida est un bandit, un valet de cet homme qui a tué de ses mains sa femme et son propre fils. Et toi, Mucius Orestinus, avec tout le respect que je dois à un tribun de la plèbe, je te dis en face que tu ne mérites pas ce titre : tu n'es qu'un voleur de grands chemins.

Et le miracle eut lieu. Les sénateurs, qui ne croyaient pas en Cicéron, découvrirent que cet « homme nouveau » incarnait la défense de leurs privilèges, les populaires partagèrent leurs voix entre Catilina et Hybrida, de sorte que, dans chaque tribu, les centuries de la première classe votèrent toutes à une quasi-unanimité pour Cicéron, lequel remporta aussi la majorité des voix dans les autres centuries, où les populaires étaient divisés. Finalement Cicéron fut choisi comme consul dans les 193 centuries, et remporta donc l'élection à l'unanimité des voix, puisque le vote de chaque centurie comptait pour une voix. Le second consul élu fut Hybrida, qui distançait Catilina de quelques voix.

Les conséquences de ce vote étaient on ne peut

351

plus bénéfiques pour César. L'élection triomphale de Cicéron arrachait à celui-ci son masque de candidat populaire, qu'il aurait pu avoir par la suite : elle démontrait, s'il en était besoin, que Cicéron, bien qu'il n'appartînt pas à la coterie aristocratique, était l'homme du Sénat. Catilina était déçu pour la deuxième fois : inéligible en 65, battu en 64, distancé de peu par Hybrida, il était prêt à tout pour assouvir sa vengeance contre César, qui avait tiré les ficelles, et contre Cicéron, qui avait brouillé les cartes. Quant à la magistrature du consulat, elle était bloquée pour un an, avec deux consuls aussi dissemblables et aussi opposés que Cicéron et Antoine Hybrida.

La bataille électorale de juillet 64 avait été chaude. Elle avait fait toucher du doigt les deux principales contradictions internes de la République romaine : d'une part, le changement annuel des deux présidents de la République romaine — les deux consuls — interdisait tout projet politique à long terme et mettait l'État romain à la merci d'un général vainqueur, comme Pompée ; d'autre part, le fait de la double présidence risquait de bloquer le système, lorsque les deux consuls élus étaient des adversaires politiques. C'était exactement ce que César voulait démontrer aux Romains, ou, du moins, à la classe politique romaine. Et il y avait parfaitement réussi.

Après les élections tumultueuses de juillet 64, il ne fut plus question à Rome que des victoires de

Pompée en Asie. Celui-ci, après avoir conquis la Petite Arménie, poursuivait Mithridate dans ses derniers retranchements. Il prit l'initiative de conquérir la Syrie, dont les côtes servaient de refuge aux derniers pirates de la Méditerranée ; il le fit sans combattre, envoya deux de ses lieutenants à Damas et lui-même s'installa à Antioche : de là, en décembre 64, il proclama la Syrie province romaine, sans avoir eu besoin de tirer l'épée. Désormais, hormis la côte égyptienne, toutes les rives de la Méditerranée étaient romaines.

En décembre 64, les dix tribuns de la plèbe qui avaient été élus par les comices tributes, après les consuls désignés pour 63, entrèrent solennellement en fonction le 10 décembre 64. Cicéron, le futur consul, qui devait être installé officiellement dans sa charge trois semaines plus tard, allait avoir du pain sur la planche : ce jour même, César venait de faire exploser une bombe en plein Sénat par l'un des tribuns élus, Publius Servilius, surnommé *Rullus* (le « mendiant »).

Une bombe politique, bien entendu. Et César attendait la réaction du consul désigné en se grattant la tête de son index, de ce geste qui lui était familier.

Chapitre XXIII

Le bout du nez d'un dictateur

(DÉCEMBRE 64-JANVIER 63)

Les règles de la République romaine exigeaient, on le sait, que les tribuns de la plèbe entrassent en fonction vingt et un jours avant les magistrats curules, c'est-à-dire avant les consuls et les préteurs. Pendant trois semaines, ils n'avaient, comme éventuels adversaires, que les magistrats sortants, plus enclins à préparer leur départ qu'à se livrer à d'ultimes joutes politiques, qu'ils ne pourraient même pas conclure eux-mêmes. Les tribuns avaient donc intérêt à déposer leurs projets de lois dans cette période. Chacun de ces projets, qu'on appelait une *rogatio*, était défendu par le tribun qui en était l'auteur et les sénateurs en débattaient entre eux avant de la faire voter ou repousser par l'assemblée des tribus, qui se tenait sur le Forum, devant la Curie.

César avait profité des quelque six mois qui s'étaient écoulés depuis les élections de juillet 64 pour mettre au point un projet constitutionnel révolutionnaire, dont il s'était entretenu avec l'ancien tribun Gabinius — l'homme qui avait fait voter les pleins pouvoirs à Pompée en 67 — et Servilius Rullus (Servilius le Mendiant), l'un des dix tribuns élus pour l'année 64.

Au début du mois de décembre, les trois hommes s'étaient réunis discrètement dans cette auberge en bordure de la via Appia où l'on buvait un bon petit vin de pays et dans laquelle César se rendait parfois avec Gabinius.

— Je vous ai réunis, dit César, parce que j'ai concocté un projet de loi agraire dont vous me direz des nouvelles, et je compte sur toi, Rullus, pour le proposer aux sénateurs le jour même de l'intronisation des tribuns, le 10 décembre prochain.

On appelait « loi agraire », à Rome, tout dispositif réglementant l'attribution aux plébéiens de terres appartenant à l'État, à l'*ager publicus* (domaine public). Ces immenses territoires, conquis sur les peuples vaincus par Rome, étaient jusqu'alors loués par la République aux nobles et aux chevaliers, ou encore à quelques plébéiens enrichis, mais, à la longue, ce petit nombre de bénéficiaires avaient fini par se considérer comme les propriétaires de ces biens, qui étaient entre les mains de leurs familles depuis des générations, et nombreux étaient ceux qui n'en payaient même plus les loyers. Pendant des siècles, l'immense majorité du peuple romain — la plèbe — dont les fils avaient combattu dans les rangs des légions romaines pour conquérir ces territoires, n'avait eu droit à rien.

Ce n'est qu'après les guerres contre Carthage, vers l'an 135 av. J.-C., que deux aristocrates de très haute naissance, les frères Gracchus — les Gracques — s'émurent de cet état de choses, qu'ils trouvaient scandaleux :

— Les bêtes sauvages ont une tanière, disait Tibérius Gracchus, l'aîné des deux frères, et ces gens du peuple n'ont même pas un tombeau de famille ; on dit des Romains qu'ils sont les maîtres du monde, mais la plupart d'entre eux ne possèdent même pas une motte de terre !

En 134, Tibérius fit la première *rogatio* agraire de l'histoire de Rome : il proposa une distribution de terres au peuple. Les sénateurs s'insurgèrent, et achetèrent les services d'un tribun de la plèbe pour opposer son *veto* ; Tibérius fit déposer le tribun, et la loi fut votée. C'est alors qu'un clan de nobles prétendit que Tibérius se comportait comme un roi, et non comme un républicain, et, sous le fallacieux prétexte de sauver la République, ils fomentèrent une sédition et massacrèrent le premier Gracque à coups de pieds de tabouret.

Dix ans plus tard, le second Gracque — Caïus Gracchus — tenta de faire passer une loi analogue, doublée d'une loi d'assistance publique, dite loi *frumentaire* — proposant des distributions gratuites de froment au peuple. Il envisageait en outre de donner le droit de cité aux peuples latins de l'Italie, pour renouveler la population romaine. Il subit le même sort que son frère et, pour fuir les archers des nobles qui voulaient le tuer, il alla se cacher dans un bois sacré où il demanda à l'un de ses esclaves de le tuer.

Dix ans plus tard encore, ce fut le tour de Marius d'entrer dans la danse. Après ses victoires sur Jugurtha, puis sur les Cimbres et les Teutons, nul n'osait rien lui refuser... d'autant qu'il était soutenu par une armée puissante, qu'il avait entièrement organisée. Il fit distribuer des terres à ses vétérans, aux pauvres de Rome, et le Sénat dut jurer obéissance à ces lois : les violer aurait alors été porter atteinte à la majesté du peuple romain. On sait ce qu'il advint de Marius et comment Sylla fit table rase de cinquante années de difficiles réformes en faveur de la plèbe romaine.

Cela explique que les seuls mots de « loi agraire » déclenchaient régulièrement, au Sénat et dans les assemblées sur le Forum, d'interminables discussions.

— Oh ! César, dit Gabinius, une loi agraire ! Ça va faire du grabuge.

— Je l'espère bien. Et elle dépassera tout ce qui a été déjà fait par le passé dans ce domaine. Je veux lotir l'intégralité de l'*ager publicus*, la totalité des territoires de la République.

— Comment cela, tout ? demande Rullus.

— Toutes nos provinces : l'Italie, la Sicile, l'Espagne, la Macédoine, la Grèce, la Numidie et la Cyrénaïque, les terres carthaginoises, et les provinces d'Asie : la Bithynie, le Pont — l'ancien royaume de Mithridate — et la Cilicie. Tout, absolument tout.

Les deux tribuns, qui, par souci de réalisme, avaient toujours réclamé des lois agraires limitées, n'en revenaient pas.

— C'est une entreprise gigantesque, César.

— Je sais.

— Est-ce que tu as l'intention de reprendre des

terres à ceux qui les possèdent déjà, aux chevaliers, par exemple, pour les répartir ensuite ?

— Tout d'abord, Rullus, les territoires auxquels tu fais allusion ne sont pas leur propriété : ils appartiennent à l'État romain, qui les leur loue.

— Je sais bien. Mais tu n'ignores pas qu'il y a belle lurette que ceux qui en jouissent ne payent plus leurs loyers.

— Non, je ne l'ignore pas, mais, de toute façon, je n'ai pas l'intention de tout chambouler. On leur laissera leurs terres à la condition qu'ils régularisent leur situation et, de toute manière, l'ensemble de toutes leurs propriétés représente à peine le millième, ou moins encore, du domaine public. La loi agraire que je voudrais voir proposer concerne surtout les terres qui n'ont encore été ni louées, ni vendues, ni distribuées par l'État.

— Ce que tu proposes est très beau quand on en parle, mais irréalisable : il faudrait une armée de fonctionnaires et cela demandera des années. Or les questeurs, qui sont les magistrats dont dépendent les agents du Trésor public, changent tous les ans : comment veux-tu mener à bien, sainement, ton projet ? C'est la porte ouverte à la politique des pots-de-vin, aux malversations de toute sorte.

— Pas du tout, car, à ma loi agraire, j'ai l'intention d'adjoindre un dispositif prévoyant la création d'un collège de dix magistrats, élus par l'assemblée du peuple, qui resteraient en place cinq ans de suite, comme les censeurs, et qui disposeraient des pleins pouvoirs pour l'accomplissement de leur mission.

— Des décemvirs en quelque sorte (en latin, *decem* = « dix » et *vir* = « homme ») ?

— Oui, des décemvirs.

— Élus par qui ? Par les centuries ?

— Certainement pas. Les assemblées centuriates favorisent les riches, puisque sur les 193 centuries, il y en a 98 qui correspondent aux citoyens les plus riches, patriciens et chevaliers confondus. Mes décemvirs seront élus par les citoyens groupés par circonscriptions, par tribus, de la même façon qu'on élit les tribuns de la plèbe.

— Par les 35 tribus ?

— Non, par 17 tribus seulement, tirées au sort.

— Pourquoi 17 ?

— Parce que les circonscriptions sont très inégales : il y a beaucoup plus de citoyens dans les quatre tribus urbaines que dans les circonscriptions rurales. Je voudrais aussi donner un caractère religieux à cette élection : c'est de cette façon qu'on élit le Grand Pontife.

— Quelles seraient les attributions de ces décemvirs ? demande Rullus.

— Ils disposeront de pouvoirs financiers et judiciaires illimités, de moyens importants en matière de personnel et de crédit, et ils n'auront pas de comptes à rendre ni au Sénat, ni aux consuls.

— Eh bien ! César, il est plutôt culotté, ton projet ! Et quelle sera leur mission, à ces décemvirs ?

— Installer des colonies de plébéiens, leur distribuer des terres.

— Quelles terres ?

— Celles du domaine public d'abord, puis les terres qu'ils achèteront ou qu'ils rachèteront, à la seule condition que ce soient des terres cultivables. On commencera par les terres du Sud et du Nord de l'Italie.

— Pourront-ils procéder à des expropriations ?

— Non. Il faut préserver la paix sociale, et il y a assez de terres qui n'appartiennent à personne pour satisfaire tout le monde.

— Où les décemvirs trouveront-ils les fonds pour faire ces achats ?

— À l'aide de fonds spéciaux, provenant de la vente des actifs de l'État et de la vente des domaines royaux d'Orient.

— À qui iront ces terres ?

— Ils ne les donneront pas toutes. Certaines pourront être louées à ceux qui en ont les moyens.

— Et les autres ?

— Ils établiront la liste des citoyens pauvres auxquels seront distribuées les terres du domaine public, en commençant par la plèbe urbaine. On étouffe, dans Rome, et tous ces malheureux qui viennent grossir le rang des chômeurs, des délinquants et des trafiquants retrouveront des conditions de vie dignes et traditionnelles lorsqu'ils auront des champs à cultiver ou des troupeaux à élever.

— Mais ils perdront leurs amis, leurs habitudes.

— Cela aussi, je l'ai prévu. Nous constituerons des colonies, proches ou lointaines, où ils pourront se retrouver. J'ai déjà préparé un exemple.

— Lequel ? demande Gabinius.

— À Capoue, en Campanie, près de Naples. Il y a là quelque 15 000 hectares de bonnes terres ; on peut y installer cinq mille familles de colons, ce qui représente une population de vingt ou trente mille personnes, femmes et enfants compris. Chaque colon recevra un lot de trois hectares cultivables et la colonie sera administrée comme une municipalité autonome, par cent conseillers municipaux, qui formeront une sorte de petit sénat local et qui porteront le titre de décurion.

— Et du point de vue religieux ?

— On nommera cinq pontifes et dix augures, ce sera amplement suffisant.

— Et tu penses en créer combien, de ces colonies ?

— Autant qu'il en faudra pour décongestionner Rome et transformer tous ses pauvres en agriculteurs heureux. Ensuite, on élargira le système. Ce sont les décemvirs qui choisiront les bénéficiaires des terres ainsi redistribuées, et ils auront tous pouvoirs pour acheter et vendre d'autres terres.

— Le Sénat et les magistrats n'auront pas leur mot à dire ?

— Certainement pas. Ils ont fait assez de mal comme cela aux Romains depuis cinq siècles ! Les pouvoirs des décemvirs seront discrétionnaires.

— César, dit gravement Gabinius, est-ce que tu te rends compte que, lorsque tous les plébéiens, qui représentent quatre-vingts ou quatre-vingt-dix pour cent de la population romaine, auront été casés, lorsque toutes les bonnes terres auront été réparties, de l'Espagne à l'Asie, entre les Romains de souche et — pourquoi pas — entre les habitants des pays que nous avons conquis, notre République romaine aura

361

vécu ? C'est un État multinational dirigé par une dictature à dix têtes que tu veux instituer.

— Ce sera un État juste, dans lequel il y aura encore des riches et des pauvres, mais dans lequel chacun aura la possibilité de décider de son sort lui-même. Les riches y seront riches, parce qu'ils auront mérité de l'être, et l'on aura donné toutes leurs chances aux pauvres.

— Tu ne crois pas que cet énorme État idéal est une utopie ?

— C'est une utopie, répond César, et je ne parle que théoriquement. Il n'en reste pas moins qu'avec ma loi agraire, si elle est votée, il y aura moins d'injustices aussi bien dans Rome qu'en dehors de Rome. Les richesses de notre empire ne seront pas la part exclusive d'une coterie de sénateurs, de chevaliers et de capitaines d'industrie plus ou moins douteux.

— Comment penses-tu procéder ?

— Je ne veux pas apparaître dans cette histoire. Je ne suis qu'un simple sénateur, ne l'oublie pas, Rullus. Toi, tu es tribun de la plèbe, et tu entres en fonction le 10 décembre prochain : tu peux faire une *rogatio* au Sénat.

— Je vais soulever une tempête de protestations, dit Rullus.

— Je n'en doute pas. Toutes les fois qu'on défend la cause du peuple, les esprits s'échauffent. Mais réfléchis : qui va attaquer ta proposition de loi ? Les consuls en place, Figulus et mon cousin Lucius Julius César ? Ils n'en ont plus que pour une semaine à être en fonction, et ils ne sont pas très pugnaces.

— Et les consuls désignés, ceux qui seront investis le 1er janvier ? s'inquiète Rullus.

— L'un nous est acquis corps et âme au parti populaire, c'est Antoine Hybrida.

— Je ne compte pas beaucoup sur lui. Il n'a pas de cran. Mais l'autre, Cicéron, c'est un sacré morceau.

— Pourquoi donc ? demande César.

Rullus hausse le ton :

— Je ne fais pas le poids, en face de cet orateur professionnel. Il va démolir pièce à pièce ma *rogatio*, entasser les arguments juridiques, me ridiculiser. Elle ne passera pas, ta loi agraire, César.

— Je le sais bien, qu'elle ne peut pas passer maintenant, et ce n'est pas à cause des riches, qui ne seront pas touchés, puisqu'on ne leur reprendra pas leurs terres. Elle ne passera pas car elle met en cause nos institutions, et en particulier le pouvoir du Sénat.

— Alors, pourquoi veux-tu que je la propose ? interroge Rullus.

Gabinius souriait. Il connaissait bien César, et il savait que celui-ci n'entreprenait rien à la légère. S'il voulait que Rullus exposât officiellement sa *rogatio* perdue d'avance, c'est qu'il avait une bonne raison de le faire.

— Je veux frapper l'opinion. Je veux que la coterie sénatoriale et les conservateurs se dévoilent, étalent publiquement leur égoïsme. Je veux que les attentistes et les partisans du *statu quo* se réveillent et prennent conscience de ce que le peuple tout entier ne peut plus se contenter de petites satisfactions distribuées à la sauvette : je fais retentir la cloche de la révolution. Et, plus Cicéron s'attachera à critiquer la loi agraire, plus il perdra de son crédit.

Trois ou quatre jours avant la fin de l'année 64, le bruit courut que le tribun Rullus était sur le point de proposer un projet de nouvelle loi agraire. Comme son nom de famille était Servilius, on l'appela bien vite la *rogatio* Servilia. Dès que Cicéron, consul désigné, en eut vent, il chercha à se renseigner sur le projet. Il prit contact personnellement avec Antoine Hybrida, mais celui-ci ne savait rien de ce qui se tramait entre César et les tribuns. Il chercha à joindre César, car il se doutait bien que celui-ci tirait les ficelles des élus populaires, mais César lui fit savoir qu'il profitait de ce qu'il n'avait aucune magistrature à assumer pour courir deux aventures amoureuses à la fois, l'une avec un boxeur dont il avait fait la connaissance quand il était édile curule, et l'autre avec la femme d'un sénateur qui n'avait pas encore eu les honneurs de sa couche.

Agacé par ces cachotteries évidentes, Cicéron tenta de se renseigner par lui-même. Il se mit à arpenter le Forum, interrogeant tantôt l'un, tantôt l'autre.

— Croyez-moi, disait-il un jour à l'un des tribuns désignés, je ne suis pas aveugle. J'ai été averti que votre parti prépare une loi agraire. À vous parler franc, je ne suis pas hostile, par principe, à ce type de lois. Je vous dirai même plus : je ne suis pas de ces consuls ou de ces sénateurs qui pensent que c'est un crime que de faire l'éloge des Gracques et je considère que leurs lois ont heureusement contribué, en bien des domaines, au bonheur de notre République. Sachez, mon cher ami, que si votre loi me paraît utile au peuple romain, elle aura mon patronage et mon appui.

Mais le « cher ami » restait de marbre, comme tous les autres représentants du parti populaire que Cicéron, soucieux de ne pas être pris au dépourvu, interrogeait plus ou moins ouvertement.

Enfin, le 10 décembre 64, les tribuns de la plèbe entrent solennellement en charge. À l'intérieur de la Curie, les sénateurs attendent, silencieux, que le président du Sénat ouvre la séance ; César, qui n'a plus sa chaise curule, mais qui a droit à une place assise en tant qu'ancien magistrat curulaire, ferme les yeux, ostensiblement, comme s'il dormait. On annonce que le tribun Publius Servilius Rullus va déposer une *rogatio*.

Rullus se lève. D'ordinaire, sa mise était négligée ; en ce jour solennel, elle est plus négligée encore : sa toge est mal drapée, rapiécée, ses cheveux sont longs et en broussaille, il porte une barbe fournie et plus mal taillée qu'à l'habitude. Cicéron se penche vers son voisin :

— Tu as vu le personnage ? Ce barbu arbore sa tignasse pour faire peuple ; regarde ses yeux : il veut impressionner l'assistance.

Rullus parle, d'une voix sans timbre et méprisante, comme s'il se moquait bien qu'on le comprenne :

— Pères conscrits, je convoque une assemblée pour la veille des ides (pour le 12 décembre).

Et il s'assied. On s'attendait à une proposition de loi, à un discours. Rien. Il reste muet.

Le surlendemain, il y a foule devant la tribune aux harangues. Rullus lit son discours. Il est très long, le style est alambiqué. Cicéron fait remarquer à son voisin :

— Dans la foule qui l'écoute, au pied des Rostres, je parie qu'il n'y a pas une seule personne qui comprenne un traître mot de ce qu'il raconte. J'ai l'impression qu'il s'agit d'une loi agraire.

Dans les jours qui suivent, Cicéron et quelques autres cherchent à se renseigner sur la loi en question. Ils sont régulièrement éconduits, sous des prétextes quelconques. Cependant les tribuns admettent parfois un ou deux auditeurs à leurs conciliabules, en particulier César, et pour cause.

Vers la fin du mois de décembre, le projet de loi, convenablement rédigé, est affiché sur le Forum. Cicéron y dépêche plusieurs de ses secrétaires, qui prennent copie du long texte et qui le lui rapportent. Il s'enferme dans son cabinet et l'étudie sans cesse, jour et nuit, jusqu'aux calendes de janvier (1er janvier), date de l'inauguration des magistratures consulaires.

Au jour venu, Cicéron demande la parole et prononce devant le Sénat un discours à propos de la *rogatio* de Rullus, ferme, bref et modéré, mais ambigu : il veut à la fois rassurer les sénateurs et plaire au peuple.

— À de telles entreprises, déclare-t-il aux Pères

conscrits, j'oppose, quant à moi, une résistance énergique et acharnée, et je ne souffrirai pas qu'on fasse éclater, moi étant consul, un complot tramé depuis longtemps contre la patrie. Tu te dis représentant du peuple, Rullus, mais tu te trompes : tu fais semblant d'être un représentant du peuple ; le véritable magistrat populaire, c'est moi. Tu confonds démagogie et démocratie, Rullus, et le peuple romain saura repousser, demain, tes feintes largesses.

Sur ce, il résume le projet de loi, et, dans une péroraison comme il en avait le secret, avec de grands mouvements de toge, il conclut par une exhortation aux tribuns de la plèbe :

— Reprenez-vous, tribuns de la plèbe, abandonnez ces politiciens aux projets pernicieux, et leurs instigateurs, si vous n'y prenez pas garde, ils ne tarderont pas à vous laisser tomber. Nul péril ne menace plus Rome. Nous n'avons à craindre ni roi, ni peuple, ni aucune nation étrangère. Le mal est dans nos murs. Chacun de nous, autant qu'il le peut, doit s'efforcer d'y porter remède et de le guérir. C'est au Sénat de prendre en charge le peuple romain, et non à une poignée de dictateurs.

César feignait toujours de dormir. Le ronron de Cicéron le ravissait :

— Le bonhomme s'enfonce tout seul, dit-il à Gabinius, qui était venu près de lui. Il n'a pas relevé un seul point important du projet de loi, qu'il s'est contenté de décrire. Il n'a même pas eu le courage de nommer les « instigateurs » dont il parle : il sait très bien que la loi est de moi, et il a peur de ma réaction. Quel poltron ! Demain, devant l'assemblée du peuple, on va bien rire.

Le lendemain donc, le peuple était rassemblé devant les Rostres, pour voter pour ou contre la loi Servilia. Cicéron s'adresse à lui, et répète ce qu'il a dit la veille au Sénat. Son discours est un lamentable exemple de démagogie :

— Je suis, comme vous, un homme du peuple. Je n'ai pas, derrière moi, une longue lignée de consuls et de préteurs, ni d'ancêtres embellis par l'éclat des dignités et des honneurs. C'est à vous, peuple de Rome, que je dois tout, et en particulier cet honneur suprême d'avoir été élu consul. Car je suis le premier « homme nouveau » que vous ayez élevé à cette fonction depuis bien des années, et cela dès ma première candidature. C'est une faveur insigne...

— ... Gna-gna-gna, murmure César à l'oreille de Gabinius ; quel phraseur ! Nous allons avoir droit à tous les lieux communs de l'éloquence.

Et Cicéron de reprendre, par le menu, la loi Servilia :

— La loi de Servilius Rullus prévoit que les décemvirs seront élus par une assemblée de 17 tribus seulement, au lieu de 35, si bien qu'il suffira du suffrage de 9 tribus pour être élu décemvir. C'est cela que les populaires appellent le suffrage universel ? De quel droit Rullus prive-t-il le peuple romain de son droit de vote ?

— Le crétin, dit César à Gabinius : c'est ainsi qu'on élit le Grand Pontife depuis la nuit des temps.

— La constitution d'une caisse spéciale pour les

achats de terres est la porte ouverte à toutes les escroqueries, puisque les décemvirs agiront sans contrôle...

— Comme son cher Pompée, souffle César à Gabinius.

— Les décemvirs achèteront des terres où ils voudront, au prix qu'ils voudront, et ils pourront fonder des colonies partout où il leur plaira. C'est l'étendard sanglant de la tyrannie qui est levé contre le peuple romain. Entendez-vous, dans nos campagnes, rugir leurs garnisons et leurs colons, triés sur le volet : c'est la fin de vos libertés qui approche, car, lorsque ces décemvirs auront acheté l'Italie entière, y auront installé leurs garnisons et leurs colonies, elles auront disparu...

— Quelles libertés ? Celle de mourir de faim ? De porter les malles de Cicéron ? ironise César. De toute façon, son discours n'a aucune utilité, puisque les sénateurs vont tirer un joker de leur toge.

— Comment cela ?

— Sur les dix tribuns élus, il y en a bien au moins un qui soit achetable ? Ce n'est qu'une question de prix. Les sénateurs vont en acheter un, qui s'opposera au vote de la loi en disant : « J'intercède » , ou, si elle est votée, en disant « *veto* » et le tour sera joué. Les cabrioles de Cicéron n'auront amusé que lui.

C'est effectivement ce qui se produisit. Le tribun Cécilius prononça la formule de l'intercession, et la *rogatio* Servilia fut enterrée.

César, par Rullus interposé, avait réussi à mettre en évidence la poltronnerie de Cicéron, qui n'avait même pas osé dévoiler les noms des instigateurs de la loi, son double jeu, qui lui faisait tenir devant le peuple et devant le Sénat deux discours différents, sa mauvaise foi et sa démagogie. Cicéron n'avait plaidé que pour lui-même, en se contemplant devant son miroir et en se disant, après chaque période : « Que je suis bon ! Que je suis intelligent ! »

César avait aussi, insidieusement, suggéré à l'opinion publique l'idée — périlleuse — de substituer aux autorités républicaines changeantes et contradictoires, celles des consuls et du Sénat, un gouvernement à dix têtes, stable pour au moins cinq ans, et n'ayant de compte à rendre à personne.

Et, de là à transformer ces dix têtes en une seule, la sienne, il n'y avait plus qu'un pas. Le futur dictateur montrait le bout de son nez, mais nul ne l'aperçut.

Chapitre XXIV

« Ma mère, ce soir, ton fils sera ou Grand Pontife ou fugitif »
(6 MARS 63)

Bien installé dans ses fonctions de consul, Cicéron gonflait son jabot. Il se considérait comme le rempart ultime de la République alors qu'en fait il avait donné, tête baissée, dans le panneau que César avait subtilement tendu à sa vanité. Il donna une autre preuve de son inconsistance en oubliant, pour un jour, ses hautes fonctions de consul pour devenir simple avocat, mais avocat d'une mauvaise cause : il défendit devant les juges le gouverneur de la Gaule Narbonnaise, Calpurnius Pison, accusé de malversations et de concussion par César, qui ne ratait aucune occasion de tirer sur le parti aristocratique, et Pison fut acquitté. Cicéron-consul n'avait pas lieu d'être fier du succès de Cicéron-avocat : le véritable triomphateur fut César, qui, une fois de plus, avait été du côté de l'honnêteté, contre les voleurs et les tripatouilleurs.

Sur ces entrefaites, Métellus Pius, le Grand Pontife, vint à mourir. Sa succession à la tête du collège sacerdotal était ouverte et César avait depuis longtemps compris l'importance stratégique de cette fonction. On sait qu'il était membre du collège des pontifes depuis 73 (il y était entré par cooptation en remplacement de son oncle, Aurélius Cotta, décédé) ; il pouvait donc se porter candidat au poste de Métellus Pius, mais, avec le système de cooptation en vigueur, il était certain de ne pas être choisi. Les membres de ce sacré collège étaient âgés, conservateurs, unanimement du parti de la noblesse, ils ne risquaient donc pas de désigner comme Grand Pontife un homme encore jeune — César avait alors trente-huit ans — réputé à la fois pour ses idées politiques progressistes et pour sa vie dissolue, et qui n'avait à son actif que d'avoir été questeur six mois en Espagne, et fastueux édile curule l'année passée...

Mais César n'était pas un improvisateur, comme le furent par la suite, dans l'histoire, bien des dictateurs malheureux, et il avait prévu le coup du temps même qu'il était édile. Il avait confié son ambition au tribun de la plèbe Labiénus, avant même qu'il ne fût en fonction :

— L'élection du Grand Pontife par cooptation est un usage introduit par Sylla, pour qui c'était un moyen de s'assurer la haute main sur le collège sacerdotal. Avant lui, la loi exigeait — ce qui est plus démocratique — qu'il le fût par les tribus. Tu devrais déposer une proposition de loi visant à rétablir l'ancien usage.

— Cela ne posera aucun problème, lui avait

répondu Labiénus. Et, puisque Rullus a remis à la mode le scrutin réduit à 17 tribus, tirées au sort parmi les 35 circonscriptions, je demanderai qu'on y revienne aussi pour l'élection d'un Grand Pontife.

Labiénus fit sa rogation à la fin décembre 64, elle fut adoptée sans discussion par le Sénat et votée par les comices tributes presque instantanément. Le dispositif était donc prêt, et César n'eut qu'à s'en saisir lorsqu'on apprit la mort du Grand Pontife Métellus.

Il entra immédiatement en campagne, sans s'émouvoir du prestige de ses deux concurrents, qui l'emportaient largement sur lui en âge et en dignité : Catulus, cinquante-sept ans, fils de consul, ancien consul lui-même en 78, prince du Sénat, et Servilius Isauricus, ancien consul en 79, gouverneur de Cilicie en 78, et chargé, à ce titre, d'exterminer les pirates des mers d'Asie, ce qui lui valut un triomphe lorsqu'il rentra à Rome. En face de ces deux monstres sacrés, César, comme disait le *pugil* (boxeur) dont il était l'amant, ne faisait pas le poids. Mais, dans l'art de manier les foules, il n'avait pas son pareil.

Manier les foules pour une élection, à Rome, cela signifiait acheter des voix, ce qui se faisait couramment dans les comices tributes ordinaires : comme il y avait 35 tribus, et que chaque tribu comptait pour une voix, il suffisait d'acheter les voix de 18 tribus pour l'emporter. Bien entendu, il n'était pas nécessaire d'acheter toutes les voix de la circonscription correspondante pour obtenir le vote de la tribu, mais, au maximum, la moitié plus une, soit environ 5 000 voix à l'époque, ce qui faisait, en tout, 90 000 bulletins de vote. Même s'il n'était pas nécessaire de les acheter tous, parce qu'on était sûr de certains électeurs, cela représentait une somme d'argent considérable.

Pour l'élection du Grand Pontife, c'était plus compliqué. Seules 17 circonscriptions devaient voter, mais on les tirait au sort le jour même du scrutin : on ne savait donc pas quelles tribus voteraient et il fallait les acheter toutes, ce qui portait à 180 000 le nombre maximal d'électeurs à corrompre. César avait la caisse de Crassus à sa disposition, mais elle était loin d'être suffisante. Il dut en conséquence emprunter à tous les usuriers de Rome, quelles que fussent leurs conditions. S'il l'emportait, le jeu en valait la chandelle, car il pourrait payer ses prêteurs en services divers ; s'il perdait, c'était la prison pour dettes ou l'exil.

Ses concurrents, et notamment Catulus, dont on disait qu'il était un « grand honnête homme », s'en émurent, à plusieurs titres. Tout d'abord, sur le plan moral : la dignité de *pontifex maximus* était la plus haute de la République, elle était accordée à vie à de glorieux Romains, qui avaient blanchi sous le harnais comme préteurs, censeurs, consuls et gouverneurs de province ; qu'un simple édile curule la postulât choquait tout le monde, mais que, par son habileté et ses manœuvres, il puisse y parvenir, cela les sénateurs ne pouvaient le supporter. Sur le plan politique ensuite : la conquête du haut sacerdoce, dans une société où, tous les ans, les dirigeants changeaient, donnerait à César une sorte d'autorité sacrée et inébranlable, le mettrait à l'abri de toutes les attaques, de tous les complots.

Aussi, Catulus et Isauricus firent-ils tout ce qui

était en leur pouvoir pour faire obstacle au projet de César. Le « grand honnête homme » s'abaissa même jusqu'à lui rendre visite, à Subure, afin de lui proposer de renoncer à sa candidature moyennant une très grosse somme d'argent :

— J'en emprunterai une plus grande encore pour la soutenir, lui répondit César, qui, du même coup, put apprécier quelles étaient les limites financières de ses concurrents.

Les comices tributes pour l'élection du Grand Pontife se tinrent sur le Champ de Mars, le 6 mars de l'année 63. Lorsqu'il partit de chez lui, il embrassa tendrement sa mère, Aurélie, en lui disant :

— Ma mère, ce soir ton fils sera ou Grand Pontife, ou fugitif.

Aurélie lui rendit son baiser en retenant ses larmes : une mère romaine ne pleure jamais. Et elle le regarda s'éloigner, debout sur son char, tiré par deux chevaux que fouettait vigoureusement son cocher, un ancien boxeur.

Sur le Champ de Mars, une fois le cérémonial religieux achevé, on tira au sort les 17 tribus qui devaient voter. Dans toutes, César obtint une majorité écrasante de voix, même dans les deux circonscriptions de Catulus et d'Isauricus.

Le fils d'Aurélie rentra à Subure au milieu d'une véritable marée humaine. Jamais, de mémoire de Romain, on n'avait vu un tel enthousiasme après une élection. César tint à pénétrer dans Rome par la via Aurélia, qui débouchait entre les collines du Palatin et de l'Aventin ; son char se fraya difficilement un chemin à travers la foule populaire, traversa le Forum, pénétra dans Subure et s'arrêta au pied de l'Esquilin. Aurélie l'attendait dans le *prothyrum* (le vestibule), entre la *janua* (la porte donnant sur la rue) et l'*ostium* (la porte intérieure). Cette fois-ci, elle avait le droit de pleurer, mais elle le faisait en cachette.

Le 7 mars, César se réveilla Grand Pontife. Le peuple, à l'unanimité des tribus, l'avait élevé au plus haut sommet de l'État. Il pouvait maintenant tenir la dragée haute aux sénateurs et aux consuls. Il était presque aussi sacré qu'un roi. Il pensa à sa grand-mère, Marcia, dont la famille prétendait descendre d'Ancus Martius, le quatrième roi de Rome, petit-fils du roi-prêtre Numa Pompilius, que l'on disait inspiré par la nymphe Égérie, celui qui avait réglé la plupart des cérémonies de la religion romaine et établi le calendrier fondé sur la position du Soleil dans le ciel.

Un Grand Pontife ne peut vivre à Subure, pensait-il, il doit demeurer sur le Forum, dans la Régia, l'ancienne demeure de Numa Pompilius, en bordure de la Voie sacrée, près de la Maison des vestales. Et, le jour même, il fit transférer ses Pénates, les dieux protecteurs de sa famille, de la villa de l'Esquilin à la Régia.

Dans Subure, on s'en enorgueillit :

— Ce César que nous avons connu enfant, jouant au cerceau avec nous, le voici maintenant dans la maison des rois.

Sur le Forum, on ricana :

— Ce César se mouche plus haut que son nez. Il finira par se prendre pour Jupiter lui-même.

Et le vieux clochard pouilleux qui ne manquait pas une seule harangue résuma, comme à l'habitude, la situation :

— Il est vraiment de plus en plus malin, ce César. Ils peuvent toujours s'aligner, les Cicéron, les Catilina, les Crassus et les autres. Il les mettra tous dans sa poche.

Chapitre XXV

Le drapeau rouge qui sauva Rabirius
(PRINTEMPS 63)

Le grand dessein de César, faire de l'empire de Rome un État à la dimension de la Méditerranée, avec un pouvoir centralisé fort entre les mains d'une monarchie héréditaire, et non plus un immense gâteau que se partageait, pour le plus grand malheur du peuple romain et des nations soumises par Rome, l'oligarchie sénatoriale, c'est-à-dire une coterie de quelque six cents sénateurs, commençait à se réaliser.

Pour contrebalancer la puissance de cette oligarchie, il avait fallu d'abord permettre aux tribuns de la plèbe d'accéder aux magistratures supérieures comme la préture ou le consulat : cela, les consuls Aurélius Cotta (oncle maternel de César) et Octavius l'avaient obtenu en 75 ; puis leur restituer les pouvoirs qui leur avaient été ôtés par Sylla, ceux de s'opposer à tout acte de magistrats ou à toute décision du Sénat (sénatus-consulte) et de déposer des propositions de lois, destinées à être soumises au corps électoral, ce qui fut fait en 70 seulement, à l'initiative de Pompée et de Crassus.

Dès son entrée en lice, César avait compris que la puissance des tribuns, utilisée en dehors de toute démagogie, était l'arme constitutionnelle qui lui permettrait d'abattre la puissance paralysatrice du Sénat et, pièce par pièce, par leur intermédiaire, il avait entrepris de lui retirer ses prérogatives : en 67-66 il s'était appuyé sur les tribuns Gabinius et Manilius pour soustraire le contrôle des provinces d'Asie au Sénat et le confier à Pompée, en 65-64 il avait encore utilisé des tribuns pour lancer des accusations contre les anciens proscripteurs, au début de l'année 64, il avait fait introduire par le tribun Labiénus la loi conférant au peuple le soin d'élire le Grand Pontife et c'était le tribun Rullus qui avait fait exploser la bombe de la loi agraire.

Les sénateurs n'avaient pas terminé de panser leurs blessures qu'en mars-avril 63, il leur lançait une autre attaque, toujours par l'intermédiaire de Labiénus. Il ne s'agissait pas moins que de créer un précédent juridique tendant à saper une des prérogatives auxquelles les sénateurs tenaient le plus : celle du sénatus-consulte ultime, qui, dans certains cas graves, leur permettait d'accorder aux hauts magistrats des pouvoirs dictatoriaux, comme de lever des troupes, d'entreprendre une guerre, de condamner à mort sans jugement n'importe quel citoyen, bref d'instaurer une sorte de Terreur momentanée.

Or, en l'an 100 av. J.-C., alors que Marius était consul, le préteur Glaucia et le tribun de la plèbe

Saturninus avaient été à l'origine d'une sédition, au moment des élections consulaires, qui avaient lieu en décembre à cette époque. Marius, soucieux de maintenir l'équilibre républicain, avait fait voter par le Sénat un sénatus-consulte ultime et mis les rebelles hors la loi. Il y avait eu des émeutes, des bagarres entre les populaires et les nobles, et le tribun Saturninus s'était barricadé dans une salle du Sénat avec d'autres émeutiers, parmi lesquels un oncle de Labiénus. Les nobles forcèrent les portes de la salle et le tribun et l'oncle de Labiénus furent massacrés, dans des circonstances confuses.

Le meurtre de Saturninus était un crime particulièrement grave ; en raison du caractère sacro-saint des tribuns de la plèbe, il était assimilé à un crime de haute trahison *(perduellio)* ; mais le meurtrier présumé, un noble sénateur du nom de Rabirius, avait été absous : il avait agi sous le couvert du sénatus-consulte ultime.

César expliqua ses intentions à Labiénus en ces termes :

— J'ai l'impression que les affaires tournent bien pour nous, Labiénus : le Sénat en a un bon coup dans l'aile. Nous l'avons fait trembler avec la loi agraire, j'ai été élu Grand Pontife, Cicéron a commis l'erreur de plaider pour Pison et de le faire acquitter. Continuons donc de le harceler : sortons-lui l'affaire Rabirius.

— Qu'est-ce que tu lui veux, à ce vieillard ? Il a plus de quatre-vingts ans. Le faire pendre ?

— Non, il n'en est pas question. Mais j'ai pensé

que l'on pourrait peut-être poser la question du sénatus-consulte ultime.

— Comment cela ?

— Dans le temps, Rabirius a été accusé d'avoir
été l'auteur du meurtre de ton oncle et du tribun
Saturninus, mais il n'a pas été poursuivi parce qu'il
avait agi sous le couvert du sénatus-consulte ultime.
Remarque qu'on n'est pas certain de la culpabilité
de Rabirius, mais ce n'est pas ce qui m'intéresse. Je
voudrais mettre en cause la toute-puissance du Sénat
dans cette affaire.

— Je vois où tu veux en venir : tu veux interpeller
le Sénat.

— Non. Je veux intenter un procès pour haute
trahison et meurtre contre Rabirius, et en profiter
pour fustiger le principe du sénatus-consulte ultime.

— Tu n'as aucune raison de le faire.

— Moi, non : j'avais un an au moment de ces
événements. Mais toi, oui : ton oncle a été assassiné.

— J'ai compris. J'accuse Rabirius d'avoir assassiné
mon oncle et Saturninus ; mais son avocat le défen-
dra en disant que le crime est couvert par le sénatus-
consulte ultime et par la prescription, et le mien en
attaquera le principe. Mais je ne vois pas ce que tu
pourras tirer de cela.

— J'ai mon idée. Comme tu es l'accusateur, tu as
le droit de réclamer la procédure de *perduellio*.

— Qu'est-ce que c'est ? Je connais le nom, mais
non pas la chose. C'est une procédure qui n'a plus
cours.

— C'est une vieille procédure, exceptionnelle,
qu'on utilisait jadis dans les procès de haute trahison,

381

qui sont imprescriptibles. Elle consiste à demander au préteur urbain de faire juger le cas par deux juges seulement, tirés au sort, et il n'y a pas de plaidoiries.

— Et tu crois qu'il acceptera ?

— Le préteur en charge est Valérius Flaccus, c'est un ami : il fera comme je lui dirai. Et nous truquerons les urnes. Je m'arrangerai pour que ce soit mon nom et celui de mon cousin, Lucius Julius César, le consul de l'année dernière, qui soient tirés et le tour sera joué : personne ne pourra récuser un tribunal dont les deux juges sont l'un un ancien consul conservateur et l'autre le Grand Pontife.

— C'est machiavélique, ton histoire.

— Elle l'est encore plus que tu ne peux l'imaginer.

— Pourquoi ?

— C'est une surprise. Tu la découvriras en temps utile.

L'affaire Rabirius commence donc. Labiénus assigne le vieillard devant un tribunal, l'accusant du meurtre de son oncle et du tribun Saturninus, il réclame du préteur Valérius Flaccus la procédure de la *perduellio* et Rabirius choisit comme avocat Cicéron, bien entendu.

Le scandale est dans la Ville. Rabirius, qui a encore bon pied bon œil, clame son innocence et il ajoute que, même si c'était lui qui avait égorgé Saturninus, il l'aurait fait au nom du sénatus-consulte ultime. M'attaquer, clamait-il à qui voulait l'entendre, c'est attaquer l'autorité sacrée du Sénat. Il s'élève aussi contre la procédure entamée, qui n'est plus employée depuis deux cents ans. Au Sénat, Cicéron tonne.

Comme prévu, Flaccus accepte la procédure prévue en cas de *perduellio*, et les deux juges tirés au sort sont... César et son cousin, l'ancien consul. Le procès a lieu, mené de bout en bout par César lui-même, avec un acharnement apparent, et les deux juges condamnent Rabirius à être flagellé par les licteurs, puis pendu haut et court. Toutefois, César avait accumulé les vices de forme, sans doute pour éviter ce sort au vieillard : pour lui, l'affaire était close, et le jugement, officialisé par le préteur, blâmait, en définitive, beaucoup plus le principe du sénatus-consulte ultime que les actes criminels supposés de Rabirius.

On aurait pu en rester là. Mais Cicéron voulait jouer son rôle d'avocat jusqu'au bout ; il fait appel du jugement devant le peuple, et, jouant en même temps son rôle de consul, réclame la convocation des comices pour juger Rabirius. Labiénus, l'accusateur, en accepte le principe, mais exige les comices tributes, beaucoup plus représentatifs du peuple romain, on le sait, que les comices centuriates, qui sont censitaires. Finalement l'accord se fait : Labiénus accepte les comices centuriates, et Cicéron accepte que les temps de plaidoierie soient limités à une demi-heure pour chacun des deux avocats de Rabirius, lui-même et Hortensius. Cette exigence venait de César, qui avait son idée.

Le procès recommence donc devant les 193 centuries, convoquées sur le Champ de Mars. Cicéron s'adresse au peuple et engage le fer :

— Citoyens, je défends aujourd'hui la vie, l'honneur et la fortune d'un ami de longue date, mais je n'oublie pas que je suis aussi votre consul élu, et que je dois défendre aussi le salut public et notre Constitution. Car ce que Labiénus accuse, par-delà Rabirius, ce n'est autre que le Sénat, la première institution de l'État. Le but véritable de notre accusateur, ce n'est pas de faire condamner un vieillard pour un meurtre commis par on ne sait qui il y a trente-sept ans, c'est de saper l'autorité du Sénat, le pouvoir des consuls, et l'union des honnêtes gens, alors que la peste — la guerre civile — menace la République.

— Il est malin, il a compris où nous voulions en venir, chuchote César à l'oreille de Labiénus, mais, quand il parle de la guerre civile qui est à nos portes, il déraille. Le temps de Marius et de Sylla est révolu.

Puis Cicéron démontre, rapidement, l'innocence de Rabirius et il conclut :

— Si vous voulez que notre cité soit immortelle et que notre gloire demeure à jamais, il nous faut prendre garde à nos passions, aux séditieux de tous bords et avides de révolutions. Si la République était en danger, je ferais comme jadis Marius, j'en appellerais au Sénat, je le supplierais de prononcer un sénatus-consulte ultime et moi-même je prendrais les armes contre un ennemi en armes. Je vous en conjure, citoyens, n'affaiblissez pas votre Sénat.

Cicéron s'était surpassé. On allait passer au vote, et sans doute allait-il être favorable à Rabirius et au Sénat, lorsque le président des comices fit un signe impératif. Tous les regards se tournèrent vers le Janicule, sur la rive droite du Tibre, où s'élevait le temple

384

du dieu Janus : le drapeau rouge qui y flottait en permanence, symbole de l'invulnérabilité des assemblées, venait d'être abaissé, comme si un danger imminent les menaçait. Immédiatement, le président des comices déclara la séance close, et s'en alla, avec les magistrats et les prêtres. Le scrutin populaire qui devait juger l'accusé ne put donc avoir lieu. Rabirius ne put être ni condamné, ni innocenté, et pas davantage le Sénat.

— Tu comprends, expliquait César à Labiénus sur le chemin du retour, j'avais demandé à Métellus Céler, le second préteur, d'abaisser le drapeau à la fin des plaidoiries, qui devaient durer en tout une heure...

— Ah ! C'est pourquoi tu as voulu limiter les temps de parole.

— Évidemment. Et, dans tous les cas, je voulais empêcher que le jugement final soit rendu. Si Rabirius avait été reconnu coupable, cela lui évitait un châtiment que je ne lui destinais pas, car je ne suis pas sanguinaire, et s'il avait dû être innocenté, c'est le Sénat qui en serait sorti glorieux. Maintenant les sénateurs savent qu'il y a une épée de Damoclès suspendue au-dessus de leur tête et, en cas de troubles ou de révolution, ils y regarderont à deux fois avant de prononcer un sénatus-consulte ultime.

— Tu es vraiment plus fort que nous tous, César ; comment fais-tu pour avoir toutes ces idées en même temps ?

César lui répondit, comme il le faisait toujours en pareilles circonstances :

— Je réfléchis avant d'agir.

Chapitre XXVI

César est élu préteur
(JUILLET-SEPTEMBRE 63)

L'approche de l'été ramenait dans Rome l'agitation qui précédait, tous les ans, les élections des tribuns de la plèbe et des hauts magistrats de la République. En cette année 63, la campagne s'annonçait rude et, dans les deux camps, chez les nobles comme chez les populaires, on fourbissait ses armes.

Aux élections tribunitiennes, les nobles étaient parvenus à faire élire un des leurs parmi les dix tribuns de la plèbe qui étaient désignés chaque année. Il s'agissait de Caton le Jeune (Marcus Porcius Cato), arrière-petit-fils de Caton l'Ancien, adversaire de la démagogie, mais qui faisait cause commune avec certaines des revendications des populaires. Bientôt on allait procéder à l'élection des huit préteurs et des consuls pour l'année 62, et les candidats étaient partis en campagne. Ils faisaient circuler leurs programmes, partaient à la recherche de subsides, s'assuraient

de la fidélité de leurs électeurs traditionnels, et promettaient, les uns, monts et merveilles, les autres la
révolution.

Le temps était chaud et Cicéron s'épongeait souvent le front. Depuis près de six mois qu'il avait
revêtu la toge prétexte des consuls, il avait été constamment sur la sellette, assailli par le flot des « affaires » soulevées par les tribuns. Il était temps pour lui
de passer le relais aux candidats de son parti : Servius
Sulpicius Rufus, un sévère jurisconsulte, dont les
compétences ne seraient pas de trop pour répondre
aux attaques juridiques des populaires ; Décimus
Junius Silanus, un aristocrate fortuné et respecté,
époux de la belle Servilia, l'une des demi-sœurs de
Caton ; Licinius Muréna, un brillant général, qui
avait servi sous les ordres de Lucullus en Orient avant
que celui-ci ne fût remplacé par Pompée ; et Bibulus,
l'ancien édile qui avait payé de sa poche les fastes des
Jeux romains, en 65, candidat à la préture.

Les populaires étaient divisés, et partaient au combat en ordre dispersé.

César, qui dispose d'un crédit presque illimité
chez Crassus, poursuit le plan qu'il s'est fixé depuis
quatre ans déjà : s'attacher l'affection du peuple sans
tomber dans la démagogie, affaiblir le parti sénatorial
par des assauts incessants, en utilisant la bonne
volonté des tribuns de la plèbe, éliminer le dangereux
et nuisible Catilina de la course au pouvoir, et tenir
Pompée à distance tout en l'honorant. En juillet 63,
la Constitution ne lui permet de postuler que la
charge de préteur, c'est-à-dire de responsable de la
justice ; ce sera sa dernière magistrature avant le

consulat, auquel il ne pourra prétendre, pour des raisons d'âge, qu'en 59 seulement. Il mène sa campagne seul, sans se compromettre avec Catilina, le candidat du parti populaire au consulat.

Catilina est un ancien partisan de Sylla, qui est passé curieusement à travers tous les procès d'épuration. Après la mort du dictateur, on le retrouve édile en 70, préteur en 67, puis, en 66, gouverneur de la province d'Afrique, qu'il pille de fond en comble, à tel point qu'il fera l'objet d'un procès pour concussion. Il rentre alors précipitamment à Rome et complote avec Crassus contre la République : en janvier 65, il devait être le fer de lance de la conspiration que nous avons déjà contée, et dont le fol objet était de porter Crassus à la dictature. Grâce à César, la conjuration était morte dans l'œuf. En juillet de la même année, il s'était présenté au consulat, mais César, encore lui, tout en feignant de soutenir sa candidature, avait réveillé les réflexes anti-syllanistes du corps électoral, et Catilina avait été largement battu. En juillet 64, il était encore candidat, contre Cicéron, mais il fut distancé par un autre candidat populaire, Hybrida, et à nouveau battu.

En juillet 63, c'est donc la troisième candidature de Catilina. Ce noble déclassé lève bien haut le drapeau de la plèbe contre le Sénat, contre les riches, contre les grands propriétaires terriens, contre le système politique, enfin, qui réserve à un petit nombre de familles les hautes magistratures, les gouvernements de province et les commandements militaires, sources d'immenses profits. Il réclame la confiscation des terres du domaine public exploitées par les riches et leur distribution aux pauvres, l'abolition des dettes, et des poursuites contre les créanciers et les usuriers.

Ce discours généreux ne pouvait être ouvertement critiqué par les populaires, mais il couvrait des ambitions sordides. Catilina était prêt à tout pour conquérir le pouvoir, y compris au crime. De sorte que, si Crassus finançait sa campagne comme celle de César, et si ce dernier ne s'opposait pas ouvertement aux menées du démagogue, l'un comme l'autre restaient en retrait de ses excès, et, comme il y avait deux sièges de consuls à pourvoir, Crassus s'était prononcé sans ambages pour Muréna.

Cicéron, l'un des deux consuls sortants, avait encore un rôle à jouer avant de quitter la scène politique : assainir les mœurs électorales et protéger la République contre deux périls qui se nommaient, l'un, très proche, Catilina, et l'autre, à venir, Pompée. Compte tenu des bruits alarmants qui circulaient dans la Ville, sur l'imminence d'un coup de force populaire, il fallait calmer le jeu, et Cicéron fit ajourner au mois de septembre les élections consulaires qui devaient avoir lieu à la fin du mois de juillet. Avec sagesse, César et Crassus se gardèrent de s'y opposer.

Cicéron put ainsi aggraver les dispositions de la loi Calpurnia de 67, contre la brigue électorale, qui n'atteignait que les candidats corrupteurs (elle les frappait de dix ans d'inéligibilité), mais non pas leurs agents, dont l'activité perdurait dangereusement à Rome. Cicéron fit voter *in extremis* une loi très sévère, la loi Tullia (le nom de famille de Cicéron était Tullius), étendant les peines prévues par la loi de 67 aux intermédiaires (qu'on appelait les diviseurs) et même aux juges qui montreraient à l'avenir trop de clémence en la matière.

Cicéron parvint aussi à faire concéder au général Lucullus, le héros de la guerre contre Mithridate, les honneurs d'un triomphe bien mérité. Le Sénat les vota à l'unanimité : Lucullus était, avait dit l'un des sénateurs, l'épée de l'aristocratie ; Crassus et César ne s'y opposèrent pas, et les tribuns de la plèbe non plus, car c'était une sorte d'avertissement déguisé aux partisans de Pompée, l'homme qui avait mis Lucullus à l'écart et qui revenait, tranquillement, vers l'Italie, à la tête d'une puissante armée.

Le triomphe de Lucullus eut lieu au cirque Flaminien, sur le Champ de Mars, et il fut somptueux. Le général était richissime, et il avait fait orner le Cirque des armes des ennemis asiatiques qu'il avait prises, de leurs machines de guerre, de leurs chariots à faux et des catapultes du roi Mithridate ; il fit défiler des centaines de chefs et de rois prisonniers, cent dix galères capturées sur les pirates, munies de forts éperons d'airain, ainsi qu'une statue de Mithridate en or massif, de six pieds de hauteur, recouverte d'un pavois couvert de pierres précieuses. Le défilé était clos par cent onze mulets, chargés de tous les trésors que Lucullus avait rapportés d'Asie, et — innovation remarquée — des registres de comptabilité récapitulant les énormes sommes d'argent qu'il avait versées à Pompée, afin de financer la guerre de celui-ci contre les pirates, ainsi qu'aux questeurs et autres percepteurs de Rome, pour mettre dans les coffres du Trésor public.

César, qui assistait au défilé dans la loge réservée aux anciens magistrats curules, était assis auprès de Crassus, qu'il abreuvait de commentaires :

— C'est astucieux, cette idée de faire défiler des registres : voilà qui lavera Lucullus de toutes les accusations de rapines dont on l'a accablé. Pour une fois, on saura d'où vient l'argent d'un homme riche.

— C'est pour moi que tu dis cela, César ? interrogea ironiquement Crassus.

— Non. Toi, tu as gagné ta fortune en spéculant sur le malheur des autres, sur les cours du blé et sur l'effondrement des immeubles que tu faisais reconstruire : ce n'est pas glorieux, mais ce n'est pas non plus criminel.

— Plains-toi ! Qui est-ce qui paye ta campagne électorale ?

— À propos de campagne, tu ne trouves pas que, pour le parti cicéronien, ce triomphe vient à point ?

— Quel rapport ?

— Tu as compté le nombre de vétérans de Lucullus qui ont défilé ?

— Non.

— Moi, César, je les ai comptés : ils sont mille six cents. Et chacun d'entre eux a reçu un confortable pécule, pour services rendus à la patrie.

— Et alors ?

— Où vont-ils aller, ces mille six cents vétérans, après le triomphe ?

— Ils vont s'en retourner dans leurs provinces, couler une retraite bien méritée.

— Comment peut-on être aussi naïf ! Ils vont rester dans Rome, Crassus, jusqu'aux élections. Et, en septembre, ils voteront pour les candidats du Sénat : ni vu, ni connu, je t'embrouille.

— Je n'avais pas pensé à ça, dit Crassus ; c'est embêtant pour nous.

— Au contraire. Nous n'avons aucun intérêt à ce que notre unique candidat, Catilina, soit élu : ce serait la porte ouverte à la guerre civile. Tu sais bien que Catilina ne rêve que de couper des têtes. Mais, quel que soit le nombre de ses sbires, ils ne tiendront pas une semaine lorsque Pompée débarquera à Brindes.

— Pompée n'est pas dangereux pour la République.

— Détrompe-toi. Il est dangereux, comme tous les militaires quand ils deviennent chefs d'État : ils croient que l'on peut gouverner un peuple comme on commande à des armées.

— Et toi ? Tu sais comment il faut gouverner un peuple ?

— Le problème, pour Rome, ce n'est pas de gouverner quelques centaines de milliers de citoyens, mon cher Crassus, c'est d'organiser un empire méditerranéen de plusieurs dizaines de millions d'hommes et de femmes, et d'y faire régner la prospérité et la paix. Je rêve d'une paix universelle et non pas de petites victoires électorales remportées à la sauvette. Voilà mon grand dessein, Crassus : instaurer dans le monde la paix romaine.

— En attendant, gagnons-les, ces petites élec-

392

tions, César. La paix romaine universelle, ce n'est pas pour demain.

Les élections consulaires se déroulèrent dans la première quinzaine de septembre, sur le Champ de Mars. Les comices centuriates furent présidés par Cicéron, qui avait pris la précaution de porter une cuirasse sous sa toge. Catilina et les catiliniens furent battus, et, avec eux, le parti populaire. Le parti sénatorial obtenait les deux sièges de consuls : ceux pour lesquels Silanus et Muréna étaient candidats, et l'un des huit sièges de préteurs revint à César.

Tandis que le vacarme des ovations et des huées emplissait le Champ de Mars, celui-ci échangeait des œillades assassines avec Servilia, la sœur de Caton et la femme en secondes noces du consul désigné Décimus Junius Silanus, qui avait donné son nom au fils de celle-ci, Marcus Junius, surnommé Brutus, qui fera parler de lui par la suite.

Chapitre XXVII

La conjuration de Catilina
(SEPTEMBRE-DÉCEMBRE 63)

Il semble que ce qu'on a appelé la « conjuration de Catilina », et qui ne fut globalement qu'un coup d'État avorté, dont les péripéties se situent dans les derniers mois du consulat de Cicéron, entre septembre et décembre 63, ait été le prolongement de la tentative tortueuse de janvier 65, dont Crassus était la tête et dont Catilina devait être le bras.

Ce complot, qui avait pour but d'égorger les consuls élus et de « tuer tous les affreux », c'est-à-dire, dans le langage un peu cru de Crassus, les sénateurs récalcitrants, avait tourné court, en raison de l'intervention, au dernier moment, de César. Depuis, Crassus avait mis de l'eau dans son vin, et se contentait de pousser César au pouvoir, sans précipitation et par des moyens non violents, tandis que Catilina avait accumulé les défaites politiques : il n'avait pu se présenter aux élections de 65, il avait été battu en 64, et il comprenait bien que sa victoire en 63 était plus que problématique. Aussi, dès le mois de juin, avait-il pris ses dispositions pour triompher coûte que coûte.

Prenant à part les uns, pour sonder leurs intentions, exhortant les autres, leur représentant combien il serait facile d'abattre une République sans défense dès avant les élections, il finit par réunir chez lui les plus audacieux : une douzaine de sénateurs, proches du parti populaire, trois ou quatre chevaliers, et surtout nombre de Romains qui vivaient hors de Rome, dans des colonies ou des municipes. Son principal complice était Lentulus, membre d'une des branches de la famille Cornélius, la famille de Sylla et de Cinna. Ce Lentulus, dont le nom complet était Publius Cornélius Lentulus, surnommé Sura (le « Syrien »), avait été questeur de Sylla en 81, préteur en 75 et consul en 71 ; il avait été exclu du Sénat en 70, avec une soixantaine d'autres sénateurs, pour l'infamie de ses mœurs. Cette exclusion l'avait profondément marqué et il avait tout naturellement rejoint le parti de ceux qui rêvaient de se venger et de renverser la République. En 63, il avait été élu préteur pour la deuxième fois, douze ans après sa première préture.

Théoriquement, c'était une réunion électorale banale, en vue des élections prochaines ; elle se tint dans une partie retirée de sa villa, à quelques pas du Forum, et débuta par un discours de Catilina :

— Les projets que j'ai formés, je vous en ai déjà parlé à tous, séparément. Depuis que l'État romain est tombé entre les mains d'une puissante clique, d'une oligarchie, c'est à eux, et à eux seuls, que les rois et les princes vaincus payent leurs tributs, que peuples et nations, et nous-mêmes versons l'impôt. Quant aux autres citoyens, nous tous, les braves, les bons, les nobles et les non nobles, nous n'avons qu'à payer et qu'à nous taire, nous n'avons ni influence, ni autorité et nous tremblons devant cette poignée de maîtres alors que, si la République méritait son nom, ce sont eux qui devraient trembler devant nous. À eux les honneurs, les richesses, le pouvoir, à eux ou à leurs créatures, et à nous les procès, les échecs, la misère. Jusques à quand enfin, mes amis, souffrirez-vous cet état de choses ? Alors je vous le dis : nous avons la jeunesse, nous avons le courage, chez eux, les années et les richesses ont usé leurs corps et leurs âmes. N'hésitons plus. Sautons le pas, et le reste suivra. Aux armes, citoyens romains !

Un silence étonné, hésitant suivit cet exorde. Catilina reprit aussitôt son auditoire en main :

— Quel homme digne de ce nom pourrait souffrir qu'un petit nombre écrase de sa fortune et de son mépris tout un peuple ? Que ces gens regorgent de richesses, alors que tant d'autres n'ont même pas de quoi vivre ? Eh bien ! réveillez-vous, citoyens ! La voici, oui, la voici, cette liberté dont vous avez tant rêvé ; et, avec elle, la richesse, l'honneur et la gloire. Mon cœur et mon bras sont avec vous : servez-vous de moi comme général ou comme simple soldat, mais réveillez-vous !

Il dit encore quelques mots à chacun d'entre eux, mais il ne fournit aucun détail sur les opérations prévues et il conclut en leur recommandant de bien soutenir sa candidature aux élections de juillet : « Si je suis élu, les choses n'en seront que plus simples. » Puis il congédia l'assemblée, ne gardant autour de lui que ses complices les plus proches, en qui il avait pleinement confiance.

— Camarades, jurons de ne pas nous séparer avant d'avoir fait triompher la révolution, jurons à la mort de nos ennemis.

Et, au moment où les conjurés prêtaient le serment rituel d'exécration, comme il était d'usage dans les sacrifices solennels, Catilina fit circuler des coupes pleines de sang humain mélangé à du vin :

— Buvons et jurons.

Ils jurèrent tous, et se dispersèrent tardivement, dans la nuit chaude de l'été commençant. Il s'agissait pour eux, maintenant, de mettre à profit, pour agir, le temps qui restait avant les élections. Toutefois, l'ajournement de celles-ci à septembre devait, en principe, leur permettre d'affiner le complot.

On a déjà dit qu'aux élections consulaires de septembre, Catilina fut battu, ce qui le rendit ivre de rage, et, le lendemain même des comices, il mit le plan de son coup de force à exécution. Il consistait à provoquer deux soulèvements simultanés contre le pouvoir en place, l'un à Rome, et l'autre dans le Nord de l'Italie, en Étrurie.

Le premier devait commencer par l'élimination des consuls en place et par l'incendie de certains quartiers de Rome ; profitant du désordre ainsi créé, Catilina et ses complices auraient pu s'emparer du Sénat par la force. Les exécutants seraient quelques grands seigneurs romains, des patriciens de haute lignée, plus ou moins débauchés, ou décavés, ou bien qui avaient une revanche quelconque à prendre sur leur classe, tels les deux consuls Autronius et Cornélius, qui avaient été cassés pour brigue en 66, ou cet autre, Cornélius Cothégus, une brute épaisse qui se croyait tout permis. À ces aristocrates dévoyés s'étaient joints quelques chevaliers dont les finances périclitaient, et quelques femmes qui avaient d'abord vécu de leur corps, puis d'expédients, quand elles eurent perdu leur sveltesse et leur beauté : par elles, il croyait pouvoir soulever les esclaves urbains et les utiliser pour incendier les maisons de Rome.

— Tu vois, cette Sempronia, disait Catilina à Cornélius, elle est de la famille des Gracques. Il y a vingt ou trente ans, c'était, paraît-il, la meilleure affaire de Rome, l'impudicité à l'état pur ; elle en a affolé, des hommes, elle a même eu un mari consul. C'était un véritable gouffre, au sens propre et au figuré : il lui fallait chaque jour un peu plus d'hommes et un peu plus d'or. Elle jouait de la cithare, elle savait tourner des vers, elle dansait comme aucune catin ne l'a jamais fait, et insatiable, avec ça ! Maintenant, ce n'est plus qu'un gros tas. Mais elle a toujours autant de besoins d'argent. Elle connaît toute la pègre de Subure.

Le complot provincial était beaucoup plus stratégique. Il y avait dans le Nord, autour de Fiesole, en Étrurie, d'anciens soldats de Sylla, auxquels le dictateur avait distribué plus de cent mille lots de terre à son retour d'Asie. Ces braves soldats s'étaient révélés de piètres laboureurs, et ils étaient couverts de dettes. Catilina leur avait dépêché des sortes de sergents recruteurs, qui n'avaient eu aucun mal à les persuader de reprendre leur ancien métier, pour le compte non plus de la patrie, mais de la révolution... et de leur ressentiment.

Catilina pouvait aussi compter sur les bergers, qui servaient d'agents de renseignement ou d'agents provocateurs, et sur les gladiateurs, toujours prêts à s'enfuir des écoles où ils s'entraînaient et qui étaient utiles pour assurer le service d'ordre dans les manifestations, ou pour terroriser les électeurs.

Pour encadrer ces recrues disparates, dont le moteur était la rancœur pour les uns et la voracité pour les autres, Catilina avait envoyé en Étrurie l'un de ses lieutenants, un nommé Manlius. Le 20 septembre, Catilina a pris sa décision. Il convoque à nouveau chez lui les conjurés et les chefs de réseaux et il les exhorte à agir, tant à Rome qu'en province.

Puis, s'adressant à l'un de ses complices, un nommé Quintus Curius :

— Pas un mot à la reine-mère.

Tout le monde éclate de rire. La « reine-mère » n'était autre que la maîtresse de Curius, une certaine Fulvie, qu'il abreuvait de cadeaux. Or, depuis quelque temps, Curius était moins généreux ; il était donc moins bien reçu par son exigeante maîtresse. Mais, depuis qu'il était dans les secrets de Catilina, il ne doutait pas de la réussite de la conjuration, et son attitude vis-à-vis d'elle avait changé. Finalement, Fulvie avait percé son secret. Le 21 septembre au soir, elle se précipite chez Cicéron, l'informe de la conjuration et du danger qu'il court — non sans avoir quémandé une récompense sonnante et trébuchante — et lui présente Curius, qui raconte tout au consul : dorénavant, Fulvie et son amant seront ses indicateurs attitrés, ses mouchards.

Cicéron juge opportun de prévenir le Sénat, et il convoque les sénateurs pour le 23 septembre. Mais les Pères conscrits sont en vacances, et la plupart d'entre eux se trouvent plus à l'aise sous les ombrages de leur campagne que dans la fournaise estivale de Rome. La séance a lieu quand même, dans une Curie presque vide, et aucune décision n'est prise. L'initiative du consul avait été maladroite : c'était un coup d'épée dans l'eau, qui n'eut d'autre effet que d'alerter Catilina sans le désarmer pour autant.

Toutefois le procès-verbal de cette séance pour rien mentionne que le sénateur Caïus Octavius, banquier de son état, dont la famille, très ancienne, était d'origine plébéienne, est arrivé en retard, chose qui ne se produisait jamais, car Octavius, originaire de Vellétri — une bourgade située à une quarantaine de kilomètres au Sud de Rome — était réputé pour sa ponctualité :

— Je demande respectueusement aux Pères conscrits d'excuser mon retard, aurait-il dit à l'honorable assemblée ; ma femme Atia a mis au monde, ce matin même, un garçon qui porte mon nom : Octavius.

Les sénateurs présents applaudissent : leur collègue n'avait eu jusqu'alors que deux filles. L'un d'entre eux demande à son voisin :

— Cette Atia, n'est-ce pas la nièce de César ?

400

— Oui, c'est la fille de sa plus jeune sœur, Julie, et d'un certain Atius Balbus... du moins, en principe.

— Pourquoi dis-tu « en principe » ?

— Parce qu'un jour, en rentrant d'un très long voyage, Atius trouva son épouse enceinte ; il eut quelques doutes, évidemment, mais Julie lui dit qu'Apollon était venu la visiter une nuit, sous la forme d'un dragon, alors qu'elle dormait dans le temple du dieu.

— Encore une histoire à dormir debout. Admettons : ce petit Octave qui vient de naître est donc le petit-neveu de notre collègue César. Il faudra que nous le félicitions. Si cet Octave tient de son grand-oncle, on peut lui prédire une belle carrière.

La carrière de ce nouveau-né sera brillante, car il deviendra le premier empereur romain, sous le nom d'Auguste.

Trois semaines se passent. Cicéron a beau tenter d'ameuter les sénateurs, ceux-ci ne croient pas à ses avertissements.

— Nous n'en sommes plus au temps de Sylla, déclare l'un d'eux. Si la guerre civile se préparait de tous côtés en Italie et que des armées de rebelles devaient converger vers Rome, cela se saurait. Tout est calme, Rome et Cicéron peuvent dormir tranquilles.

Ce n'était pas l'avis de César, et il s'en ouvrit à Crassus.

— Je n'ai pas une grande opinion de la clair-voyance de Cicéron, dit-il à Crassus, mais il est bien évident qu'il a raison et que les sénateurs, toujours prêts à bondir quand on touche à leurs prérogatives, restent scandaleusement inertes.

— Je suis de ton avis, répond Crassus, il faut faire quelque chose, éviter que ne se déclenche une guerre civile qui serait catastrophique pour tout le monde... car c'est Pompée qui tirerait les marrons du feu, et bonjour la dictature militaire...

— J'ai reçu un rapport de Fiesole, renchérit César : le 17 octobre, Manlius se déclarera en état de rébellion contre la République, l'assassinat de Cicéron est programmé pour le 18 et la cité de Pré-neste sera occupée par les troupes de Manlius le 1er novembre.

— Tu en sais, des choses, lui dit en souriant Crassus.

— J'ai mes espions et mes amis.

— Et moi, j'ai mes lettres anonymes, réplique Crassus.

— Des lettres anonymes ?

— Oui. Elles ont été déposées ce matin par un inconnu chez mon portier. Elles sont destinées à plu-sieurs sénateurs de notre parti. J'ai ouvert la mienne : elle m'annonce que des événements sanglants vont avoir lieu à Rome et que j'ai intérêt à quitter la Ville et à me réfugier à la campagne.

— C'est curieux. De qui vient cette lettre ?

— Certainement de Catilina. Comme il ne peut se montrer, alors il nous écrit, pour nous mettre en garde...

402

— ... et pour lui laisser le terrain libre, enchaîne César, tu n'as pas compris ?

— J'ai compris, mais je suis certain que Catilina a besoin de nous deux : de toi, en raison de ta popularité, de moi à cause de mon argent. Alors, comme il craint une bavure, il nous prévient gentiment.

— Je commence à en avoir assez, de ce Catilina, dit César. Il est ambitieux et tortueux, et il ne peut rien en résulter de bon. Allons prévenir nous-mêmes Cicéron.

Le 20 octobre, César et Crassus sont reçus par le consul, lui montrent les lettres et lui confient ce qu'ils savent de la conjuration.

Le consul convoque le Sénat pour le lendemain matin. Il distribue le courrier anonyme que lui a transmis Crassus et invite les sénateurs à lire chacun sa lettre. Cette fois-ci, les Pères conscrits ont compris. Ils proclament immédiatement un sénatus-consulte, déclarant Rome en état de sédition, mais ils demandent encore vingt-quatre heures pour réfléchir plus avant.

Le 22 octobre, à la Curie, César est absent : il a le sentiment que ses révélations vont entraîner des mesures autoritaires et graves, qu'il approuve secrètement, mais auxquelles il préfère ne pas s'associer publiquement ; toutefois il a confié un message à un sénateur qui lui sert de collaborateur particulier au collège des pontifes, un certain Arrius. Cicéron prend la parole : il rend compte des troubles qui se propagent en province. Arrius demande la parole et précise, d'un ton quelque peu solennel :

— Le Grand Pontife n'est pas parmi nous aujourd'hui, mais il m'a chargé de vous apprendre que les villes d'Étrurie sont entrées en rébellion. Les habitants de Fiesole manifestent, il y a des émeutes, les bâtiments officiels brûlent et les fonctionnaires romains sont en danger. Le consul Cicéron a raison de vous avertir, Pères conscrits, et nous, les populaires, nous lui apportons notre soutien.

Cette déclaration produit un grand effet. Dehors, la nouvelle se répand, jusqu'au Forum, que César et le parti populaire appuient l'action de Cicéron et réclament pour lui les pleins pouvoirs. Pour mettre fin à la panique qui envahit la Ville, les sénateurs votent, comme un seul homme, un sénatus-consulte ultime à l'intention des consuls Cicéron et Hybrida.

— C'est le monde renversé, dit un vieux sénateur. Hier, César voulait faire abolir la procédure du sénatus-consulte ultime, comme antidémocratique, et demandait la condamnation de Rabirius qui en avait usé, aujourd'hui il la réclame pour Cicéron !

Cicéron lui-même est bien embarrassé. L'autorité dictatoriale dont on vient de l'investir est une arme à deux tranchants et il n'ose pas assumer la responsabilité d'une répression qu'on pourrait lui reprocher par la suite. Hybrida ne dit rien : il est aux ordres de Crassus, et Crassus lui a ordonné de se taire.

Cependant le temps presse et les nouvelles les plus alarmantes parviennent à Rome : on annonce de partout des rassemblements de troupes, des ventes d'armes, des soulèvements d'esclaves. Les superstitieux colportent la nouvelle de présages et de prodiges de toute sorte : un tremblement de terre ici, un orage dévastateur et des chutes de la foudre là, des apparitions de fantômes.

Enfin Cicéron se décide. Il y avait, dans les environs de Rome, deux généraux, revenus d'Asie avec leurs troupes, dans l'attente d'un triomphe, qui devait leur être accordé, après celui qui avait honoré Lucullus : un décret du Sénat leur donne l'ordre de partir l'un pour Capoue, l'autre pour Fiesole, où des troubles graves ont été signalés ; des préteurs sont désignés pour les accompagner et pour lever, localement, les troupes que les circonstances exigeraient. Cicéron, soutenu par le Sénat unanime, met sur pied un dispositif anti-terroriste dans Rome : des postes de surveillance sont établis un peu partout dans la Ville et à ses portes, les suspects sont interrogés, voire arrêtés. On encourage même à la délation : toute révélation concernant le complot contre la République sera récompensée d'une prime de 100 000 sesterces si elle provient d'un homme libre, de l'affranchissement si elle provient d'un esclave.

Ces mesures transforment l'ambiance de la Ville. À la gaieté, au laisser-aller des mœurs, aux banquets nocturnes et au « bon temps » que Rome connaissait depuis la mort de Sylla, en 78, succèdent, partout, l'agitation, la défiance, l'inquiétude. Chacun s'enferme chez soi, les barbiers de Subure ne voient plus leurs clients, le commerce périclite, les transactions cessent et le Sénat doit édicter un moratoire pour les dettes : les Romains ne payent plus ni leurs loyers, ni leurs créanciers. Les années folles de l'Urbs semblent terminées.

Cependant, Catilina continue de braver le pouvoir. Il ne se cache pas, vaque à ses occupations et répond même, non sans une insolence goguenarde, à une convocation du préteur Métellus Céler. Sa maison est surveillée, mais il a lui-même son propre garde du corps, un certain Marcellus. Dans la nuit du 6 au 7 novembre, il s'en échappe furtivement, et tient un conseil de guerre chez un de ses complices, Porcius Laeca :

— Il faut en finir, déclare-t-il. Je vais partir pour Fiesole, prendre la tête des armées de la révolution et j'entrerai avec elles dans Rome d'ici quelques jours.

Puis, se tournant vers deux des conjurés, un sénateur du nom de Vargunteius et un chevalier, Cornélius :

— Auparavant, il faut assassiner Cicéron : demain matin, à l'aube, présentez-vous chez lui, sous le prétexte d'éclaircir un point de droit, et tuez-le.

Mais les « indics » de Cicéron — Curius et Flavie — font leur travail et, lorsque les deux conjurés qui devaient le tuer frappent à sa porte, au petit matin du 8 novembre, ils sont éconduits fermement ; toutefois le consul, héroïquement respectueux des principes du droit pénal romain, ne les fait pas arrêter :

— Il n'y a pas eu commencement d'exécution, dit-il à ses gardes, laissez-les partir.

— Mais, Cicéron, ils venaient pour t'assassiner : vois les armes qu'ils portent.

— Il n'y a pas de loi interdisant de porter des armes, et ils ne s'en sont point servis contre moi : à Rome, nous punissons les délits et les crimes, et non pas les intentions.

— Le sénatus-consulte ultime te permet de prendre toutes les décisions que tu juges utiles.

— Rabirius aussi avait agi au nom d'un sénatus-consulte ultime : trente-neuf ans plus tard, on l'a jugé pour crime imprescriptible de haute trahison.

Quelques heures plus tard, au milieu du Sénat convoqué pour une assemblée extraordinaire non pas à la Curie, mais dans le temple de Jupiter Stator, Cicéron prononcera le plus célèbre discours de sa vie, la *Première Catilinaire*.

Le temple de Jupiter est plein à craquer. Cicéron, sans doute sur les conseils de César, avait choisi ce monument, en haut du mont Capitole, parce qu'il constituait une véritable forteresse, facile à défendre dans le cas d'une attaque par surprise. Tout au long de la Voie sacrée et de la rampe qui montait au Capitole, on avait placé tout ce que Rome possédait de troupes de vigiles ; un cordon de chevaliers romains, fidèles alliés du chevalier Cicéron, entourait le temple. Pendant la nuit, les patrouilles de police avaient été plus nombreuses que jamais.

On croyait que Catilina n'aurait pas eu l'audace de se présenter. Quand les sénateurs le voient entrer dans le temple, nul ne s'approche de lui. Il s'assied sur un banc vide, qui restera vide pendant toute la séance. Le silence se fait. Cicéron se lève, majestueux. D'un geste, il commande à Catilina de se lever, puis sa voix éclate et tonne :

— Jusques à quand enfin, Catilina, abuseras-tu de notre patience ? Combien de temps encore ta fureur esquivera-t-elle nos coups ? Jusqu'à quel point s'emportera ton audace sans frein ?

Catilina ne bronche pas, devant cette attaque de front ; l'assemblée non plus : on entendrait voler une mouche. Cicéron poursuit :

— Tes projets sont percés à jour, ne le sens-tu pas ? Ta conjuration, connue de tous, est déjà maîtrisée : ne le vois-tu pas ?

Puis il évoque la réunion nocturne chez Laeca et la tentative d'assassinat dont il a fait l'objet le matin même :

— Ce que tu as fait la nuit dernière, et la nuit précédente, où tu as été, qui tu as convoqué, quelles décisions tu as prises, crois-tu qu'un seul d'entre nous l'ignore ?

Et il prend l'assemblée à témoin :

— Ô temps ! Ô mœurs ! Le Sénat le sait, le consul le voit ; et cependant cet homme vit encore. Il vit ? Bien mieux ! Il vient au Sénat, il prend part aux délibérations publiques, il marque et il désigne de l'œil, le condamnant à mort, chacun d'entre nous !

La conclusion tombe, comme le couperet de la guillotine :

— C'est à la mort, Catilina, que, sur l'ordre du consul, il aurait fallu te conduire.

Après cette attaque brutale, violente, Cicéron entreprend d'argumenter. Il montre que le crime de complot contre la République est établi par les ordres transmis à Manlius, par les séditions de Fiesole et de Préneste. Il dit ce qui s'est passé chez Porcius Laeca. Il détaille tous les projets de massacres et d'incendies mis au point par les conjurés et laisse tomber son verdict :

— Je vais te dire, Catilina, ce qu'ici l'on pense de

408

toi : sors de Rome et, si tu n'attends que ce mot, pars pour l'exil, Catilina. Ne comprends-tu pas le silence des sénateurs ? Ils me laissent dire ; ils se taisent. Ils confirment cet ordre formel par leur silence. Et ces chevaliers, que tu as vus autour du temple de Jupiter, tu as pu à l'instant entendre leurs clameurs. Je retiens à peine leurs mains. Leurs armes sont prêtes à te frapper. Pars, Catilina, pars, et ne reviens jamais.

Le soir même, épouvanté sans doute par le poids de ces haines muettes autour de lui, Catilina quittait Rome, pour rejoindre les troupes de Manlius.

Pendant tout le discours de Cicéron, César était resté de marbre. Son plan personnel se réalisait comme il l'avait prévu et calculé : son rival, au sein des populaires, était provisoirement éliminé sans qu'il ait eu à jouer le rôle de l'ange exterminateur qu'on aurait pu lui reprocher plus tard.

Le lendemain 9 novembre, Cicéron adressait aux sénateurs un second discours contre Catilina, dans lequel il justifiait sa position. Catilina en exil, Rome, selon lui, n'avait plus rien à craindre car l'armée de rebelles réunie à Fiesole était faite de vieux soldats peu dangereux et de débauchés ; quant aux conjurés qui étaient encore à Rome, ils n'étaient pas nombreux et faciles à capturer : un châtiment terrible les attendait.

— Décidément, dit César à Crassus après cette *Deuxième Catilinaire*, Cicéron ne comprendra jamais rien à rien. Si j'étais à la place de Catilina, j'aurais fait mine de partir pour la Narbonnaise, et j'aurais ensuite rejoint Fiesole. Quant à l'armée de vieillards et de débauchés dont il nous parle, il se met le doigt dans l'œil : je connais Manlius, et il sait monter une armée, comme je l'avais fait quand j'étais jeune, en Cilicie, contre Mithridate.

— Pourquoi n'interviens-tu pas ? lui demanda Crassus.

— Laisse donc ce gros bonhomme de Cicéron s'enfoncer. De toute façon, il est obsédé par le formalisme juridique. Il ne fera condamner la conjuration que lorsqu'elle éclatera : il me fait songer à un pompier qui verrait couver le feu sous la cendre et qui attendrait que la maison brûle pour se décider à l'éteindre.

— Que ferais-tu, à sa place ?

— Il y a longtemps que j'aurais arrêté tout le monde et flanqué en prison pour la vie tous les conjurés, Catilina en tête.

— Mais la plèbe ? Qu'est-ce que tu en fais de la plèbe ? interroge Crassus. Le programme de Catilina est irréalisable, mais il est sacrément démagogique : ils sont nombreux, les pauvres et les sans-le-sou de Rome à croire qu'ils ne seront plus pauvres lorsque les riches, sénateurs ou non sénateurs, auront été massacrés et qu'ils se seront partagé leurs richesses.

— C'est le seul point noir de l'affaire. Tout dépendra de la personnalité des conjurés qu'on arrêtera et de ce que feront les tribuns. Mais les nouveaux tribuns de la plèbe entrent en fonction le 10 décembre. À mon avis, le mois de décembre sera le mois décisif.

Catilina avait quitté Rome sur-le-champ. Avant de partir, il avait écrit au président du Sénat, Catulus, pour mettre sa femme, Orestilla, sous sa protection et pour protester de son innocence, disant n'avoir agi que pour défendre les malheureux et avoir été outré par le résultat des élections consulaires qui avaient mis au pouvoir des hommes qui n'y avaient pas droit, tels Silanus et Muréna. Puis il s'éloigna de Rome par la via Aurélia, qui suit la côte et qui était la route de la Gaule Narbonnaise ; durant son voyage, il écrivit de nombreuses lettres à des nobles qui avaient été consuls, leur disant non pas qu'il s'exilait, mais que, victime de tant de calomnies et incapable de résister à la cabale de ses ennemis, il s'enfuyait dans la ville libre de Marseille, en Gaule Narbonnaise.

Tout cela était faux, bien entendu. Dès qu'il se fut suffisamment éloigné de Rome, Catilina obliqua vers la via Flaminia, qui menait à Fiesole, en Étrurie, rejoindre Manlius, qui l'attendait sous les murs de cette cité. Il y parvint vers la mi-novembre, et pénétra dans la ville précédé de licteurs, avec tout l'apparat d'un général en chef. Lorsque à Rome on fut assuré de ce fait, on considéra qu'il avait abattu son jeu et Catilina, Manlius et tous leurs soldats furent déclarés ennemis publics.

Vers la fin du mois de novembre, les craintes de César se confirmèrent. Les conjurés qui étaient restés dans Rome mettaient en œuvre le plan destructeur décidé dans la maison de Laeca, dans la nuit du 6 ou 7 novembre, au cours de cette réunion qui avait provoqué le sursaut sénatorial. Ils attendaient l'intronisation des tribuns de la plèbe, et en particulier de Calpurnius Bestia, qui était des leurs. Il avait été prévu que celui-ci interpellerait Cicéron, l'accuserait d'avoir forcé un innocent défenseur de la plèbe à l'exil, et que des meneurs, répartis dans douze quartiers bien définis de Rome, mettraient simultanément le feu à tous les bâtiments, facilement inflammables, comme on le sait. La maison de Cicéron n'échapperait pas aux incendies, bien entendu, son propriétaire serait égorgé, et son meurtre serait le signal du massacre des sénateurs. Catilina pourrait alors entrer en maître dans la Ville.

Cicéron était tenu au courant de ces manœuvres par Curius et Fulvie, ses indicateurs préférés, mais il se refusait d'exercer les droits que lui avait conférés le sénatus-consulte ultime avant le premier flagrant délit : on ne punit pas des intentions de crimes, répétait-il, on punit des crimes, ou des commencements de crimes. Or les conjurés étaient habiles et prudents. Il fallait attendre qu'ils commettent quelque erreur fatale.

— Ne t'en fais pas, Cicéron, ils la commettront, cette erreur, lui dit un soir César, en le raccompagnant chez lui, avec une escorte de cinquante hommes d'armes : il y a trop de conjurés qui veulent jouer le rôle de chef parmi eux. Dans une bonne conjuration, il doit n'y avoir qu'un chef, et un seul.

Cette erreur, les conjurés devaient la commettre dans la journée du 3 décembre 63, et ils la payèrent de leur vie au soir des nones de ce même mois, autrement dit au soir du 5 décembre 63.

Chapitre XXVIII

Les nones de décembre
(5 DÉCEMBRE 63)

À cette époque, un peuple de la Gaule Transalpine, implanté au Sud du Rhône et du lac Léman, celui des Allobroges, avait envoyé des députés en ambassade à Rome. Ils venaient présenter leurs doléances aux magistrats romains contre les gouverneurs qui les avaient accablés d'exigences et d'exactions. Ils ne pouvaient tomber à un plus mauvais moment : le gouverneur qu'ils accusaient de concussion se trouvait être le consul désigné pour l'année 62, Muréna, l'ami et le client de Cicéron, et les députés allobroges furent éconduits par le consul et par le Sénat.

En l'absence de Catilina, interdit de séjour à Rome, le chef des conjurés dans la Ville était Lentulus. Il comprend rapidement le profit qu'il peut tirer de la présence des Allobroges et leur délègue un de ses hommes, Umbrénus, afin de les déterminer, si possible, à s'allier avec eux :

413

— Tu comprends, Umbrénus, lui avait-il dit, les Allobroges ont été grevés d'impôts en tout genre par Muréna, ils croulent sous le poids de leurs dettes fiscales, comme la plupart de nos plébéiens. Tu dois parvenir à les faire marcher avec nous.

— Je connais bien la plupart des chefs allobroges, avait répondu Umbrénus, qui faisait des affaires commerciales avec les peuples gaulois ; je leur achète, tous les ans, des centaines de livres de fromage et je leur vends du blé.

— Ah ? Parce qu'ils font du fromage ?

— Et du fameux, un fromage à pâte molle, avec une croûte solide ; fondu avec un peu de vin blanc de leur pays, c'est un délice.

— Tu m'en rapporteras, la prochaine fois où tu partiras les visiter.

Umbrénus en ville, à la recherche des Allobroges. Il les rencontre sur le Forum, les aborde et leur parle de leur pays :

— Que de fois je suis venu chez vous ! Je me suis souvent baigné dans votre grand lac, près de Genève ; et Vienne, on y mange toujours aussi bien ?

— La vie est devenue difficile. Nous avons tous été ruinés par Muréna. Nous sommes couverts de dettes.

— Si seulement vous aviez le courage de vous comporter comme des hommes, leur dit Umbrénus, je vous montrerais le moyen d'échapper à cette misère. Suivez-moi.

Umbrénus conduit les Allobroges dans la maison de Sempronia, qui était toute proche du Forum. Il leur expose les buts de la conspiration, les noms des conjurés.

— Aidez-nous à faire la révolution ; nous avons besoin de cavaliers : vous pouvez nous en fournir. Une fois vainqueurs, nos chefs, Catilina et le préteur Lentulus effaceront toutes vos dettes.

Les Allobroges sont des montagnards qui ne se décident pas très vite. Ils parlent avec lenteur, réfléchissent longtemps. Finalement l'un d'eux donne une réponse prudente :

— Nous allons y penser.

Ils discutent longuement entre eux. Ces Gaulois sont partagés entre leur amour de la guerre et l'annulation de leurs dettes d'une part, les risques d'insuccès de la conjuration d'autre part. Finalement, c'est la sagesse qui l'emporte : ils vont trouver le magistrat romain responsable de leurs cités, un certain Fabius Sanga, et, comme on dit chez eux, ils mangent le morceau. Fabius prévient discrètement Cicéron, qui saisit la balle au bond :

— Recommande à ces Allobroges de feindre d'accepter et de réclamer des engagements écrits et signés par le plus grand nombre de conjurés possible, lui dit le consul.

Sanga transmet le conseil aux Allobroges, qui obtiennent de Lentulus des tablettes écrites, contenant les promesses qui leur sont faites, et scellées du sceau des principaux conjurés présents à Rome : Lentulus, Céthégus, Statilius, Cassius notamment. Les Gaulois repartent ensuite vers la Narbonnaise, accompagnés par un conjuré, Volturcius de Crotone, porteur d'une lettre adressée par Lentulus à Catilina.

De leur côté, les Allobroges préviennent Cicéron : ils quitteront Rome le 3 décembre, vers quatre heures du matin, par la route qui débouche sur le pont Mulvius. Cicéron ordonne à deux des préteurs fidèles à la République de tendre une embuscade nocturne aux environs de ce pont, et l'affaire est dans le sac : comme convenu, les députés allobroges sont arrêtés, ainsi que Volturcius de Crotone, les documents scellés sont saisis et Cicéron convoque immédiatement le Sénat au temple de la Concorde, sur le Forum. Il exulte : il tient enfin la preuve matérielle de la conjuration et des intentions des conjurés.

Il fait encore nuit lorsque la séance commence. Cicéron fait circuler les tablettes scellées entre les mains des sénateurs, et ordonne l'arrestation immédiate de ceux d'entre eux qui ont apposé leur sceau sur les tablettes, ainsi que des perquisitions à leurs domiciles. On y trouve des documents et des armes qui aggravent leur cas. Un procès-verbal est établi, et les Pères conscrits, à l'unanimité des présents, votent la destitution du préteur Lentulus, son arrestation et celle des autres conjurés.

La journée du 3 décembre s'achève. Le soir tombe. Sans plus tarder, Cicéron convoque les tribus au Champ de Mars. Il veut que son réquisitoire soit public. À la lueur des flambeaux, devant tous les sénateurs et devant le peuple romain, il prononce sa *Troisième Catilinaire* :

— C'est la République, citoyens, clame la voix de bronze du consul, c'est votre vie à tous, ce sont vos biens et vos fortunes, vos femmes et vos enfants, c'est le siège du plus illustre empire, c'est la plus puissante et la plus belle des villes, qu'en ce jour la protection insigne des dieux immortels, mais aussi mes efforts, ma vigilance, mes périls viennent d'arracher au fer et au feu, et, si j'ose dire, aux dents cruelles du Destin, pour vous les conserver et pour vous les rendre.

Et le consul raconte au peuple la séance qui vient de se tenir au Sénat. Il dit combien les faits reprochés aux conjurés sont graves, comment les complices de Catilina ont été convaincus de leurs crimes, comment ils ont avoué et que neuf d'entre eux ont été mis en état d'arrestation :

— Telle a été, citoyens, l'indulgence du Sénat que, dans une conjuration si étendue, parmi tant d'ennemis de l'intérieur, il a estimé que le châtiment de neuf hommes des plus criminels suffirait, la République étant sauve, pour guérir la folie de tous les autres.

Cicéron termine son discours sur une invocation à Jupiter et quitte la tribune sous les applaudissements et les vivats. César n'a toujours pas bronché.

Une fois les comices dispersés, le consul fait occuper militairement le Capitole, et il y passe la nuit du 3 au 4 décembre. En effet, cette nuit-là, comme chaque année, on célébrait la fête de Cybèle, la « Bonne Déesse », dans la maison d'un des plus hauts magistrats de la cité, qui s'était trouvée être celle de Cicéron. Le rituel de la fête interdisait la présence de quelque homme que ce fût sous le toit de la demeure où elle se déroulait et Cicéron était donc dans l'obligation de découcher. Compte tenu du rôle qu'il avait joué en dénonçant la conjuration, et du fait que des centaines de comparses des conjurés avaient été laissés en liberté et parcouraient les rues de Rome à la recherche d'esclaves ou d'affranchis avec lesquels ils tenteraient de délivrer les prisonniers, le consul avait trouvé plus prudent de passer cette nuit sous la garde d'une garnison bien armée.

Car l'affaire n'était pas terminée. Il fallait encore décider, sans délai, du sort des coupables. Théoriquement, en vertu du sénatus-consulte ultime, Cicéron pouvait prendre, seul, et sans avoir à s'en expliquer, la décision qui lui paraissait la meilleure. Mais c'était là une terrible responsabilité, et il tenait à la partager avec le Sénat tout entier. Le 4 décembre, dès qu'il s'éveille sur le mont Capitole, il convoque les Pères conscrits pour le jour même. Il faut en finir avec l'enquête, prévoir des récompenses pour ceux qui ont aidé à l'arrestation des conjurés, en particulier pour les Allobroges, et prononcer les sentences. La journée se passe en discussions et en tergiversations. La délibération est renvoyée au jour suivant, aux nones de décembre.

La séance se tient encore dans le temple de Jupiter, sur le Capitole. Cicéron ouvre les débats :

— Pères conscrits, je n'ai pas voulu répondre seul à la question du sort des conjurés. La situation est trop grave pour que je puisse me permettre de décider sans avoir votre avis.

Silanus, l'un des deux consuls désignés pour l'année 62, parle le premier : il opte pour la mort des conjurés arrêtés.

César parle ensuite. Un silence impressionnant se fait dans le temple. Pour la première fois depuis le commencement de l'affaire, il va donner son avis. Il se lève, et, dès ses premiers mots, l'assemblée comprend qu'il ne se place pas sur le terrain de la rhétorique :

— Tout homme, Pères conscrits, qui délibère sur un cas douteux, doit être exempt de haine, d'amitié, de colère et de pitié.

(Mouvements dans l'auditoire) : — Il a dit « cas douteux », y aurait-il anguille sous roche ?

Cicéron est cramoisi. César continue :

— L'esprit distingue malaisément la vérité à travers de pareils sentiments, et jamais personne n'a servi à la fois sa passion et son intérêt.

(Mouvements dans l'auditoire) : — Il parle de passion, à qui fait-il allusion ?

— Lorsqu'on est rigoureux avec sa raison, on lui garde toute sa force ; la passion prend-elle sa place, c'est elle qui domine, et l'esprit perd ses droits. Je pourrais vous rappeler, Pères conscrits, toutes les mauvaises décisions prises par les rois et les peuples sous l'impulsion de la colère ou de la pitié : mais je préfère citer les cas où nos ancêtres ont dominé leur passion pour agir suivant la sagesse et la bonne règle.

(Mouvements dans l'auditoire) : — Voilà bien du César ; il se raccroche à la Constitution romaine de tous les temps, celle qui veut qu'on applique à un criminel une peine que la loi ou la tradition a prévue, car rien n'est plus pernicieux que de créer des précédents.

— Dans toutes les guerres puniques, malgré tous

les crimes abominables commis par les Carthaginois pendant les périodes de trêve, jamais nos ancêtres ne profitèrent des occasions pour leur rendre la pareille ; le souci de leur propre dignité leur importait plus que la possibilité de justes représailles.

(Mouvements dans l'auditoire) : — À quoi fait-il donc allusion ?

— Faites comme eux, Pères conscrits, prenez garde que le crime de Lentulus et de ses complices ne l'emporte plus, à vos yeux, que le souci de votre dignité : n'allez pas sacrifier votre réputation à votre ressentiment.

(Mouvements dans l'auditoire) : — César va enfin dévoiler sa pensée, c'est bien amené.

— Si l'on peut trouver, dans nos lois et dans nos traditions, un châtiment que méritent leurs actes, serait-ce la mort, j'y souscris.

(Mouvements dans l'auditoire) : — La loi, rien que la loi et pas davantage, c'est audacieux ; il va se faire écharper.

— Mais si le crime est tel qu'il dépasse toute imagination, qu'il soit puni, oui, mais je vous en supplie, Pères conscrits : n'inventez pas de peine nouvelle.

(Mouvements dans l'auditoire) : — Subtile manière de refuser la peine de mort, qui n'est pas prévue dans les lois romaines.

César se tourne maintenant vers Silanus, qui a réclamé la peine de mort pour les coupables :

— Seule la peur et l'énormité du crime ont pu te décider, Silanus, toi qui es consul désigné, donc garant des lois, à proposer un châtiment inconnu de nos lois. Mais la peur, elle, a disparu, maintenant que grâce à notre éminent Cicéron, les troupes sont partout...

(Mouvements dans l'auditoire) : — C'est le coup de pied de l'âne.

— ... et, quant à la peine, que Silanus songe que la mort n'en est point une, puisque la mort, c'est le repos de nos tourments.

(Mouvements dans l'auditoire) : — Nous y voilà ; la peine de mort ne fait pas partie de notre code pénal, donc n'inventons pas un crime spécial pour peine de mort. Comment l'opinion publique, si bien remontée par Cicéron depuis deux mois, va-t-elle prendre ça ?

— Pères conscrits, en prononçant la peine de mort pour les accusés, vous créez un précédent. Or, méfiez-vous : si le pouvoir passe un jour en des mains ignorantes, ou malhonnêtes, cette peine extraordinaire, que vous destinez à des coupables extraordinaires et qui la méritent, risque d'être invoquée pour des innocents qui ne la méritent point. Les bons précédents font les mauvais abus.

(Mouvements dans l'auditoire) : — César, on a compris, tu ne veux pas de la peine de mort ; que proposes-tu ?

— Faut-il donc relâcher les accusés ? Que non. Voici ma proposition : que l'on confisque leurs biens, qu'on les mette en prison, bien enchaînés, et que cette affaire soit close à tout jamais.

César, en invoquant le droit et les traditions des Romains, avait frappé très fort l'imagination de l'auditoire. Quintus, le propre frère de Cicéron, l'approuve. Mais Cicéron tient à sa peine de mort, et il prononce la *Quatrième Catilinaire*, son dernier discours contre Catilina. Ce qui compte, dit-il, c'est le salut public et non pas de subtils distinguos ; quant à la peine de mort, elle est finalement moins barbare, plus douce que la détention à vie. Et, comme il ne veut pas perdre totalement la face, il déclare :

— Mon intérêt personnel, c'est de me ranger à l'avis de César ; puisqu'il prône une politique démocratique, si un jour cette politique s'instaure, il ne pourra alors rien me reprocher, et je n'irai au-devant d'aucun danger. Mais je dis que l'intérêt de l'État passe avant celui de ma propre personne. Et je vois, ajoute le consul, que, parmi ceux qui font profession d'être démocrates, plus d'un sénateur s'est abstenu de venir, pour ne pas avoir à condamner à mort un citoyen romain.

(Mouvements dans l'auditoire) : — Cicéron s'embrouille. César, en évoquant le caractère sacré de la personne d'un citoyen romain, a ébranlé les sénateurs et le consul ne sait plus comment s'en sortir.

De fait, Cicéron ne trouve qu'un moyen de sauver la face : il en appelle au Sénat. C'est à lui de décider, et le consul suivra :

— Pères conscrits, vous avez devant vous un consul qui n'hésitera pas à obéir à vos décrets et qui sera capable de défendre vos arrêts, jusqu'à son dernier souffle, et de prendre personnellement toutes ses responsabilités.

C'est Caton le Jeune qui emporte finalement la décision. Il invoque le péril immédiat, le salut public ; il affirme que le crime des catiliniens est l'équivalent d'un flagrant délit et qu'il mérite la peine de mort, suivant l'usage des ancêtres en matière de flagrant délit.

Les Pères conscrits l'acclament. La partie est jouée : les conjurés seront exécutés.

C'est maintenant au consul d'appliquer le décret. Il est d'avis que le plus tôt sera le mieux, ne serait-ce que pour éviter d'autres incidents. Au crépuscule, les cinq chefs de la conjuration, Lentulus, Céthégus, Statilius, Gabinius et Céparius sont étranglés à l'aide d'un lacet, dans un cachot sombre et humide où, plusieurs années plus tard, Vercingétorix subira le même sort.

Il fait presque nuit lorsque Cicéron, accompagné d'un imposant cortège, arrive sur le Forum. Il monte à la tribune aux harangues. Une foule immense et silencieuse attend de connaître l'issue du procès. Cicéron ne dit qu'un mot, terrible :

— *Vixerunt* (« Ils ont vécu »).

Cicéron fut acclamé comme le sauveur de la République.

De son côté, César, accompagné de Crassus, regagna la maison royale qu'il habitait sur le Forum, en tant que Grand Pontife, et qui était gardée par un service d'ordre discret, mais efficace. À la sortie du temple de Jupiter, on l'avait hué, et plusieurs chevaliers avaient tiré leur épée et tenté de le frapper. Mais il savait que c'était lui qui avait vaincu, car il avait atteint tous ses objectifs. Il s'en expliquait encore avec son compagnon, tard dans la nuit, dans la pièce qui lui servait de cabinet de travail.

— Le véritable sauveur de la République, disait-il à Crassus, ce n'est pas Cicéron, c'est moi.

— Tu ne crois pas que tu vas un peu loin ? C'est quand même Cicéron qui a déclenché officiellement l'affaire avec son désormais fameux « Jusques à quand... », le 8 novembre dernier.

— Cicéron était au courant de la conjuration depuis le 20 septembre, par Fulvie, la maîtresse de Curius, il n'en a rien fait.

— Il a cependant averti le Sénat trois jours plus tard, souviens-toi, c'est le jour où Octavius est arrivé en retard de Vellétri parce que sa femme venait d'accoucher d'un petit Octave.

— Je m'en souviens parfaitement, d'autant que ce petit Octave, qui a aujourd'hui trois mois, est mon seul descendant mâle.

— Vraiment ?

— Oui, c'est le fils de ma nièce Atia, qui était elle-même la fille de ma sœur Julie : c'est mon petit-neveu. Comme je n'ai pas de petit-fils, je le considère comme tel. J'en suis très fier. Mais revenons sur la séance du 23 septembre : il n'a rien fait, Cicéron, et il ne pouvait rien faire, puisqu'il n'avait pas de preuves. La seule attitude intelligente aurait été de se taire, mais, cela, le consul en est totalement incapable. Résultat : les catiliniens ont été alertés par sa harangue, et ils ont pris leurs précautions. Son fameux « Jusques à quand... », pour parler comme toi, il n'a pu le lancer que grâce à nous deux, après que nous lui eûmes apporté les lettres anonymes des conjurés, le 20 octobre. Si nous les avions gardées, ou brûlées, Cicéron n'aurait rien pu faire. C'est nous, mon cher Crassus, les sauveurs de la République.

— L'histoire jugera.

— Oh ! l'histoire, je m'en méfie. Elle est écrite par les vainqueurs. Personne ne saura jamais qui était vraiment Catilina, et ce qu'il voulait. On ne gardera de lui que le souvenir d'un immonde assassin, parce que Cicéron et les siens l'ont ainsi défini et condamné. On ne connaîtra jamais la vérité. Après l'élimination du réseau des catiliniens de Rome, il va tenter un baroud d'honneur dans le Nord, avec Manlius, et ils seront taillés en pièces, soit par les armées consulaires, soit par celle de Pompée, qui arrive d'Orient.

— Tu es d'accord, cependant, sur le fait qu'il fallait condamner les catiliniens ?

— Oui, mais je n'étais pas partisan de les condamner à mort. On ne m'a pas suivi, les chevaliers ont même tenté de m'écharper, mais mon discours a mis la plèbe de mon côté.

— J'ai l'impression que tu te contredis.

— Je ne me contredis absolument pas. Un, je ne crois plus à la République romaine étriquée du Sénat et des consuls qui changent tous les ans, tu le sais bien, et j'ai des aspirations bien plus vastes. Deux, je ne veux pas la détruire, je veux la transformer en un État de droit, le même pour tout le monde, sans distinction de peuples ou de fortunes, réunissant l'Occident et l'Orient, sous une autorité unique et continue. Je suis donc tout autant l'adversaire des cicéroniens que des catiliniens. Cela m'arrange que Catilina se soit écarté lui-même du pouvoir par son entreprise absurde et sans lendemain, et cela m'arrange que Cicéron se soit ridiculisé dans cette affaire, qu'il a démesurément grossie.

— En résumé, César, en remettant les preuves de la conjuration à Cicéron, tu as fait coup double : tu as conservé une République que tu veux pouvoir modifier dans l'avenir, et tu as éliminé Catilina de ton chemin.

— Tu n'as pas compris, Crassus. Je n'ai pas l'intention de réaliser mon grand dessein par la force ou par les coups d'État, je veux le réaliser avec l'aide du peuple romain tout entier. Pour cela, il me faut non pas assassiner — comme voulait le faire Catilina — mais discréditer les hommes qui tiennent le pouvoir sénatorial et consulaire actuel ; il me faut aussi discréditer le populisme artificiel et les méthodes sanguinaires des catiliniens, tout en gardant la confiance du peuple. Je crois que ces buts ont été atteints : personne n'a été assassiné, la République sénatoriale chancelle, et, en dénonçant Catilina tout en me refusant à voter la peine de mort pour ses complices, je reste du côté du peuple.

— C'est filandreux, conclut Crassus, mais ça se tient. Et maintenant ?

— Maintenant, c'est aux tribuns de la plèbe de jouer. Dans une semaine, le 10 décembre, comme tous les ans, les tribuns désignés entrent en fonctions. Je vais les utiliser pour qu'ils prennent à nouveau position contre la procédure du sénatus-consulte ultime, qui est la porte ouverte à tous les excès, à un tel point que Cicéron lui-même n'a pas osé l'utiliser, et pour rabattre son caquet à ce brave Cicéron quand il fera son discours de consul sortant.

— Tu as un plan ?

— Tout est prêt. J'en ai parlé au tribun Métellus

Népos. C'est un pompéien, et il déposera une proposition de loi tendant à rappeler Pompée pour rétablir l'ordre en Étrurie, où l'armée de Catilina et de Manlius tient le pays. Je lui ai demandé aussi de brandir son pouvoir de *veto* pour empêcher Cicéron de prononcer une harangue d'adieu qui serait un hymne à lui-même : on la remplacera par une simple déclaration du Sénat attribuant à son consulat le fait d'avoir sauvé la République.

— Et pour l'année 62, quand les nouveaux consuls seront en place ?

— Il ne me reste plus qu'à créer un conflit entre le Sénat et Pompée, ce qui ne sera pas très difficile, car Pompée, depuis près de quatre ans, est seul maître à bord en Asie : il a pris des habitudes, et il ne supportera pas les agaceries des sénateurs.

— Et de ce conflit, conclut Crassus, tu seras l'arbitre, naturellement.

— Naturellement.

La fin de Catilina, le triste héros de cette conjuration, fut pitoyable ; elle eut lieu quelques semaines plus tard, dans la seconde quinzaine du mois de janvier 62.

Les hommes qui avaient été désignés pour mettre de l'ordre en Étrurie étaient le collègue de Cicéron au consulat, Antoine Hybrida, qui s'était contenté de jouer les seconds rôles dans les affaires de la République, et Métellus Céler, ce préteur qui avait abaissé, au bon moment, le drapeau rouge, sur le Janicule, lors du procès de Rabirius ; autrement dit, deux hommes favorables à César.

Les troupes de Catilina et de Manlius avaient été formées à Fiesole. Au début, l'armée catilinienne comptait à peine deux mille hommes, mais, entre-temps, elle avait grossi et elle représentait, en décembre 63, une force de vingt mille hommes, organisée en deux ou trois légions, comme les armées régulières de Rome.

C'était cependant une armée de miséreux : des paysans spoliés par les colons installés en Étrurie par Sylla, et qui n'avaient jamais récupéré leurs terres, des vétérans de Sylla, abandonnés par la République, des esclaves fugitifs auxquels Catilina avait promis l'affranchissement et la liberté. De tous ces soldats, plus gueux que soldats, il n'y en avait guère plus d'un quart qui fût armé régulièrement ; les autres ne possédaient qu'un équipement d'infortune : des petits javelots, parfois des lances, le plus souvent des épieux de bois aiguisés.

Jusqu'aux nones de décembre, le plan de Catilina était de marcher sur Rome, et d'y rejoindre les conjurés qui l'attendaient dans l'Urbs. La nouvelle de l'arrestation des chefs du réseau romain l'obligea à modifier son plan de bataille : il décida de partir vers la plaine du Pô, et, de là, passer en Gaule Transpadane, pour en soulever les populations, qui supportaient mal les gouverneurs romains et leurs percepteurs, et pour faire jonction avec les Allobroges, de l'autre côté des Alpes.

Pour réussir ce mouvement, sa route était toute tracée, car il n'y en avait qu'une : il lui fallait traverser les montagnes de l'Apennin en suivant la vallée du Reno, de Bononia (Bologne) à Florence. Métellus Céler vint lui barrer le chemin avec ses légions, trop nombreuses et trop puissantes pour que Catilina acceptât la bataille. Il changea donc de route, renonça à passer par Florence et se dirigea vers Pistoia, où l'attendait Hybrida, qui avait été jadis son ami.

La bataille eut lieu. Hybrida, qui avait mauvaise conscience, prétexta une attaque de goutte, et en confia le commandement à l'un de ses lieutenants, Pétréius. L'engagement ne dura que quelques heures et la bravoure désespérée des catiliniens ne put rien contre le nombre et la supériorité des armements romains. Manlius tomba l'un des premiers. Tous les soldats de la rébellion moururent sur place, frappés de face : aucun n'avait tourné le dos. Catilina, resté seul avec une poignée d'hommes, se rappelant, comme le dit l'historien Salluste, et la noblesse de sa race et son honneur passé, se jette dans la mêlée et tombe, percé de coups, en combattant : son corps fut retrouvé loin devant les siens, au milieu des cadavres ennemis. Il avait gardé sur son visage cet air de violence et d'orgueil qu'il avait eu toute sa vie durant.

Chapitre XXIX

Cherchez la femme
(DÉCEMBRE 63)

Et si la tête des conjurés n'avait tenu qu'aux œillades assassines d'une jolie femme ?

« Que devons-nous faire des conjurés ? » avait demandé Cicéron aux Pères conscrits, sur la colline capitoline. Cette question, il n'avait pas besoin de la poser, puisqu'il avait été investi des pleins pouvoirs et qu'il avait donc le droit de décider de lui-même. Mais, une fois qu'il l'eut posée, il fallait bien que les sénateurs y répondissent : nous avons dit comment, et avec quelles hésitations.

Le plus habilité à trancher, c'était le consul désigné, Décimus Junius Silanus. Personne n'ayant parlé avant lui, il n'avait donc personne à contredire, et il s'était prononcé pour la mort des accusés. Mais, après avoir entendu le long discours de César, il se ravisa et se rallia à la proposition d'un sénateur, lieutenant de Pompée, qui se nommait Tibère Claudius Néron, qui vint déclarer :

— Nous devons nous prononcer en toute séré-
nité, et non sous la pression de la foule ou des bandes
armées : que le consul Cicéron fasse renforcer la garnison qui nous protège, à l'extérieur, et nous délibé-
rerons ensuite.

Silanus demande alors la parole et, à l'étonnement
de toute l'assistance, il revient sur sa proposition :

— Pères conscrits, je me suis mal exprimé ou
vous ne m'avez pas compris. J'ai déclaré que j'étais
partisan d'appliquer aux conjurés la peine capitale,
c'est vrai, mais par « peine capitale », je voulais dire
« peine extrême » : or la peine extrême, pour un
citoyen romain, ce n'est pas la mort, c'est la prison
perpétuelle, comme vient de le dire ce cher César.

— Tiens, Silanus se déjuge, dit Crassus, c'est
curieux ; ce n'est pourtant pas ton discours philosophique, César, qui l'a convaincu.

— Non, lui répond César en souriant, ce n'est
pas mon discours, je peux te l'assurer.

— Tu m'agaces, César, à sourire toutes les fois
que je te pose une question ; j'ai l'air d'un imbécile.
Pourquoi Silanus a-t-il fait marche arrière ?

— Cherchez la femme, lui souffla un sénateur
goguenard, un certain Popilius, au courant de tous
les potins de la Ville.

— La femme, quelle femme ?

— La femme du consul, lui chuchote le même
Popilius.

— La femme de Cicéron ?

— Décidément, Crassus, tu vieillis, intervient
César, toujours souriant. Qu'est-ce que tu veux que
je fasse de la vieille Térentia ?

431

— La femme du consul désigné, lui précise Popilius.

— Cette Marie-couche-toi-là de Servilia ?

César, énervé, cesse de sourire :

— C'est avec moi qu'elle couche, Crassus, et elle n'est pas ce que tu dis.

— Excuse-moi je ne savais pas que toi et Servilia... Mais quel rapport avec le revirement de Silanus ?

Popilius trouve que Crassus comprend bien lentement aujourd'hui ; il met cette faiblesse intellectuelle passagère sur le compte de la tension ambiante et lui explique, patiemment, les données de l'intrigue, profitant de ce que César est allé dire quelques mots à Cicéron :

— Servilia est la maîtresse de César depuis environ trois ans ; quand Silanus l'a épousée, il l'ignorait, bien entendu, mais maintenant il le sait.

— Depuis quand ?

— Depuis les dernières élections consulaires : il a surpris les œillades que s'adressaient les deux tourtereaux, elle a rougi, et le soir, sur l'oreiller, elle lui a tout dit.

— Et Silanus ?

— Il est amoureux fou, il accepte tout plutôt que de perdre Servilia, même le ménage à trois.

— Le cocu qui vient au secours de l'amant ! Cocu et content ! Ah ! il est parfait, notre futur consul, ricane Crassus.

— Il est intelligent, c'est différent. Il connaît l'influence extraordinaire de César sur sa femme, et il a peur de le contredire à cause d'elle.

— Alors, parce que César a parlé différemment de lui, il se déjuge, pour ne pas être privé des gâteries que Servilia lui dispense ?

— Tu ne changeras jamais, Crassus, tu es d'un terre à terre ! Je t'ai dit qu'il était intelligent : il sait que la thèse de la peine de mort l'emportera, avec ou sans lui, alors autant qu'il n'en perde pas pour cela les « gâteries » comme tu dis, avec ta vulgarité naturelle.

Tous deux éclatent discrètement de rire, et se tapent sur l'épaule. César est de retour, s'assied, et jette un regard sur les rangées de sénateurs. Il aperçoit Caton le Jeune, cramoisi et agité.

— Regarde un peu Caton, dit-il à Crassus, il va piquer une crise.

Caton, qui avait six ans de moins que César, avait été élu tribun de la plèbe et devait entrer en fonctions le 10 décembre suivant. C'était un homme austère, réputé pour la rigueur de ses mœurs et pour son éloquence. Il avait la voix forte et ferme, mais ne s'emportait jamais, tant par tempérament naturel qu'en vertu de ses convictions philosophiques : il était un adepte du stoïcisme, qui se répandait alors à Rome par l'entremise de divers philosophes grecs et que lui avait enseigné Antipater de Tyr. Sa réputation d'homme intègre et loyal était devenue proverbiale et, lorsque quelqu'un parlait d'un événement étrange ou incroyable, on avait coutume de dire, à Rome : « C'est une chose impossible à croire, quand même ce serait Caton qui l'affirmerait » ; et, lorsqu'un personnage grave et sévère se répandait en considérations moralisatrices, on disait, pour le faire taire : « Ne fais pas ton Caton. »

Par une ironie du sort, ce moraliste sévère était affublé de deux demi-sœurs, nommées toutes deux Servilia, qui avaient la cuisse légère. L'une avait épousé le richissime Lucullus et ne se cachait pas pour le tromper ouvertement ; elle était devenue la reine de toutes les parties fines de Rome, au point d'avoir eu à comparaître devant un tribunal pour impudicité et outrage aux mœurs. L'autre était une discrète collectionneuse d'amants en tout genre : lorsque, dans un dîner ou dans une réunion publique, elle rencontrait un homme qui lui plaisait, elle avait coutume de lui adresser une œillade appuyée, avec ses grands yeux noirs, en passant délicatement le bout de sa langue sur ses lèvres rouges, et, le soir même, elle était dans son lit.

César avait eu droit à l'œillade de Servilia et il était devenu son amant. Leur liaison, pour discrète qu'elle fût, était connue de tous, même de l'infortuné mari de la jeune femme, qui n'était autre que Silanus, le consul désigné, qui avait opté pour la mort des conjurés catiliniens et qui venait de se déjuger, ce qui avait fait sourire César d'un air entendu et ce que Crassus n'avait pas compris immédiatement.

Maintenant, c'était à Caton de prendre la parole. Il avait un compte à régler avec César : il ne souffrait pas que celui-ci non seulement fût l'amant de sa sœur, ce qu'il considérait comme scandaleux du point de vue de la morale, mais qu'il s'affichât avec elle, l'épouse du consul désigné, ce qui était une insulte à la République. Et il méprisait la petitesse

de Silanus qui, pour conserver les faveurs de sa gourgandine de sœur, venait de réviser sa position quant
aux conjurés.

Caton respire un grand coup, et commence sa
harangue, d'une voix tonnante :

— Pères conscrits, quand je vois la situation et les
dangers dont elle nous menace, quand je repasse en
moi-même quelques-uns des avis qui viennent d'être
exprimés...

César se penche vers Crassus : « Il connaît ses clas-
siques : il est en train de nous réciter l'exorde d'un
discours de Démosthène. »

— ... Eh bien ! je vous le dis, la situation nous
impose de nous défendre contre ces criminels, plutôt
que de délibérer sur leur sort, comme le proposent
Claudius Néron et Silanus, qui vient de revenir sur
son premier avis. Sénateurs, vous qui avez toujours
estimé vos palais, vos villas, vos statues, vos tableaux
plus que la patrie elle-même : si vous voulez conserver ces biens auxquels vous tenez tant, si vous voulez
vous livrer tranquillement à vos plaisirs, réveillez-
vous enfin, et défendez la République. C'est notre
liberté, notre vie même qui est en jeu.

César commente à voix basse l'emportement inha-
bituel de l'orateur :

— Caton ne peut pas me sentir : il prétend que
j'ai entraîné sa sœur dans l'infamie, dans l'adultère ;
tiens, écoute-le, Crassus, il parle de moi.

Caton, en effet, avait haussé le ton :

— César vous propose de confisquer les biens des
coupables, de les mettre eux-mêmes aux fers loin de
Rome, dans l'une de ces cités italiques qui nous sont

soumises, afin que leurs amis ne puissent les délivrer. Mais que croit-il donc, César ? Qu'il n'y a de bandits qu'à Rome ? Comment se fait-il, d'ailleurs, qu'au milieu de la terreur générale, il semble être le seul à ne rien craindre ? Pour moi, c'est une raison supplémentaire d'avoir peur...

— Tu entends, Crassus, dit César, il me met dans le même sac que les conjurés.

— J'entends, lui répond Crassus, j'entends ; avec ses grands airs de moraliste outragé, c'est un vicelard, ton Caton, un faux cul. Attendons la suite.

— Au lieu de semer l'effroi dans le Sénat, continue le tribun, César devrait plutôt trembler pour son propre sort. Oui, je sais, il a donné au consul les preuves du complot, mais dans quel but ? Qu'il s'estime heureux s'il parvient à se mettre à l'abri de tout soupçon, lui qui a l'effronterie de réserver sa sensibilité et ses larmes à des monstres qui n'auraient jamais dû voir le jour.

À cet instant, un messager venu du dehors fait passer furtivement à César un billet et se retire comme il est venu. La manœuvre n'échappe pas à Caton, qui interrompt brusquement le flot de ses imprécations :

— Voyez, Pères conscrits, voyez : au vu et au su de tous, on vient de délivrer à César un papier secret. Qui peut savoir ce qu'il contient ? Sans doute une dernière machination. Ordonnez que ce papier soit lu à la tribune de notre assemblée ; tirons au clair ces agissements.

Les sénateurs, à l'unanimité, scandent :

— Le billet, le billet, le billet !

César, impassible et hautain, tend le billet — qu'il n'a pas encore lu — à un questeur, qui se hâte de le porter à Caton. Celui-ci se pourlèche les babines, il tient dans ses mains la preuve que César est un traître à la République, il va pouvoir l'envoyer rejoindre Lentulus et les autres dans le cachot où ils seront mis à mort. Il déplie le billet, s'éclaircit la voix, et en commence la lecture à voix haute :

« *Mon chéri, je t'aime, je brûle de caresser ta poitrine, tes cuisses, et tout ce que tu imagines, de te recevoir en moi, viens vite. Ta Servilia.* »

L'assemblée tout entière éclate de rire. Caton s'étrangle de rage, tousse, crache, éructe et lance le billet vers César, hilare, en lui criant :

— Tiens, ivrogne !

Et Caton, tout à son irritation, abrège sa harangue et en vient rapidement à sa péroraison ; il désigne les coupables et il termine :

— Puisque le complot sacrilège de ces citoyens criminels a jeté la République dans les plus grands dangers, puisqu'ils ont avoué et que l'aveu, dans notre droit, est l'équivalent du flagrant délit passible de la peine capitale, je donne avis qu'ils soient mis à mort suivant la coutume de nos ancêtres.

Cette dernière motion emporta l'adhésion du Sénat et le décret de condamnation à mort des catiliniens.

Ce fut Popilius qui eut le dernier mot :

— Les œillades de Servilia sont des œillades qui tuent.

Chapitre XXX

Du rififi chez les Pères conscrits
(JANVIER 62)

Le 1ᵉʳ janvier 62, les nouveaux consuls, Silanus et Muréna, sont investis officiellement de leurs pouvoirs consulaires. César, revêtu de la toge prétexte des préteurs, et précédé de deux licteurs, au lieu de participer au cortège qui avait lieu sur le mont Capitole en leur honneur, descend sur le Forum et se dirige vers la tribune réservée aux magistrats judiciaires : en tant que préteur urbain, il est maintenant le « patron » de la justice romaine. Et il le prouve en ouvrant le premier procès de l'année. Le peuple accourt, intrigué : d'ordinaire, le premier jour de janvier, les préteurs défilent avec les consuls et les autres personnages officiels. On s'interroge :

— Ce César, il ne fait jamais rien comme les autres.

— Il est venu avec ses licteurs, ce doit être sérieux.

438

— Qui va-t-il accuser ?

— Va savoir. Il doit avoir eu vent d'un scandale quelconque.

Petit à petit le silence se fait, César a commencé à parler :

— Citoyens, je suis votre nouveau préteur. En tant que tel, j'ai le devoir d'accuser et vous avez celui de juger. D'ordinaire, on traîne devant le tribunal de la République des pauvres gens couverts de dettes, des brigands ou des empoisonneuses. Moi, César, j'ai choisi comme premier accusé celui que Cicéron désigne comme un « modèle de sagesse et d'intégrité », le premier citoyen de Rome, le prince du Sénat, Quintus Lutatius Catulus.

Un murmure parcourt l'assistance. Quoi ? César accuse Catulus ? Mais de quoi ? Un homme si sage, qu'on avait surnommé « le plus honnête des Romains ».

— Citoyens, souvenez-vous. Il y a vingt ans, au mois de juillet 83, lors des désordres qui se sont produits après l'entrée de Sylla dans Rome, le temple de Jupiter, sur le Capitole, a brûlé. En 78, Catulus a été chargé de le restaurer, ce temple, et, quinze ans après, malgré les sommes énormes dépensées, le nouveau temple n'est toujours pas achevé. Il est de mon double devoir de Grand Pontife et de préteur de lui demander des explications sur ses agissements : comment se fait-il que les travaux, qui auraient dû occuper quatre années pleines, ne soient pas encore terminés ? Où est passé l'argent ? Pourquoi le soidisant « plus honnête des Romains » a-t-il fait graver en lettres d'or sur la façade du temple : « Catulus,

restaurateur du Capitole » ? Qu'est-ce que cela signifie ? Je vais entreprendre une sévère enquête, car je
pense que ce « restaurateur » s'est d'abord restauré
lui-même, je demande qu'on lui inflige un blâme
pour négligence grave et que l'on confie l'achève-
ment de ces pieux travaux à l'illustre Pompée, qui
sera bientôt parmi nous, et c'est le nom du sauveur
de notre Asie romaine qui sera inscrit au fronton de
la demeure de Jupiter.

La foule applaudit à tout rompre. César a réussi
un coup de maître : il a resserré ses liens avec les
populaires, dont certains avaient mal compris son
rapprochement avec Cicéron dans l'affaire Catilina,
et il semble tendre les bras à Pompée qui est en passe
de prendre la place de Marius dans l'imagerie populaire.

Attirés par les cris de la foule, les Pères conscrits
sortent de la Curie. Ils apprennent que Catulus est
violemment attaqué par César : immédiatement, la
séance d'intronisation des consuls est suspendue, et
les sénateurs accompagnent le vénérable homme
d'État sur le Forum. Catulus se présente devant la
tribune du préteur : il demande à avoir accès à la
tribune des harangues pour faire une déclaration.

— Catulus, lui répond César, ici, tu n'es ni le
prince du Sénat, ni un illustre patricien, dont la
noblesse est aussi ancienne que la mienne, tu es un
simple citoyen romain : tu parleras au pied des Rostres, comme tout le monde, et quand je t'aurai
donné la permission de parler.

C'était l'humiliation suprême. Les sénateurs
affluent, les plus jeunes parlent de prendre la tribune

d'assaut, il flotte dans l'air froid de janvier comme une odeur de bagarre. César, satisfait de l'effet produit, ne tient pas à conserver son avantage, car le jeu n'en vaut pas la chandelle : il déclare tenir compte de la comparution volontaire de Catulus, en conséquence de quoi il renonce provisoirement aux poursuites qu'il avait intentées contre lui.

— Pourquoi t'es-tu arrêté en si bon chemin ? lui demanda le tribun Métellus Népos dans la soirée. Tu tenais la carrière de Catulus entre tes mains.

— Népos, il ne faut jamais chercher à vaincre sans raison. Catulus m'a houspillé devant le Sénat, dans l'affaire Catilina, je lui ai rendu la monnaie de sa pièce, ça me suffit. Désormais, il y regardera à deux fois avant de m'attaquer. Et, du même coup, avec cette histoire de temple, je tends la main à Pompée.

— Tu crois que Pompée se contentera d'être accueilli comme un simple restaurateur de temple ? Tu aurais dû le rappeler sous un prétexte plus officiel.

— Pompée n'est pas très malin quand il s'agit de politique, ça lui suffira pour l'instant de savoir que je l'honore. Mais je n'ai pas à m'abaisser davantage : c'est toi qui vas rappeler Pompée.

— Moi ?

— Oui. Tu es tribun de la plèbe, alors joue ton rôle. Dépose un projet de loi tendant à confier à Pompée le rétablissement de l'ordre en Étrurie, où sévit encore l'armée boiteuse de Catilina.

— Je vais me faire huer par la plèbe : les gens du peuple aiment Catilina.

— Tu ne te feras pas huer. L'aventure de Catilina est finie, et bien finie ; le malheureux n'en a plus pour longtemps. En appelant Pompée, nous créons un début de conflit entre lui et le Sénat, et cela, c'est du sérieux. Dépose ta demande après-demain.

— Pourquoi pas demain ?

— Parce que demain, tu vas faire occuper le Forum par des gladiateurs et des esclaves, histoire d'intimider les sénateurs, qui vont être pris entre deux feux : ou bien ils auront l'air de céder à la force en acceptant ton projet de loi, ou bien ils se mettront Pompée à dos en le repoussant. Dans les deux cas, ils seront perdants.

— Très fort ! Tout sera fait comme tu le dis. Salut, César.

— Salut, Népos.

César regagna sa maison de Grand Pontife, somptueusement décorée avec l'argent de Crassus, en se frottant les mains. Sa première journée de préture était réussie et il espérait qu'il en serait de même de sa première nuit : Servilia l'attendait dans son lit, et, lorsqu'elle serait repartie, vers minuit, chez son mari le consul, elle devait être remplacée par un vigoureux portefaix dont on lui avait dit le plus grand bien.

Deux jours plus tard, Népos a déposé devant le Sénat son projet de loi tendant à faire revenir Pompée en Italie, avec son armée, et Caton s'y est violemment opposé. Mais, conformément à la Constitution, c'est aux citoyens de trancher, puisque le projet émane d'un tribun de la plèbe. Le moment est venu de proposer la loi au peuple, rassemblé devant les Rostres. César et le tribun sont arrivés dès l'aube sur le Forum, empli de gladiateurs et d'esclaves, prêts à faire le coup de poing. Ils se sont assis côte à côte, sur le terre-plein du temple des Dioscures, où le peuple est rassemblé. Caton est arrivé peu après, en compagnie du vieux général Thermus, qui avait emmené César en Bithynie quand il avait dix-huit ans ; il s'assied entre les deux hommes, en les bousculant quelque peu :

— Je ne voulais pas qu'ils puissent se concerter à voix basse, dira-t-il plus tard.

Arrive le greffier, qui s'apprête à lire le projet de loi. Caton bondit :

— Moi, tribun de la plèbe, j'oppose mon *veto* à la lecture de cet édit.

Népos bondit à son tour :

— Moi, tribun de la plèbe, je vais vous lire mon projet de loi.

Il arrache le papyrus que tenait le greffier, et se met à le lire à haute voix. Caton s'excite, distribue quelques horions, arrache le papyrus des mains de Népos et le déchire. César reste assis, impassible, tandis que Népos, qui connaît le texte de la loi par cœur, se met à le réciter.

Alors commence une inénarrable bagarre. Le vieux Thermus met sa main sur la bouche de Népos, pour l'empêcher de parler, Caton bourre son collègue le tribun de coups de pied, le tire par la toge. Népos donne un coup de sifflet et les gladiateurs envahis-

443

sent le terre-plein ; l'un d'eux, un géant, saisit Caton sous les aisselles, le soulève comme un fétu de paille et le fait tournoyer à bout de bras :

— Non, pas ça, pas ça... J'ai mal au cœur... Aïe, pourquoi est-ce que tu me pinces, au secours...

Une vingtaine de vieux sénateurs, chenus et sans dents, les entourent et hurlent en chœur des imprécations, mais ne se risquent pas dans la bataille. Finalement, les vigiles arrivent, les gladiateurs se replient, la foule est dispersée et Caton s'est réfugié dans le temple des Dioscures.

Népos reprend la récitation de sa loi, devant les quelques Romains qui ne se sont pas enfuis. Mais les forces de l'ordre appelées en renfort arrivent, au pas de course, et c'est au tour de Népos de prendre ses jambes à son cou, en retroussant sa toge. César n'a pas bronché, pas dit un mot, pas fait un geste : il se retire en silence dans sa maison de Grand Pontife. La plupart des sénateurs sont restés prudemment à l'intérieur de la Curie.

À coups de matraque et de vociférations, les vigiles finissent par rester maîtres du terrain. Métellus Népos s'enfuit, en vouant Caton et les sénateurs aux gémonies et en injuriant les policiers, les menaçant du châtiment que leur fera subir Pompée quand il sera de retour.

Des sénateurs romains se colletant en public, on n'avait jamais vu pareil scandale à Rome. Vers la fin de la journée, le Sénat tient une séance exceptionnelle et convoque les fauteurs de troubles, César et Népos, afin de leur demander des explications. Confortablement installés dans la maison de César, qui, en tant que demeure du Grand Pontife, ne risque pas d'être envahie par les vigiles, les deux hommes s'interrogent sur l'opportunité de se rendre à cette convocation :

— Je n'y vais pas, déclare Népos ; ils vont nous faire le coup qu'ils ont fait aux amis de Catilina, d'autant qu'ils ont maintenant un précédent. Ils vont nous accuser d'être partie prenante dans le complot.

— Ce n'est pas mon avis, lui répond César. Ils sont au courant de ce qui se passe dans le Nord.

— Que se passe-t-il ?

— Le plan de Catilina est de soulever les cités italiennes qui se trouvent au-delà du Pô.

— Comment le sais-tu ?

— J'ai mon propre service de renseignements.

— Comment cela ?

— Je fréquente pas mal de gladiateurs et de pugilistes.

— Ça, tout Rome le sait, dit Népos en souriant malgré la gravité de la situation.

César feint de ne pas avoir entendu l'allusion à ses mœurs et poursuit :

— Il y a beaucoup de gladiateurs dans l'armée de Catilina, mais aussi beaucoup de déserteurs, et les nouvelles circulent vite. Antoine Hybrida, qui a mission d'exterminer les catiliniens du Nord, va leur couper la route du côté de Pistoia, et l'affaire Catilina ne sera plus que de l'histoire ancienne.

— Tu as le mot pour rire.

— La conjuration de Catilina ne m'a pas fait rire. Il y avait chez ce garçon un mélange de bonté et de cruauté qui m'a toujours intrigué. C'était un vrai

445

révolutionnaire, il voulait vraiment le bonheur de la plèbe, des esclaves et des malheureux, mais il avait aussi une ambition dévorante qui lui faisait perdre le sens des réalités. C'était un passionné, et jamais un passionné ne peut devenir un grand politique.

— C'était surtout un sanguinaire...

— Pas plus qu'un autre. Le défaut de tous les grands chefs que Rome a connus, depuis un siècle, est qu'ils ont cru que répandre le sang était une solution politique. Je ne suis pas de cet avis. Ce n'est pas le culte du sang qu'il faut prêcher, c'est celui de la loi. C'est pourquoi je n'ai pas bougé, quand tu t'es battu avec Caton. Il s'était mis dans son tort en déchirant ton papyrus, tu aurais dû en rester là. Et demain, au Sénat, tu faisais un triomphe et tu le faisais condamner par ses pairs.

— Alors, tu es d'avis de te rendre à la convocation des sénateurs.

— Oui, parce que je pourrai ainsi, officiellement, exprimer mon point de vue.

— Vas-y tout seul.

César haussa les épaules et se rendit, seul, au Sénat. Il régnait, autour de la Curie, une atmosphère d'émeute ; les gens de Népos avaient ameuté les populaires, qui étaient venus en masse ; ils cernaient le bâtiment, hurlaient, conspuaient les sénateurs et acclamèrent César lorsqu'il parut. Celui-ci se fraya difficilement un chemin à travers la foule, puis entra dignement dans le palais sénatorial, où il prit place parmi les magistrats élus, à côté des consuls. Le président du Sénat l'invita alors à s'expliquer sur sa conduite, ce qu'il fit, dans un très long discours.

La séance se prolongea fort tard dans la soirée et le prince du Sénat fit connaître le verdict des Pères conscrits :

— Après les graves incidents qui ont eu lieu ce jour, au cours desquels le tribun Métellus Népos et le préteur Caïus Julius César ont tenté de faire violence au Sénat en organisant contre lui une odieuse sédition, les Pères conscrits, considérant que la République est dangereusement menacée, investissent les consuls Silanus et Muréna d'un sénatus-consulte ultime, qui leur donne droit de vie ou de mort sur quiconque attentera à la sûreté de la République, et suspendent de leur magistrature le tribun Népos et le préteur César, considérés comme responsables des troubles qui ont failli ensanglanter à nouveau le Forum.

César sortit du Sénat sans mot dire. Malgré l'heure tardive, Népos l'attendait et l'interrogea du regard :

— Nous sommes démis de nos fonctions, lui dit-il brièvement.

Le tribun entra dans un état de fureur indescriptible, et, montrant son poing fermé aux sénateurs, qui sortaient les uns après les autres de la Curie, il leur cria :

— Pères conscrits, ce n'est pas moi que vous offensez en me condamnant de la sorte, c'est ma fonction sacrée de tribun de la plèbe : je m'en retourne auprès de Pompée, qui saura venger cette offense.

Puis il descendit les gradins qui le séparaient du centre du Forum, bondit sur un cheval et partit au galop, toujours en montrant le poing. Quant à

César, il repartit à pied vers sa maison, calme et pensif.

« Demain, se disait-il en lui-même, je reprendrai ma place au tribunal, et je rendrai la justice : on verra bien ce que le Sénat osera faire. »

Le lendemain, revêtu de la toge bordée de pourpre que portaient les hauts magistrats romains et précédé des deux licteurs auxquels avait droit le préteur urbain, César se rendit à la tribune des Rostres, afin de présider le tribunal. Il venait à peine de s'asseoir sur la chaise curule qui lui était attribuée à cet effet, lorsqu'un jeune esclave vint lui chuchoter à l'oreille que les sénateurs s'apprêtaient à le faire expulser par des vigiles.

« Tiens, tiens, se dit-il, messieurs les sénateurs cherchent l'affrontement ; il faut que j'en parle à Thermus. »

Par chance, ce jour-là, le 4 janvier, le tribunal n'avait eu à juger qu'un litige opposant deux voisins qui se disputaient la propriété des pommes qui tombaient d'un pommier. L'arbre était planté dans la propriété de l'un, à proximité du mur qui séparait les deux quidams, et une partie des pommes tombaient dans la propriété de l'autre. César jugea à la hâte ce grave litige en ordonnant au propriétaire du pommier de couper les branches qui dépassaient par-dessus le mur mitoyen, de sorte qu'une pomme ne puisse jamais tomber de l'autre côté. Et il condamna les deux plaideurs à 10 sesterces d'amende, l'un pour avoir permis à son pommier de pousser au-dessus du jardin du voisin et l'autre pour avoir mangé les pommes qui s'en détachaient. Puis il partit en quête de Thermus.

Depuis qu'il s'était allié politiquement à Crassus, vers la fin de l'année 66, César avait cessé de fréquenter ce général sous les ordres duquel il avait fait ses premiers pas à Mytilène. Ils n'étaient pas adversaires, à proprement parler, mais ils avaient compris qu'ils appartenaient à deux clans différents : Thermus, ancien syllaniste, était un fervent défenseur des prérogatives du Sénat, César avait ouvertement basculé dans le clan des populaires, qui avait toujours eu ses faveurs. Le général avait blâmé César d'avoir décoré toute la ville des trophées et des statues de Marius, en 65, et lui avait même fait remarquer, au moment des fameux Jeux romains de septembre 66, qu'il se comportait en démagogue plus qu'en démocrate, en flattant les bas instincts du peuple. Mais il n'y avait jamais eu de conflit réel entre eux.

Il trouva Thermus chez le barbier qu'il fréquentait naguère, et chez lequel César, depuis qu'il se faisait raser à domicile, ne se rendait plus.

— Salut, Thermus, lui dit-il en s'asseyant sur le tabouret du barbier et en contrefaisant les gladiateurs sur le point de combattre, celui qui va mourir te salue.

— Quel danger te menace donc ? répondit en souriant Thermus.

— Je ne peux plus supporter d'être rasé par d'autre barbier que par celui que j'ai ramené de Cordoue, quand j'étais questeur en Espagne, alors notre bon vieux barbier me terrorise un peu.

— Celui qui te terrorisera n'est pas encore né.

— Tu fais allusion à la bagarre entre toi et Népos, hier matin, devant le temple des Dioscures...

— Parlons-en, de cette bagarre, César ; tu ne crois pas que tu as exagéré ? Tu es resté sans rien dire, sans intervenir. Comment peux-tu t'associer à un tel voyou ?

— Thermus, je fais de la politique, tu le sais ; et j'ai un grand dessein, tu le sais aussi...

— Je ne le sais que trop. Si on te laissait faire, il n'y aurait plus de Sénat.

— Je ne suis pas hostile au Sénat, mais je trouve qu'on ne peut pas gouverner le monde, de Cordoue à la mer Noire, avec simplement six cents Romains préoccupés de leurs avantages.

— Je pense aussi que cela changera un jour, c'est pourquoi j'avais jadis suivi Sylla, mais ce ne sont pas les coups de poing de Népos sur le nez de Caton qui feront avancer les choses. Que vas-tu faire, maintenant ? On dit que tu es retourné présider le tribunal, malgré la décision du Sénat.

— J'ai voulu tâter le terrain, voir jusqu'où les sénateurs iraient... Tu me connais.

— Et ta conclusion ?

— Ma conclusion, c'est qu'il vaut mieux que je m'incline.

— Deviendrais-tu raisonnable ?

— Je n'ai jamais cessé de l'être. Je vais m'incliner non pas que je craigne le Sénat, mais pour montrer au peuple que César obéit aux décrets des sénateurs.

Le peuple a une sainte horreur des guerres civiles et des troubles de ce genre : par mon attitude, je vais grimper d'un cran dans son estime, et le Sénat me rétablira bien vite dans mes fonctions. Suis-moi, et tu vas voir ; viens donc visiter mon palais.

Rasés, frictionnés et parfumés, les deux hommes se dirigent vers la demeure de César. Devant sa porte, une multitude de Romains et de Romaines de tous âges et de toutes conditions, qui l'attendaient pour le soutenir, l'acclament lorsqu'il paraît et manifestent leur enthousiasme :

— Bravo, César, nous sommes là, nous te porterons en triomphe jusqu'au Sénat.

L'agitation est à son comble. César harangue la foule, calme sa fureur, lui dit qu'il faut savoir obéir aux décisions du Sénat. La foule se disperse et César, superbe, s'enferme dans sa maison avec Thermus.

— Tu as vu ? J'en fais ce que je veux, du peuple romain. Mais je ne suis ni Sylla ni Catilina : je ne force personne. Et, veux-tu parier : dans moins d'une heure le Sénat vient me rechercher.

Une heure plus tard, une douzaine de sénateurs frappent à la porte de César :

— Le prince du Sénat te demande, César, acceptes-tu de revenir avec nous ?

César accepte, tout en faisant un clin d'œil à Thermus : il a gagné son pari. Quand il pénètre dans le Sénat, tous les sénateurs, debout, l'applaudissent.

— Qu'est-ce que je t'avais dit, Thermus ? J'ai fait coup double, j'ai gagné la confiance du peuple par ma résistance et celle du Sénat par mon obéissance.

De fait, les sénateurs avaient craint un soulève-

ment populaire qui aurait été d'autant plus dangereux que les catiliniens étaient plus nombreux dans
la Ville. Grâce à la sagesse calculée de César, il ne
s'était produit aucun désordre : le Sénat pouvait
donc respirer. Il fit présenter ses remerciements à
César par les sénateurs les plus notables, le prince du
Sénat le combla d'éloges magnifiques et le rétablit
dans toutes ses prérogatives et César fut raccompagné
jusqu'à sa maison de Grand Pontife par un cortège
de sénateurs respectueux.

— Ce César, finalement, c'est un faible, dit à
Thermus un vieux sénateur, ami de Caton. Nous
avons froncé le sourcil, il a pris peur et il s'est incliné
devant notre autorité.

Thermus ne lui répondit pas.

« Quel vieux crétin, pensait-il. Ce qu'il prend pour
de la faiblesse est en fait une attitude froide et médi-
tée : César nous a tout simplement montré qu'il était
le maître de la rue, et qu'il peut nous manipuler à sa
guise. Décidément, il a bien grandi, le petit mignon
de Nicomède. »

Chapitre XXXI

En attendant Pompée
(MARS-DÉCEMBRE 62)

Tandis que les sénateurs les plus extrémistes tentaient ce baroud d'honneur contre la montée en puissance de César, la traque contre Catilina battait son plein dans l'Apennin. Des rumeurs circulaient dans Rome : pour les uns, Catilina aurait été fait prisonnier, du côté de Florence ; pour d'autres, il se serait enfui en Gaule Transpadane, au-delà du Pô ; certains le disaient mort, d'autres parlaient de la résurgence prochaine d'un nouveau complot contre la République au cœur même de la Ville. Bref, les esprits étaient remontés et le questeur Novius Niger avait été chargé par le Sénat de promettre des récompenses alléchantes aux dénonciateurs d'éventuels catiliniens.

Les délateurs crurent un instant revenue l'ère bénie de la chasse aux suspects. Curius, qui avait servi d'espion à Cicéron en jouant les agents doubles auprès de Catilina, tenta de glaner quelques sesterces en se vantant d'avoir entendu celui-ci déclarer que son plus fidèle partisan était César, et Novius Niger versa même une prime substantielle à un agitateur de bas étage, Vettius, à la solde du parti sénatorial, pour faire circuler une lettre que César aurait, disait-il, adressée à Catilina.

Pauvres chasseurs de primes ! Le poing de César s'abattit impitoyablement sur eux. En plein Sénat, il invita Cicéron à témoigner du fait que, le 20 octobre de l'année 63, il avait reçu de ses propres mains les lettres anonymes qui lui avaient permis d'ouvrir le procès de Catilina ; Cicéron confirma publiquement ses dires et César demanda aux Pères conscrits de punir le calomniateur.

Les sénateurs lui obéirent comme un seul homme. César quitta alors la Curie, et se dirigea vers les Rostres. Là, Vettius paradait : il avait déjà touché sa prime et bombait le torse. César ne perdit pas de temps ; il ne monta même pas à la tribune, et appela le peuple à la rescousse. Le délateur, qui tenait à la main la lettre compromettante qu'aurait adressée le nouveau préteur à Catilina, ne comprit pas ce qui lui arrivait. En un instant, il fut entouré par une multitude hargneuse et menaçante, frappé, projeté à terre, piétiné, insulté :

— Pendons-le, criaient les plus acharnés, mort au délateur.

— Mort au délateur, reprend la foule, en chœur.

Un portefaix lance à la meute hurlante une grande corde qui pendait à son épaule. Vettius commence à

454

trembler : « Cette fois, je suis fait, se dit-il, ils vont me pendre. »

César intervient, calme la foule qui se met à l'acclamer, empoigne Vettius par sa toge et le traîne, tremblant de peur, au pied des Rostres :

— Vermine, donne-moi cette lettre, ou je te livre au peuple, qui se fera un plaisir de te pendre.

— Pitié !

— Donne-moi cette lettre.

Vettius la lui tend. César la parcourt rapidement, et la brandit du haut de la tribune aux harangues :

— Un faux, un abominable faux !

La foule hurle.

— César, sauve-moi, ils vont me lyncher ! crie Vettius.

— Ce ne serait que justice.

— Non, non, j'ai droit à un procès !

— Pauvre type, eh bien ! tu vas l'avoir séance tenante, ton procès, c'est moi, le préteur, qui préside le tribunal.

Puis, se tournant vers la foule :

— Peuple romain, moi César, préteur urbain, juge Lucius Vettius, ici présent, coupable du crime de dénonciation calomnieuse. Je le condamne à restituer la prime qu'il a touchée pour sa délation et qu'il soit jeté en prison séance tenante. Gardes, dit-il en se tournant vers les vigiles qui avaient mission de surveiller les Rostres, conduisez le condamné à la prison et qu'il soit jeté dans le cachot inférieur.

— Non, César, je t'en supplie, pas au cachot inférieur.

— Au cachot. Après l'enquête, nous verrons si tu dois y rester.

La prison — le *carcer* comme on disait en latin — de la République romaine avait une très mauvaise réputation. Elle avait été aménagée, depuis les temps les plus anciens, dans une ancienne carrière, à proximité des Rostres et du tribunal, entre le bâtiment du Sénat et le temple de la Concorde. Elle était située en contrebas de celui-ci, au pied d'un vaste escalier montant du Forum au Capitole, l'escalier des Gémonies, sur lequel on exposait les cadavres des suppliciés.

Le *carcer* était composé d'un cachot supérieur, d'une vingtaine de mètres carrés, où l'on plaçait les accusés en détention préventive, dans l'attente de leur jugement ou de leur libération, et un cachot inférieur, le *tullianum*, qui communiquait avec le précédent par un simple trou, par lequel on y jetait les condamnés.

Le *tullianum* était une petite salle circulaire voûtée, d'environ cinq mètres de diamètre, creusée dans le roc, aux parois recouvertes de pierre, dont l'aspect était rendu repoussant et horrible par la saleté, les ténèbres et l'odeur infecte qui provenait des égouts voisins. On y jetait les condamnés à mort, qu'on y laissait mourir de faim ou que l'on faisait, selon les cas, étrangler au lacet ou égorger. C'est dans le *tullianum* qu'avaient été exécutés les catiliniens, au soir du 5 décembre de l'année précédente. En 104 av. J.-C., Marius y avait fait jeter et exécuter par strangulation le Numide Jugurtha, qui aurait dit à ses geôliers, avant de mourir : « Grands dieux ! Romains, que vos étuves sont froides ! » Nous y retrouverons bientôt Vercingétorix.

— Non, César, je me roule à tes pieds, ne me jette pas au cachot, sanglotait Vettius. J'avoue, j'avoue tout. J'ai été payé par les sénateurs pour propager cette fausse lettre. Grâce ! Grâce !

César n'avait pas la vengeance sanglante. Il ne voulait pas ternir sa réputation d'homme de paix, puissant mais tranquille. Il fit conduire Vettius au cachot supérieur, plus pour le dérober au lynchage que pour le punir, et il l'en délivrera quelque temps après.

Quant au questeur Novius Niger, le promoteur de cette campagne de dénonciations, il fut traduit en justice, car César le considérait comme coupable d'avoir, sans mandat du Sénat, entrepris une enquête judiciaire sur un magistrat qui était son supérieur hiérarchique, à savoir sur lui-même, troisième magistrat de la République, après les deux consuls. Pour lui éviter, à lui aussi, le lynchage que lui promettaient les populaires, il l'envoya rejoindre Vettius dans son cachot.

Cette attitude de César, ferme et assurée, mais respectueuse des lois, découragea les extrémistes du parti sénatorial, à l'exclusion de quelques jusqu'auboutistes, comme Caton, qui se résignèrent à ronger leur poing. La nouvelle de l'extermination de Catilina et de ses partisans par l'armée des consuls, à

Pistoia, qui parvint à Rome dans le courant de la deuxième quinzaine de janvier 62, calma les esprits, et bien des sénateurs commençaient à voir dans César un rempart contre Pompée, qui rentrait tranquillement en Italie, à la tête de ses armées victorieuses, et qui constituait alors pour la République un danger bien plus grand.

— Mon cher Cicéron, expliquait avec réalisme le général Thermus au pompeux orateur, il faut vivre avec son temps et j'ai l'impression que nous autres, sénateurs, nous sommes en permanence à côté de la plaque.

— Comment cela ?

— Nous nous enfermons dans nos prérogatives, dans nos traditions, et nous ne nous apercevons pas que le monde change autour de nous et que nous n'y pouvons rien. Et il y a longtemps que ça dure... depuis près de deux siècles. Les conquêtes de nos aïeux ont transformé Rome : une bonne partie des patriciens et des chevaliers se sont enrichis des dépouilles des territoires et des peuples que nous avons conquis, en Italie, en Afrique, en Espagne, en Grèce et en Macédoine, et les petits propriétaires, les petits paysans qui ont jadis illustré les vertus romaines, ont disparu, année après année.

— Cela, je te l'accorde, Thermus. Les guerres ont tué, chaque année, un paysan sur huit, et ont tenu les autres loin de leurs terres ; j'ajouterai même que vos conquêtes, à vous autres généraux, ont ruiné notre agriculture, qui était notre seule richesse : les blés produits à bas prix par les provinces conquises, dont le sol était travaillé gratuitement par des escla-

458

ves, ont réduit nos agriculteurs locaux à la faillite. Les malheureux paysans, accablés de dettes, ont dû vendre leurs propriétés et ils ont émigré à Rome, grossissant ainsi une plèbe miséreuse...

— ... et, peu à peu, enchaîne Thermus, cette plèbe d'émigrés, augmentée des affranchis qui, à la troisième génération, avaient acquis rang de citoyens romains, a perdu les traditions de l'ancienne Rome. La plèbe est devenue une foule sans âme, qui n'a plus le souci de la grandeur de la patrie ou de sa dignité, qui n'a plus que des appétits. Elle est maintenant à la merci de n'importe quel démagogue ambitieux prêt à lui promettre n'importe quoi.

Cicéron approuvait :

— Ce que tu dis, Thermus, me rappelle cette apostrophe de Scipion à la plèbe affamée et grondante, en plein Forum, quand il revenait d'Afrique : « Taisez-vous, faux fils de l'Italie, anciens esclaves que j'ai amenés à Rome ; vous ne m'effraierez point sous le prétexte que vos bras ne sont plus chargés de chaînes. »

— Si César était là, Cicéron, il te dirait que Scipion faisait fausse route : ce n'est pas en menaçant la plèbe qu'on établit la paix sociale, c'est en rendant la société plus juste. Malheureusement, sénateurs et chevaliers n'ont jamais accepté qu'on touche ni à leurs richesses, ce qu'à la rigueur on peut comprendre, ni surtout à leurs prérogatives. Il en est résulté d'abord des révolutions sanglantes, comme celle des provinces italiennes en 91-88.

— Oui, la guerre sociale, comme on disait ; je m'en souviens, interrompt Cicéron, je l'ai faite, quand j'avais dix-sept ans : j'ai servi sous Pompée Strabon, le père de notre glorieux Pompée.

— Elle a été suivie d'une véritable guerre civile à Rome, en 87-82, entre la plèbe, alliée aux Italiques et aux affranchis, et les sénateurs qui se cramponnaient à leurs privilèges. De sorte que des hommes comme Sylla ou son lieutenant Cinna ont pu, pour un temps, s'emparer du pouvoir et ne le partager avec personne, et ils ont fait le mal que tu sais.

— Je dois dire que la République a chancelé...

— Chancelé ? Tu veux rire, Cicéron ; elle s'est écroulée entre les mains de Sylla. Même Marius n'a pu la sauver.

— Et maintenant ? interroge Cicéron.

— Maintenant, nous sommes revenus au problème précédent : la plèbe romaine est de plus en plus nombreuse, de plus en plus pauvre, de plus en plus encline à se laisser dorer la pilule par un quelconque Catilina...

— ... dont j'ai dévoilé à temps les desseins...

— ... grâce à César, Cicéron, grâce à César, rectifia Thermus ; lui seul a été capable de maîtriser la plèbe : il en fait ce qu'il veut. Et maintenant un autre péril se profile à l'horizon, plus dangereux que ne le furent Sylla, Cinna ou Catilina, il se nomme Pompée.

— J'avoue qu'il nous inquiète. Ce n'est pas un sanguinaire, mais il arrive précédé de la renommée d'un général vainqueur...

— ... entre nous, cher ami, il a simplement recueilli les lauriers de Lucullus, mon ancien général en chef, qui a conduit l'essentiel de la guerre contre Mithridate.

— Tu as raison, mais il n'a pas su la conclure. Il fallait un général jeune, nouveau. Et puis Lucullus a été incapable de gérer ses victoires : il fallait organiser politiquement cet Orient qu'il avait conquis, et ce fut là la grandeur de Pompée, à mon avis.

— Je suis d'accord avec toi, Cicéron. Mais souviens-toi d'une chose : un général vainqueur de retour à Rome à la tête de son armée est un danger mortel pour la République. Marius est revenu à Rome vainqueur des Cimbres et des Teutons, et il s'est emparé du pouvoir absolu, puisqu'il a été élu consul six années de suite, ce qui est contraire à toutes nos lois républicaines ; Sylla a conclu victorieusement la guerre sociale et il est revenu d'Orient couvert de gloire : il s'est fait nommer dictateur à vie. Voici maintenant Pompée, à qui le Sénat a conféré les pleins pouvoirs sur une partie de l'empire de Rome, et que nos petits conflits politiques vont agacer : lui aussi va tenter de s'emparer du pouvoir suprême, et il risque d'avoir l'adhésion du peuple !

— Je ne suis pas idiot, dit Cicéron, je l'ai bien compris. En un sens, il est peut-être plus dangereux pour la République que ne l'était Catilina et nul ne peut le dénoncer, car il va être accueilli à bras ouverts.

— Un seul homme, à Rome, a le pouvoir de s'opposer aux ambitions de Pompée : César. Il a le peuple pour lui, il est doué d'une volonté farouche et d'une intelligence politique extrême, ce qui, entre parenthèses, n'est pas le cas de Pompée, qu'il saura neutraliser, je n'en doute pas.

— Ce n'est pas impossible, dit Cicéron. Mais il y a un problème.

— Lequel ?

— Crassus. Depuis qu'on ne lui a pas accordé le triomphe qu'on a généreusement accordé à Pompée, lors de la révolte des gladiateurs, il est devenu son adversaire le plus féroce. Et, si Pompée est fort, Crassus est riche : or Crassus est du même parti que César.

— Je vois, dit Thermus, tu crains un règlement de comptes entre Crassus et Pompée. Alors, rassure-toi, je le tiens de César lui-même : Crassus vient de quitter Rome avec sa femme, sa famille et toutes ses richesses, il s'expatrie en Macédoine.

— Première nouvelle. C'est récent ?

— César l'a appris hier au soir, de Tertulla, la femme de Crassus. Il couche avec elle.

— Je croyais que c'était fini entre eux et que César ne jurait plus que par Servilia.

— Mon brave Cicéron, tu n'es pas à la page. César est tout aussi à l'aise dans un lit, avec une femme, que sur le Forum, avec la foule. Je me demande même si ce n'est pas lui qui a convaincu Tertulla de pousser son mari à quitter Rome.

— Comment cela ?

— En lui montant le bourrichon, comme nous disons dans l'armée. Il a dû lui raconter que le tribun Métellus Népos en voulait à mort à son époux pour avoir trahi les catiliniens, ou qu'il aurait à subir des représailles de Pompée, son ennemi personnel, que sais-je encore. Tant et si bien que Crassus se débine, corps et biens...

— ... laissant le champ libre à César, désormais leader unique des populaires.

— Tu as compris, Cicéron.

— Alors, attendons Pompée...

— Et voyons ce qu'en fera César.

Pompée n'en finissait pas d'arriver. Il se prélassait à Amisos, l'une des capitales de Mithridate, sur les bords de la mer Noire, et il attendait le printemps pour rejoindre l'Occident. Il savait, par les messagers que lui avait envoyés Métellus Népos, qu'on lui réservait à Rome un accueil triomphal, mais hypocrite. Le peuple l'acclamerait, la chose était certaine : il aimait les généralissimes vainqueurs, surtout lorsque leur générosité était légendaire. Mais les sénateurs se méfieraient évidemment de lui, comme de tout homme qui n'a qu'un geste à faire pour s'emparer du pouvoir personnel.

Toutefois, tout imbu de sa gloire, Pompée avait mis les doutes de Métellus Népos au compte de ses rancœurs anti-sénatoriales. Tout imbu de sa gloire, il était persuadé qu'il serait accueilli à Rome comme un sauveur, comme un héros, que le peuple acclamerait le généralissime vainqueur et généreux qu'il était, et que le Sénat, unanime, lui offrirait le pouvoir suprême, l'*imperium* sur tout le monde romain d'Occident comme il le lui avait conféré sur l'Orient.

Aveuglé par son orgueil naïf, il n'avait pas aperçu les réticences des sénateurs. Certes, ils avaient promis le consulat à son lieutenant, Pupius Pison, mais ils réservaient le deuxième poste de consul à un bon conservateur ennemi de tout pouvoir personnel, Valérius Messala. Certes, Pompée aurait droit à un splendide triomphe qui éclipserait à jamais celui de Lucullus, mais, au mois de mai, alors qu'il était encore en Orient, le Sénat avait honoré d'un triomphe pour ses victoires sur les pirates — ces pirates que lui, Pompée, avait exterminés — l'un de ses ennemis personnels, Métellus Créticus, qui avait anéanti les pirates crétois. Il s'extasiait surtout sur une initiative de César : celui-ci avait fait proposer par deux tribuns, sur lesquels il avait une grande influence, d'autoriser Pompée à porter en public, sa vie durant, sa toge prétexte et une couronne d'or imitant le feuillage du laurier.

Bref, Pompée ne doutait pas un instant de devenir, d'une façon ou d'une autre, le monarque de l'immense empire de Rome, aux applaudissements du peuple et du Sénat. Aussi rentrait-il à Rome par petites étapes, goûtant, en puissant vainqueur, les plaisirs du voyage.

Il assista d'abord au concours annuel de poésie qui avait lieu à Mytilène, dans l'île de Lesbos, et ne vit aucune malice dans le fait que le thème choisi, sur lequel les poètes devaient composer, était... les faits et gestes de Pompée. Ce concours avait lieu dans un théâtre qui lui plut tellement qu'il en fit relever le plan et dessiner la forme afin d'en construire un semblable, mais beaucoup plus grand, à Rome.

Il passa aussi par l'île de Rhodes, où il tint à écouter tous les maîtres de rhétorique et il fit à chacun d'eux présent de 25 kilos d'or, et il s'inclina devant le philosophe Posidonios. De Rhodes il navigua jusqu'à Éphèse et de là jusqu'à Athènes, qu'il gratifia de dons généreux, tant pour ses écoles de rhéteurs que pour la restauration de ses monuments.

En cours de route, il apprit que le Sénat avait, à l'unanimité, ajourné les élections consulaires de juillet au mois de décembre, pour permettre à son candidat, Pupius Pison, d'y participer, et s'en félicita.

Il approchait de Brindes lorsqu'on l'informa qu'il était cocu. Mucia, la troisième épouse du brave général, occupé à faire la guerre depuis quinze ans, n'avait pas perdu son temps et avait couché avec tous les beaux hommes de Rome, y compris, naturellement, l'incontournable César.

Impassible, Pompée, à bord de sa galère amirale, expédia à l'infidèle une lettre de répudiation méprisante, sèche comme un communiqué militaire, sans même en indiquer les motifs, aux termes de laquelle le généralissime Cnéius Pompéius le Grand informait dédaigneusement son épouse, par une froide dépêche, qu'il la répudiait, ce qui eut pour effet de le brouiller avec les deux frères de Mucia, Métellus Céler et Métellus Népos.

Chapitre XXXII

La femme de César ne saurait être soupçonnée

(DÉCEMBRE 62-JANVIER 61)

Le débarquement des troupes de Pompée à Brindes fut un événement de première importance : la logique des choses voulait que le généralissime prît la tête de ses armées et remontât la via Appia jusqu'à Rome, où il aurait pu s'emparer du pouvoir sans coup férir, car personne n'aurait pu s'opposer à une telle puissance militaire et, de plus, il avait la faveur du peuple.

Or Pompée déçut ceux qui espéraient son arrivée en force, et soulagea ceux qui la craignaient. À peine eut-il débarqué, dans les premiers jours de janvier 62, qu'il rassembla toutes ses troupes, avec leurs centurions, leurs officiers, leurs tribuns militaires et ses légats :

— Soldats, leur dit-il, pendant des années vous avez guerroyé avec moi, et partout nous avons été vainqueurs. C'est à votre courage et à votre fidélité que je dois toutes mes victoires et de cela je vous ai récompensé en son temps ; aujourd'hui, je veux vous en remercier publiquement, car vous avez tous bien mérité de la patrie. Maintenant, les guerres sont finies et l'heure est à la paix : il est temps de rompre les rangs. Voici donc mes derniers ordres : rentrez chez vous, partez à l'assaut de vos foyers, de vos femmes, de vos enfants, comblez-les de cadeaux et d'amour. Je vous donne rendez-vous à Rome, au jour de mon triomphe qui sera le dernier jour où nous nous retrouverons tous ensemble. Après quoi, je vous souhaite à tous une longue et heureuse vie.

Les vivats fusèrent de tous côtés, et la nouvelle se répandit partout que Pompée le Grand s'en retournait à Rome sans compagnie de gens de guerre, avec seulement une suite de familiers et de domestiques, tel un voyageur revenant d'un quelconque périple à travers le monde. Et sur sa route, à Tarente, à Venouse, à Bénévent, à Capoue, à Minturne, à Formies et tout au long de la via Appia, les villes et les villages se vidèrent de tous leurs habitants : ils allaient au-devant de lui afin de l'accompagner jusqu'à Rome. De sorte que Pompée parvint devant les murailles de la Ville suivi d'une foule populaire autrement plus nombreuse et plus puissante que l'étaient les troupes avec lesquelles il avait débarqué à Brindes.

Dans Rome, où les consuls Pupius Pison et Valérius Messala venaient d'être installés officiellement, ce fut la stupéfaction : cet homme, maître tout-puissant de l'Orient et de la mer Méditerranée, qui possédait d'incalculables richesses provenant de ses prises de guerre et des rançons de ses captifs, aimé de tous les peuples qu'il avait soumis et séduits par ses bienfaits, n'avait qu'un geste à faire pour tenir dans sa main tous les pouvoirs de la République, et ce geste, il ne l'avait pas fait. Les discussions allaient bon train parmi les sénateurs.

— Il n'a pas eu le courage de Sylla, argumentait Thermus, et pourtant il avait bien plus de moyens que lui : il n'a pas osé attenter à la République.

— C'est un dégonflé, disait à qui voulait l'entendre Métellus Népos ; quand je pense que je comptais sur lui pour me venger du Sénat !

Pupius Pison, le consul pompéien, tentait de défendre son général :

— Vous n'avez rien compris. C'est par abnégation et par respect des lois que Pompée se tient en réserve de la République. Qu'en penses-tu, César ?

— Je pense que Pompée ne manque ni de courage, ni d'abnégation, ni de sens du devoir, il en a même plutôt à revendre ; ce qui lui fait défaut, c'est l'intelligence. Il n'a jamais eu la moindre idée politique, il ignore tout des besoins du peuple, des aspirations de la classe dirigeante, de la pagaille économique qui règne à Rome et en Italie. C'est un brave type, mais c'est un esprit borné, qui est à mille lieues de comprendre les problèmes de la République et la nécessité d'en réformer les structures : il n'a aucune imagination, pas plus en amour — sa femme me l'a dit souvent — qu'en politique. Il n'a plus qu'une obsession : organiser son triomphe, afin qu'il surpasse tous les autres triomphes de l'histoire.

— César a raison, dit le tribun Labiénus, son fidèle second. Je suis allé au-devant de Pompée, et savez-vous ce qu'il m'a dit ?

— Non, dit Pupius Pison.

— Il m'a dit que les Romains l'avaient déçu, car tous ceux qui étaient venus le saluer ne lui avaient posé aucune question sur ses guerres, sur ses voyages, ni même sur ses affaires ou sur ses intentions, mais ne lui avaient parlé que du scandale qui a eu lieu dans la maison de César, lors de la fête de la Bonne Déesse.

La Bonne Déesse, Cybèle, était une divinité adorée en Phrygie, contrée d'Asie Mineure, au Sud de la Bithynie. Considérée comme la Mère des dieux, elle était aussi vénérée comme déesse de la fécondité et de la nature. Son culte s'était répandu d'Asie Mineure en Grèce et, de là, dans tout le monde romain où elle était devenue la déesse des femmes, sous le nom de Damia.

La fête de la Bonne Déesse avait lieu tous les ans au mois de décembre. C'était une fête nocturne, réservée aux femmes et interdite aux hommes, qui se déroulait dans la maison d'un des deux consuls en fonction ou d'un préteur. Cette nuit-là, tous les hommes de la maison devaient aller dormir ailleurs, les femmes décoraient leurs robes de feuilles et de branches de vigne et offraient un sacrifice à l'image de la déesse, à côté de laquelle était placé un dragon en pierre, en marbre ou en toute autre matière. Pendant toute la nuit, ces mêmes femmes dansaient, chantaient, jouaient de la flûte, de la harpe ou du tambourin, priaient la Bonne Déesse qu'elle les protège et qu'elle les rende fécondes.

En décembre 62, la maison choisie pour célébrer le culte de Damia était celle du préteur urbain en fonction, à savoir la Régia, demeure de César. La fête devait avoir un caractère particulièrement solennel, car la Régia était aussi le palais du Grand Pontife ; aussi Pompéia, son épouse, qui devait présider les cérémonies, et Aurélie, sa mère, en avaient-elles surveillé avec soin tous les préparatifs. Quant à César, comme tous les autres mâles de la maisonnée, il avait dû passer la nuit ailleurs, et il n'avait eu, pour ce faire, que l'embarras du choix.

Or Pompéia était volage, et, compte tenu des frasques de César, on ne peut lui en tenir rigueur. Elle avait alors comme amant un homme d'une bonne douzaine d'années de moins que son mari, nommé Clodius, dont l'illustre lignée comptait nombre de censeurs et de consuls. C'était un patricien turbulent qui avait servi, dix ans plus tôt, sous les ordres de Lucullus en Orient et dont la vie sentimentale était particulièrement bien remplie. Le sage Cicéron le considérait comme un voyou, et le bouillant Caton comme un débauché de la pire espèce, mais, sans doute pour ces mêmes raisons, Pompéia le trouvait à son goût.

Toutefois les deux amants avaient bien du mal à se rencontrer : Aurélie, femme de bien et d'honneur, avait l'œil sur sa bru et la surveillait de près. Clodius

470

eut alors l'idée de profiter de la fête de la Bonne Déesse pour s'introduire auprès de l'épouse de César. Il se fit raser de très près, se maquilla le visage, qu'il avait très fin, et se déguisa en musicienne ; puis il se rendit à la Régia, et fut reçu par une des esclaves de Pompéia, qui lui servait de chambrière et était dans la confidence. Pendant que cette dernière était partie avertir sa maîtresse, et comme elle tardait à revenir, Clodius se mit à errer à travers la maison, allant de pièce en pièce, évitant de paraître à la lumière.

Il rencontra ainsi une des servantes d'Aurélie qui, le prenant pour ce qu'il n'était pas, le pria de jouer de la harpe et de chanter avec elle. Clodius refusa, en faisant non de la tête, et partit dans une autre direction ; mais la servante le poursuivit, étonnée de son comportement, le traîna en pleine lumière et lui demanda qui elle était et pourquoi elle ne participait pas aux réjouissances.

— J'attends Abra, lui dit-il, l'esclave de Pompéia.

Malheureusement pour Clodius, sa voix le trahit. La chambrière courut chercher sa maîtresse et toutes les femmes qui chantaient et dansaient dans une grande salle tout illuminée :

— Il y a un homme parmi nous, il y a un homme, allez chercher Aurélie, criait-elle, rouge de frayeur.

La fête fut immédiatement interrompue, et Aurélie, prévenue, fit immédiatement cesser les cérémonies du sacrifice, jeter un voile sur l'image de la Bonne Déesse et cacher les accessoires secrets du culte ; elle ordonna de fermer les portes de la demeure du Grand Pontife, dont elle parcourut toutes les pièces, précédée de femmes portant des flambeaux et des torches pour retrouver cet homme, auteur de ce qui était un véritable sacrilège. Elle finit par dénicher Clodius caché dans la chambre de l'esclave qui l'avait laissé entrer et toutes les femmes le jetèrent dehors, en le malmenant.

Bien entendu, la fête sacrée était terminée. Toutes les femmes rentrèrent chez elles, émues, réveillèrent leurs maris et leur contèrent ce qui s'était passé. Le scandale fut immense, et peu de Romains dormirent cette nuit-là ; partout on commentait ce sacrilège qui, en d'autres temps, aurait été puni de mort. Le lendemain, on ne parlait plus que de cette affaire dans Rome, et l'on s'interrogeait :

— Tu es certain qu'il s'agissait d'un homme ?

— Toutes les femmes l'ont vu, et certaines l'ont même reconnu.

— Qui était-ce ?

— Publius Clodius.

— Clodius, ce patricien qui a demandé au censeur d'être rayé de la liste des patriciens et d'être porté sur celle des plébéiens ? C'est un voyou...

— Un voyou et un fou : tu te rends compte, commettre un sacrilège dans la maison même du Grand Pontife !

— La colère de César va être terrible.

— Pas nécessairement, il préférera étouffer l'affaire.

Chacun y allait de sa théorie :

— Tu crois que Pompéia était au courant ?

— À mon avis, elle est complice.

— Tu penses qu'elle aurait eu l'audace de courir un tel risque ?

— Est-ce que ce ne serait pas une manœuvre politique pour nuire à César ?

— Une manœuvre de qui ?

— De Cicéron, par exemple, ou de Catulus, pour le mettre dans l'embarras et le déconsidérer au moment où Pompée est de retour.

— Attendons ce qu'en dira le Sénat...

— ... et ce que fera César.

César ne bronchait pas :

— J'ai de l'affection pour Pompéia, confiait-il le lendemain même du scandale à Thermus, et je la crois incapable d'avoir laissé Clodius s'introduire dans la Régia... si c'est de Clodius qu'il s'agit vraiment. Mais je ne te cache pas que cette affaire me trouble, car les sénateurs vont en profiter et s'en donner à cœur joie.

— Tu penses que ce n'était pas Clodius qui était chez toi cette nuit ? Il aurait pourtant été reconnu.

— Par qui ? Par des esclaves ? Par des femmes épouvantées ? Qu'on me fournisse des preuves, avant d'accuser. Clodius est un agité, c'est certain, mais c'est un bon militant, qui m'a souvent aidé : il sait ce qu'il fait, et il n'aurait pas compromis les chances du parti populaire pour une histoire de femmes.

— Que vas-tu décider ?

— Pour l'instant, je ne décide rien. Tu me connais, je ne prends aucune décision à chaud : la passion est mauvaise conseillère et il ne sert à rien de s'emporter. Il est certain qu'il y a eu faute, mais de qui ? de ma femme ? J'en doute. De Clodius ? il faut le prouver. D'un provocateur ? il faut découvrir qui tire les ficelles. Oui, je punirai, mais lorsque je saurai qui punir, et quand punir.

— Comment cela ?

— Je punirai au moment où il sera de mon intérêt de punir.

— Mais la morale, notre religion...

— La morale et la religion passent après la politique, mon cher Thermus, elles sont des moyens et non des fins : je ne suis ni un moraliste hystérique comme Caton, ni un obsédé de la tradition comme ce gâteux de Catulus.

— Pour Caton, je suis d'accord avec toi ; mais pour le vieux Catulus, je te trouve bien irrespectueux.

Au Sénat, la séance fut houleuse. Les Pères conscrits n'étaient pas fâchés d'avoir l'occasion de brocarder César :

— C'est l'arroseur arrosé, commentait un sénateur ; ce monsieur qui se prétend l'amant de toutes les femmes de Rome est cocu à son tour, et dans sa propre maison : il y a une justice !

— La maison du Grand Pontife a été souillée par un sacrilège, argumentait Cornificius, un dévot conservateur, il faut juger le criminel.

Pupius Pison, le consul désigné, qui allait prendre ses fonctions dans quelques jours, était partisan de calmer le jeu : Clodius était, comme lui, un pompéien. Mais son collègue Messala poussait la chansonnette rigoriste, soutenu par un Caton véhément et goguenard, ravi de ridiculiser César devant toute la Curie.

Le clan des bigots offusqués — ou qui faisaient mine de l'être — reçut le renfort inattendu de Cicéron. Celui-ci avait été l'ami de Clodius, qui lui avait servi de garde du corps lorsqu'il avait entrepris de combattre Catilina ; mais leurs relations s'étaient ternies pour une banale histoire de jalousies féminines. Térentia, la femme de Cicéron, haïssait Clodius parce que la sœur de celui-ci, Clodia, tout aussi dévergondée que son frère, faisait tout ce qu'elle pouvait pour attirer Cicéron dans ses filets, pour le pousser à répudier Térentia et à l'épouser ; aussi passait-elle ses journées à faire le siège de son illustre époux :

— Il faut traîner ce Clodius devant les tribunaux, c'est un pervers, un moins que rien.

— Mais, Térentia, on ne peut accuser sans preuves...

— Ah ! Bravo. Voilà que tu le défends, maintenant ; c'est encore un coup de cette Clodia : si tu crois que je n'ai pas vu son manège.

— Mais non, Térentia, je t'assure, la petite Clodia n'est pour rien dans cette affaire.

— La « petite » Clodia ! Tu ne t'es pas regardé ! Tu pourrais être son père.

— Cesse de m'importuner avec tes crises de jalousie, Térentia, j'ai d'autres soucis en tête.

— Je vais lui dire ce que je pense d'elle, de ce pas ; ce n'est qu'une petite gourgandine de bas étage, qui va très bien avec son voyou de frère. D'ailleurs, ils couchent ensemble...

— Qu'est-ce que tu racontes ?

— C'est le général Lucullus qui me l'a dit, il le tient de ses servantes.

— Tu divagues ; ce sont des ragots.

Mais Térentia tenait bon et, pour mettre un terme aux scènes de sa femme, Cicéron accepta de se porter en accusateur contre son ami Clodius, ce qu'il fit d'ailleurs assez mollement.

Finalement, les partisans d'un procès contre Clodius l'emportèrent : le Sénat déclara qu'il y avait eu sacrilège et ordonna que la fête de la Bonne Déesse fût recommencée ; par ailleurs, le collège des pontifes fut chargé de l'enquête et, s'il se révélait que Clodius fût coupable, il serait traduit devant un tribunal pour inceste et sacrilège.

Dès que cette motion fut votée, César écrivit — sans doute à regret — à Pompéia une lettre de répudiation, le 15 janvier de l'an 62 : son honneur était sauf.

Le procès eut lieu au mois de mai suivant. Pour sa défense, Clodius produisit un alibi : le soir de la fête de la Bonne Déesse, il se trouvait chez un de ses amis, à la campagne, dans le petit bourg d'Interamna, à 80 kilomètres de Rome. L'ami en question, un certain Cassinius, confirma ses dires. Par ailleurs, ni Aurélie, la mère de César, ni sa sœur Julie, ni aucune des femmes qui assistaient à la fête sacrée ne purent affirmer qu'elles reconnaissaient en Clodius l'homme qui avait perturbé les cérémonies. L'acquittement du prévenu semblait donc certain.

C'est alors que Cicéron, cité lui aussi comme témoin, vint faire sa déposition :

— Le jour de la fête de la Bonne Déesse, dit-il, j'étais dans ma villa sur le mont Palatin, et j'y ai reçu Clodius, qui était venu me saluer.

Avec cette révélation, si elle était véridique, l'alibi de Clodius s'écroulait : les juges avaient à trancher entre la parole de Cicéron et celle de Cassinius. Il restait à entendre César. Celui-ci fut convoqué à son tour et prié de donner sa version des faits :

— Le rituel de la Bonne Déesse m'interdisait, en tant qu'homme, d'être dans ma demeure ; je n'ai donc pu voir personne et j'ignore qui a pu s'y introduire et commettre le sacrilège. Je ne l'ai appris qu'au petit matin.

— Alors, César, pourquoi as-tu répudié ta femme après le scandale ?

César répondit avec hauteur et noblesse aux juges qui l'interrogeaient :

— Parce que les miens doivent être au-dessus de tout soupçon autant que de crime : la femme de César ne saurait être soupçonnée.

Clodius fut acquitté par trente et une voix contre vingt-cinq.

Chapitre XXXIII

Le triomphe de Pompée
(ANNÉE 61)

Le retour de Pompée, qui en avait encore pour quelques mois à attendre, aux portes de Rome, les cérémonies et les défilés de son triomphe, le scandale provoqué par Clodius, la répudiation, presque simultanée, de Mucia et de Pompéia par leurs époux respectifs, qui étaient alors les personnages les plus en vue de la République, tout cela avait eu pour conséquence de faire passer au second plan deux événements qui, en d'autres temps, auraient fait l'objet de toutes les conversations sur le Forum : l'installation des deux consuls de l'année 61, qui avaient été élus, exceptionnellement, en décembre et le retour à Rome de Crassus, en provenance de Macédoine, avec armes et bagages.

L'entrée en fonctions des consuls fut vécue comme une simple formalité. L'un, Pupius Pison, était un ancien légat de Pompée, à la santé chancelante, qui avait enseigné, jadis, l'art oratoire à Cicéron ; il s'emportait facilement, et n'avait aucun projet politique : il était simplement le représentant de Pompée à la tête de la République. Le second, Valérius Messala, était le type même du sénateur romain conservateur et inefficace.

Le retour de Crassus, après neuf mois d'absence, faisait à peine jaser. Il s'était enfui au début de l'année 62, craignant les légions de Pompée ; dès qu'il apprit que le généralissime les avait congédiées, il s'empressa de revenir à Rome, bien décidé à reprendre sa place et à refaire sa fortune.

Depuis le 1er janvier, César n'était plus préteur et il attendait, avec une certaine impatience, le tirage au sort — la *sortitio* — des provinces entre les magistrats sortants : les consuls devenaient alors proconsuls et les préteurs, propréteurs. D'ordinaire, le Sénat procédait à cette répartition après les élections consulaires de juillet ; mais, celles-ci, on le sait, avaient été ajournées de six mois et le Sénat était en retard. Peut-être aussi les sénateurs attendaient-ils les décisions de Pompée.

Quoi qu'il en soit, la *sortitio* n'eut lieu qu'au mois d'avril, un peu avant le procès de Clodius. César se vit attribuer par le sort ce qu'on appelait alors l'Espagne Ultérieure, c'est-à-dire l'Andalousie et une partie du Portugal actuel.

— Je ne suis pas mécontent de ce tirage au sort, dit-il à Thermus lorsqu'il en fut informé. Je connais bien ce pays.

— Je sais, répondit Thermus, tu y as été questeur, il y a sept ou huit ans.

— Je n'y suis pas resté longtemps, et je n'avais pas grand-chose à y faire. Mais, être le propréteur d'une pareille province, c'est excitant. Je vais pouvoir enfin gouverner un pays à ma guise, sans demander la permission de faire des réformes à des sénateurs englués dans leurs privilèges.

— Tu parles pour moi ?

— Tu sais bien que non.

— Quand pars-tu ?

— Quand j'aurai payé mes dettes. Mes créanciers me poursuivent et menacent de m'envoyer en prison si je ne les rembourse pas : ils ont fait opposition à ma sortie de Rome.

— Elle est bien bonne ! Pourquoi dépenses-tu tant d'argent, César ?

— Parce que je ne suis pas Caton.

— C'est un vieux rapiat ; mais entre Caton et Crassus, il y a peut-être un juste milieu, non ?

— Il n'y a pas de juste milieu pour César : c'est tout ou rien.

— Tu vas pouvoir payer tes dettes, Crassus est revenu.

— Il était temps. Elles s'élèvent à plus de 800 talents (12 millions de nos francs).

La générosité de Crassus était inépuisable. César obtint 830 talents, paya ses créanciers et put organiser son départ. Il était pressé de prendre la route de Cordoue, et, dès que le jugement acquittant Clodius fut rendu, il sauta dans sa litière et partit pour l'Espagne, accompagné de quelques esclaves, de ses secrétaires, de son cuisinier, de Decurtius, son médecin personnel, et, bien entendu, de son barbier espagnol, tout heureux de retrouver sa patrie.

Il ne prit même pas la peine d'attendre l'accomplissement des formalités administratives traditionnelles et, aux questeurs du Trésor public qui tardaient à lui remettre les documents, l'argent, les armes et l'escorte que l'on donnait d'ordinaire aux gouverneurs en partance pour leur province, il recommanda d'envoyer le tout à Cordoue, où il allait s'installer. Il quitta Rome si rapidement que Crassus ne put s'empêcher d'en faire la remarque à Cicéron, avec lequel, oubliant les querelles politiques passées, il avait renoué amitié :

— César est parti comme s'il avait le feu aux fesses, comme s'il avait encore quelques créanciers à ses trousses...

— ... ou quelques maris trompés, désireux de lui faire une conduite à leur façon, ajouta Cicéron, dont l'œil, avec le printemps, devenait égrillard. Souhaitons-lui bon voyage quand même, mais il va nous manquer, sur le Forum. Mais dis-moi, Crassus, quel est cet étranger aux cheveux frisés, au teint mat et aux yeux noirs qui est monté avec lui dans sa litière ?

— C'est Masintha, un jeune chef berbère, originaire de Numidie.

— Que fait-il à Rome ?

— Il se cache.

— Il se cache de qui ?

— C'est une histoire compliquée, comme tout ce qui se passe en Afrique du Nord. Le dernier roi des Numides, Hiempsal, obligeait certains chefs de tribus à lui payer des redevances annuelles...

481

— Avec notre autorisation, j'espère...

— Bien entendu, avec notre autorisation ; je
soupçonne même notre gouverneur militaire de
Numidie d'en avoir sa part. Masintha, qui est le chef
d'un importante tribu, est venu plaider sa cause à
Rome, devant le Sénat, l'année dernière : il refusait
alors de payer quoi que ce soit à son roi. Pendant ce
temps, Hiempsal est mort, et, avant de mourir, il a
désigné son fils Juba comme son héritier. Alors Juba
est venu à son tour à Rome, pour faire condamner
Masintha à régler ses redevances, et l'affaire est venue
devant le tribunal du préteur, c'est-à-dire devant
César...

— J'imagine la suite, dit Cicéron : César a été
séduit par les beaux yeux du prince numide...

— ... et il a gardé Masintha chez lui.

— Maintenant, je m'en souviens, dit Cicéron ;
Juba a demandé l'extradition de Masintha, et il est
même venu à Rome lui-même, pour s'en emparer,
avec l'autorisation des sénateurs, évidemment.

— Évidemment. C'était une occasion de plus,
pour eux, de contrer César, le protecteur de Masintha. L'affaire s'est très mal terminée : Juba s'est rendu
à la *Régia*, et César l'a envoyé promener ; il a tenté
de se saisir lui-même de Masintha, mais César s'est
interposé, l'a pris par la barbe et l'a conduit hors de
chez lui de cette façon. Juba est reparti vers l'Afrique
du Nord en jurant qu'il se vengerait. Depuis ces incidents, il envoie des messagers et des légations tous
les mois au Sénat, pour qu'on lui remette le jeune
prince.

— Et aujourd'hui, conclut Cicéron, notre ami

César nous tire sa révérence, en emmenant Masintha dans sa litière.

— Oui, c'est un dernier pied de nez au Sénat et à Juba.

— Ce qui me plaît dans César, malgré tout ce qui nous oppose, c'est sa manière de prendre toujours le parti du plus faible. Il a pour cela une sorte de génie.

César parti, le petit jeu politique romain reprit son cours. Les élections consulaires de juillet approchaient.

Le Sénat avait déjà désigné son candidat en la personne de Métellus Céler, l'un des deux frères de Mucia, l'ex-épouse de Pompée. Quant à ce dernier, il avait deux bonnes raisons de ne pas présenter sa candidature : tout d'abord, il n'en avait pas le droit, car il ne s'était pas écoulé dix années pleines depuis son premier consulat, qui s'était terminé le 31 décembre 71 ; ensuite, même si l'on avait pu lui accorder une dispense exceptionnelle, il n'en aurait pas voulu, car il tenait à célébrer son triomphe, et les généraux auxquels cet honneur était accordé devaient rester en dehors des murailles de la Ville jusqu'à ce que cette cérémonie ait eu lieu.

Pompée choisit donc un homme à lui, son ancien lieutenant Lucius Afranius, pour le premier poste de consul, et il chargea Pupius Pison d'en assurer l'élection, en distribuant aux électeurs populaires les fameuses *sportules*, ces corbeilles emplies de présents et de libéralités diverses que les usages électoraux toléraient. Afranius et Métellus Céler furent ainsi élus consuls pour l'année 60 et l'été se passa à préparer les festivités du triomphe de Pompée, qui fut célébré le 28 et le 29 septembre 61, malgré l'opposition de Caton, qui prétendait que les guerres de Pompée contre les pirates et contre Mithridate n'étaient que des jeux de femmelettes.

Le 28 septembre 61, un soleil radieux illumine les murailles de Rome. Une foule innombrable de Romains et de Romaines, d'affranchis, d'esclaves, d'étrangers de toutes origines se presse de part et d'autre de la grande voie pavée qui conduit à la porte Capéna ; à l'intérieur des murs, elle s'étale sur la place qui prolonge cette voie, sur les versants de la vallée Murcia, entre le mont Palatin et la colline de l'Aventin, et tout au long de la rampe d'accès au Capitole, le *clivus capitolinus*, qui mène au temple de Jupiter.

C'est une foule ondoyante, dont les milliers de pieds trépignent, et qui attend patiemment, depuis le point du jour, que commence le défilé triomphal en l'honneur de Pompée. Quelques-uns ont passé la nuit sur place, et, comme la nuit a été froide, ils grelottent encore. La foule devient de plus en plus dense d'heure en heure : bientôt, nul ne pourra plus bouger. Sur le chemin de garde, en haut de la muraille, aux fenêtres, aux lucarnes, sur les terrasses, sur les toits même, des milliers de têtes endormies, aux yeux bouffis, aux cheveux mal peignés, font le guet. Haut perché, sur une solive, au-dessus de la porte Capéna, un homme trapu, borgne et bossu se tient immobile dans sa laideur qui a quelque chose de grandiose.

Ils sont là, tous, pour assister au premier cortège du triomphe, celui qui présente les victoires et le butin de l'homme qui a reçu du Sénat le titre d'*imperator*, de généralissime, le grand, l'illustre Pompée.

Soudain, la foule se fige et devient silencieuse : le début du cortège fait son apparition sous la voûte de la porte Capéna.

Les deux consuls, Métellus Céler et Afranius, ouvrent la marche, chacun précédé de ses douze licteurs en grande tenue ; ils sont suivis des deux censeurs, qui s'avancent devant les huit préteurs, avec en tête le préteur urbain, eux aussi précédés de leurs licteurs. Derrière viennent les six édiles, puis les vingt questeurs. Les dix tribuns militaires ferment la marche. C'est ensuite les toges blanches et flottantes des six cents sénateurs qui semblent surgir de la muraille, avec, à leur tête, le plus ancien prince du Sénat, le vieux Catulus, soutenu par deux esclaves, et, après lui, tous les Pères conscrits. Le cortège se dirige, d'un pas lent et lourd, vers le cirque Maxime et le mont Capitole ; il est si grand, si long que les licteurs consulaires sont déjà sur les pentes de la colline capitoline lorsque les derniers sénateurs passent la porte Capéna.

Voici venir maintenant le cortège des victoires. Des soldats portent à bout de bras, dessinées sur de grands panneaux, les cartes des pays conquis par l'*imperator* : le royaume du Pont, l'Arménie, la Cappadoce, la Paphlagonie, la Médie, la Colchide, l'Ibérie, l'Albanie du Caucase, la Syrie, la Cilicie, la Mésopotamie, la

Phénicie, la Palestine, la Judée, l'Arabie. Ceux qui les suivent brandissent les plans des plus grandes villes conquises, parmi les neuf cents cités qui se sont inclinées devant Pompée, et des images de quelques-uns des mille châteaux qu'il a pris. Et la foule s'émeut, hurle de joie et d'admiration lorsque paraissent vingt-deux soldats aux cuirasses brillantes, soulevant au-dessus de leur tête les portraits des vingt-deux rois qui ont fait leur soumission à Rome.

Après les cartes et les portraits, c'est le butin de quatre années de campagnes en Asie Mineure qui est présenté au peuple romain, sur des chars, sur des brancards ou sur des pavois : des armes de toute sorte, aux formes parfois étranges ; les rostres des navires capturés aux pirates et aux forces navales des ennemis ; une multitude de riches meubles orientaux, des tables d'ébène incrustées de nacre de Syrie, des sièges incrustés de gemmes, de la vaisselle d'or, des couronnes de perles, un échiquier géant, un temple des Muses en miniature, tout orné de perles, des statues, en marbre, en bronze ou en métal précieux, représentant Apollon, Mars et Minerve, un buste monumental de Mithridate, en or et, pour clore ce défilé qui avait duré plusieurs heures, un splendide buste du vainqueur, de Pompée, fait d'une multitude de perles fines.

Le lendemain 29 septembre, on fêta à la fois le quarante-cinquième anniversaire de Pompée et sa gloire. La foule était aussi dense que la veille, plus peut-être, car le spectacle allait en valoir la peine.

Le cortège triomphal était ouvert par 324 captifs que Pompée avait ramenés de ses campagnes. Il avait interdit qu'ils fussent enchaînés, et ils défilèrent avec dignité. Le peuple se montrait du doigt les figures connues et les commentaires allaient bon train :

— Voilà les cinq fils de Mithridate : on peut dire que son père nous en a fait voir.

— Quand ont-elles commencé, les guerres contre Mithridate ?

— Il y a vingt-deux ans.

— Tant que ça ?

— Eh oui ! et elles ont usé trois généralissimes : Sylla, Lucullus et Pompée.

— Et ces jeunes femmes, qui sont-elles ?

— Ce sont les deux filles de Mithridate.

— Tiens, voici Tigrane, le roi d'Arménie... Ce n'était pas le gendre de Mithridate ?

— Oui, je crois ; mais celui que tu vois, c'est Tigrane le Jeune, son fils.

— Et celui-là, qui est-ce ?

— Aristobule, le roi de Judée.

— Où est-ce, la Judée ?

— C'est le plus puissant royaume de la Syrie ; il est habité par les Juifs. C'est un peuple ancien, et très curieux : ils n'ont qu'un dieu, mais ils ont deux partis politiques qui se disputent sans cesse, comme chez nous.

— Quels partis ?

— Celui des pharisiens, qui tient à respecter strictement les traditions de ce peuple, et celui des sadducéens, partisans des mœurs grecques.

— Et les femmes, avec leurs voiles ?

— Ce sont des reines scythes.

— Et les deux hommes, avec une sale tête ?

— Ce sont des chefs pirates.

Tout à coup, vers la porte Capéna, des applaudissements et des cris divers montent de la foule. Ce n'est d'abord qu'un bourdonnement confus, comme une lourde vague qui approche du grand large, puis l'éclatement des acclamations fait trembler la Ville, et deux cent mille voix scandent en chœur :

— Pom-pée, Pom-pée, Pom-pée...

Le char blanc du triomphateur s'avance, tiré par quatre chevaux blancs, que guide l'*imperator* lui-même. Ses panneaux sont décorés de sculptures en ivoire et il brille de tous les feux des pierres précieuses dont il est orné. Pompée est vêtu de la chlamyde blanche qui avait été tissée jadis pour Alexandre le Grand et que les habitants de l'île de Cos avaient offerte à Mithridate. Il porte sur sa tête une couronne d'or imitant le feuillage du laurier. Derrière son char, qu'entourent de part et d'autre ses meilleurs combattants, s'avancent des représentants de tous ses régiments, aux armes rutilantes, les cavaliers, caracolant sur leurs chevaux nerveux, ses centurions, ses officiers et tous ses légats. Les porteurs d'enseignes et d'étendards ferment le cortège : le peuple romain acclame les aigles de bronze des légions, les manipules des compagnies, les dragons aux gueules d'argent des cohortes, les étendards et les bannières des régiments de cavalerie, brandis par de fiers vexillaires.

Cet immense cortège parvient enfin devant le temple de Jupiter, sur le mont capitolin. Les pontifes y accueillent le grand Pompée, qui gravit les degrés du sanctuaire. L'*imperator* offre au roi des dieux les sacrifices traditionnels : un bœuf, une génisse et deux chèvres blanches ; mais il a interdit les sacrifices humains que lui avaient suggérés certains.

Après la cérémonie religieuse, Pompée fit savoir que les prisonniers seraient libérés et rapatriés dans leurs pays respectifs, aux frais de l'État romain, et qu'il y aurait, dans les jours suivants, une distribution d'argent au peuple. Il fit en outre prélever sur son butin les sommes nécessaires pour enrichir la Ville de bâtiments nouveaux : un temple de Minerve, un temple de Vénus, un temple d'Hercule, près du cirque Maxime, et un grand théâtre en pierre. Enfin il fit don au Trésor public romain de 50 millions de deniers d'argent (200 tonnes d'argent pur).

Le triomphe de Pompée dépassa, en splendeur, ceux de Scipion et de Sylla. C'était son troisième triomphe, après ceux dont il avait été honoré pour ses campagnes en Afrique, puis contre Spartacus et en Espagne, ce qui lui permettait de dire qu'ayant triomphé en Afrique, en Europe et en Asie, il avait triomphé de toute la terre, et de se comparer à Alexandre le Grand. Il s'enivrait de sa gloire.

Chapitre XXXIV

César, gouverneur de l'Espagne
(MAI 61-JUILLET 60)

La litière dans laquelle voyageait César était un coffre de bois entièrement clos, recouvert de cuir, muni de deux paires de brancards, l'une à l'avant, l'autre à l'arrière. Ses parois étaient percées de fenêtres que l'on pouvait ouvrir ou fermer à volonté, et, au repos, elle reposait sur quatre pieds ouvragés, analogues à ceux d'une chaise. Elle contenait un lit à deux places, avec un confortable matelas de plumes et des coussins, de sorte qu'on pouvait y dormir allongé, ou bien s'asseoir pour lire ou pour bavarder avec un compagnon de voyage.

Cette litière était transportée par huit esclaves — les « lecticaires » — aux épaules larges et d'une stature élevée, qui se tenaient deux par deux, côte à côte, à l'avant et à l'arrière, entre les brancards, qui étaient soulevés à l'aide d'une ceinture de cuir accrochée à une perche mobile, l'*asser*, placée sur leurs épaules, tel un joug.

490

Avec ce moyen de locomotion, César parvenait à faire des étapes de cinquante kilomètres par jour ; son escorte suivait à dos de mulet. De temps à autre, Decurtius, ou le Numide Masintha, venait lui tenir compagnie. Il appréciait particulièrement la conversation de son médecin, qui était un homme avisé et sans préjugés.

— Cela te fait plaisir, de retrouver l'Espagne, César ?

— Plus que tu ne peux le croire, mon cher Decurtius. Je vais y faire mes classes.

— Comment cela ?

— Je t'ai déjà dit que j'avais un grand dessein : eh bien ! dans un ou deux ans, je vais être en mesure de commencer à le réaliser.

Les deux hommes s'installent aussi commodément que possible, leur dos bien calé par des coussins, et César dévoile ses projets à son ami :

— Si l'on excepte quelques troubles locaux, comme nous en rencontrerons certainement en Espagne, la paix règne partout sur les terres romaines, de la mer Noire à l'Espagne, et il n'existe pas, à ma connaissance, un seul peuple au monde qui puisse nous menacer. Ce vaste empire, il va falloir l'organiser. Non pas au profit de quelques gouverneurs ou de quelques généraux, qu'ils se nomment Pompée ou Sylla, non pas au profit d'une clique de sénateurs ou de profiteurs, comme Catulus, Crassus ou même Cicéron, mais pour qu'il persiste et prospère pendant des siècles et des siècles, comme jadis l'empire des Perses. Je sais que je serai le créateur de cet empire.

— Je t'ai déjà entendu parler ainsi, mais je ne vois pas le rapport avec l'Espagne.

— J'y pense depuis longtemps, à ce royaume universel. Mais, jusqu'à présent, il y avait trop de guerres, trop d'aventuriers, trop de menaces, et ce ne pouvait être qu'un rêve, auquel je me préparais méthodiquement. Maintenant, le rêve peut devenir réalité...

— Grâce aux victoires de Pompée.

— Grâce à un siècle de victoires. Paul Émile, Scipion, Marius, Sylla, Pompée ont tous apporté leur pierre à l'édifice romain, mais ils n'en pouvaient deviner l'avenir et, de toute façon, ils n'y avaient jamais rêvé : ils ne pensaient qu'à leur petite gloire, au jour le jour, qu'à leur fortune, éventuellement au bonheur de la plèbe qu'ils aimaient. César veut la paix et le bonheur du monde entier.

— Comme tu y vas ! Mais l'Espagne dans tout cela ?

— Elle va me servir de laboratoire. Je n'ai jamais gouverné aucun peuple, aucune cité. J'ai quarante ans, et, l'année prochaine, je serai consul.

— Qu'en sais-tu ? L'année prochaine, Pompée sera sur les rangs.

— Qu'importe : je serai consul, je gouvernerai Rome pendant un an et je saisirai cette occasion pour devenir le souverain du monde romain.

— Tu veux faire ton petit Sylla ?

— Absolument pas. Je me moque bien d'être puissant ou misérable. Je veux créer un empire indestructible.

— Quelle ambition !

— Qu'est-ce que j'ai fait, sur le Forum et au Sénat depuis une dizaine d'années ? Je ne me suis mêlé à aucune coterie, je n'ai commis aucune injustice et je ne me suis même pas fait d'ennemis irréductibles. J'ai manœuvré, j'ai limé les chaises curules des sénateurs, pour que ce maudit Sénat s'écroule, j'ai contrecarré les projets fous et sans lendemain d'un Catilina, et même ceux de Crassus, qui ne savait pas où il allait quand il parlait de tuer tous les « affreux ». Jusqu'à présent, je n'ai été qu'un manœuvrier. Ici, en Espagne, je vais pouvoir gouverner.

— Qu'est-ce que tu entends par « gouverner » ?

— Gouverner, ce n'est pas « se faire obéir », c'est comprendre les grands problèmes qui se posent à un peuple pour qu'il soit heureux, et en chercher les solutions.

— Tu connais des Romains qui ont « gouverné », comme tu le dis ?

— Il n'y en a pas eu beaucoup. À mon avis, le premier fut le roi Servius Tullius, l'avant-dernier roi de Rome. Il a compris le premier grand problème de notre peuple, et il l'a résolu.

— Quel était-il ?

— Il a constaté que le petit royaume sur lequel il régnait, et qui tenait à l'intérieur de la muraille qui existe encore de nos jours, était très peuplé, et que, pour l'administrer, il fallait répartir ses habitants en tribus d'après leur origine et en classes d'après leur fortune. Voilà un acte de gouvernement.

— Mais après les rois, dans l'histoire de notre République ? La création des consuls, du Sénat, ce ne furent pas des actes de gouvernement ?

— Non. Gouverner, c'est s'occuper d'un peuple tout entier. Les réformes auxquelles tu fais allusion ont été une sorte de partage des pouvoirs entre quelques centaines de Romains qui avaient la chance d'être des patriciens ; elles concernaient à peine cinq citoyens sur cent, et elles ignoraient tous les autres : elles ignoraient la plèbe. En revanche, les lois que rédigèrent, il y a quatre cents ans, ces dix magistrats qu'on a nommés les décemvirs, relèvent de l'art de gouverner : elles constituent un véritable code pour tout le peuple romain.

— Alors, que vas-tu faire, en Espagne ?

— Je vais m'occuper de tous les Espagnols. Ils en ont bien besoin.

César avait compris, lors de son premier séjour en Espagne, huit ans auparavant, que le problème fondamental de cette province était celui de son unité. Il y avait trop de peuples, trop de cités, trop de régimes administratifs. Trop d'insécurité aussi : régulièrement les montagnards descendaient dans la plaine, dévastaient les champs et pillaient les villes, puis repartaient vers leurs montagnes, certains de leur impunité.

Ses premières mesures concernèrent donc la mise au point d'une force militaire indigène. La République entretenait en Espagne une force de 20 cohortes, de 500 hommes chacune : il décida de porter ce nombre à 30, en créant 10 cohortes ibériques. Il édicta une ordonnance de recrutement sur place, comme ses attributions lui en donnaient le droit, et enrôla quelque 5 000 soldats espagnols.

— Ces mesures ont un double intérêt, expliquait-il à Decurtius : d'une part, j'augmente mes effectifs, qui passeront de 10 000 à 15 000 hommes, d'autre part je fais prendre conscience au peuple espagnol qu'il doit se préoccuper de ses propres affaires. Il doit faire sa police lui-même. Et maintenant, j'ai une bonne petite armée, avec tout le matériel nécessaire.

— Et qu'est-ce que tu vas entreprendre, avec cette armée ?

— La guerre... je n'ai jamais eu l'occasion de la faire, sinon jadis, quand j'avais dix-huit ans, avec Thermus. Et il faut que j'apprenne à faire la guerre, car je ne me fais pas d'illusion : après mon futur consulat, j'aurai besoin d'une belle guerre pour tout chambouler.

Pendant que se déroulaient les opérations de recrutement, César se préoccupa aussi du sort de ses administrés, c'est-à-dire des laboureurs des plaines et des habitants des petites villes provinciales, qui constituaient l'équivalent de la plèbe romaine. Il interrogea d'abord les questeurs, ces fonctionnaires itinérants qui connaissaient bien la situation financière et fiscale des habitants de la province. L'un d'eux lui donna un excellent conseil :

— Avant d'agir, César, renseigne-toi sur le peuple espagnol. C'est un peuple composite difficile à comprendre. Je connais un vieil indigène, qui a servi sous Sertorius, et qui t'expliquera tout. Il est originaire des montagnes du Nord, là où vivent les Vascons.

C'est un indépendantiste farouche, mais il a adopté un nom romain : il se nomme Pétrus Vasconicus, et Sertorius l'avait surnommé « Fumigator ».

— Pourquoi donc ?

— Tu le comprendras dès que tu le verras. Il a l'habitude de faire brûler des herbes odoriférantes dans un entonnoir et d'en respirer la fumée. Il prétend que ça le fait dormir.

— Où puis-je le trouver, ce Pétrus Fumigator ?

— L'été, on le rencontre souvent à Gadès. Il fait un trafic de dattes avec des Mauritaniens qui viennent d'Afrique et qui lui apportent son herbe.

C'est en effet à Gadès, à l'ombre du temple d'Hercule, que Fumigator conta à César l'histoire et la géographie de la grande province romaine d'Espagne.

— Vous autres, Romains, vous êtes installés en Espagne depuis un peu plus de cent quarante années, commença doctement Fumigator.

— Cela, je le sais, dit César ; ce fut l'œuvre du grand Scipion, que nous avons appelé plus tard Scipion l'Africain, le vainqueur d'Hannibal.

— Scipion a divisé l'Espagne en deux provinces, qui sont toutes deux traversées par un grand fleuve, celle du Nord par l'Ebre, c'est l'Espagne Citérieure, et celle du Sud par le Guadalquivir, c'est l'Espagne Ultérieure, dont tu es le gouverneur.

— Et toi, Fumigator, d'où es-tu ?

— Mon peuple vit dans les montagnes qui sont au Nord de l'Ebre, les Pyrénées, et sur les rivages de la mer qu'elles dominent, la mer Cantabrique.

— Je ne connais pas cette mer.

— Elle est bien différente de la mer des Romains.

Deux fois par jour elle se retire au loin, et deux fois par jour elle revient. On appelle cela des « marées ».

— Ah ! oui, maintenant je me souviens. Un de mes amis, Cicéron, m'en a parlé. C'est la même mer qui baigne les côtes de l'Afrique, au pied des monts Atlas.

— Quel drôle de nom ! D'où vient-il ?

— C'est une vieille légende grecque.

— J'aime les légendes : quand je fume mon herbe, j'ai l'impression qu'elles sont vraies. Raconte-moi celle-là.

— Au commencement du monde, il n'y avait que deux divinités : le Ciel et la Terre. De leur union naquirent des monstres, comme les Titans, les Cyclopes ou les géants aux cent mains. L'un de ces Titans, Japet, avait un frère qui était l'Océan. Japet épousa une des filles de son frère : il eut comme fils un géant qui fut appelé Atlas, et qui se révolta contre Zeus, le roi des dieux, celui que nous autres, Romains, nous appelons Jupiter. Pour le punir, Zeus le condamna à soutenir sur ses épaules la voûte du ciel et l'exila en Occident, tout au bout de l'Afrique. Il fut ensuite transformé en montagne par le héros Persée, qui lui présenta la tête hideuse de la Méduse. Voilà pourquoi cette montagne porte le nom d'Atlas, et la mer qui la borde celui de mer Atlantique.

— C'est une belle histoire : ils en avaient de l'imagination, ces Grecs. Alors la mer qui borde les montagnes où je suis né est le prolongement de la mer Atlantique ?

— Tout juste.

— Je suis bien content de le savoir ; je le dirai à

mes compatriotes quand je retournerai au pays Basque...

— Basque ?

— Oui, basque ou vascon, c'est la même chose.

— Est-ce qu'il y a d'autres peuples que les Basques, entre l'Ebre et les Pyrénées ?

— J'en connais deux, en allant vers l'est : les Ilergètes et les Jacetins. Ils sont paisibles.

— Et vous, les Vascons ?

— Nous aimons notre indépendance ; nous sommes tranquilles dans nos montagnes, où personne n'ose venir nous déranger.

— À part l'Ebre et le Guadalquivir, est-ce qu'il y a d'autres fleuves en Espagne ?

— J'en connais trois : le Douro, le Tage et l'Ana ; ils se jettent tous les trois dans la mer Atlantique, comme le Guadalquivir.

— Et qu'y a-t-il comme peuples, dans ces régions ?

— Au Nord, entre l'Ebre et le Douro, il y a les Asturiens, qui sont des montagnards, comme nous, et les Vaccéens, qui sont des agriculteurs. Au Sud du Douro et jusqu'à l'Ana, c'est le pays des Lusitaniens. Ceux-là, ils sont coriaces : ils passent leur temps à razzier l'Espagne Ultérieure, qui est habitée par des Celtibères.

— À ton avis, Fumigator, comment tous ces peuples supportent-ils notre présence ?

— C'est une bonne question, César. Nous autres, Basques, nous ne voulons obéir qu'à nous-mêmes ; mais, comme les Romains nous fichent la paix, nous vivons selon nos traditions.

— Mais vous ne payez pas vos impôts.

— C'est normal : nous n'avons rien à nous.

— Vous fraudez ?

— Nous adorons frauder. C'est même un sport national.

— Ce qui m'intéresse, c'est l'attitude de ceux qui sont nombreux : les Celtibères et les Lusitaniens. Ils se sont révoltés plusieurs fois contre Rome.

— Les Lusitaniens sont la cause de tout. Ils attaquaient perpétuellement les petits peuples des plaines, et même les garnisons romaines les craignaient. Finalement, vous avez dû sévir.

— Oui, il y a de ça un siècle environ. Mais, à Rome, on a oublié tous ces événements.

— En Espagne on en parle encore. Il y a bien des cabanes, bien des chaumières où l'on chante les hauts faits de Viriathe.

— Viriathe ?

— À moi de te raconter une histoire, César, mais une histoire vraie. Viriathe était un Lusitanien, un peu berger et un peu bandit. Il y a exactement quatre-vingt-cinq ans, avec une troupe de brigands, il a remonté le cours du Douro, traversé le pays des Vaccéens et il s'est rendu maître de toute la région. Il obligeait les paysans à lui payer tribut et il a tenu tête à tous les généraux que Rome a envoyés pour le combattre. Finalement, Rome l'a reconnu comme roi...

— De quel pays ?

— De celui qui s'étend entre le Douro et le Tage.

— Ce n'est pas possible ! Le Sénat romain s'est incliné devant un berger ?

— Il a laissé un grand souvenir dans la mémoire des Hispaniques ; il est mort, assassiné par un Romain, mais, encore maintenant, on le considère comme un héros de légende, comme un chef courageux et épris de justice. Pense qu'à Numance, en 136, il a fait prisonnière une armée romaine de dix mille hommes et qu'il a laissé la vie sauve aux vaincus.

— C'est incroyable ! Décidément, ce Viriathe me plaît. Mais j'ai honte pour Rome.

— Il n'est pas honteux d'avoir été vaincu.

— Ce n'est pas de Rome vaincue que j'ai honte, c'est de Rome victorieuse, quand, deux ans plus tard, Scipion Émilien reprit Numance et vendit ensuite les Numantins comme esclaves. Mon oncle Marius m'a raconté ce siège : il paraît que ce fut une véritable boucherie. Pauvre Espagne ! Heureusement que Sertorius a racheté la cruauté de Scipion Émilien.

— C'est à toi de l'expliquer, l'affaire Sertorius, César, car, ici, nous n'avons rien compris.

— Sertorius a été envoyé comme gouverneur des deux Espagnes, l'Ultérieure et la Citérieure, et il les administra parfaitement et avec justice pendant deux ans, de 83 à 81. Puis, à Rome, nous avons dû subir la dictature d'un tyran, Sylla, et celui-ci remplaça Sertorius par un homme à lui. Sertorius était un adversaire de Sylla, et il prit la tête des Celtibères pour mener une guerre d'indépendance contre Rome et son dictateur.

— Oh ! Je m'en souviens. Il était adoré comme un dieu. Il possédait une garde de Celtibères qui avaient juré de périr avec lui. Il avait organisé l'Espagne comme la République romaine, avec un Sénat, des magistrats, des écoles. Malheureusement, Rome a été la plus forte : les armées de Pompée et de Métellus ont eu raison de Sertorius.

— Les armes et la trahison. C'est un de ses anciens partisans, Péperna, qui l'assassina en 73.

— Et qu'est-ce qu'il est devenu, ce traître ?

— Il a été capturé par Pompée, qui l'a fait tuer à son tour.

— Pourquoi ?

— Parce qu'il connaissait, paraît-il, des secrets susceptibles de compromettre un grand nombre de Romains importants.

— Lesquels ?

— On l'ignore. Merci, Fumigator, pour tout ce que tu m'as expliqué. Je sais maintenant ce qu'il me reste à faire en Espagne.

— Quoi donc ?

— Apaiser les esprits, faire cesser les conflits de toute sorte entre les peuples de l'Espagne et leur faire comprendre qu'ils vont à leur perte en se déchirant mutuellement.

— Je te souhaite bien du plaisir.

— J'y parviendrai, car j'ai l'intention de rendre ce pays prospère.

— Tu veux un conseil ?

— Donne toujours.

— Les impôts sont trop lourds, les agriculteurs sont trop endettés et il y a trop de pauvres et de sans abri.

— De cela, je me suis déjà aperçu. J'ai décidé de diminuer ou d'abolir la plupart des charges publiques, et de prendre l'argent là où il est.

— Où donc ?

— Dans les poches de quelques trafiquants romains, qui sont riches à en crever, et qui pillent à leur manière le pays. J'ai horreur des exploiteurs et des combinards. Quant aux paysans endettés, j'ai déjà prévu une loi interdisant aux créanciers de saisir la totalité des biens de leurs débiteurs : dorénavant, ils ne pourront saisir au maximum que les deux tiers de leurs revenus.

— Tu vas t'attirer l'adoration de quatre-vingt-dix-neuf pour cent des Espagnols : ils sont dévalisés par les usuriers.

— Je veux aussi faire régner la paix, car, sans la paix, il n'est aucune prospérité possible.

— Comme t'y prendras-tu ?

— Ces Lusitaniens et autres brigands doivent cesser leurs razzias et leurs attaques contre les gens des villes et des campagnes. Je vais leur enjoindre de quitter leurs montagnes, de transporter leurs villages dans les plaines, et de vivre en bonne intelligence avec les cultivateurs, qui sont la richesse du pays.

— Et s'ils refusent ?

— S'ils refusent, ce sera la guerre. Et elle sera sans pitié : c'est pour le bien du pays.

— Méfie-toi des Lusitaniens, César, ils ont plus d'un tour dans leur sac.

Ce fut la première campagne militaire de César et il y fit preuve du même génie stratégique qui avait fait de lui le maître politique du Forum.

Dès le mois de juillet 61, son armée d'Espagne, grossie des cohortes indigènes, était sur le pied de guerre, et il s'était adjoint, comme lieutenant, un riche bourgeois de Gadès, d'origine phénicienne, du nom de Balbus, dont les sentiments romanophiles étaient bien connus.

— Mon cher Balbus, lui avait-il dit, j'ai décidé de faire de la province que je gouverne un paradis de paix et de prospérité. J'ai pris, dans ce but, un certain nombre de mesures financières...

— ... que je connais et qu'en bon Phénicien j'approuve, interrompit Balbus : quand les affaires vont, tout va.

— Oui. Mais, pour que les affaires « aillent », comme tu dis, il faut que la paix règne, et avec ces Lusitaniens de malheur, elle est constamment en danger. J'ai donc décidé de leur faire la guerre.

— La guerre n'a jamais facilité les affaires, ni le commerce, César. Et la population des villes, qui marche la main dans la main avec Rome, tournera casaque et t'accusera d'être la cause de tous ses maux, de jouer au conquérant.

— On voit que tu ne connais pas César, Balbus : va donc faire un tour à Rome, et tout le monde te dira que je n'ai pas mon pareil pour manipuler l'opinion publique.

— Je suis allé à Rome, et j'en ai entendu parler.

— Voici mon plan. Je vais faire en sorte que les Lusitaniens et autres brigands des montagnes se mettent officiellement hors la loi, et fassent ainsi peser une lourde menace sur les villageois et les citadins dont, en tant que gouverneur, je suis le protecteur

503

attitré. Dès lors, je serai en droit de déclarer officiellement la guerre aux montagnards.

— Ta réputation n'est pas surfaite, César, tu es plus fort en matière de politique qu'un Phénicien en matière de commerce, et ce n'est pas peu dire. Mais cette guerre, une fois que tu l'auras déclarée, comment la feras-tu ? Ils sont partout et nulle part, ces montagnards. Pompée en sait quelque chose : elle a duré longtemps, sa campagne de pacification.

— J'ai mes idées là-dessus. Je vais adjoindre à mon armée des compagnies d'artisans et d'ouvriers qui ouvriront des sentiers dans les montagnes, pour y faire passer mes cohortes, qui me bâtiront des ponts pour franchir les torrents, des fortifications, des machines de guerre.

— C'est nouveau, cela. Mais qui dirigera tous ces travailleurs ?

— Toi.

— Moi ?

— Tu es malin, Balbus, tu sais où trouver du bois, des carrières de pierre, du cuivre, et aussi des hommes capables de creuser, de construire, de porter des fardeaux, tu parles bien cinq ou six langues hispaniques et, grâce à tes qualités d'entrepreneur, tu as fait fortune : je te demande de les mettre à la disposition de Rome et je te nomme... voyons, quel grade te conférer... je te nomme... préfet du génie militaire.

— Qu'est-ce que je gagnerai, dans cette affaire ? Les Lusitaniens n'ont pas de richesses, et il n'y aura pas de butin à partager.

— Sacré Phénicien ! Je te propose, pour prix des

services rendus, de te faire exonérer d'impôts pour dix ans.

— Ce n'est pas un gros cadeau : je ne paye pas beaucoup d'impôts.

— Toi, l'homme le plus riche de Gadès ?

— J'ai beaucoup de frais, tu sais, et je ne suis pas aussi riche qu'on le dit.

— Hypocrite ! Tu me fais penser à Crassus. Que veux-tu donc ?

— La concession exclusive des mines d'argent et de cuivre, au pied des montagnes qui bordent la vallée du Guadalquivir.

— Accordé.

— À mon tour de te poser la question : qu'attends-tu de cette guerre ? Tu veux devenir roi d'Espagne un jour ?

— Je veux rentrer à Rome en général victorieux, comme jadis Sylla et hier Pompée.

— Tu veux un triomphe, comme lui ?

— Non. Je veux simplement être élu consul pour l'année 59. Après...

— Après ?

— C'est mon secret. Rejoins-moi à Cordoue dans trois jours. Je fête mon quarantième anniversaire avec quelques amis le 13 juillet.

Cet anniversaire marqua, pour César, le commencement d'une période nouvelle dans la vie de celui qui avait été, tour à tour, le mignon de Nicomède, le libertin le plus en vue et le plus endetté de Rome, le chasseur de pirates orientaux, le funambule politique qui jouait — avec l'argent de Crassus — la carte des tribuns de la plèbe contre le Sénat, l'enfant chéri du Forum, l'amant recherché de toutes les jolies femmes de Rome, l'édile mégalomane qui avait organisé — avec l'argent de son collègue Bibulus — les plus somptueux Jeux romains de l'histoire de la Ville, l'homme qui avait, par ses révélations discrètes, permis à Cicéron de se prendre pour le sauveur de la République.

Lui, César, le patricien mal ceinturé, le dandy raffiné qui ne se déplaçait jamais sans son barbier personnel, qui ne supportait pas d'être simplement décoiffé par un coup de vent, qui ne faisait pas deux cents mètres dans Rome sans se faire conduire en litière, apparut devant ses amis ébahis juché sur un cheval blanc fougueux et piaffant, ses cheveux flottant au vent cachant mal sa calvitie naissante, et arborant une superbe cuirasse de cuivre. Ce 13 juillet de l'an 61, un autre César semblait être né, qui prenait congé de son passé et qui s'élançait vers la gloire, dans la fraîcheur de cette soirée andalouse.

Le lendemain, un envoyé de César, protégé par une solide escorte, partait vers les monts Herminium (aujourd'hui : la Sierra da Estrela, au Portugal), cette haute chaîne de montagnes située entre le Tage et l'océan Atlantique. Il était porteur d'un ordre du propréteur romain adressé aux habitants de ces montagnes, les sommant d'abandonner leurs demeures et de descendre s'établir dans la plaine. Les Lusitaniens refusèrent, et César fit savoir, dans toutes les villes de l'Espagne Ultérieure, qu'à la suite de ce refus d'obéir, il leur déclarait la guerre.

Les opérations commencèrent à la fin du mois d'août. Les cohortes romaines et indigènes investirent, un à un, tous les villages des monts Herminium, qui firent tous leur soumission. César poussa plus loin son avantage, il passa au Nord de ces montagnes, et imposa la loi romaine aux pasteurs et aux cultivateurs paisibles de toute la région, jusqu'aux rives du Douro. À la fin du mois de septembre, il pouvait considérer la Lusitanie comme pacifiée et il rentra à Cordoue, en laissant simplement derrière lui quelques unités d'encadrement des populations.

Ce faisant, César commit sa première erreur. Une fois le gros de l'armée romaine partie, les Lusitaniens se regroupèrent, et se mirent à attaquer les garnisons d'encadrement.

— Fumigator avait bien raison de me mettre en garde contre ce peuple, dit-il à Balbus. J'ai voulu être généreux, et déjà ils rompent leurs promesses : il ne me reste plus qu'une solution, les exterminer. Mais c'est plus facile à dire qu'à faire.

Les montagnards lusitaniens, qui se doutaient bien que les cohortes romaines reviendraient leur donner la chasse, avaient mis leurs femmes, leurs enfants et leur bétail à l'abri, au Nord du Douro, dans le pays des Vaccéens. Puis ils opérèrent une subtile retraite vers les côtes de l'Atlantique, où des pêcheurs les conduisirent dans la petite île de Berlenga, à quelques milles du rivage.

César, qui n'avait aucun vaisseau à sa disposition, décida de poursuivre les fugitifs sur des radeaux de fortune, assemblés par les artisans que commandait Balbus. Ce fut un véritable désastre militaire. La mer était houleuse, et les soldats romains furent massacrés au fur et à mesure qu'ils débarquaient sur la côte rocheuse de Berlenga : sur les mille combattants engagés, il n'y eut qu'un seul survivant, qui avait la chance de savoir bien nager. L'importance des pertes, jointe à l'arrivée de la mauvaise saison, mit provisoirement fin aux hostilités. De retour à Cordoue, César mit ses troupes au repos et décida qu'il prendrait sa revanche au printemps. Il mit l'hiver à profit pour se renseigner sur cette mer Atlantique dont il ignorait tout. Les pêcheurs de Gadès, qui traversaient souvent le détroit de Gibraltar, lui en expliquèrent les marées et les caprices et, dans de longues conversations hivernales avec Balbus et Decurtius, il se prenait à rêver d'expéditions lointaines.

— Balbus, toi qui appartiens à un peuple de marins, que penses-tu de cette mer Atlantique qui va et qui vient, au gré des marées ? demanda-t-il un soir à son collaborateur.

— Les marins phéniciens ont été les premiers à naviguer sur l'Atlantique. On racontait, à Carthage, qu'ils franchirent les Colonnes d'Hercule sur des vaisseaux égyptiens, il y a six cents ans, au temps où Rome était gouvernée par des rois.

— Qui était le roi d'Égypte qui avait ordonné cette expédition ?

— Un certain Nékao, adorateur du Soleil. On prétend qu'ils étaient partis de la mer Rouge pour faire le tour de l'Afrique, et qu'ils seraient revenus en

Égypte en passant par ces fameuses Colonnes. Mais beaucoup pensent que ce n'est qu'une légende.

— Et ensuite ?

— Un autre navigateur phénicien, qui se nommait Hannon, est parti de Carthage, a franchi les Colonnes d'Hercule et a contourné les Mauritanies et toute la côte occidentale de l'Afrique jusqu'à un grand golfe (le golfe de Guinée), puis il est revenu à Carthage.

— Il y a longtemps ?

— Il y a un peu plus de quatre cents ans.

— Et ensuite ?

— Un autre navigateur carthaginois, Himilcon, a fait un grand périple qui devrait t'intéresser, César : après avoir franchi le détroit il est remonté le long des côtes de la Lusitanie, et il est allé très loin vers le Nord, jusqu'au pays des Celtes et des Gaulois.

— Pourquoi dis-tu que ce périple devrait m'intéresser ?

— Parce qu'il te connaît, César, intervint Decurtius : la Gaule est le seul pays d'Occident qui ne soit pas sous le contrôle de Rome, il est dans la logique des choses qu'il le soit un jour... et tu seras consul l'année prochaine...

— Je n'ai aucune vue sur la partie de la Gaule qui est séparée de l'Italie par les Alpes. Si je suis un jour consul, j'aurai bien assez à faire avec l'Espagne, l'Italie, la Grèce et la Macédoine, l'Orient et l'Afrique.

— Il ne faut jamais dire « Fontaine je ne boirai pas de ton eau », renchérit Balbus.

— La Gaule ne m'intéresse pas, reprit César ; en

revanche, je me demande ce qu'il peut y avoir, de l'autre côté de la mer Atlantique. Après tout, la Terre est une sphère, que je sache.

— De cela au moins, nous sommes certains, dit Decurtius. Tous les grands astronomes l'ont démontré, depuis deux ou trois siècles et en particulier, il y a une centaine d'années, Ératosthène d'Alexandrie : il a même trouvé un moyen pour mesurer la circonférence de la Terre sans avoir besoin d'en faire le tour.

— Alors à ton avis, Decurtius, puisque la Terre est ronde, si je pars de l'île de Berlenga et que je me dirige vers l'Ouest, où vais-je arriver ?

— En Asie... s'il n'y a aucune terre entre l'Europe et l'Asie.

— Comment peut-on le savoir ?

— Il faut y aller. Mais quel navigateur osera partir ainsi à l'aventure, loin de toutes les côtes ?

— Il se trouvera peut-être un jour un fou pour la tenter, Decurtius.

— Peut-être, César, peut-être.

Durant tout l'hiver, César étudia avec soin quelle était la meilleure manière de châtier les Lusitaniens, et il en arriva rapidement à cette conclusion qu'il lui fallait une véritable flotte, et non pas quelques radeaux, pour attaquer l'île de Berlenga.

— Nous partirons de Gadès, dit-il à Balbus, et nous longerons les côtes en nous dirigeant vers le Nord. Débrouille-toi pour réquisitionner quelques gros navires susceptibles de transporter trois mille hommes de troupe.

À la fin du mois de mars, la flotte militaire de

César appareilla. Au milieu du mois d'avril, les cohortes romaines débarquèrent sans encombre dans l'île de Berlenga. Tous les Lusitaniens rebelles furent exterminés.

Le temps était beau, les navires solides, ses hommes avaient l'enthousiasme des vainqueurs : César décida de continuer sa route et, pour la première fois dans l'histoire, des vaisseaux chargés de légionnaires s'élancèrent sur l'océan. Ils parvinrent jusqu'en Galice, où César s'empara de Brigantium (La Corogne). Puis il donna l'ordre à sa flotte de regagner Gadès.

La campagne d'Espagne était terminée. César avait, en quelques mois, unifié la province qui lui avait été confiée, instauré l'union et la concorde entre toutes ses cités, rétabli la paix sociale en adoucissant les rapports entre créanciers et débiteurs, et il avait enrichi ses soldats en partageant avec eux les butins de ses victoires sur les Lusitaniens et les Galiciens, ce qui lui valut de se voir conférer par ses troupes le titre d'*imperator*.

Il ne lui restait plus qu'à rentrer à Rome, où ses exploits étaient maintenant connus, à faire ratifier par le Sénat le titre d'*imperator* que lui avaient décerné ses hommes, et soit à attendre, à l'extérieur des murailles, l'honneur d'un triomphe, soit à y renoncer et à se porter candidat aux élections consulaires de juillet.

Chapitre XXXV

Le consul des temps nouveaux
(JUILLET 60)

Tandis que César récoltait lauriers sur lauriers en Espagne, le monde politique romain pataugeait dans les conflits et les contradictions. La belle unanimité qui avait salué en Pompée un général vainqueur respectueux des lois de la République avait fondu comme neige au soleil.

Après les éclatantes journée de son triomphe, en septembre 61, il n'avait réclamé aucun pouvoir extraordinaire, d'autant que la Constitution romaine lui permettait d'être à nouveau candidat aux élections consulaires en juillet 60, et que, d'ici là, l'un des deux consuls, Afranius, était un de ses plus fidèles partisans. Il espérait, de bonne foi, que le Sénat donnerait satisfaction aux deux exigences qui lui tenaient à cœur pour l'instant : ratifier le statut politique qu'il avait instauré en Asie et accorder à ses vétérans, par le biais d'une loi agraire, les bonnes terres italiennes qu'il leur avait promises.

Or, dès le mois de janvier 60, Pompée dut déchanter. Afranius faisait preuve d'une incapacité notoire qui provoquait la risée de toute la classe politique ; Cicéron n'avait-il pas écrit à son ami Atticus :

— N'importe quel âne peut être élu consul, s'il est chargé d'or, et l'or de Pompée n'a pas manqué à Afranius.

Quant à l'autre consul, Métellus Céler, il lui en voulait d'avoir répudié sa propre sœur, et il lui mettait systématiquement des bâtons dans les roues.

Par ailleurs, le Sénat, après avoir applaudi le grand général par politesse, s'était refermé sur lui-même et le groupe hargneux que dirigeait Caton tirait à boulets rouges sur toutes les propositions émanant de Pompée, en qui il pressentait un dictateur en puissance. Enfin, sur les dix tribuns de la plèbe, il ne s'en trouvait qu'un pour le soutenir, un certain Flavius, mais sans aucun succès.

De sorte que, lorsque ce même Flavius promulgua son projet de loi agraire en faveur des vétérans de l'armée pompéienne, l'affaire tourna court : le consul Métellus Céler insulta violemment le tribun, celui-ci fit emprisonner le consul pour atteinte à son inviolabilité et la situation devint explosive. Elle aurait même dégénéré si les troubles qui venaient d'éclater en Gaule Narbonnaise n'avaient amené le Sénat à décréter l'envoi de Métellus Céler de l'autre côté des Alpes, pour rétablir la situation : Pompée, échaudé, conseilla à Flavius de retirer sa *rogatio*.

Il ne fut pas plus heureux en ce qui concernait ses actes relatifs à l'Asie : la majorité des sénateurs refusa de les ratifier, ainsi que les nombreuses donations qu'il avait accordées aux rois, aux princes et aux cités de cette vaste province.

Deux sénateurs avaient pris la tête de l'opposition contre Pompée : Caton, qui l'accusait de vouloir instaurer une dictature militaire à la manière de Sylla, et son prédécesseur en Asie, le général Lucullus ; celui-ci estimait être le véritable vainqueur de Mithridate et considérait que Pompée n'avait fait que tirer les marrons du feu. Pour corser la situation, qui aurait pu être réglée par une transaction dont Cicéron s'était fait le promoteur, Crassus, le leader financier du parti populaire, se rangea, contre toute attente, du côté de Lucullus, tête de file du parti des aristocrates : lui aussi craignait, comme Caton, mais pour des raisons plus personnelles, la dictature de Pompée.

Contre le trio hétéroclite formé par Caton, Lucullus et Crassus, Pompée ne pouvait plus rien, sinon compter sur César qui revenait d'Espagne, chargé de gloire et de richesses : lui seul avait assez d'ascendant sur Crassus pour rompre cette coalition contre nature.

Lui seul aussi avait les moyens, tant par son aura populaire que par l'armée victorieuse qui campait autour de lui, aux portes de Rome, de s'opposer à toute velléité d'instauration d'un quelconque pouvoir personnel de la part de Pompée : pour la République, César était devenu, presque naturellement, l'homme providentiel.

De Cordoue, César, avec sa clairvoyance habituelle, avait prévu que la situation politique à Rome allait être

bloquée par l'alliance paradoxale de Crassus, épouvanté par Pompée, avec la clique sénatoriale des Caton
et des Lucullus. Il s'en était confié à Balbus :

— Si je n'arrive pas à temps à Rome, Pompée ne
sera même pas élu consul en juillet, Crassus sera le
prisonnier des sénateurs sur lesquels il croit pouvoir
s'appuyer, et Rome sera à la veille d'une guerre civile.

— Comment penses-tu agir ?

— La solution idéale est une réconciliation sincère entre Pompée et Crassus, qui pourront alors être
élus tous les deux consuls, comme il y a dix ans.

— Est-elle possible ?

— Je ne crois pas. Trop de choses les séparent
encore. Et, même s'ils parvenaient à se réconcilier
sincèrement, dès qu'ils seraient consuls, tout serait à
refaire : chacun voudra surpasser l'autre.

— Alors ?

— Alors il faut qu'ils se réconcilient, mais avec
moi comme arbitre permanent, et c'est moi qui, en
définitive, agirai au grand jour. Nous mettrons en
commun nos moyens respectifs : Crassus, son argent
et son sens de la démagogie ; Pompée, sa gloire, sa
popularité et ses vétérans, prêts à le rejoindre au premier signal ; et moi...

— ... ton intelligence.

— Pas seulement mon intelligence, mais aussi le
fait que je vois plus loin qu'eux.

— Ah ! ton fameux grand dessein.

— Une fois consul, avec Pompée et Crassus
comme alliés, je me sens capable de le réaliser.

— Alors, dépêche-toi de partir pour Rome.

— J'ai le temps. Il faut que j'arrive à Rome après le 13 juillet.

— Pourquoi donc ?

— Parce que le 13 juillet, j'aurai quarante et un ans : il faut avoir quarante et un ans révolus pour se présenter au consulat.

À Rome, on ne se posait pas autant de questions que Balbus. Les sénateurs avaient cependant discuté de l'opportunité d'avancer la date des élections au 10 juillet, au lieu du 20 ou du 30 juillet, comme les autres années :

— César aura quarante et un ans le 13 juillet, avait suggéré Caton ; déplaçons la date des élections consulaires au 10, et il n'aura pas le droit de s'y présenter.

— César n'a pas l'intention de se présenter aux élections cette année, dit Cicéron ; quand il va arriver, il va demander les honneurs d'un triomphe, c'est évident, et il sait qu'il devra rester en dehors de Rome, dans la *villa publica* que l'État met à la disposition des généraux en attente d'un triomphe jusqu'au jour de cette cérémonie. Donc, nous ne le verrons pas cette année vêtu de la toge blanche des candidats ; ce sera pour l'année prochaine. Il est tout à fait inutile d'avancer les comices électoraux.

Les Pères conscrits donnèrent raison à Cicéron : les élections auraient lieu à la fin du mois, et le Sénat patronnerait les candidatures de Luccéius, un ami de

Cicéron et de Pompée, et de Calpurnius Bibulus, un ami de Caton.

Sur ce, César arriva devant Rome plus tôt que prévu, à peine repéré par la foule qui circulait, en permanence, autour des murailles de la Ville : qui donc aurait pu reconnaître, en ce cavalier qui faisait caracoler son cheval à la longue crinière, l'homme du monde précieux et raffiné qu'était César ?

C'était lui, cependant. Il descendit de son cheval et se dirigea, d'un pas assuré, vers la *villa publica*. Deux anciens centurions, qui avaient servi sous Pompée, guettaient son arrivée, impassibles, ainsi que deux jeunes gens que César avait déjà rencontrés dans l'entourage de Crassus. Ils lui firent savoir que leurs maîtres respectifs l'attendaient à l'intérieur, mais qu'ils étaient venus secrètement.

César pousse la porte de la maison qui lui est destinée, et tombe d'abord dans les bras de Pompée :

— Viens que je t'embrasse, César. Alors, qu'est-ce que tu en penses, de mon Espagne ?

— Tu ne la reconnaîtrais pas, mais c'est quand même ton Espagne.

— Il y a toujours des brigands dans les montagnes ?

— Toujours. Ils m'ont donné du fil à retordre.

— Entrons, Crassus t'attend.

Crassus semblait tout aussi heureux de le revoir que Pompée, mais, selon son habitude, il alla directement au fait, avec son franc-parler coutumier :

— César, il faut que tu nous tires de ce pétrin. Pompée et moi, nous nous sommes réconciliés, mais il subsiste encore des divergences entre nous.

— De grosses divergences, renchérit Pompée.

— Nous avons besoin du pouvoir : on ne peut pas le laisser au parti sénatorial. Mais, si nous nous présentons tous les deux au consulat, nous serons élus tous les deux et nous recommencerons à nous engueuler. C'est un cercle vicieux.

— Il y a une solution simple, dit César, calmement.

— Laquelle ?

— Que ce soit moi qui me présente, avec votre appui. Nous mettrons au point un programme de gouvernement, en excluant les points sur lesquels vous n'êtes pas en accord, et nous ferons le serment de nous y tenir. Nous serons trois à gouverner, moi dans la lumière et vous dans l'ombre, chacun soutenant les deux autres toutes les fois que ce sera nécessaire.

— Ça me va, dit Pompée.

— À moi aussi, dit Crassus.

— Bon, alors établissons chacun de notre côté notre programme, dans le plus grand secret, et comparons : nous conserverons ce que nos projets auront de commun, et nous écarterons le reste.

— Moi, dit Pompée, je tiens avant tout à la ratification du statut de l'Asie et aux récompenses de mes vétérans.

— Là-dessus, je suis d'accord, dit Crassus.

— Et moi aussi, dit César. Eh bien ! voilà déjà un point d'acquis.

— Quelle est la date fixée pour les élections ? demande César.

— Le 30 juillet.

— Et la date limite pour le dépôt des candidatures ?

— Le 20 juillet.

— D'ici là, nous aurons rédigé notre programme commun, et nous aurons juré tous les trois de le respecter. Mais il y a un petit problème : je ne peux pas entrer dans Rome avant mon triomphe. Comment m'inscrire sur la liste des candidats ? La loi exige que je me présente en personne.

— Fais une demande officielle pour avoir le droit de déposer ta candidature en étant « absent ». Le Sénat te l'accordera certainement, après tout ce que tu as fait en Espagne : tu es devenu un héros national.

— Ils la recevront dans les quarante-huit heures. Maintenant séparons-nous ; rien ne doit transpirer de notre accord, et, jusqu'aux élections, soyons discrets. Pompée, tu sortiras d'ici le premier et toi, Crassus, dans une heure seulement. Moi, je ne bougerai pas de la *villa publica* : je vais écrire au Sénat pour avertir les sénateurs de mon arrivée, avec mon armée, devant les murailles de la Ville, et pour leur demander d'accepter ma candidature en tant que « candidat absent ».

Et César conclut en riant :

— Nous nous comportons comme de véritables comploteurs. Tu ne te sens pas rajeunir, Crassus ?

— Nous ne sommes pas des comploteurs, lui répond celui-ci, nous venons de conclure une alliance électorale et politique.

Pompée se lève et quitte les lieux le premier, comme convenu ; une heure plus tard, Crassus en fait autant et, après son départ, César se précipite vers une table, pour écrire au président du Sénat, mais aussi à sa tendre maîtresse, Servilia, qui lui a bien manqué en Espagne.

Cette nuit-là, il eut bien du mal à dormir. Non pas tellement à cause de la chaleur lourde de juillet, mais parce que, pour la première fois, il voyait son grand dessein prendre corps.

Le 19 juillet, au matin, le prince du Sénat lisait aux sénateurs la lettre qu'il avait reçue la veille de César, dans laquelle celui-ci, après les salutations d'usage, demandait à la vénérable assemblée l'autorisation de se porter candidat au consulat pour l'année 59 sans pénétrer dans Rome, et de laisser à l'un de ses proches amis le soin d'accomplir les formalités administratives en ses lieu et place, car il était dans l'attente d'un triomphe et l'accès de la Ville avant cette cérémonie lui était interdit.

Lecture faite, le *princeps* interroge les sénateurs du regard d'abord, puis il leur précise :

— Pères conscrits, nous sommes le 19 juillet. Demain, à midi, le drapeau rouge hissé sur le Capitole sera baissé, pour faire savoir aux citoyens romains que la liste des inscriptions aux élections consulaires est close. Je vous rappelle que deux sénateurs sont déjà inscrits : Calpurnius Bibulus, qui fut édile curule en même temps que César, en l'an 688 de Rome (65 av. J.-C.), et Lucius Luccéius, l'orateur que nous admirons tous. Je vous demande maintenant de répondre par oui ou par non à la question suivante, dont nous allons débattre : « Acceptez-vous que la candidature de César soit déposée par une personne autre que lui, qui serait son mandataire ? » Si, au terme de cette session, aucune réponse n'est donnée à cette question, cela équivaudra à un refus.

Un bref silence suivit cette allocution ; puis les sénateurs donnèrent leur opinion : presque tous étaient d'avis d'accorder à César la faveur qu'il souhaitait, et le président du Sénat était sur le point de l'annoncer officiellement, lorsque Caton demanda la parole.

— Je m'oppose formellement, commença-t-il, à ce que l'on déroge aux lois de la République. César veut briguer le consulat ? Soit, mais alors qu'il vienne s'inscrire en personne aujourd'hui ou demain matin avant midi.

— Dès qu'on prononce le nom de César, observa à mi-voix le tribun Flavius, Caton ressemble à un taureau devant lequel on agite un chiffon rouge ; il va vitupérer pendant au moins une heure.

Caton vitupéra bien plus longtemps encore. Il s'était aperçu que les sénateurs étaient désireux de faire plaisir à César, et que celui-ci aurait gain de cause, quels que fussent les arguments qu'on lui opposerait. Il eut alors une idée diabolique et inventa, pour la circonstance, une procédure d'opposition qui fut, depuis, mille fois reprise dans les démocraties modernes : comme aucun vote ne pouvait avoir lieu avant qu'il n'eût terminé son discours, il parla sans s'interrompre, jusqu'au moment où les premières chauves-souris commencèrent leur ballet dans les ombres de cette soirée d'été. Le règlement du Sénat imposait qu'alors on levât la séance, et comme il n'était plus temps de procéder au vote, le greffier inscrivit, sur le registre de séance, que la demande de César était repoussée car elle n'avait pu être votée dans les temps réglementaires.

Caton, à bout de souffle, le visage couvert de sueur, épuisé et sans voix après dix heures d'obstruction verbale ininterrompue, s'écroula sur son siège, béat : il pensait avoir vaincu.

Comme il connaissait mal César ! Vers dix heures du soir, Flavius tambourinait aux volets de la *villa publica*. On tardait à lui ouvrir, et il commençait à s'impatienter, lorsque enfin apparut, dans l'entrebâillement de la porte, le visage de César, dont on pouvait deviner qu'il était nu :

— Tu n'es pas fou, de venir me réveiller en pleine nuit ? De quoi s'agit-il ?

— Laisse-moi entrer un instant !

— Impossible. Parle, dépêche-toi.

— Caton a vaticiné pendant plus de dix heures à la tribune du Sénat, contre ta proposition, et, comme le vote n'a pu avoir lieu, en raison de l'heure tardive, elle a été refusée.

— Ce Caton ! Quelle crapule, mais quel esprit retors ! S'il croit m'avoir, avec son obstruction, il va déchanter. Merci, Flavius, va te coucher.

Une fois la porte refermée, César, nu comme un ver, se tourna vers Servilia, qui se trouvait dans la même tenue que lui :

— Retournons dans ma chambre, je n'ai pas terminé mon propos, lui dit-il, l'œil brillant de désir.

— Moi non plus, répliqua Servilia... Cette nuit, je vais t'étonner...

Elle fit plus que l'étonner et ils entendirent successivement, éveillés et enlacés dans des positions surprenantes, les premiers braiments des ânes de Rome, avant le lever du jour, puis, à l'aube, le premier chant des coqs romains, et, finalement, le bruit des charrettes sur les pavés.

— Il est temps, dit César, se préparant à sortir de la couche où s'étirait Servilia, qui, elle non plus, on s'en doute, n'avait pas fermé l'œil de la nuit.

— Il est temps de quoi ? demanda Servilia.

— De prendre une décision. J'ai le choix entre le triomphe ou le consulat. Si j'opte pour le triomphe, je ne peux pas être élu consul cette année ; si je vais m'inscrire ce matin comme candidat, je ne peux plus prétendre au triomphe.

— Choisis le triomphe, mon chéri, ce pourra être splendide ; tu te feras élire consul l'année prochaine.

— En un an, il peut s'en passer, des choses, à commencer par une guerre civile. J'ai décidé, dans tes bras, de choisir le consulat.

— Dans mes bras ? Cette nuit ?

— Oui.

— À quel moment ?

— Devine.

— Je crois deviner, dit-elle en rougissant... C'est lorsque tu m'as tout à coup abandonnée...

— L'espace d'un instant, Servilia. Mais cet instant m'a suffi pour me décider.

César se leva d'un bond, et courut vers la *baptisterium* attenant à sa chambre ; c'était un bassin de marbre d'un peu plus de trois mètres de diamètre, avec un gradin intérieur sur lequel on pouvait s'asseoir. Il y savoura le plaisir d'un bain froid délicieux, dans lequel Servilia vint bientôt le rejoindre, pour un dernier baiser ; puis son barbier personnel vint le raser, le coiffer, le parfumer, comme à l'ordinaire, et César partit vers la porte Capéna, au grand galop de son cheval.

Il était à peine dix heures du matin lorsqu'il parvint à la Curie. Il se dirigea vers le *secretarium*, le bâtiment administratif du Sénat, revêtu de la toge blanche traditionnelle, et se fit inscrire, dans les règles, comme candidat aux élections consulaires qui devaient avoir lieu dix jours après.

À la sortie du *secretarium*, César aperçut Thermus, qui venait vers lui :

— Tu viens de t'inscrire ? lui demanda-t-il.

— Que serais-je venu faire d'autre, à cette heure ?

— Lorsque Caton l'apprendra, il va nous faire une attaque d'apoplexie. Tu ne regrettes pas d'avoir renoncé à ton triomphe ?

— Une fois consul, je pourrai me distinguer par des exploits plus nombreux et plus éclatants que ceux que j'ai réalisés en Espagne, et j'obtiendrai un triomphe plus brillant encore. Porte-toi bien, Thermus.

— Porte-toi bien, César.

Les élections eurent lieu le 30 juillet. César fut élu consul pour l'année 59 à l'unanimité des voix des

centuries : l'argent de Crassus et la campagne orches-
trée par les vétérans de Pompée lui apportèrent les
suffrages des riches, son génie et sa gloire ceux des
sages Romains qui voyaient en lui le garant de la paix
civile et de la permanence de la République, la
grande ombre de Marius, son auréole divine et l'ido-
lâtrie populaire les voix enthousiastes des pauvres.

Tous les Romains qui avaient craint que ne s'ins-
tallât pour longtemps, à Rome, soit la dictature militaire de Pompée, soit la démagogie ploutocratique de
Crassus, respiraient : la République était sauvée.

Aucun ne comprit que cette République était
morte de la pourriture qu'elle avait engendrée et
qu'une ère nouvelle venait de naître, qui allait voir
se réaliser le grand dessein de César.

Au mois de septembre, des orages diluviens s'abat-
tirent sur Rome. Le Tibre sortit de son lit, ainsi qu'il
l'avait fait jadis, disait-on, le jour de la naissance
clandestine de Romulus et de Rémus, et une terrible
inondation dévasta le Champ de Mars ; le pont
Sublicius que le roi Ancus Martius avait jeté sur le
fleuve fut emporté et le cirque Maxime, où avaient
lieu les courses de chars, disparut sous les flots impé-
tueux du fleuve. César, qui attendait sans impatience
son investiture de consul, contemplait les désastres
du haut des murailles de Rome :

« L'heure a sonné pour moi, pensait-il, d'être
comme ces eaux furieuses. Numa Pompilius, Ancus
Martius, rois divins de jadis, vous, mes ancêtres, que
vos Mânes se réjouissent et me soient bienveillants :
César reprend votre flambeau. »

À paraître prochainement

JULES CÉSAR
— 2 —
La symphonie gauloise

JULES CÉSAR
— 3 —
Le crépuscule du dieu

ANNEXES

Notre roman se déroule au premier siècle avant notre ère, entre 101 et 44 av. J.-C., et ses différents épisodes font allusion aux traditions de la Rome antique et aux lois de la République romaine finissante. Il nous a semblé utile de les rappeler dans ces *Annexes*, pour satisfaire les lecteurs curieux.

Note sur la prononciation des mots latins : pour ne pas trop écorcher les mots latins qui apparaissent dans notre livre, il est bon de savoir que toutes les lettres se prononcent ; par exemple *gens* (« famille ») se prononce « *geinss'* » et *gentes* (« familles ») se prononce « geintèss' » ; en particulier la lettre « e » n'est jamais muette : *Metellus* se prononce « Métellus » (en général, nous mettrons l'accent aigu dans les transcriptions françaises des noms propres) et *Ave* (« salut ! ») doit se dire « Avé ».

1. Les noms des Romains

L'état civil complet d'un Romain comportait l'énoncé (dans cet ordre) de son prénom, de son nom de famille et, éventuellement, de son surnom s'il en avait un (celui-ci pouvait être soit personnel, soit porté par tous les membres mâles d'une famille, de père en fils).

Ainsi, notre héros appartenait à la famille *Iulius*, que nous transcrivons en « Julius » : c'était son nom de famille ; son prénom était Caïus, tous les enfants de sexe masculin qui naissaient dans la famille Julius portaient le surnom de *Caesar* (transcrit par « César » en français).

Le personnage principal de ce roman se nomme donc Caïus Julius César, mais on l'appelait couramment « César ».

De même, Cicéron appartenait à la famille *Tullius*, son prénom était *Marcus* et son surnom *Cicero* (de *cicer*, « pois chiche ») ; c'était le surnom d'un de ses ancêtres qui avait au nez une verrue de la taille d'un petit pois chiche) ; son état civil complet était donc Marcus Tullius Cicero.

En ce qui concerne les femmes, il était d'usage, à Rome, de les appeler par leur nom de famille, avec la marque du féminin en latin *(-a)* : dans la famille Julius, par exemple, toutes les femmes sont appelées *Julia* (que nous transcrivons en « Julie »).

Nota bene — Nous avons généralement francisé les noms propres : « Aurélie » pour *Aurelia*, « Julie » pour *Julia*, « Cicéron » pour *Cicero*, etc. Les noms géographiques sont eux aussi modernisés : « Brindes » ou « Brindisi » pour *Brindisium*, « Pouzzoles » pour *Puteoli*, etc.

2. Les origines de Rome

La péninsule italienne a été peuplée, à partir des environs de l'an 1000 av. J.-C., par des peuples itinérants, qui n'ensevelissaient pas leurs morts, mais qui les incinéraient. Ces peuples savaient se servir du fer et connaissaient l'agriculture et l'élevage.

Au VIIIe siècle apparaît brusquement, en Toscane, une civilisation brillante, qui connaît non seulement l'agriculture, mais aussi l'écriture, l'architecture et la navigation, la civilisation des *Étrusques*. À la même époque, sur les collines du Latium, d'autres peuples itinérants fondent de nombreux villages ; les uns sont éleveurs, les autres agriculteurs, les uns incinèrent leurs morts, les autres les enterrent, on les appelle des *Latins*.

Dans la vallée basse du Tibre, au milieu d'une plaine marécageuse souvent inondée par les débordements du fleuve, trois tribus latines ont uni leurs villages : de cette union est née Rome, en 753 av. J.-C. (date traditionnelle). Ce n'était à l'origine qu'une petite bourgade dont la fortune historique est due sans doute à sa situation : l'estuaire du Tibre attire les marchands grecs et orientaux (phéniciens principalement), et le *pont Sublicius*, qui permet de franchir le fleuve, attire les pasteurs qui cherchent une voie de transhumance.

Dès l'origine, les habitants de Rome étaient divisés en deux *ordres* : les *patriciens* et les *plébéiens* (ou la *plèbe*.)

On était patricien quand on appartenait à une *gens*, c'est-à-dire à une famille dont tous les membres

534

descendaient d'un ancêtre commun. Ils portaient tous le même nom de famille (*Julius, Métellus, Aurélius*, etc.) et ils avaient pour chef un *Pater familias*, l'homme le plus âgé de la branche aînée. Dans la Rome primitive, il y avait quelque 300 familles de ce type.

Les patriciens possédaient alors presque toutes les richesses de Rome, à savoir les terres cultivables et les troupeaux. Les hommes libres qui ne possédaient rien, mais qui avaient su s'attirer les faveur d'un *pater*, faisaient aussi partie de la *gens*, avec le titre de *client*, dont le chef de la *gens* était le « patron », qui lui devait aide et assistance.

Au-dessous des patriciens, qui sont les seuls à posséder des droits civiques (droit de vote, droit d'élire le roi, droit d'être sénateur), et qui sont donc les seuls *citoyens romains*, vit une foule d'hommes, de plus en plus nombreux, qui ne font partie d'aucune *gens* : réfugiés, anciens esclaves en fuite, aventuriers, affranchis, clients dont la famille patronne était éteinte, étrangers. Ce sont les *plébéiens*. Ils n'ont aucun droit civique et ils ne peuvent pas s'unir à des patriciens : le mariage est interdit entre membres des deux ordres.

3. Chronologie résumée de l'histoire de Rome

Dates
Av. J.-C.

753	Fondation de Rome par Romulus (premier « roi » légendaire de Rome).
753-509	Les 7 rois de Rome : Romulus, Numa Pompilius, Tullus Hostilius, Ancus Martius, Tarquin l'Ancien, Servius Tullius et Tarquin le Superbe.
509	Expulsion des rois et fondation de la République : Rome sera désormais gouvernée par des magistrats élus et par un Sénat.
496-366	Lutte des plébéiens contre les patriciens pour obtenir l'égalité civique.
343-346	Rome soumet progressivement les différents peuples de l'Italie (les Italiques).
264-202	Guerres Puniques (Carthage tente, en vain, de conquérir la Sicile et l'Italie).
133-121	Les frères Gracchus (les « Gracques ») : premières lois sociales (agraires) en faveur de la plèbe. Conquête de l'Espagne (prise de Numance par Scipion Émilien).
111-103	Guerre contre le Numide (Berbère) Jugurtha, en Algérie actuelle, soumis par Marius.
103-101	Rome menacée d'être détruite par l'invasion des Cimbres et des Teutons, vaincus par Marius.
87-79	Rivalité entre Marius et Sylla.

89-67	Guerres contre Mithridate, en Asie. Pompée.
60	Premier triumvirat (César, Pompée, Crassus).
58-51	Conquête de la Gaule par César.
49-48	Guerre entre César et Pompée.
46	César nommé dictateur.
44	Assassinat de César.

4. Les magistrats romains

a) Le dictateur (501 av. J.-C.)

Nombre	: un seul.
Désignation	: nommé par le consul, sur ordre du Sénat.
Durée	: six mois au plus.
Conditions	: être consulaire (ancien consul).
Compétences	: tous domaines, même constitutionnels.
Ornements	: 24 faisceaux et 24 licteurs.

b) Les consuls (509 av. J.-C.)

Nombre	: deux.
Désignation	: élus par les comices centuriates.
Durée	: un an.
Conditions	: 42 ans au moins, ancien préteur.
Compétences	: politiques et juridictionnelles ; droit d'agir avec le peuple, de référer au Sénat.
Ornements	: 12 faisceaux, 12 licteurs.

c) Les censeurs (501 av. J.-C.)

Nombre	: deux.
Désignation	: par les comices centuriates.
Durée	: cinq ans.
Conditions	: 44 ans au moins ; consulaire ; un des deux est patricien.

Compétences　　: recensement, *lectio* du Sénat, ges-
　　　　　　　　 tion du patrimoine de l'État, cen-
　　　　　　　　 sure des mœurs (pas de droit d'agir
　　　　　　　　 avec le peuple ou de référer au
　　　　　　　　 Sénat).

Ornements　　　: Pas de licteurs.

d) Les préteurs (366 av. J.- C.)

Nombre　　　　: deux, puis quatre, six et huit (en 80
　　　　　　　　 av. J.-C.) dont un préteur urbain à
　　　　　　　　 Rome, un préteur pérégrin (pour
　　　　　　　　 les litiges entre un Romain et un
　　　　　　　　 étranger) et six préteurs provin-
　　　　　　　　 ciaux (Sardaigne, Sicile, Espagne) ;
　　　　　　　　 sous César ; jusqu'à seize préteurs.

Désignation　　: élus par les comices centuriates.

Durée　　　　　: un an.

Conditions　　　: 39 ans au moins ; être ancien ques-
　　　　　　　　 teur.

Compétences　　: juridicition civile et criminelle ;
　　　　　　　　 droit de publier un *édit* ; droit
　　　　　　　　 d'agir avec le peuple et de référer
　　　　　　　　 au Sénat.

Ornements　　　: 2 ou 6 faisceaux ; 2 licteurs à
　　　　　　　　 Rome, 6 en province.

e) Les édiles (496 av. J.-C.)

Nombre　　　　: quatre : deux édiles plébéiens et
　　　　　　　　 deux édiles curules (en 366 av.
　　　　　　　　 J.-C.), puis six (sous César : deux

édiles pour les distributions de grains).

Désignation	: élus par les comices tributes.
Durée	: un an.
Conditions	: 36 ans au moins ; avoir été questeur.
Compétences	: affaires municipales ; police ; organisation des Jeux ; approvisionnement de Rome ; juridiction civile (ventes) ; droit de publier un édit et d'infliger des amendes.
Ornements	: chaise curule pour les édiles curules ; pas de licteurs.

f) Les questeurs (depuis les rois)

Nombre	: vingt (quarante vers 45 av. J.-C.)
Désignation	: élus par les comices tributes.
Durée	: un an.
Conditions	: 30 ans au moins ; une ou deux années de service militaire ; avoir le cens équestre.
Compétences	: à Rome : gestion du Trésor (deux questeurs urbains) et des archives (quatre questeurs consulaires) ; en Italie (deux questeurs : aqueducs, voies de transhumance) ; en provinces (douze questeurs).
Ornements	: une chaise, mais non curule ; accès au Sénat.

g) Les tribuns de la plèbe (496 av. J.-C.)

Nombre   : dix.

Désignation : élus par les comices tributes.

Durée   : un an.

Conditions   : 27 ans ou 32 ans au moins ; être plébéien ; en général : avoir été questeur.

Compétences : générales ; peuvent s'opposer à tout acte de magistrat, à toute décision du Sénat ; ont l'initiative des plébiscites, le droit de *veto*, d'interrompre un vote au Sénat, de *rogatio* (de présenter un projet de loi), d'accuser, d'infliger des amendes, de demander la peine de mort.

Ornements   : pas de licteurs ; sacro-sainteté.

TABLE DES MATIÈRES

Direction littéraire
Huguette Maure

Graphiste
Pascal Vandeputte

Attachées de presse
Nathalie Ladurantie
Myriam Saïd-Errahmani
Sophie Hourdequin

*

* *

Agence littéraire Philippe Scali

Composé par Nord Compo
Villeneuve-d'Ascq 59650

Impression réalisée sur CAMERON par
BRODARD ET TAUPIN
La Flèche

pour le compte des Éditions Michel Lafon
en décembre 1997

Imprimé en France
Dépôt légal : décembre 1997
N° d'impression : 1892T-5
ISBN : 2-84098-284-6
50-1578-9
ML 416